U0564471

imagioist

想象另一种可能

理想国
imaginist

西方 人文经典 讲演录

WESTERN CLASSICS LECTURES

IV

徐贲 著

现代的诞生

The Birth of Modernity

上海三联书店

图书在版编目（CIP）数据

西方人文经典讲演录 / 徐贲著 . -- 上海：上海三
联书店 , 2024.1
ISBN 978-7-5426-8106-5

Ⅰ.①西… Ⅱ.①徐… Ⅲ.①思想史—西方国家②文
化史—西方国家 Ⅳ.① B5 ② K103

中国国家版本馆 CIP 数据核字 (2023) 第 073120 号

西方人文经典讲演录
徐贲 著

责任编辑 / 徐建新
特约编辑 / 肖　瑶　张　妮　耄　峈
责任校对 / 王凌霄
责任印制 / 姚　军
封面设计 / 陈超豪
内文制作 / 陈基胜　李丹华

出版发行 / 上海三联书店
　　　　　（200030）上海市漕溪北路331号A座6楼
邮购电话 / 021-22895540
印　　刷 / 山东临沂新华印刷物流集团有限责任公司

版　　次 / 2024 年 1 月第 1 版
印　　次 / 2024 年 1 月第 1 次印刷
开　　本 / 965mm × 635mm　1/16
字　　数 / 1857千字
印　　张 / 148.25
书　　号 / ISBN 978-7-5426-8106-5/B・843
定　　价 / 580.00元

如发现印装质量问题，影响阅读，请与印刷厂联系：0539-2925659

目 录

前言

如何阅读启蒙时期的人文经典

　　"启蒙时代"或"启蒙时期"几乎成了 18 世纪的同义语，但是"18 世纪"并不确指那个世纪的 100 年，而是一个时期和时代的概念，所以有"长 18 世纪"（long 18th century，1685—1815）的说法。这就包括一个 130 年左右的时期。称这个时期为"启蒙"或"理性"时期，是因为当时人们强调启蒙优于蒙昧和无知，理性优于迷信和偏见。启蒙是为了扫除盲信和蒙昧。这种启蒙的理性，它的作用首先是破坏和颠覆，因此理性的目的是怀疑而非确信。它不是思辨性的，而是实践性的，它争取的是用人的理性代替神的启示，把理性作为人的社会和政治生活规范、合理性依据和行动指导。

　　阅读启蒙时代的经典，与阅读文艺复兴或更早的经典不同。阅读启蒙时代的经典更需要贴近现实世界的价值判断和怀疑精神，更要求我们对作品所包含的政治和社会价值观念做出评价：理性、科学、进步、自由、平等、专制、愚昧、和平、自然权利、人的自我解放等。今天，这些价值都是有争议的，相比之下，文艺复兴的人文主义价值则已经鲜有争议，如古代文化的价值、知识复兴、反对禁欲、追求快乐、自然人性、男欢女爱、人的尊严等。用查尔斯·G.

纳尔特在《欧洲文艺复兴的人文主义和文化》一书里的话说，[1] 文艺复兴是一个艺术和人文知识复兴但唯独哲学没有明显发展的时代。而启蒙则是一个"哲学时代"，重要的政治、社会、道德观念都是哲学性质的，观念的开拓因此成为启蒙时代最重要的特色。

人的自由意识觉醒贯彻文艺复兴和启蒙运动时代，但文艺复兴是向过去要自由，它要摆脱的是中世纪神启世界的桎梏；而启蒙则是向未来争自由，它要打破的是现有制度对人的束缚，并争取未来的进步。与清除过去的错误相比，展望未来的工作更加艰巨、更不明确，因此也充满更激烈的矛盾、冲突和争论。今天，几乎没有一项启蒙的遗产观念是没有争议的。

在阅读启蒙时代的经典著作时，我们更需要两个思想准备：第一是积极的而不是虚无主义的怀疑；第二是明确自己的价值观判断。

在启蒙运动前夜的 17 世纪中叶，科学和科学理性成为启蒙运动的第一缕曙光。美国历史学家安东尼·帕戈登在《启蒙运动：为什么依然重要》一书里引述两位 18 世纪启蒙哲人对科学将引导世界未来进步的热情期待。让·勒朗·达朗贝尔（Jean le Rond d'Alembert，1717—1783）说，新哲学创始人笛卡尔（René Descartes，1596—1650）对"感动我们的事情或者至少让我们很投入的事情、我们的风俗习惯、我们的作品或我们的消遣"进行评判，出现了"我们的思想的显著改变"。他热情洋溢地写道："哲学化新方法的发明和使用，伴随每个发现而产生的热情，对宇宙景象的认知所产生的新观念，所有这些都激起人们精神上的亢奋，从本质上驱使人们横扫先前的观念。如同河流迸发冲击河堤，并以其爆发的力量带走所有障碍物一样，涤荡一切……人类摆脱其观念枷锁羁绊的速度越慢，在决裂之时遭受的毁灭便越多……一旦意识到重蹈覆

1　Charles Nauert, *Humanism and the Culture of Renaissance Europe*, Cambridge University Press, 2006, 195-196.

辙的痛苦，他们便会把新的思想体系看作并接受为对其勇气和劳动的奖励。因此，从非宗教的（自然）科学原理到神启的基础，从形而上学到体验问题，从音乐到道德，从神学家的经院哲学式的争论到贸易的目标，从王权到民权，从自然法到国家专制法律，简言之，从我们直面的问题，到所有直接影响或根本对我们没有多少影响的事物，所有一切，我们都要讨论、分析和触及。"[1]

科学的巨大进步让另一位启蒙哲人孔多塞（Marquis de Condorcet，1743—1794）确信，科学的进步会"确保道德科学的进步"，因此将"阻止我们返回野蛮状态"。孔多塞向他的同道们保证，"人类将永远不会倒退回黑暗光明交替的时代，不会退回到遭受自然禁锢的漫长时代"。现在，真理取得胜利，"人类得救了"！

今天，我们已经不可能以这样的启蒙热情来阅读笛卡尔、伽利略科学方面的论著，或是培根、卡文迪什的科学乌托邦小说。任何一个时代，某一个方面的进步都不会自动带来其他方面的进步，我们需要对科学和科学理性保持合理而积极的怀疑。科学是一把双刃剑，可以给人类带来幸福，也可以给人类带来灾祸。科学理性也是一样，它可以把经济制度改造成更有利于公正的社会福利，但也可以无限强化国家权力的高度集中，造就对社会的全面监控。

在 18 世纪，借助一个多世纪前的文艺复兴，或者更直接地有了宗教改革，以及从科学启蒙中产生的理性主义哲学，启蒙的现代世界开始形成。这是一个启蒙哲人乐观地展望人类未来"进步"的哲学世纪。启蒙运动之所以能够与之前的文艺复兴和宗教改革区分开来，是因为人类似乎已经进入一个不可能再回头的时代。虽然启蒙是一个永不会最终完成的持续性过程，但参与其中的许多人似乎都确信，世界"进步"的巨流已经不可能被逆转。今天我们知道，

1　Anthony Pagden, *The Enlightenment and Why It Still Matters*, Random House, 2013, 26, 27-28.

这样的"进步"观是可以怀疑的。

2018 年，著名的哈佛大学教授斯蒂芬·平克（Steven Pinker）在《当下的启蒙：为理性、科学、人文主义和进步辩护》（*Enlightenment Now: The Case for Reason, Science, Humanism, and Progress*）一书里重新宣扬启蒙理想主义的"进步"论，立刻引发空前激烈的争论。在他提出的四项启蒙遗产——理性、科学、人道主义和进步中，最受质疑的就是科学和进步。在今天的世界上有太多的例子可以证明，科学并不能保证进步，即使在启蒙的基本价值——理性、自由、公民权利、公正、知识和教育——没有被明确否定的情况下，人道的灾难、权力的极度非理性、专制独裁和其他形式的历史倒退一直没有停止发生。

对进步主义提出质疑和反向思考，是为了防止对"进步"抱有不切实际的盲目乐观。然而，这并不等于拒绝进步或否定进步的可能，即使某个国家或地区的进步发生一时的逆转，这也不能证明人类在历史进程中没有取得过进步。某一时期局部地区的人类能力也许是有限的，但是整个人类进步的能量却是无限的。我们不能祈求人类会步入一个完美世界，事实上，也不可能有所谓的"完美世界"。但是，我们有理由相信：人类有能力持续创造一个越变越好的世界。

对启蒙的"理性"问题之思考也是一样，现实的经验反复证明，并不存在完美的理性。而且，理性无法消除愚昧，更无法消灭愚蠢。然而，理性虽不完美，但我们仍然需要理性。别的不说，面对不讲理的人，你就算没法与他讲理，你自己也不能因此就跟他一样蛮不讲理。我们怀疑理性的自动说服效果，并不意味着我们应该就此放弃理性和说理。尽管说理可能没用，但说理本身是一种价值。说理并不只是为了成功地说服对方，使他接受你的意见，或按照你的意志行事。说理是一种理性的探索，说理能让人的思考变得清晰明白，也是让真实能够区别于虚假，而真实本身就是一个值得坚持的价值和一个可靠的认知目标。

我们在阅读启蒙时期的经典时要学会怀疑，但也应该知道什么是合理的怀疑、为什么要怀疑。怀疑的主要功能是推延判断和作出结论，怀疑特别反对草率判断和盲从权威的结论。然而，这样做也会有它自身的危险，它很容易成为一种没有确证意向的虚无主义或相对主义。正因为如此，怀疑本身也应该受到怀疑。

阅读启蒙时期的经典可以给我们许多训练合理怀疑的机会。例如，狄德罗《拉摩的侄儿》里对"天才"在社会中作用的讨论，曼德维尔《蜜蜂的寓言》里"好事"和"坏事"的辩证关系，莱辛《智者纳坦》中"像是好人"与"真是好人"的关系，伏尔泰《老实人》中的"人消灭不了恶，怎么办？"，像这样的问题都难以判断，但又不能不有所判断。

我们在阅读启蒙时期的经典著作时，需要强调读者有自己的价值观念。这是因为，这个时期的著作中有许多互有联系但互相冲突和矛盾的看法与观念，你不可能认同你所读到的所有东西，你需要有一个观念的尺度来帮助你的理解。你的价值观和判断就是那把你需要的尺子。你用这把尺子来度量不同著作中相似的观点有什么差异，而在差异之间又能发现什么共同的东西。

例如，霍布斯、洛克、卢梭都用"自然人"来阐述他们的政治理论，但他们在自由、专制、君主与臣民、民主、权利等问题上各说各的，相互矛盾。你需要有你自己的价值观尺度才能把它们放在一起阅读，并进行相互比照，得出对你自己有用的结论。又例如，玛丽·沃斯通克拉夫特和潘恩与柏克在法国革命和人权问题上有尖锐的对立，你需要用你自己的尺度去判断他们各自的观点对你思考当下的社会变革有什么意义，而不是因为当下的"柏克热"而盲从所谓的"保守主义"。再例如，曼德维尔和亚当·斯密对自由市场经济发表了既相似又不同的看法，根据你自己对自由市场、全球化、经济多边或单边主义的了解，你对资本主义和社会主义的关系有什么样的想法呢？

没有你自己的价值观，就不可能有你自己的判断。判断在我们的生活中是不可避免的，我们在看待政治、社会、是非对错、道德善恶、信仰真伪的时候都需要判断。虽然我们在作出结论和判断之前，需要认真考虑事实和理由，掂量可能性以及可供选择的选项，但是，我们最终不能不作出判断，并在判断的基础上做出选择并付诸行动。人文阅读的最终目的不只是为了成为一名好读者，而是为了成为一名有思考和判断能力的能积极有效参与到当下社会行动中去的好公民。

在阅读启蒙时期的经典的过程中，我们可以了解到启蒙价值及其引发的思想争议，并深刻感受到，那些与人类幸福和共同福祉有关的基本观念都是复杂的。它们不是对社会政策作出的简单而单一的答案，它们的价值在于把一些基本的政治、社会、道德观念聚焦为与今天我们每个人有关的问题。

在这部分的人文阅读中，你会有机会碰到许多这样的问题：不光是理性、科学、进步、人道主义，而且还有人性、自由与政治、政府的合法性、理智与情感、乐观主义和悲观主义、自由与奴性、专制与腐败、正义与苦难、在恶的世界里人如何安身立命等。对所有这些和其他问题，我们思考的目的都不是为了找到一个解决问题的捷径，而是得到思考能力的训练。在这个意义上，我们可以说，不要期待启蒙给你它不能给你的东西，任何思想的努力都不可能是直接启蒙，而只是创造启蒙的条件。

接触人文阅读不久的年轻学生正处于人生的一个特殊年龄段，他们虽然知识准备可能还不充分，但却是最好学和最愿意动脑筋思考的时候。对于阅读思考来说，好学和勤思比已有的知识更重要，事实上，他们在学校里学来的一些僵化的知识，与其说是能帮助好学和勤思，还不如说是正好相反。

学生需要老师的帮助，但老师不能代替学生自己的思考。为了提高思考和讨论的质量，老师会介绍一些与作品或作家有关的知识信息。这是因为，阅读思考的要求是情境学习（contextual leaning）——把文本放在历史的真实情境中来学习，把阅读放在现实的真实情况中来思考。文本情境可以是历史背景的，也可以是文化方面的。例如，17世纪科学著作与"自然神论"（deism）的观念有关，亚当·斯密的《道德情操论》和休谟的《人性论》最好放在"苏格兰启蒙"的背景里来理解，而阅读莱辛的《智者纳坦》则需要有一些关于"德意志启蒙"的知识，阅读孟德斯鸠的《波斯人信札》则需要知道与18世纪君主政治有关的专制和开明专制。

你也可以把这部分人文经典阅读与我们前面的希腊、罗马、早期基督教、中世纪、文艺复兴的人文阅读联系起来。狄德罗说，"希腊人是罗马人的老师，而希腊人和罗马人是我们的老师"。启蒙哲人们要清除宗教的愚昧，但最早的哲学可以追溯到圣经的巴比伦时代，在古代宗教的世界观中，神话和哲学是融会在一起的。这正如彼得·盖伊（Peter Gay，1923—2015）在《启蒙时代（上）》一书里所说的，"希伯来人比任何别的近东民族走得更远，他们发展了自我怀疑的习惯，形成了一个统治万民的单一神的抽象概念，探讨了道德法则的理念，创造了一种在巫术之外的、摆脱了偶像崇拜谵妄状态的人格认同，至少创造了这样一种人格认同的萌芽"。[1] 伏尔泰也承认，《旧约·传道书》里的"传道人"表达的令人痛苦的幻想破灭，正是一种哲学方式。他写道，这个传道人是"一个伊壁鸠鲁式的哲学家"，一个"唯物主义者，既耽于声色犬马之乐，又对一切

1　彼得·盖伊著，刘北成译，《启蒙时代（上）》，上海人民出版社，2015年，第86页。

感到厌恶"。宗教神话只是提供描述，但不给现实提供任何逻辑或理性的思考，而启蒙思想家们所要做的正是为他们感兴趣的所有问题，宗教的或非宗教的，提供有条理的理性思考，并使之成为人类思考的一种新习惯。

老师不可能提供学生可能需要的所有知识背景知识，其实也没有必要这么做。每个学生的知识准备情况都不一样，如果你是一位认真的阅读者，那么你在阅读和思考的过程中，就会自己发觉哪个背景问题对你重要，需要如何补充知识，从什么知识渠道得到需要的知识信息，也能自己决定什么程度的知识信息能满足你的需要，这些本身就是思考过程的一部分。老师可以给你一些引导和建议，但不能代替你去进行或完成。

今天，我们把动脑筋、独立完成的思考称为批判性思维。批判性思维是一种注重验证的思考方式，不只是理性、透彻地思考外在的事情，而且还要思及思考者自己，是一种反省式思考，一种关于思考的思考。批判性思维不是真理思考（truth thinking），而是一种优质思考（good thinking）。它的结果不是绝对正确的真理，而是可靠的知识、是非善恶的判断、明智的决定、合理的行为和慎思的行动。

批判性思维与人文阅读的关系特别密切，因为它是一种致力于改变迷信、偏见和愚昧的思维方式，这是它"批判"的意涵。就此而言，它继承的是18世纪启蒙理性的理想。它相信，人可以依靠自由个体的理性和思考，通过正确的方法，去把握真实和真相。当然，这是一些关于具体事物的真实和小真相，不是什么放之四海而皆准的宏大真理。

人文经典阅读的批判性思考是一个持续的过程，不可能一次性完成。开始的时候或许看上去很零碎，也很随机，犹如星星点点的思想火花，一闪而过。火花闪烁，很难判断哪个火花会在你的认知

意识中长久存在下去。但只要能不断地擦出这样的思想火花，它们
当中一定会有一些能够汇集到一起，变成能够点燃新思想的火种。
若能如此，那就是人文经典阅读最大的收获。

一 17 世纪的科学

1. 伽利略《星际信使》，工具的意义、挺不起腰杆的科学家

今天要谈的是 17 世纪大科学家伽利略·伽利雷（Galileo Galilei，1564—1642）的《星际信使》（*Sidereus Nuncius*）。这本书是伽利略于 1610 年 3 月 13 日出版的，是关于他早期的天文发现。这是 17 世纪的一项重要科学成就，也是那个时代"科学革命"的一部分。

在启蒙运动的谱系里，文艺复兴为宗教改革提供基础，而宗教改革又为下一个世纪力图突破教会限制的科学发展做准备，而这接着又为启蒙的"哲学世纪"打下基础。

历史学家经常质疑，17 世纪科学发展是否真的形成"科学革命"，因为大多数陈旧的思维方式，包括对基督教上帝的信仰和对教会的顺从，实际上一直延续到 17 世纪之后。20 世纪著名的经济学家凯恩斯（John Maynard Keynes，1883—1946）称赞伟大的科学家牛顿是"最后一个魔法师"。牛顿的神学著述远远多于数学，而且牛顿对占星术（在当时已经接近于天文学）抱有带着迷信色彩的兴趣和爱好。他甚至还热衷于炼金术，希望在离世之前能发现把铅

炼成金的技术。

正如历史学家安东尼·帕戈登在《启蒙运动：为什么依然重要》一书中所说的，"尽管不存在能够改变一切的革命，但 17 世纪的伟大变革——从天文学到道德哲学的所有知识形式彻底改变人们如何理解宇宙以及使用何种方式来理解宇宙，这种改变程度是直到 20 世纪电脑技术出现之前都无法比拟的，或许是那时也无法超越的"。[1]

在 17 世纪改变人们对宇宙的认识和理解的重要著作中有一本小册子，那就是伽利略的《星际信使》。这本小书的主要内容是关于他 1609 年通过望远镜对月球、木星的卫星以及银河进行观测的研究，报告了三个观察的结果，在当时是令人耳目一新的。在伽利略的科学描述之外，我们还关注到伽利略这个人，他不仅告诉我们工具的意义，如何运用工具，而且还让我们看到科学如何受制于权力体制，不自由的知识人为什么挺不起腰杆。

伽利略不是望远镜的发明人，但他也许是第一个用望远镜进行天文观测的人。1608 年荷兰眼镜镜片制造商汉斯·利伯希（Hans Lippershey，1570—1619）无意中发现将凸透镜和凹透镜组合起来后可以将远处的物体放大，伽利略偶然听说这个叫作"望远镜"的新发明后，马上联想到可以用这个新式的光学仪器观测夜空。他于是开始着手研制一个可以放大 20 倍的折射望远镜。1609 年伽利略使用他新制的望远镜，开始对宇宙天体进行观测，开创了天文观测的新一页。

老话说，工欲善其事必先利其器，没有望远镜，伽利略的天文观测便不可能这么快就有突破性的进展。人类所创造的每一种工具都蕴含着超越其本身的意义。12 世纪眼镜的发明不仅使人的视力得到矫正，而且还让人不必把先天或后来的缺陷视为最终的命运，人

1　Anthony Pagden, *The Enlightenment and Why It Still Matters*, 28.

的身体和大脑都是可以完善的。望远镜的发明不仅让人可以看到遥远的世界，而且还可以用观察的结果来代替因无法观察而编造的神话。新工具把人从神话世界拉回经验世界，人的知识也从猜测想象转变为经验科学，这是一种革命性的变化，而17世纪正是科学发生革命的时代。

下面谈谈伽利略对月球和恒星的观察。

第一是月球。他用望远镜观察到的月球不再是一个嫦娥、玉兔、吴刚和桂花酒的神话世界，而是一个绕地球运行的卫星。伽利略看到月球上分隔日夜的界线，也就是月球表面上的明暗界线 。当光亮越过较暗的区域时，月球表面显得十分光滑，但光亮在横渡月球明亮的区域时，月球表面则显得十分不规则。由此，伽利略推断，较暗的是平坦的区域和低洼地区，而比较明亮的地方则是粗糙的区域和山脉。他根据目测观察，估算出太阳光线从山顶照射到明暗界线的距离，还估计月球的山脉至少四英里高，他的估计相当准确。

第二是恒星。伽利略透过望远镜看到比肉眼至少多10倍的恒星。他在观察猎户座和昂宿星团时，发现有一些新近观察到的恒星。过去用肉眼观察金牛座只可以看到有6颗星；然而通过他的望远镜，伽利略能看见金牛座有35颗星，几乎是过去的6倍。当他用望远镜观测猎户座时，他还能看到80颗恒星，而不是先前所观察到的九颗。望远镜观察到恒星的数量几乎多出9倍。

伽利略在《星际信使》一书中比较了不使用望远镜和使用望远镜观察到恒星的结果。不用望远镜，人眼只能看到"朦胧的恒星"。他指出，那不是云，而是由许多小星星组成的星群。由此他推断，星云和银河是"无数的星群聚集在一起的恒星集团"。

在阅读伽利略的《星际信使》时，知识与权力的关系问题相当突出。因此，伽利略对我们了解17世纪这个科学发展的重要历史时期有着特别的意义。例如，与科学巨人牛顿相比，伽利略的科学贡献未必更大，但是，伽利略的遭遇却更能让我们看到科学受制于政治，也看到科学背后的人心。

科学自身无法也无力摆脱来自政治（当时是宗教政治）权力的限制。苏联的李森科事件就是一个例子。李森科否定基因学说，造成斯大林和赫鲁晓夫两个时代的苏联科技史上的一场灾难，将苏联的分子生物学和遗传学引向长期停滞的末路。同样，也有科学家论证亩产万斤的可能性。

政治的限制也影响了科学家的人格。这在伽利略身上也同样体现出来，那就是屈从代替了自由。

台湾清华大学校长徐遐生在为《星际信使》中文版所写的序里称赞伽利略"使科学为高等教育增色"。从科学上来说，伽利略实现了"实验与理论……的适当比例"。这是历史性的跨越，"对实用与抽象知识没有鉴赏力，现代科学不可能产生。古希腊时期，对理论与抽象能力的欣赏达到顶点，而重视经由实际应用试验的成果导致的经济利益，在古代中国达到最高点。可是这两个文明中，没有一个发展出物理科学，因为无一真正重视从事科学冒险所必需的两个面相。有理论而缺乏实验，就像古希腊时期，虽能产生美妙的数学与哲学（以及政治管理的民主原理），可是却无实际用途，也不能为物理的实现扎根；有实验而无理论，好比在古代中国，虽可以生成有限的财富、稍微改善医疗以及增进一些军事本领，可是却缺乏对潜在关联的深刻理解，因而无助于基本原理的进步"。

伽利略的《星际信使》让我们看到，作者是一个可亲近的人，是一个有公共意识的科学家，他不只是从事科学研究，还为传播他所珍视的科学发现而运用解说者的丰富才能。但是，这本小书也让我们看到，在这位伟大科学家与权力体制（天主教会）发生灾难性冲突时，他高尚的人格特征变得模糊，而他的屈服和懦弱会开始占上风。

伽利略受当时的教会迫害。但是，通过阅读《星际信使》，我们看到的不是一个简单化的"知识殉道者"，而是一个为了自身安全，很会讨好权力，与之妥协，也很善于为自己谋取有名有利的学术职位的"聪明人"。这种讨好和妥协是因为他不得不应对权力对知识的武断审查。虽然这是不得已的自我防卫策略，但还是一种为追求真实和真理而付出的道德和人性代价。

伽利略因此成为一个"不自由的知识人"的象征性人物，让我们看到强制性权力控制下的知识人和知识的普遍处境。他不仅是一位科学家，而且更是一位具有文艺复兴时期特征的人物——复杂、多面、矛盾，有着与我们一样的平凡人性。这与我们在科学教育中常常碰到的那种脸谱化的"科学家"是完全不同的。相比之下，伽利略则向我们展现了他作为社会和政治中人的全面投入和由此显现的鲜明个性。

《星际信使》不仅揭示了自然世界的微妙运作，也透露了科学背后的人类心灵。伽利略是一位细心的工匠，他制作了当时世界上最精细的望远镜。他是一位思虑缜密、一丝不苟的理论家。对从经验观察到的现象，他非常小心但又很大胆地进行综合概括，深及其基本的原理。他是一位令人敬畏的观测者与实验家，对于可以采用新仪器来解决的急切问题具有灵敏的嗅觉，并对重大发现的重要性提出周到的诠释。

同样有意思的是，他是一位非常会说故事的人，说故事成为他的"科学策略"（现代的科学普及可以说都还在效仿他）。他在叙述中能一面说服读者相信他的观点，一面又预先回答哲学与宗教人士可能对他发动的思想审查和反对。他用读者熟悉的地球表面现象做模拟来描述阳光如何落在黎明的月球表面上，先照亮山顶而后才是山谷。他用引人入胜的方式引导读者理解，为什么出现在暗区内的孤立亮点暗示月球有崎岖的地形，而先前的研究者认为那只是光滑球面上的一个杂色斑点。这些地貌显示月球不是变化多端的女神，而是像地球一样的自然世界，在一个月内不断变换自然风貌。

不仅如此，伽利略还投靠当权者美第奇家族，科学家们都十分愿意向有助于他们自身名利的权贵卑躬屈膝，从他那个时代到今天，并没有太大的改变。伽利略将《星际信使》献给佛罗伦萨的统治者美第奇家族，并将木星的四颗卫星以美第奇家族之名来命名，他因此如愿以偿获得这位欧洲最具权势的统治者的赞助。今天，人们不再把木星的那四颗卫星称为"美第奇卫星"，也不把它们当作归属于美第奇家族的东西。

比起后来的科学家以其他名目把研究成果归功于他人，伽利略的讨好行为还不是最令科学蒙羞的，因为美第奇确实可以称得上是历史上少有的开明专制领导者。政治归政治，科学归科学，仍然是一个遥远的梦想。伟大的科学发明（如畅通无阻的信息网络）虽然能造福人类，但其运用不能违背统治者的利益，同样的科学技术可以用来做好事也可以用来干坏事。科学家不是不食人间烟火、居住在象牙塔里的"纯粹知识人"，他们生活在社会和政治关系之中，必须时时应对控制着他们知识活动的权力，并与各种制度限制小心周旋。

今天，几乎每个学童都知道伽利略以日心说对抗教会的故事。伽利略基于自己的观察，已经得出与人们所信奉相反的结论：地球绕着太阳运动，而非太阳绕着地球运动，这个结论让他卷入他无意发动的与教会权威的争端之中。基督教对宇宙和天体的知识所根据的，都是对《圣经》中零星短语的解释，但是罗马教廷自己的天文学家也曾经证实伽利略的发现。

枢机主教罗伯特·贝拉明（Roberto Bellarmino，1542—1621）——被册封为"圣人"和"教会博士"（Doctor of the Church）——尽管从个人立场上认同伽利略的观点，但他仍然认为，发表任何科学发现绝对不允许动摇基督教和教会的权威，科学首先要"讲政治"，而不是讲科学。科学的中立从来就不像我们许多人想象的那么简单，那么与政治无关。不涉政治的科学，为科学而科学从来就是一个神话，而非现实。

1633年，伽利略经过长期痛苦的挣扎，为了免受异教徒的死刑惩罚，同意放弃日心说和地动说的观点，而接受地球为宇宙的恒定中心的教会正统思想。但是离开对他进行调查的觐见厅时，他嘴里还喃喃说道，"但它（地球）还是在动啊"！这个故事可能是杜撰的，但是它的含义清晰明了，而且也许因为伽利略是宗教异端裁判所最著名的受害者，所以他成了新科学最有名的获胜者。伽利略最后还是没有能逃过教会的迫害，他在软禁中度过人生的最后八年，一直到眼盲才停止他的望远镜观察实验。

2. 笛卡尔，科学的证明、信念的担保、科学不寻找绝对真理

伽利略伟大的天文发现和他在教会面前的软弱态度，这在17世纪是科学家的普遍生存状态，而不是特例。笛卡尔（René Descartes，1596—1650）在面对教会权威的压制面前，也是表现出同样的态度。伏尔泰说，17世纪是一个伟大（科学）天才的世纪，但不是一个开明的世纪。伽利略和笛卡尔都让我们看到，在一个不开明的时代，科学家并不能公开地坚持他们关于科学真理的理念。

1629年10月，笛卡尔告诉一位神父朋友，说他正在写一本宇宙论，计划三年内写完。事实上到1633年他已完成了这本《世界论》——或称《论世界》（包括《论人》和《论光》）。还未及付印，笛卡尔就得知伽利略在意大利因拥护哥白尼地动说而受到教会谴责

的消息。他赶紧借来伽利略的《关于托勒密和哥白尼两大世界体系的对话》一阅，发现自己的观点类似这本书中的结论，尤其是承认哥白尼太阳中心说，与伽利略相一致。为避免与教会及当时学术界人士引起正面冲突，笛卡尔打消了出版该书的意图。

他对朋友说，地动说与我的论文关系异常密切，我真不知如何能够将这一理论从我的著作中删去，而又能使其他的部分仍然成立，不至于沦为一堆残缺不全的废纸。但我又绝不愿意在我的言论中出现一些令教会不悦的言辞，我宁愿毁掉它，也不愿意让它成为畸形之物。如果地动说不能成立，那么我的哲学基础便全部错了，因为很明显我的哲学就在证明地动说。不过，笛卡尔并没有毁掉他的手稿。他希望有一天，地球的另一面也同样地处罚它，这样其《世界论》才有可能在时间中见到天日。这本书后来在 1677 年出版。

笛卡尔与教会权威的关系有与伽利略相似的地方，他同样不敢明目张胆地与教会"据理力辩"，同样也得运用保命的策略。他眼中有一个与经院哲学家不同的上帝，这个上帝不是专制的基础和信仰的对象，而是理性普遍怀疑的结果。18 世纪法国著名启蒙思想家达朗贝尔说，笛卡尔是"一个密谋集团的领袖，勇敢地奋起反抗专制和专断权力"，为"他在有生之年没能看到的更公正、更美好的政府"奠定了基础。[1] 法国大革命的时候，笛卡尔原本是要与米拉波（Honoré-Gabriel Riqueti, comte de Mirabeau，1749—1791）、伏尔泰、卢梭一起被请进革命的"先贤祠"（Pantheon）的，后来未能执行，于 1819 年被安葬于昔日的圣日耳曼德佩（Saint-Germain-des-Prés）修道院。

然而，反抗专制却未必是笛卡尔自己的意图，而是激进的启蒙思想家达朗贝尔在 18 世纪"哲学时代"对笛卡尔的政治解读。笛

1　彼得·盖伊著，王皖强译，《启蒙时代（下）》，上海人民出版社，2016 年，第 139 页。

卡尔本人似乎只是对人类的未来福祉寄予美好的期待。他在《谈谈方法》（*Discours de la méthode*）一书的"第六部分"中用动人的笔触写到，一门实用科学能使人类成为"自然界的主人翁"。这门科学"我们可以指望的，不仅是数不清的技术，使我们毫不费力地享受地球上的各种矿产、各种便利，最主要的是保护健康。健康当然是人生最重要的一种幸福，也是其他一切幸福的基础"。这更符合一位17世纪思想家对实用科学理性及其社会作用的看法。

自中世纪以来，理性一直受制于权威，崇尚理性的亚里士多德在经院学术中成了神学家。笛卡尔废除了权威对理性的专制，并有所建树，从而超越了文艺复兴。在笛卡尔这里，上帝只是怀疑的结果而不是前提，他建立上帝的观念是为了达到事物的科学本质而不是相反，他对哲学和神学的兴趣仅在于把它们当作人类科学的基础。这在他的《谈谈方法》中充分表现出来。

《谈谈方法》的全名是《谈谈正确运用自己的理性在各门学问里寻求真理的方法》，出版于1637年，这是一本不大的书，但却对西方人的思维方式、思想观念和科学研究方法产生极大的影响。有人曾说：欧洲人在某种意义上都是笛卡尔主义者，就是指受他方法论的影响，而不是指他认为意识可以离开物质而独立存在的哲学。

笛卡尔在《谈谈方法》中指出，研究问题的方法分四个步骤：

第一，永远不接受任何我自己不清楚的真理，就是说要尽量避免鲁莽和偏见，只能是根据自己的判断，力求清楚和确定，没有任何不值得怀疑的真理。也就是说，凡是没有经过自己切身体会的问题，不管有什么权威的结论，都可以怀疑。这就是著名的"怀疑一切"理论。例如亚里士多德曾下结论说，女人比男人少两颗牙齿，但事实并非如此。

第二，可以将要研究的复杂问题，尽量分解为多个比较简单的小问题，一个一个地分开解决。

第三，将这些小问题从简单到复杂排列，先从容易解决的问题着手。

第四，将所有问题解决后，再综合起来检验，看是否周全完整，是否将问题彻底解决。

在这四条里，第一条是最基本，也是最关键的，是笛卡尔理性主义的基础。虽然从字面上看似乎不难理解，其实还是需要作一些认识论上的解释。什么是"清楚的真理"呢？"清楚"指的是什么？"确定"又是指什么？不明白这些，便不可能真正懂得笛卡尔所说的"怀疑"到底指什么，也不能理解为什么"方法"对他和理性主义如此重要。了解了第一条，下面三条就不难理解了。

笛卡尔所说的"方法"指的是获取可靠知识的方法，只有方法是科学的、可靠的，获得的知识才是可靠的。他认为，数学的方法是可靠的，而且对获得所有其他的知识都具有普遍意义。他用数学来作为方法模式，以此寻求知识的"确定性"。

他把数学分解为两种思维运作，一种是直觉，另一种是演绎。直觉把握的是不证自明的真理（真实），你在头脑里一下子就能"看出"那是真的，所谓的看，当然是一个比喻。"逻辑"就是一种可以用直觉把握的可靠知识：例如，部分不可能大于整体，自相矛盾是错误的；例如，我不能说"天在下雨，又不在下雨"两个同时都正确。我也不能对你说，这是你的饼，但必须由我来代表你把饼吃掉，因为你清楚地知道我不是你。

不证自明的"真理"是这样的，如果你"清楚""明确"地思考它，你就认识到它是真实的，这个确定的知识不是从别的知识推演出来的，也不是你通过什么其他的途径获得的。你能够直觉地认定那是真实的，例如二加二等于四，而不是等于五。那么，人的这种认知能力是从何而来的呢？笛卡尔认为，那是人天生的，是上帝放进人头脑里的。

我们经常并不意识到自己具有这样的认知能力，因为它并不是来自我们的经验。你无须用眼睛看或耳朵听，就能知道是真是假，这样的知识就是直觉知识，这种认知能力就是理性智能，"理性主义"的说法也就是从此而来。理性主义指的是，你可以先于经验（先验）地获得关于这个的知识，因为你有为此目的所需要的智识能力和纯粹理性。

现在再来看"演绎"思维。演绎需要大前提和小前提，如果两个前提都正确可靠，那么由此获得的知识便是可靠的。如果说直觉是获得"清楚"知识的方法，那么演绎又称"三段论证"，便是获得"确定"知识的方法。例如，人都会死（大前提），我是人（小前提），我会死（结论），这个结论是确定的知识，因为两个前提都是正确可靠的。在推理的这种"因为"和"所以"论证结构中，有时候大前提会省略掉，这叫作"不完全三段论证"。例如，"因为我是人，所以我会死"，这就可以说是一个具有确定性的知识推导。

因此，演绎的推理是必须的，推理是从清楚的直觉真理知识开始的，由于直觉真理是可靠的，由于大小前提的同类关系也是可以确定的（也可以直觉把握），所以推演的知识结果也是可靠的。反之则不可靠。例如，你的直觉是，主人都比仆人吃得好，但某主人好吃好喝，虐待仆人，却说自己是仆人，被虐待的反倒是主人。那么，你就应该得出这样的结论，这个主人是骗子。这个"是骗子"不是直觉的知识，也不是经验的知识，而是理性推导的知识。

按照笛卡尔的想法，你可以坐下来，仔仔细细想清楚，有多少可以用直觉把握的真理，然后从这些直觉真理出发，得出各种结论，推导出各种知识体系来。

你弄明白什么是清楚和确实的知识，笛卡尔四个步骤方法的另外三个部分也就能按顺序一一发生作用，你可以将知识对象分解成它的组成部分，这是分析。然后你可以一个一个解决部分的问题，简单的先解决，复杂的后解决。最后，所有问题都解决了，你可以把部分的解决综合放到一起，看看是否周全，没有矛盾，这样就能解决整体问题。

笛卡尔对 17 世纪新科学范式有重要贡献，他把人的感官经验、想象和意志、推理和理解一起归入"心智现象"。他在"我怎么感觉"和"外面有什么"之间画了一道界线，提出了一个根本的怀疑：我们能确定自己所感觉到的事物吗？如果我们不能确信由感官所察觉的事物（例如，水杯里看起来是"弯"的筷子其实是直的），那么我们便不能从观察中推导出所谓的"科学真理"来。所谓的"科学观察"并不是纯客观的，而是人的意志解释行为，对它的科学性（可靠的知识性）绝不能轻易下定论。但是，笛卡尔对绝对确实的否定并不彻底，他的怀疑论（"我思，故我在"）仍然是为了寻找某种在亚里士多德范式中无法获得的知识确定性。今天，我们可以比他更进一步地知道，在科学里是找不到绝对的确定性的，根本就不存在什么绝对的科学真理，更不要说是"宇宙真理"了。知识骗子们总是把自己的私利打扮成真理，并把谋取这种私利的手段夸耀为"科学"。

今天，我们知道，任何科学理论的性质都是提出某种基本"假设"，而不是从某种一定正确的真理推导出某种可以"证明"的知识。除了可以"证明"的知识外，还有可以"担保"（warrant）的知识，宗教就是这种担保性的信仰知识。

"信仰担保"与"科学证明"之间的区别是这样的，例如，平面几何的"勾股定理"是一种科学证明知识。有几十种不同的证明方式可以证明勾股定理的正确，但是几十种证明方式并不比只有一种证明更增加"勾股定理"的可靠性，而且在这几十种方式中，最简单的就是最好的。

但是，"信仰"或"信念"的担保是有可加性的，来自多个不同方面的支持越多，条件就越接近充分，担保就越有力，越令人信服，宗教历史的故事、事例和人物、道德感化、神学研究等都是在提出这样的担保。

人文科学的理论提出的也是"假设"，如果一个理论可以用来解释20种不同的现象，那么这20种现象也都可以视为对它的"担保"。

知识的"方法"对我们了解知识及其运用的范围和条件很有帮助。我们可以由此知道，知识的成就在于得出某种有担保的理论（即"假设"），而不是绝对确定无疑的真理，所谓"放之四海而皆准"的真理是不存在的。人类诉诸理性的怀疑不同于非理性的怀疑主义和犬儒主义，这样的理性怀疑不仅适用于自然科学，也适用于人文科学。

笛卡尔方法的根本意义在于它的怀疑和求实精神，用今天的话来说，就是批判性思考，他拒绝无条件地笃信或遵从任何传统或政府权威的观点。怀疑权威，验证权威的可靠性，这是在启蒙运动中得到确立的思考方式。对此，美国哲学家迈克尔·林奇（Michael P. Lynch）在《失控的真相》（*The Internet of Us*）一书里指出："16世纪，一个受过教育的人无非就是掌握了一些宗教教义和经典文本的人，他们的认知完全来自（而且只来自）这些文本。但一个显著的问题是，这些文本经常出现错误（伽利略和哥白尼都推翻过其中的错误），从这些文本中汲取知识的做法显得有些天真。因此，笛卡尔在1641年否定了这种做法，他在一本书（《谈谈方法》）中开宗明义：'很多年过去了，我发现，很多年轻时认为颠扑不破的真理，后来证明都是假的，有了这个意识之后，我们应该事事存疑。'"[1]

---

1 迈克尔·林奇著，赵亚男译，《失控的真相》，中信出版社，2017年，第40—41页。

笛卡尔提出了一种新知识观，那就是人类应该重构自己的认知，应该运用他自己能够找到和检验的材料。这成为一种从 18 世纪启蒙运动以来一直指引人们独立和成熟思考的信念。启蒙运动推崇理性和理智，要求人们切莫听信他人的一面之词，要敢于挑战权威，用自己的头脑独立思考，这些都已经成为今天绝大多数人认可的思考和求知原则。

3. 为启蒙做准备的科学革命

17 世纪是一个科学革命（Scientific Revolution）的时代，指近世历史上现代科学在欧洲萌芽的这段时期。在那段时期，数学、物理学、天文学、生物学（包括人体解剖学）与化学等学科皆出现突破性的进步，这些知识改变人类对自然的眼界及心态。科学革命发源于欧洲，文艺复兴时代结束之时，开始科学进步的历程，这个历程一直持续到 18 世纪与 19 世纪。科学革命的冲击，造成启蒙运动的出现，影响了欧洲社会。

科学革命的开始日期，历史学家仍有争议。在 1543 年，尼古拉斯·哥白尼（Mikołaj Kopernik，1473—1543）出版著作《天体运行论》，这经常被当成是科学革命的起点。从 1543 年一直到伽利略出版《关于托勒密和哥白尼两大世界体系的对话》的 1632 年，这段时间常被认为是科学革命的第一阶段。在这个阶段中，复兴了古希腊与罗马时期的旧有科学知识，被称为是科学复兴（Scientific Renaissance）。在伽利略之后，则是现代科学的兴起时期。艾萨克·牛顿（Isaac Newton，1643—1727）在 1687 年发表《自然哲学的数学原理》（*Philosophiae Naturalis Principia Mathematica*）之后，经常被认为是科学革命的完成期。

在了解 17 世纪科学革命的时候，需要避免将科学与宗教简单地对立起来，常见的观念认为，科学革命之前的教会是蒙昧颟顸、压制理性、阻挠科学进步的黑暗势力，是科学革命和启蒙运动将科学从教会压迫中解放了出来，然而，真正致力于科学史研究的学者却很少这么认为。有兴趣的读者不妨读一下科学历史学家詹姆斯·汉南（James Hannam）介绍和说明这个问题的《教会是科学的敌人吗？》一文。他是《上帝的哲学家》（*God's Philosophers: How the Medieval World Laid the Foundations of Modern Science*）一书的作者。他通过具体的实例指出，"纵观历史，真正的局面是复杂且多变的，用某种单一理论来解释所有形式的科学与宗教之间的互动，从未被证明是可能的，或貌似可能的。确实，某些科学分支（比如新达尔文主义理论）与某些宗教派别（比如基督教经律主义）是有冲突的。但即使在它们两者都在场的情况下，这种冲突的影响也是微乎其微的"。[1]

17 世纪与这之前的科学之间发生的革命性变革在于其基本观念，是 17 世纪的科学观念革命奠定启蒙运动的思想基础，也催生开明专制在司法、经济和社会管理等方面的变革。在科学观念中起重大作用的思想家首推培根、笛卡尔和牛顿。虽然培根和笛卡尔在一些基本原则上观点不同，一个是经验主义者，另一个是理性主义者，但是他们都强调人的认知方法，拒绝传统的权威，也不同意宇宙间存在基督教所想象的那种神启的终结目的。

宇宙秩序的想象发生变化，宇宙成为一个按照确定又明确的规则来有序运行的存在，那就是被称为"自然"的自然规则。自然是上帝创造的，但不是上帝每时每刻都照看运行的。自然的运行有其自身的规则，无须上帝的干预，人类可以运用自己的理性发现并认

---

1 译文来自：http://headsalon.org/archives/6035.html。

识这些自然规则。理性因此具有前所未有的重要意义。

培根说，人能通过适当的理性方法来认识自然。这个理性的自然法则观念并不排斥上帝，而是重新认识上帝的崇高道德权威，因为自然法则里包含着上帝为人类正当行为提供的导向，这种导向比充满矛盾的神启解释更为可靠。

早在 1615 年，伽利略就提出，人类在科学经验上能达成共同的认识，其可靠程度远远超过争吵不休的神学家们对神迹的解读。因此，科学——也就是对物理现象的观察——也许也可以用来解释基督教经文。尤其是在经文字面解释与日常经验和常识相矛盾的地方，可以用科学的方法对这种矛盾作出解释。

上帝创造自然法则，人发现自然法则，这一观念由于牛顿的科学贡献而得到空前的加强。包含上帝律令的自然法则不仅适用于物理世界，而且适用于人的社会生活，是人类正当行为法则的依据，人类社会只是自然宇宙秩序的一部分。人类若要实现值得向往的好生活，就要自己遵守自然法则，并让人类发展和社会关系与自然法则一致起来。

这样一种新的自然观在当时是有颠覆性的革命观念。在传统的基督教神学里，人有原罪，人天生堕落，人无力抵抗恶的诱惑，倘若没有神恩和神启，人定然无法知晓上帝的意志和律令。但是，由于新科学观念的传播，人们意识到人类可以依靠自己的理性来得到救赎。

在这样的世俗观念的冲击下，传统的神学观念对受过良好教育的人群的影响式微了，"理性"的观念在其中发挥巨大的作用。当然，在这之前，文艺复兴的伟大成就已经增强人们对理性的信心，但是理性成为一种坚实的认知理论和信念，那是 17 世纪科学革命之后的事。

17 世纪的"科学家"代表的是一种新的社会人格，就像"人文主义者"代表 16 世纪文艺复兴时期的新人格，"哲人"代表 18 世纪启蒙时期的新人格一样。如果说科学家是研究科学的人，那么人文主义者通常是作家、历史学家、伦理学家，还有似乎显得相当平凡的家庭教师和中学教员，他们教授的是修辞、语法、辩论或其他有用知识的基础课程。人文学者当中有像彼得拉克（Francesco Petrarch，1304—1374）、洛伦佐·瓦拉（Lorenzo Valla，1407—1457）、伊拉斯谟（Erasmus von Rotterdam，1466—1536）和托马斯·莫尔（St. Thomas More，1478—1535）这样的著名作家和诗人，也有教师、公证人、君主或城市的行政秘书或大臣。

人文主义者并没有对传统的基督教神学形成令之不安的思想威胁。他们所扮演的大多是与文字相关的角色：撰写拉丁文的公文、邀请函和致谢信，在有来宾或公共活动时致辞或演说，写作有趣的故事、诗歌和历史，收集格言和民间的幽默笑话。于是，他们主要是一些时新知识的富有而高贵的欣赏者。他们搜寻拉丁文、希腊文手稿，加以编辑，并抄写或印刷出来，把希腊文翻译成拉丁文，或把拉丁文翻译成本国语言。他们撰写评论、教科书和语法论著，培育晓畅明快或者幽默博学的风格。为了寻找最可靠的手稿，把握原作者的本意，他们创立了历史批评的标准。人文主义者复原了卢克莱修、塔西佗和西塞罗的部分著作，同时传播了维吉尔、奥维德、塞涅卡和波伊提乌（Boethius）的著作。他们把绝大部分遗留下来的希腊诗歌、历史、政治学著述都翻译成拉丁文。

17 世纪的科学家与这些 16 世纪的人文学者不同。他们提出的是能够颠覆教会正统创世说的宇宙观和世界观，还有能动摇启示神学基础的新科学认识论，而理性便是他们新科学认识论的核心。科学因此成为一场足以把人类熟悉的世界变得完全陌生，并要求重新理解和解释世间万物合理性的革命风暴。

以理性来思考人的认知、世界观乃至社会和政治合理性，当然不只是伽利略、笛卡尔、牛顿、培根这样的科学家，而是受到科学精神影响和启发的政治和社会思想家们，英国哲学家霍布斯和洛克就是其中的代表人物。洛克在《人类理解论》中论证，人的观念是通过对外部世界的感官印象和意识来形成的。每个人都可以从自然获得和接受感官经验，有所记忆，加以比较，形成知识。这是人类拥有的普遍理性能力，这个理性能力也使人能够按照包含在自然里的真实标准，不断调整自己的观念和行为。因此，人虽然是环境的产物，但也能改变环境。人有能力运用理性让环境变得更符合自然法则，这就是进步。这是一个了不起的思想，人的理性不仅使人可以认识现实世界，而且还可以改变现实世界，让它变得更好，这就是历史的进步。

17世纪的笛卡尔、培根、牛顿并没有造就18世纪的启蒙思潮，他们只是为后来许多广受关注的问题和变化中的观点提供了一套新的观念、原则和思考路径。他们的思想正好符合18世纪人们的需要，满足他们对概念、术语、原则等的需要，强化他们已经形成或正在形成的意识和知识，让他们对现状本来模糊的不满和求变期待变得清晰起来。

17世纪科学革命中产生和发展了两个至关重要的观念，那就是"自然"和"理性"。这两个观念后来成为18世纪启蒙的核心观念和原则。在这两个观念之间也建立起启蒙思想的基本信念，那就是，人有增长知识和发现真理的理性能力，人能够通过可靠的方法而不是神奇的知识来改变现有的世界状态。这个信念超越对知识的认知，扩展到知识的社会实践，形成另一个非常重要的信念，那就是知识必须是有社会实践的知识，没有社会实践的知识是不符合真正理性标准的。启蒙时代的知识不是为知识而知识，而是为理性社会实践和现实改造做准备的知识。

18世纪启蒙人士对科学和科学理性的赞美可以说是一种改革策

略，未必真正符合17世纪科学家们对科学的认知和理解。这就像中国20世纪初新文化运动中的"德先生""赛先生"，打着这两位先生大旗的人未必真正懂得什么是民主什么是科学，他们打出这两个旗号，主要是为了扫除他们眼中的进步障碍，那就是传统文化中的孔家店。

在许多18世纪启蒙人士那里也是一样，他们是借科学来扫除传统宗教迷信的障碍。他们把新科学看成是一股势不可挡的力量，以此作为论战的武器，让自己与合理的方法和进步能站在同一条战线上。

正如美国历史学家彼得·盖伊在《启蒙时代》一书里所说，"启蒙哲人赞美科学革命，接受它的发现，采纳它的方法。他们把科学革命的哲学意义引申到远远超出科学家认可的程度。他们力图把科学的思维方式应用到美学、社会和政治理论领域。但是，他们发现，在解决上帝这个难题之后，他们又不得不面对几乎与旧难题一样棘手的新难题"。这些新难题包括，科学和理性是不是真的就能解决人类一系列复杂的社会和政治问题？今天我们知道，这样的想法是不切实际的。而且，科学还可以被用作幌子，给予科学无关的东西带上"发展科学"之类的冠冕，成为欺骗手段。像这样的问题都是18世纪启蒙人士在迸发科学热情时所没有预料到的。彼得·盖伊描绘道，"启蒙时代是科学革命被发现、巩固和成功普及的伟大时代，在这样一个时代，普普通通的人也能认识到科学革命是一桩异乎寻常的事件。这场革命显然是自宗教改革以来西方发生的一场影响至为深远的剧变，其影响甚至超过宗教改革"。[1]科学热情成为一时的社会时尚，一时出现大量解释科学的通俗作品，还创办许多科学期刊。

1　彼得·盖伊著，王皖强译，《启蒙时代（下）》，第117页。

　　"文革"刚结束后，1978 年召开全国科学大会，诗人郭沫若发表一篇激动人心的文章，叫《科学的春天》，"科学"成为春回地暖、思想解放的代名词。1978 年，《人民文学》第一期发表作家徐迟的报告文学《哥德巴赫猜想》，一时洛阳纸贵，人人争相阅读。科学丰富了文学，科学的术语、比喻和主题进入中国的语言和文学。人们对这样的语言和文学觉得耳目一新，感到异常振奋。

　　在那时候人们的心目中，科学及其追求客观规律的方法代表着真实、真相和用实践检验真理的决心。科学的冲动具有人们渴望进步启蒙的象征意义。今天，我们在肯定科学启蒙意义的同时，对科学方法论在人类政治和社会构建上的局限有了更多的认识。政治和社会构建的主体是人，人是复杂多变的：人性中有天使也有魔鬼，人的行为不可预料，深不可测，人的政治和社会行为从根本上来说是不可精确预测的。

　　科学方法论只能作为人类社会研究的一个参考维度，但如果将科学方法论——精确控制，完美管理，建立模型，准确预测——用于指导和规划社会运行，就变成滥用理性的"唯科学主义"，而这便会成为一种少数精英的统治手段。20 世纪 30 年代，当传统信念和价值遭遇危机的时候，唯科学主义与政治乌托邦主义汇集到一起，让形形色色的意识形态愿景有机会构建种种人间天堂的梦想。

　　如今，科学技术正在催生新的美好社会梦想。区块链、物联网的快速发展，可以随时监控万物的走向，于是有人提出，物联网加人工智能，可以复活"计划经济"。由于基因生物技术的成熟，有人尝试"改良人种"的基因编辑，以为人可以借此摆脱遗传的限制，随心所欲地设计自身。随着人工智能的逐渐强大，有人提出，"AI"实现对社会整体的精确把控和有效监控，建设完美的社会秩序与稳定。

　　然而，历史的经验告诉我们，科学可以使我们生活更方便、吃穿更好、更长寿，但未必能使社会更正义、更公平，也未必能使人活得更有自由、更加平等和更有尊严。

科学的"理性"更不会自动造就对社会有益的人才，情况可能恰恰相反。有一次我与一位毕业于清华大学的工程师聊天，他跟我说起他那些"优秀的清华人"同学。他说，他们都是特别能"理性思考"，理性能力特别强的人，称他们是"人类的极品理智动物"也不算夸张。他们都绝对不会做与自己个人利益过不去的事情。他接着引了一句英国政治家阿克顿勋爵（Lord Acton，1834—1902）在《基督教自由史》里说的话："理智最棘手的障碍是良知。"一旦清除良心的障碍，没了信仰，那么越理智的人，就越会在功利的驱使下为一己私利，蝇营狗苟，无所不为。不幸的是，这样的科学人士现在简直太多了。

下面，我们要讨论17世纪早期乌托邦小说中的"科学"和科学乐观主义，要阅读两部"科学小说"，一部是培根的《新亚特兰蒂斯》（1627），另一部是卡文迪什的《燃烧的世界》（1666）。

二 培根《新亚特兰蒂斯》

1. 科学乌托邦与政治

弗朗西斯·培根（Francis Bacon，1561—1626）是一位英国哲学家和科学家。在他那里，科学与宗教是和谐和一致的。他在《学术的进展》（*The Advancement of Learning*）一书里写道，"少许或者表面的哲学知识也许会让人倾向于无神论，但是深入的研究就会把人的心灵重新带回宗教。这一点是肯定的，也是经验所证明的"。

培根说，有两本书告诉世人上帝和上帝的智慧，这两本书就是《圣经》和自然。科学研究自然世界，可以揭示上帝这个"第一因"（First Cause）和"至尊管理者"（Supreme Governor）。在上帝为至尊的宇宙里，存在着某种内在的本质的道德秩序。因此，科学揭示的是一个具有道德本质的自然秩序，并最终将人引向一个好的社会。他去世前没能写完的乌托邦小说《新亚特兰蒂斯》（*The New Atlantis*，1627）便是他对理想中科学的好社会的描绘。

新亚特兰蒂斯是一个岛屿的名字，那里的科学方法已趋于完善，建造了完备的实验室来探索自然科学的方方面面。才能非凡的顶尖科学家们在实验室里勤奋工作。更重要的是，科学取得的辉煌成就是用来造福人民和改善他们生活的，科学建成幸福、完美的理想社会。这就是培根的科学乌托邦。

为什么叫"新亚特兰蒂斯"，因为原来就有一个叫"亚特兰蒂斯"的地方。亚特兰蒂斯意为 Island of Atlas，即"阿特拉斯的岛屿"，又意译为大西洋岛、大西国、大西洲。亚特兰蒂斯是传说中文明最发达、最完美的得天独厚之地。对这个得天独厚之地的最早描述，出现于古希腊哲学家柏拉图的著作《对话录》里。有人相信，历史上确实有过这样一个地方，在公元前一万年左右被史前大洪水所毁灭。但许多研究者对亚特兰蒂斯的存在抱怀疑和否定态度。

不管怎么说，因为在培根之前早就有了一个"亚特兰蒂斯"，所以他把自己书里的乌托邦叫作"新亚特兰蒂斯"。如果说以前的那个亚特兰蒂斯是一个柏拉图式的哲学乌托邦，那么培根的新亚特兰蒂斯就是一个科学乌托邦。

培根所说的乌托邦故事是这样的。有一艘从秘鲁出发的航船在海上航行了一年，船上的给养越来越少，又碰到风浪，船员们筋疲力尽，许多都病倒了。就在危急万分之时，船飘到一个岛国。后来他们知道，这个地方叫本萨冷（Bensalem），意思是"The Son of Wholeness"（完整的儿子），这也就是新亚特兰蒂斯。

船员们上岸，他们看到的不是野人，而是穿着简单、干净、漂亮的人们，聪明而有礼貌。他们允许船员们登岸，但告诉他们，岛上的政府不允许他们逗留。但因为有的船员病了，所以特别允许暂时可以在岛上养病。就在养病的几星期里，来客们逐渐发现这个岛上的一些秘密。

他们被告知，大约九百年前，岛上有一个记忆力超凡的国王，名字叫所罗蒙那（Salimona），他是一位人民敬仰的立法者。这位君王心地仁慈，全心全意治理岛国，让他的人民幸福。他的丰功伟绩之一就是创造岛上的制度和秩序，建成一个完美的科学乌托邦社会。

岛国有一个"所罗门宫"，它是这个乌托邦国家的"眼珠子"。在所罗门宫里，有搞科学研究所需要的各种设施和设备。例如，有洞穴用来"凝结、僵化、冷冻和保存各种物体"，有高塔用来"进行暴晒、冷却、保存"，并"观察气象，如风、雨、雪、雹和其他突变的气候"；有咸水湖和淡水湖用来养殖鱼类和水禽，在这里，还进行咸水淡化或使淡水变成盐水的实验。宫内还有海上岩石和港湾；有奔放的河流和汹涌的瀑布，用来提供水力资源，而且还可以运用风力来发动各种机器。所罗门宫内也有一些人造井和温泉，带有胆矾、硫黄、铁、铜、铅、硝石等矿物的颜色，其中有一口井，人们称作"天堂之水"，经过处理后特别有增进健康和延年益寿的功效。

所罗门宫就是岛上的政府，相当于英国的国会，但这里没有政客发表演说或举行表决，没有选举或者官员任命，当然也没有政党的钩心斗角或政客的专权腐败。岛上淳朴的人们不能设想，外面世界的政府里竟然总是会发生这些乱七八糟的事情。

所罗门宫里的管理者们都是经过精挑细选的，为人民服务的。他们是有学问的建筑师、天文学家、地理学家、生物学家、物理学家、化学家，一句话，科学家。他们各有专长，一心为国为民，比政客的政府不知要好多少。

他们关心的是如何掌控自然，而不是如何掌控人们。这个国家的基础是关于宇宙事物的知识，目标是将人类的王国扩展到世间一切可能的事物。这是何等的宏伟、广阔。他们研究和利用自然的能源、探索宇宙的奥秘、进行动物实验、寻找治疗疾病的方法、杂交植物和动物、培育更优秀的品种、向鸟儿学习飞翔、向鱼儿学习潜水。

他们不与岛外人进行贸易，一切都自给自足，消费自己生产的东西，生产自己消费的东西。他们不与他国因为殖民地而进行战争，也不稀罕什么金银财宝、绸缎香料。他们稀罕的只有一样东西，即上帝所创造的"光"，那是智慧的光亮——知识。他们向世界各地派出"光的使者"，每任十二年，目的是学习他国的先进科学、技术、文学和各种知识。这可不像某些号称到海外"访学"的学者，培根笔下的"光的使者"们走出国门，可不只是走马看花、游山玩水，也不大包小包买一大堆奢侈品回国。

岛国知识使者任满回国，必须向所罗门宫的领导汇报学习的成果。领导便再派出下一批学习人员。这个岛国就积累了全世界的知识，成为培根笔下的科学乌托邦乐土。

培根写《新亚特兰蒂斯》，自有他完全不同于柏拉图的目的，比柏拉图更现代，也更具有世界和人类的关怀。他要描绘的是科学解放人类的美好未来和理想前景。今天，我们对科学和科学家有了更多的了解，也许会觉得培根的科学理想过于单纯、过于天真。科学的道德理想、科学的普世惠爱与恩泽真的会成为现实吗？现在恐怕还看不出迹象。

美国的超级富翁马斯克（Elon Musk）有一家叫 SpaceX 的太空探索技术公司，2015 年就提出一个庞大的科技规划叫"星链计划"，说要把 12000 颗卫星连接起来，为全球人民提供 Wi-Fi 无线上网服务，同时降低网络延迟，让全体人类有稳定的网上体验。

马斯克还有一个发射卫星的时间表：会于 2019 至 2020 年，有 800 颗卫星覆盖美国本土；2024 年有 4425 颗卫星置于近地轨道中，于更后的时间会有 12000 颗卫星环绕地球，让个人上网的频宽都可达至 1Gbps 极速！星链计划对全球人民，至少是大部分人民而言，将是多么前所未有的伟大发明！

马斯克曾于 2015 年一次活动中说道："我希望我们能够与不同的国家达成协议允许其国民接入，但是这需要一个国家一个国家地谈。"可见，马斯克虽然热衷于发展人类科学，也有能力这么做，但他也知道，光有钱，光有科学，没有政治是办不成事情的。

六百多年前，培根写《新亚特兰蒂斯》的时候，他对科学造福人类是真心诚意地充满信心。他根本不会想到，造福人类的科学并不符合所有人的利益。他也不会想到，有太多政客为了一己私利，会对科技进行限制或反制，使它无法实现，至少无法顺利成功。

在培根的乌托邦里，科学与政治是对立的，他希望用高尚的科学来代替肮脏的政治。培根对新亚特兰大的描绘虽然简略，但让我们看到所有乌托邦哲学家的一个共同点，那就是期待有一位伟大的智者——哲人国王——能充满智慧地领导人民，把他们带入和平而简单富足的幸福生活。在这个乌托邦里，只有知识丰富的科学家，没有肮脏卑鄙的政客。

许多世纪过去了，乌托邦哲学家的梦想至今没有实现。为什么呢？是不是因为这样的梦想太虚幻，一遭遇现实便被击个粉碎？还是因为人性太晦暗、太自私，不可能有一位圣人或贤者真的能够毫不利己、专门利人地为人民和人类服务？还是因为科学还不够成熟，科学家们还不够睿智，还不具备宏观的战略头脑，根本无法扮演造福人民的领导者角色？

虽然人们对科学会让世界变得更好、更道德怀有疑虑，但是又有谁愿意回到人类能够受惠于科学之前的那个蒙昧时代呢？又有谁希望从今天开始科学就再也不要发展呢？在这个意义上可以说，人们仍然对科学怀有好感。科学及其发展至少仍然部分代表着人类对未来的梦想，而这种梦想正是一种人类难以告别的乌托邦想象。

《新亚特兰蒂斯》是一部科学乌托邦小说，它无法回答我们今天可能对科学和乌托邦提出的问题，但它的科学之梦却无法回避这样的问题。

2. 科学理念和科学主义

培根是 17 世纪科学主义的代表人物。今天，人们所说的科学主义是指这样一种信念：自然科学是最权威的世界观，也是人类最重要的知识，科学的方法不仅适用于自然科学，也适用于人类的任何知识，科学代表一种比其他求知行为更可靠、更优越的认知方式。

同任何其他的"信念"一样，科学信念也会变成一种教条和迷信。迷信科学和迷信宗教同样都是迷信，只不过对象不同而已。更有一些本来与科学无关的政治教条被冠以"科学"的名号，这不是真正的科学，而是宗教的替代。任何被称为"科学"的东西就像是已经得到无可置疑的真实证明，成为盲信的对象，恰恰与科学的求实精神背道而驰。

培根写作《新亚特兰蒂斯》，当然不是倡导这样的科学迷信。他活着的时候，人们还远没有像我们今天这样体会到科学的好处，所以培根要说服他们，让他们认识到科学可以如何造福人类。这是有积极意义的，《新亚特兰蒂斯》的科学信念应该放在这样一个特定的历史环境中来了解。

培根在《新亚特兰蒂斯》里对科学的处理有一些值得我们注意的细节，了解这些细节对我们更深入地理解这部作品的时代特征是有帮助的。

第一是科学知识的保存和传播方式。

《新亚特兰蒂斯》里的那个岛国有一个所罗门宫，是这个王国的"眼珠子"。所罗门宫的研究都是为了人民生活的基本需要，提升全体国民的福祉，五花八门，无所不包。所罗门宫有巨大的果园和花园，供科学家研究土壤的性质和肥沃的程度，研究植物生长和改良品种。所罗门宫的动物园里养育着各种鸟兽，一方面供观赏之用；另一方面也可用于解剖和动物试验，把得到的知识应用到人体上去。所罗门宫里还有各种各样的药草制剂、药材和药品，且用最准确的配剂方法，研制有机的药品。所罗门宫还有制造纸张、布匹、丝绸、纱绢、羽毛制品、染料等的制造技术。这些物品不仅为大众使用，而且可以作为新发明的样品使用。这个乌托邦王国还派出科学人员到海外收集科技知识。

这些对我们今天来说，也许都不陌生，可有一件事情，一定是陌生的。那就是，岛国还"委派三人以实验为手段"，把从海外收集到的科学知识，"提高一步，得出观察结论，制成格言、警语"。他们称这些人为"大自然的诠释人"。为什么不把观察的结论像我们今天这样写成论文，而是要制成格言和警语呢？

培根在 1605 年的《知识的进步》（*The Advancement of Learning*）一书中，把写作分为两类，一类是"方法"（method），另一类是"格言"（aphorism）。方法指的是正式的讨论，讲究说理的逻辑程序、章法结构、条理安排和各部分之间的相互联系，以此写成的是科学论著或文学篇章。格言写作则是没有这么多章法的讲究，它断断续续，零零碎碎，无须统一，也不必连贯，有多少体会，有多少看法，便说多少话。它的好处是以片刻的思想闪亮激发人的思绪，隽永深刻，令人回味。

古代的"格言警句"是两个词，一个叫"aphorism"（短小、诙谐、有教益的警句，姑且称之为"格言"），另一个叫"apothegm"（精练易记、见解独特的警句，姑且称之为"箴言"）。在文艺复兴之前，aphorism 用来指科学知识的原则，而 apothegm 则是用来指哲人贤者的哲理、道德、伦理、宗教教诲。

自从文化复兴以后，这两个词就常常混用。培根著有《新旧格言》（*Apothegms New and Old*，1625），收集的就是他所说的那种"格言"（aphorisms），有 300 多条。《新亚特兰蒂斯》岛国的科学知识就是用 aphorism 这种方式来记录和保存的。

第二是 17 世纪的知识产权观念。

在培根那个时代，人们还没有这么清楚的个人知识产权观念，在《新亚特兰蒂斯》里，知识是国家的秘密，不是个人的财产。王国的统治者所罗蒙那告诉他的客人说，"正如你们必然要想到的，我们还有许多学徒和实习生，以保证能够源源接替上述各种人员的职务，此外，还有大批的男女用人和侍者。我们还共同研究：我们所发现的经验和我们的发明，哪些应该发表，哪些不应该发表，并且一致宣誓，对于我们认为应该保密的东西，一定严守秘密。不过，其中有一些我们有时向国家报告，有一些是不报告的"。[1]

这有点像以前对待顶级科学家的做法，那也是一个乌托邦的时代。当然，有许多顶级科学家和知识人士都被剥夺科学研究的权利，有的甚至付出生命的代价。但那些还活着，并能继续从事科学研究的顶级科学家仍然可以很风光。他们有助手和门生，生活待遇优越，也有很高的政治和社会地位，所以用不着靠数自己发表过几篇论文来计较学术级别待遇区别上的一些蝇头小利。还有一条是特别重要的，那就是，对于他们从事的科学研究，他们必须守口如瓶，严守为国家保密的规矩。

16 到 17 世纪的时候，人们对科学知识有一种更为世界主义的观点，他们认为知识是属于人类的，保密不是最重要的事情。而把科学知识用格言和警语的形式来保持，则是为了便利知识的传播。知识产权（intellectual property）这个概念要到 1769 年才第一次出现，用作一个明确的现代概念则是从 1808 年才有的事情，比培根的时代要晚一个多至两个世纪。

第三是《新亚特兰蒂斯》是否为一部完整的作品。

1　弗·培根著，何新译，《新大西岛》，商务印书馆，1979 年，第 36 页。

威廉·劳莱（William Rawley，约 1588—1667）担任过培根的秘书，后来由他来负责这部小说出版事项。他说，培根是因为没有时间，才没有在去世前完成这部小说。但是，美国政治学教授吉利·温伯格（Jerry Weinberger）在 1989 年版的《新亚特兰蒂斯》序言中认为，这部小说并不像它看上去那样不完整。他写道，"我们必须认为，《新亚特兰蒂斯》可能真的就是一幅科学的终结图景……而这幅显得不完整的图景其实是完整的，因为它包含一种关于政治的'秘密又含蓄'教诲，要费气力才能察觉得到"。《新亚特兰蒂斯》虽然没有写完，但却是培根煞费心思的一部著作，这也是他郑重其事用拉丁文来写作这个故事的原因。拉丁文是当时的严肃写作语言。更重要的是，这部小说里说的全是培根主张的现代经验和实验科学方法。

第四是培根的科学方法。

培根认为，科学不是来自人类头脑里固有的，只需要发掘就能取出的知识，科学来自经验的观察和验证。这与以亚里士多德为代表的古代科学是完全不同的。

亚里士多德认为，人的头脑里蕴藏着"真理"，只要有一群非常聪明的人坐在一起讨论，就能把这些真理挖掘出来。培根认为，这种方法是无效的，因为人是主观的，他们的讨论带着个人背景的干扰因素，他把这些干扰因素称为"偶像"（idols）。由于这些干扰，人不可能没有偏见，必须用科学的实证和实验方法，才能扫除干扰的障碍。

培根还认为，宇宙的存在并没有基督教徒认为的那种终极目的，人可以找出自然现象发生的原因，但不是通过《圣经》或亚里士多德那样的演绎逻辑。相反，培根认为，应该在科学的实验的方法指导下，运用感觉来防止和避免主观偏见，并得出对宇宙活动真实的理解。培根的科学观意味着，没有必要用上帝来解释自然或人，自然哲学无须借助神学教条就更能解释宇宙，也更能发展人类的理解力。《新亚特兰蒂斯》倡导的就是与神学无关的科学。

17世纪初是科学刚刚得到发展的时候，尽管培根不能说在哪个科学领域中取得什么特别的成就，但他却是为科学方法做出规划的思想家之一。那个时候，"方法"是一个具有特别含义的认识论概念。笛卡尔在他的《谈谈方法》一书里提出的怀疑论和直观加上演绎是一种方法。培根的经验主义也是一种方法，但与笛卡尔的不同。

17世纪认识论意义上的"方法"不是我们今天通常所说的方法。我们今天所说的"方法"，指的是做事和待人接物的手段或策略。但在培根和笛卡尔那里，方法指的是人如何取得可靠的知识，排除合理的怀疑。培根所说的方法，强调的是实验与观察，而且更重要的是，方法需要根据求知目的有所调整。

今天，科学已经不再是一种方法，甚至反而被当作"牟利"的手段。在一个不道德、不仁义的国家里，科学与人道的和道德的目的可以是完全脱离的。科学本身不能保证被用在正当的地方，有很多科技被用错地方。表面上看起来是部分人利欲熏心，其实是整个社会不再追求仁义，道德被贪婪杀死。当科学落入邪恶政权掌控的时候，它就一定会成为作恶者们杀人的高效武器。纳粹德国发展出高效的毒气和焚尸炉，屠杀六百万犹太人，它还掌握当时最先进的科学和技术，制造威力强大的坦克、大炮、潜艇、飞机，因此大胆地发动野蛮战争，并把大半个世界拖进灾难的漩涡。

科学经过五百多年的发展与运用，今天我们对科学、科学方法和科学信念的认识当然不可能还停留在培根那个时代的水平。而且，许多新兴科学，如原子能研究和应用、基因研究、转基因、互联网和人工智能等，正在极其深刻地影响人类的命运。今天，我们该如何认识科学与社会福祉的关系，这个问题正变得越来越严峻和迫切。

3. 科学会带来开放社会吗

培根满怀热忱地说服他的当代人，要他们明白，科学对社会发展和人类福祉可以有多么巨大的贡献和影响。他并不主张为科学而科学，他是历史上第一位认真讨论科学与社会关系的科学家兼思想家。

科学的目的是提高社会福祉，科学家对如何理解这个目的经常会有分歧。以前，反对核武器和支持核武器的科学家在核科学是利是害的问题上就有过激烈的争论。今天，许多新的科技带来新的伦理难题，如基因编辑婴儿、大数据社会监控侵犯隐私、用作武器的人工智能和武器。

有的科学家认为，摆脱神学目的的科学知识有其自身的价值，因此，应该为科学而科学，科学应该以知识为目的，摆脱功利的考量，科学知识是目的，而不是达到其他目的的手段。

但是，也有科学家认为，科学知识的目的是最终贡献于社会发展和人的生活改善，科学与正当的社会需要是密切相关的。为科学而科学所发展起来的科学，其实很容易被邪恶的势力用来干危害人类的坏事，科学家对此应该有清醒的意识。

科学的发展，意义绝不局限于新的知识和技术给我们带来的电视、冰箱、汽车、手机、计算机、打车或购物的 App，科学的发展应该还带来一个更以人为本的自由、平等、公正、理性的世界。培根在《新工具》（*The New Organon*）里说，科学的梦想为世界梦想提供一个模式，科学的理想应该与人类的理想相一致。

20 世纪初，中国新文化运动时期，许多人也持有类似的想法。赛先生和德先生成为思想解放运动的两面旗帜，其中赛先生这位科学先生的所谓"科学"，是指近代自然科学法则和科学精神，进而可以理解为一种求实的精神，也就是 17 世纪早期科学思想家所说的用可靠的方法获得可靠的知识。

1976 年之后，"文革"刚结束不久，人们对未来充满希望，当时提倡"实事求是"，产生极大的鼓舞人心的作用。

所以说，赛先生、实事求是、说真话，都维系着中国人对一个自由、平等、公正、理性的世界的梦想。科学梦想一直是中国人未来世界梦想的一个模式。科学和民主应该是相互扶持的，科学和民主都是为了能有更好的社会。培根《新亚特兰蒂斯》中的科学就因为缺乏一个明确的社会目标而受到一些研究者的批评。他们认为培根在书里表现出来的那种无条件的科学乐观主义违背他自己在早期著作里所强调的"人在世"，也就是人的存在问题。

"人在世"不是一个抽象的哲学思辨问题，而是一个实实在在的社会问题，也就是什么是好社会，人可以在好社会里实现什么样的好生活，包括个人和普遍的好生活。好社会和好生活的问题是以坏社会和坏生活为参照来思考的。避免坏社会和坏生活，这已经是朝好社会和好生活迈进一大步。

20 世纪哲学家卡尔·波普尔（Karl Popper，1902—1994）的《开放社会及其敌人》（*The Open Society and its Enemies*）是一部非常深刻的著作，说透了一个简单道理，那就是好的社会是开放的。开放社会就意味着会有形形色色相互矛盾的观念。正是这种相互矛盾，让社会具有多种选择、多种可能，越变越好。相反，封闭的社会，是一元的、单纯的，但因为这种社会失去矛盾的对峙、失去选择，就会一错到底，走向倒退。开放社会一定不仅内部是一个开放的自由的社会，而且在与别的国家社会交往时也一定是开放的，允许信息和人员的自由来往。

波普尔论述开放社会，参照的是 20 世纪现代极权统治下的封闭社会。他追溯古代历史，探究整个人类社会走向开放的历程及其受到的阻碍，进而对极权主义的意识形态基础发起猛烈而精准的揭露。极权主义建立的是一个仇恨自由、仇恨开放的专制制度。极权专制用许多秘密的手段进行统治，秘密警察、秘密处罚、集中营和劳改营，说一套做一套的欺骗和宣传等。

《新亚特兰蒂斯》当然不是波普尔直接思考的对象，但这个岛国的对外交往政策却明显地让我们看到一些极权的封闭社会的特征。

培根的《新亚特兰蒂斯》虽然看起来是一个美好的乌托邦社会，但却是一个封闭的社会，不是一个开放的社会。一个封闭的社会一定会有许多需要保守的秘密，有严格的保密制度，保密工作一定是做得很好的。秘密是封闭的条件，也是封闭的结果。

岛上的总管告诉滞留在岛上的欧洲客人，这个国家非常重视保密问题，并建立完善的制度。他告诉他们说，创建这个国家的开国领导人是一位人道主义者。总管说，"那位（开国）国王想把人道主义与政策结合起来考虑，认为不考虑外国人的意愿而禁止他们入境是违反人道主义的"。但是，他又要防止泄漏岛国的秘密，他怕外国人有朝一日返回本国去，会带走岛国的秘密。

因此，这位聪明睿智的国王就制定出如今一直在沿用的具体政策方针。他规定，"被准许登陆的外国人，在任何时候不论有多少人，只要他们想回去就让他们回去，但是也规定不论多少人只要他们愿意留下来，我们应给他们提供很好的条件，让他们乐而忘返"。这也就是说，并不明文禁止他们回去，但要想方设法用各种物质利诱的欺骗手段使他们自己不愿意回去。这样一来，虽然没有剥夺他们回去的自由，但可利诱他们自己放弃自由，达到他们事实上失去自由的目的。

总管说，国王的这一政策相当有效，"如他所预见的，规定出台至今已过去许多世纪，据我们所知，没有一条外国船来到这里而又返回本国的。但是，总共有十三个人，分成数次，选择乘我们的货船回本国去的。这些人回去之后说了一些什么，我无从知晓。不过，你们不难想象，他们所作的叙述在他们自己的国度中会被当作天方夜谭"。

这个小岛封闭式国家的国民都觉得他们生活在最幸福、美满的国家里，因为他们根本没有机会走出国门，去看看外面的世界。总管提到中国，他说，"至于我国的居民要到世界其他地方去旅行，我们的立法者认为还是禁止为好。这同中国的情况不一样。中国人只要船能行驶，哪里都可以去；而他们却禁止外国人入境，这样做是胆小，是害怕。不过我们的限制有一种例外情况，这是极为有益的，能获得同外国人交往的好处而又避免其相害"。

这个岛国的统治者确实是十分精明、工于心计、很会算计的领导人，他可以派科学家到别的国家去收集科技情报，却不让别的国家了解他自己国家的情况和科技发展。利用别国的开放体制，去加强自己的封闭制度，阻碍正常的公平交流，这是很不道义的行为，却被说成是英明的决策。

在培根的早期著作里，他不断呼吁不要忘记人在世的道德层面，并对之有冷静的思考。然而，在《新亚特兰蒂斯》这部他最后的著作里，科学的道德层面恰恰被让位于单纯的"科学梦"了。

书里的岛国是一个人间天堂，但更是一个封闭的地方。这个岛国奉行的是和平主义，反对战争，也反对暴力。当那些欧洲人驶船接近这个岛屿的时候，他们"看到正前方有几个人手中拿着棍棒，摆出的姿态是禁止我们上岸，没有喊叫，不露凶相，仅是示意我们停止前进"。后来终于同意他们登岸之前，负责接待的人员对他们说，"如果你们每一个人，都能以救世主的功绩名义发誓，你们不是海盗，而且在这四十天中不论合法还是非法都没有流过血，那么你们可以取得上岸的许可证"。培根用这样一个热爱和平的孤立国家来寄托他对人类救赎的希望。

　　今天，我们知道，那些最先进的科学技术很多是为了战争而不是为了和平发展起来的，即使不是直接用于制造飞机大炮、导弹、坦克、航空母舰，也是用于某种满怀敌意的对抗甚至仇恨。像互联网这样的科技发展，开始确实是出于增进人类知识的自由交流与和平共处而发展起来的，但也有可能很快变成一种监视和控制人的工具。面对这样的现实，培根的"科学梦"放到今天来看，怎么也是一个讽刺。

三 卡文迪什《燃烧的世界》

1. "燃烧的世界"在远方

17 世纪英国女作家玛格丽特·卡文迪什（Margaret Cavendish，1623—1673）的《新世界的描述：燃烧的世界》（*The Description of a New World, Called The Blazing-World*，又叫 *The Blazing World*，1666），又称《燃烧的世界》，是这个科学时代唯一由女性写作的乌托邦作品。Lee Cullence Khanna 称《燃烧的世界》为"科学小说"的原型，当然，我们也可以把它当浪漫故事、冒险故事，甚至作者自传来阅读。

今天，我们把它当作一部乌托邦作品来阅读，不是要排斥其他的阅读可能，而是因为我们从培根开始，前后阅读三部早期的乌托邦作品，从 17 到 18 世纪有不少可以选择作为人文经典阅读材料的乌托邦作品，我们选择其中的三部：培根的《新亚特兰蒂斯》、卡文迪什的《燃烧的世界》和斯威夫特（Jonathan Swift，1667—1745）的《格列佛游记》（*Gulliver's Travels*）。其中，《燃烧的世界》是科学小说色彩最浓的一部，也是与 17 世纪政治哲学最接近的政治乌托邦小说。这是它与培根的科学乌托邦不同的地方。

玛格丽特·卡文迪什是一位公爵夫人，也是一位哲学家、诗人、科学爱好者、戏剧家。她娘家姓卢卡斯（Lukas），父亲是托马斯·卢卡斯（Thomas Lukas）爵士，所以她的闺名是玛格丽特·卢卡斯。她出生于 1623 年，是家里的第八个孩子。卢卡斯家的孩子从小就受到良好的读写教育，女孩子们还学针线活、唱歌、跳舞并演奏乐器。玛格丽特从小好静，胆子又小，只是在思考和写作时才无拘无束、自由奔放、非常大胆。玛格丽特年轻的时候就有强烈的文学写作愿望，在她那个时代的女性中是很少见的。

1640 年英国内战爆发前，玛格丽特成为亨丽埃塔·玛丽亚王后（Queen Henrietta Maria，1609—1669）的侍女。这位王后是英国国王查理一世的妻子，也是王位继承人查理二世和詹姆斯二世的母亲。查理一世 1625 年登基，在位期间卷入与议会的权力斗争，爆发内战，失败后于 1649 年 1 月 30 日被处死。他是唯一以国王身份被处死的英国国王。

由于爆发内战（1642—1651），王后和她的宫廷被迫流亡到法国，玛格丽特一直追随在左右，并在流亡期间开始学习自然哲学，也就是科学。《燃烧的世界》的主角是一位流落到很远地方的女子，忍受了许多艰辛，书中还包括许多科学的内容，这些都与玛格丽特自己的生活经验有关。

玛格丽特后来遇到纽卡斯尔公爵威廉·卡文迪什（William Cavendish, Marquess of Newcastle），他当时还是一位侯爵。他们于 1645 年结婚。在她的自传中，玛格丽特写道，她害怕婚姻，但与威廉结婚后，发现他是一个值得尊敬的男人，聪明自信，又非常尊重别人。威廉·卡文迪什后来成为公爵，玛格丽特也就成为公爵夫人，后来人们就以她丈夫的姓氏卡文迪什来称呼她。

《燃烧的世界》是一部早期的科幻小说，它涉及炼金术、神秘学、宗教和哲学，故事在不同的主题之间快速切换，有人认为是写作的瑕疵，但也有人认为这显示作品的丰富和广阔。不管怎么说，卡文迪什与她同时代的大科学家牛顿一样，表现出 17 世纪的那种正在形成的知识兴趣。卡文迪什的作品展示了从古代哲学到现代科学的转变。

《燃烧的世界》故事开始于一个美丽的少女被她的求婚者绑架到一艘海船上，离开她的家乡，航行到海上。海船航行时遇到暴风雨，被刮向北极。在狂风暴雨中少女被"普罗维登斯号"商船营救，才得以摆脱绑架者。商船过北极的时候，船员们都冻死了，唯独这位少女在救生筏上漂到北极另一边的一个陌生世界。

在那个遥远又冰冷的陌生地方，闪耀着多个不同太阳的光芒；来自这些恒星的炽热光芒创造一个全新的奇异世界。少女已经进入到一个新的王国，名为燃烧的世界或炽燃世界。

炽燃世界的社会由各种难以识别的男人组成：鸟人、鱼人、熊人、狼人、虱子人，他们的肤色是绿色、黑色、黄褐色甚至紫色。他们认为这位少女是神给他们送来的，他们的国王娶了少女，把王位让给她，于是她就成了这个炽燃世界的女王。

在女王的英明领导下，炽燃世界有了一个稳定、和谐的社会。那里的所有房屋都没有两层以上的，也没有大房子，因为这个地方容易受到恶劣天气的影响，房子一大就不容易维修。女王分配每种不同类型的男人从事不同的职业和工作：鸟人成为天文学家，熊人成为实验哲学家，蜘蛛人成为数学家，猿人成为化学家，蚯蚓人、鱼人和飞人成为自然哲学家。

在这个世界里，科学是务实的，不是为了理论或理念的争论。女王决定什么科学有用，什么科学没用。有一次，她听取从事科学研究的鸟人和熊人讨论天上星星的问题，他们认为天上有三颗移动的星星。这不符合女王的看法，女王认为只有一颗移动的星星，所以，她便命令鸟人和熊人毁掉他们的望远镜，不准再观察天体。鸟人和熊人恳求女王开恩让他们保留望远镜。女王同意了，但条件是，鸟人和熊人不得再对天上的星星做无谓的争论。他们当然只能遵命行事。

女王认为，科学或学术讨论会带来纷争和分裂，不利于团结，威胁到社会的和谐与稳定，所以要予以禁止。

还有一次，鸟人和熊人让女王看显微镜下的虱子和苍蝇，女王惊呆了，想到无家可归者会受虱子和苍蝇之苦，心里非常同情。女王对各种科学知识都很感兴趣，蠕虫人向女王报告有关海洋动物缺乏血液的知识，解释霜雪由雨雪混合而成的原理。化学家猿人则发现了一种扭转衰老影响的方法，那就是不吃肉，而只吃蛋和奶制品。狼人向女王报告瘟疫扩散的过程，以及瘟疫如何感染损害健康身体。这些科学都是有用的，所以受到女王的赞许。女王厌恶那些没有用的所谓科学知识，有一次，虱子人想要称空气的重量，研究失败了，女王很不高兴，就把虱子人协会给解散了。

女王召开科学会议，炽燃世界里的所有人都参与讨论一些令人深思的问题，例如：为什么太阳很热？什么导致风？雪是如何制造的？是什么让海洋变得咸？什么是生活的基本材料？我们是否应该为了科学的目的来解剖怪物？什么使煤炭变黑？

女王也关心《圣经》记载的问题。她想知道，亚当是否为他在天堂里看不到的所有鱼类起了名字。这样的问题虽然没有答案，但引发炽热世界的智慧生物之间的诸多讨论和思考。会议结束后，女王的结论是："大自然的作品如此多姿多彩，没有哪个生物能够了解自然的奥妙。"

女王对逻辑和哲学也很感兴趣，她与寒鸦人、鹦鹉人和鹊人讨论逻辑学的三段论，但发现逻辑会经常发生错误，所以就终止这种讨论。女王对卡巴拉（Cabbala）很有兴趣。卡巴拉是希伯来语，意思是"接受 / 传承"，是一种犹太哲学，它探讨宇宙和人类的本质、存在目的的本质以及其他各种本体论问题。它也提供方法来帮助理解这些概念和精神，从而达到精神上的实现。女王试图与一些精灵讨论这方面的问题，但精灵们没有这方面的知识。

女王召唤来纽卡斯尔公爵夫人的灵魂，普遍认为这个灵魂就是卡文迪什本人。公爵夫人成为女王信任的谋士和知己，公爵夫人相信，君主制是最优秀的，在君主专制下臣民能享受到其他制度中没有的特权，那就是省心。臣民在君主制中的责任较少，所以可以一心一意过好他们的小日子。女王和公爵夫人是平等的关系，各自生活在自己独立的世界里，后来她们之间发展出一种柏拉图式的爱情。

公爵夫人告诉女王，女王原来的祖国正在受到外国的战争威胁，女王决定去帮助自己的故国，鱼人们将水面战舰拖到水下，变成潜水艇，在大洋的水底从燃烧的世界穿越到女王的故国。鱼人是出色的导航员，他们不需要指南针、手表或任何其他导航工具。

女王和公爵夫人带着战舰前往她出生的世界，并在那里发表演讲，宣布她是来自渴望和平的世界。鱼人炸毁一艘敌方的军舰，并使女王故国的国王成为全世界的领导者。

我在这里讲述这个故事，是为了让你感受一下这是一个怎样的乌托邦故事。它的奇异想象和科学兴趣可以让你了解到卡文迪什是怎样一位独特的女作家。

讲这个故事还有另一个目的，那就是为我在后面要谈的问题做一个铺垫。我会谈到三个主要问题：第一个是女性批评对《燃烧的世界》及其作者的评价；第二个是这部作品的政治乌托邦价值，以及 17 世纪政治乌托邦与政治哲学的一些关系；第三个是卡文迪什为什么坚决主张绝对君主专制，以及她为维护专制的稳定提出哪些具体的方案。

2. 女性批评为何推崇《燃烧的世界》

首先，我要谈谈女性批评对《燃烧的世界》的评价和女权主义的问题。

《燃烧的世界》向读者展示的不只是乌托邦里的女性，而且更是女性的乌托邦。其他乌托邦小说中也有女性，但是乌托邦里的女性都是男性想象的产物，而非出自女性自己的想象。卡文迪什是一位女作家，她的乌托邦想象是不是就一定是女性角度的呢？换句话说，《燃烧的世界》里的女性与男性作家乌托邦作品中的女性有些什么不同呢？

我们可以用托马斯·莫尔的《乌托邦》（1551）来与《燃烧的世界》做个比较。这两部小说都是去往乌托邦世界的经历。16 世纪莫尔的《乌托邦》在 17 世纪仍然是最有影响的乌托邦小说。

这里先介绍一下莫尔的《乌托邦》。莫尔乌托邦的基本原则是平等，平等就是消除差别，平等的原则也延伸到消除对待性别的差别。莫尔乌托邦里的妇女允许工作、投票，成为牧师，参加战斗，并且对乌托邦事务有与男性同样的影响力。当然，男女身体毕竟有差别，女性身体也有一些实际的限制。女性不像男性那么强壮，所以不要求也不允许女性从事繁重劳动。尽管有一些实际的限制，莫尔乌托邦里的女性享有远远超过欧洲女性的自由。

然而，尽管在莫尔乌托邦里，世俗对待男女基本相同，但乌托邦的宗教要求妇女服从丈夫，因为男性的宗教情操比女性更加纯洁。虽然男女在世俗上平等，但在宗教上却有差别，这个矛盾暴露了 16 世纪的宗教影响。莫尔创造一个最大限度的理想社会，在这个社会里，妇女享有比其他女性多得多的权利和权力，但莫尔还是不能完全摆脱欧洲人对女性不如男性优秀的观念。

他们在宗教上的差别意味着什么呢？为什么这个差别特别与女

不如男的观念有关呢？这主要是因为《圣经》里的男性比女性更接近上帝，上帝先创造亚当，然后用亚当的肋骨创造夏娃，亚当因为听从夏娃的劝言才偷食禁果。他们认为，接近上帝也就是接近真理，所以先知和祭师都是男性的。

这种男女差别几千年来都没有多大变化，比如那些伟大的革命导师和领袖，几乎都是男性。这些男性要么是真理的发现者，要么是真理的代言人，为什么就没有女性呢？在莫尔那里，我们觉得他是歧视女性，但在我们的生活世界里，我们却不觉得有任何问题。这是为什么呢？因为我们今天仍然和550多年前的莫尔一样，实际上还是生活在一个男性的世界里。

当然，我们今天有了男女平等的观念，这样的观念甚至使得公开说出实际的男女差别成为一种"政治不正确"。2005年初，哈佛校长劳伦斯·H.萨默斯（Lawrence Henry Summers）在美国全国经济研究局会议上提出，男女性别差异阻碍了女科学家和女工程师与男同行一争高下。他说："我可能要提及男女先天不同的因素，尽管人们更愿意相信男女表现上的不同取决于社会因素，但是我觉得这点还需要进一步研究。"

据《波士顿环球报》报道，毕业于哈佛大学，现在麻省理工学院工作的生物学家南希·霍普金斯（Nancy Hopkins）听到萨默斯的演讲后，半途气愤地离开会场。许多其他人也对萨默斯"女子先天不如男性"的言论表示抗议，萨默斯后来辞去哈佛大学的校长职务。

萨默斯说的只是科学家和工程师，他或许是错了，因为许多女科学家和女工程师确实与她们的男性同行一样优秀。但是，如果他说的是宗教或意识形态的权威人士，那不是一个很客观的现实吗？

这就是卡文迪什不同凡响、独树一帜的地方，她看到宗教和精神的层面渗透到人心灵的最深处，对一个国家的生活方式发生重大的影响。在《燃烧的世界》里，体现这一影响的不是男性，而是被视为不如男性的女性。燃烧世界的皇帝和居民崇拜玛格丽特，玛格丽特为自己改名"玛格丽特第一"（Margaret the First）。人们像对神一样虔诚地尊崇玛格丽特，同样重要的是，她是这个国家的大祭司。

当然，这并不等于那个乌托邦世界里其他女性都像玛格丽特一样。玛格丽特很惊奇地发现，这个国家妇女的地位并不高，妇女被禁止参加宗教集会，因为男女在宗教崇拜期间聚在一起是一种"性混乱"（promiscuous），所以妇女必须留在家中的闺房内敬拜。

《燃烧的世界》让我们看到一位女性统治者，不仅具有最高的世俗权威，而且具有最高的精神权威。这部书本身就成为一个最早的女权主义宣示。它是由一位 17 世纪的女作家以她自己的名字发表的，阅读对象是女性读者。它的内容是女性人物在幻想环境下讨论自然哲学问题，而这从来就是男性讨论的话题。在这部著作中，女性做了一直是男人才能做的所有事情。

在乌托邦文学的传统里，《燃烧的世界》在它那个时代是个异类，没有受到主流文化的重视。乌托邦文学自产生以来，很少表现过女性的需求，也没有把女性当作完美世界的设计者或参与者。文艺复兴时期，男性作家喜欢以一种乌托邦的眼光来将女性浪漫化或理想化。从男性或家长制的眼光来看，端庄的、轻言细语的甚至不怎么说话的女性才是高贵、典雅、有魅力的女性。

女性才华施展的空间不多，即使有也不是表现其文韬武略，而是表现在如何服侍丈夫、如何在婚姻协定中讨价还价、如何为家族生育男性继承人，全都是对男性的辅助和帮衬。男性眼光使得女性永远只能是"无助"的角色，像班扬（John Bunyan，1628—1688）的《天路历程》（The Pilgrim's Progress，1678）中的女子克里斯蒂安娜，也只是因为满世界苦苦寻夫，最后才获得拯救。她是女性主义批评所反对的那种贤妻角色。

　　在很长一段历史时期内，《燃烧的世界》这部小说几乎是前无古人、后无来者的。18 世纪以来，现实主义写作兴起，但乌托邦文学作品中仍然极少体现女性的视角。19 世纪的乌托邦文学作品中，虽然男性的风光不再，但塑造出的女性形象仍然多被男性乌托邦观念支配，其构想的乌托邦社会所代表的价值观念，在很大程度上仍然是男性化的。

　　由于《燃烧的世界》一书的许多内容与女性问题有关，而作者又是一位女性，它受到许多女性主义批评家的青睐。近年来，这种趋势更是在增强，这是因为女权运动在西方越来越成为社会和政治改革的一个重要部分。女权运动最令人瞩目的发展就是从 2017 年发展至今的反性侵 Mee Too 运动。文学女性主义理论的意义必须放在社会性女权运动的背景下来理解。

　　女性主义理论追究男女不平等的本质，将之视为性别政治的根本问题，因此也像女权运动一样，特别关注性别政治、权力关系与性意识（sexuality）之间的关系。女权政治行动在许多社会问题上挑战男性观点，如生育权、堕胎权、受教育权、家庭暴力、产假、薪资平等、选举权、代表权、性骚扰、性别歧视与性暴力等的议题。女性主义也在一些理论领域里相当活跃，如性别歧视、刻板印象、物化（尤其是关于性的物化）、身体、家务分配、压迫与父权等。

　　文学的女性主义批评主要有三种取向。第一种是"女性形象"，它认为文学作品中的女性形象，好女人或坏女人、贤妻良母或荡妇泼妇一向是按男性价值观来塑造的，因此需要批判地对待，重新塑造真实的女性形象。

　　第二种是"女性写作"，女性作家运用一种不同于男性作家的文学想象，在男性的世界里遭到排斥，而那些被接受的女性作家经常接受并内化男性价值，并不能代表真正的女性写作。

第三种是"权力关系中的女性",它强调,这是一个男性中心的世界,女性处于边缘的位置,处于性别政治权力关系的无权和被压迫一端。女性作家的创作应该致力于解构这样的权力关系,这样才能争取女性的全面解放。

这三种趋向的女性文学批评都把《燃烧的世界》当作一个方便的讨论文本:它是一位女作家的作品,提供了一个挑战男性价值的女性主角,在某种程度上它甚至还结构了男尊女卑的权力关系。

书中的主角大多是女性,当然也有不少男人,但均以动物的形态出现,具体是哪种动物则与他们所从事的事务性质有关。女王虽然讨厌这些男人,但还是把他们各派各的用处,做到才尽其用。外形像熊的男人是实验型的哲学家,苍蝇、虫子和鱼形人是自然型的哲学家,蛙形人是政客,喜鹊、鹦鹉形人是能言善辩的理论家,蜘蛛形人精通数学,猿形人喜好化学,鸟形人关注天文,巨人是建筑师,而色狼形人则是喜欢捣鼓草药的医生。总之,男人的社会职能是女王指定的,他们生活在一个由女人说了算的世界里。

那么,卡文迪什想象的是一个怎样的政治秩序呢?女性统治是否就一定比男性统治更正义呢?女性就一定会过上比以前好的日子吗?

3. 乌托邦小说与政治哲学

《燃烧的世界》是一部政治乌托邦小说,对"乌托邦"我们也许已经有了某种不好的印象,或者对乌托邦有某种负面的联想,以为乌托邦无非就是白日梦、空想的乐园、自欺欺人等。美国文化学者拉塞尔·雅各比(Russell Jacoby)在论乌托邦的《不完美的图像》一书中说,如今大多数观察家都断言,乌托邦主义者或他们的同情者，往好里说是有勇无谋的梦想家，往差里说则是凶狠的极权主义分子。

20 世纪的极权主义统治现实催生了一种叫作"反乌托邦"或"恶托邦"的文学，使人们对乌托邦更加反感和厌恶。现代的乌托邦不但没有实现其承诺的美好社会，反而带来许多灾难和痛苦。奥威尔《1984》的开头一句话就是，在这个乌托邦国家，"门厅里散发出白菜和破旧地席的气味"。今天的读者大多明白一个道理：乌托邦，不仅注定要失败，而且都具有破坏性，甚至是邪恶的。

今天，除了回顾现实生活中乌托邦的破坏性和它带来的灾难，人们似乎觉得，乌托邦已经成为一个不相干的问题，富人不需要乌托邦，因为他们确信自己已经生活在一个好得不能再好的"盛世乐园"；穷人也不需要乌托邦，因为他们相信，世道险恶、穷人命苦，过去、现在和未来都是一样，不会有任何改变。梦想一个更好的世界，那只会让自己再上一次当，再受一回骗。

但是，文艺复兴时期人们对乌托邦的梦想可不是这样的，那时候人们对未来有一种我们今天难以为继的乐观情怀，《燃烧的世界》就是这一情怀的反映。没有梦想和想象力也就没有乌托邦，在一个怀疑、犬儒、鼠目寸光、无力展望未来的时代，乌托邦精神也许比以往更为需要。它唤起的不是虚幻的主义，不是全无隐私的监狱，不是千人一面的规划，而是与人类生存休戚与共的希望和幸福展望。因此，17 世纪的乌托邦对我们今天最有价值的不是它的全面规划和人人服从，而是另外两个特点：第一，它与丑恶的现实有本质的不同；第二，它比人们所知道的现实更好、更优秀。培根的《新亚特兰蒂斯》是这样，卡文迪什的《燃烧的世界》也是这样。

"乌托邦"一词来自 16 世纪人文学者托马斯·莫尔约于 1516 年出版的《乌托邦》一书。我们在讲文艺复兴时期文学时已经讲过。莫尔描绘的就是一个与亨利八世英国有本质不同，并且更好、更优秀的理想国度。从此，乌托邦代表的是一个理想国，而不是一个真实的国家。

莫尔提供这样一幅乌托邦美景，在那里"人人收入平等，故而没有穷人或乞丐。虽然没有私有财产，但是人人都很富有——还有什么比欢喜雀跃、内心安宁、无忧无虑更为伟大的财富呢"？他梦想着某个地方，那里的人们可以"幸福而宁静地生活"。战争被视为"仅仅适合于野兽的行径"，而且宽容被扩展到各种各样的宗教。乌托邦的领袖认为，通过"威胁或暴力"来推行宗教统一是"傲慢自大的错误"。如果"战争和暴乱"可以决定宗教纷争，那么义人必会屈死于恶人之手，"就像稻谷被田地里的杂草无情地扼杀一样"。莫尔的乌托邦是一个完全理性的共和国。

后世的读者也许可以嘲笑莫尔的"天真"，但是乌托邦的想象和冲动一旦从人间消失，便会犹如一道光束的熄灭，被褫夺这光束的世界将会变得又寒冷又阴沉，变成一个什么都不要去想象和思考的死气沉沉的地方。17世纪的英国乌托邦小说就是这样一道梦想和想象力的光束，它继承莫尔的传统，成为一种特定的文学形式，也成为一种政治思考的方式。17世纪的英国战祸连连，1642至1651年英国议会派与保皇派之间发生一系列武装冲突及政治斗争。时局动荡，民心涣散，人们渴望有一个稳定的合法政府，建立一个人民认同的权威和制度。

国王如何与国会共处？国会如何代表民意？以什么原则来进行政治改革？如何在新开拓的海外殖民地建立合理、有效的政治制度？这些政治思考以不同的程度渗透在乌托邦小说的内容里。

17世纪的英国同时也是一个政治理论活跃的时代，霍布斯的《利维坦》和洛克的《政府论》都出现在这个时代。政治乌托邦和政治哲学，同时成为17世纪在英国发展起来的政治思考方式，它们之间互有联系，但也有很大的不同。总的说来有这五个方面不同：

第一个方面是关于平等的，政治哲学大多注重于人生而平等，而乌托邦小说则更多地表现因社会而形成的人际不平等。

第二个方面是关于科学的，政治哲学基本上不涉及科学，而乌托邦小说则有很多与科学有关的思考。

第三个方面是关于宗教的，政治哲学注重于政治，倾向于将国家政治与宗教分离，而乌托邦小说把宗教视为一种必不可少的社会精神凝聚机制。

第四个方面是关于战争的，有的政治哲学看到战争的好处，而乌托邦小说则把和平当作理想世界的根本目标。

第五个方面是关于法和立法的，立法的依据和程序是政治哲学关注的重点，而乌托邦则更多地描述法律在社会生活中的运作。

这五个方面在《燃烧的世界》里都有相当清楚的体现，也是这部乌托邦作品被当作政治思考范本的原因。

卡文迪什在《燃烧的世界》里坚决赞成君主制，并认为其他形式的政府是不稳定和低下的。但是，她确实意识到，一些君主制，包括她所熟悉并支持的英国君主制，也可能是不完美的。在她给王后当女伴时，她观察到宫廷政治的种种弊端，非常反感，如派别的恶性对立、权力的明争暗斗、大臣们的奉承巴结和相互嫉妒。虽然这并没有动摇她对君主制的信仰，但她在《燃烧的世界》里却用想象构建了一个她认为是更好的整体制度。

这部著作给予科学一个明显的核心位置，因此被认为是英国科学小说的开山鼻祖之一。卡文迪什描述的那种引擎推力机器航船，还有潜水艇在当时都是不存在的，科学技术也还没有发展到那个程度。今天，人们仍然对她的科学想象感到惊奇。

在她那个时代，科学观又叫作"自然哲学"，不只是科技，而且是哲学。燃烧世界里的科学并不只是技术层面上的，科学更是代

表一种设想社会和政治制度的理性方式，而这才是乌托邦的精髓所在。所有的乌托邦都是按照某种理想的政治科学观来打造的。因此，今天许多研究者不只是对卡文迪什的自然哲学观感兴趣，他们更感兴趣的是她的政治哲学观点。

17 世纪的英国乌托邦小说包含着明显的政治想象因素，主要有两个特征：第一，乌托邦社会是"想象"出来的，它在现实世界里是不存在的；第二，乌托邦故事要么是古代的，要么是未来的，都是时间不明或无时间性（timelessness）的。倘若给乌托邦定下明确的实现时间，它就必定会成为一个笑话。

乌托邦故事可以采用叙述或对话的形式。17 世纪的乌托邦作品大多是"游历叙事"，也就是叙述者或当事人偶然漂流到一个很远的陌生地方，见识到完全不同的政治和社会现象。陌生的世界与他熟悉的世界之间形成对比和批评的关系。莫尔的《乌托邦》、培根的《新亚特兰蒂斯》、卡文迪什的《燃烧的世界》，都是用偶然飘游到远方某地来叙述的。

17 世纪的政治乌托邦文学与政治论著——我们今天称其为"政治哲学"——根本的不同之处在于：政治论著讨论确实存在的社会和政治制度，是有经验根据的，不是想象出来的；但乌托邦文学不是这样，它是想象和虚构的产物。

乌托邦小说虽然是想象的，但却包含着与现实相关的政治哲学元素，政治是它的主要内容或创作动机，在这个意义上可以称它为"政治乌托邦"。政治乌托邦要描绘的是好社会或好生活是什么样的，因此它形成一种对现有的不那么美好的社会和生活的批评。它针对的往往是最基本的制度，以及个人在其中扮演的角色。它特别在意的是，在一个乌托邦的社会里，政府是怎么组织而成的、统治权力是怎么运作的、如何影响普通人的幸福和福祉等。

乌托邦总是把一个完美的社会建立在某种制度上，它事实上也是关于好政府应该如何建立的规范。但是，乌托邦小说几乎从来不涉及现实如何向乌托邦转化的变革机制。这与政治理论，尤其是现代意识形态政治理论是完全不同的。

早期乌托邦作品经常是一种给君王建言的方式，莫尔的《乌托邦》是给英国国王亨利八世的政治建言，但不是政策大纲。在乌托邦小说里，你找不到可以立刻付诸行动或实施的政策纲领，你看到的只是一个方向、一个目标。

乌托邦小说描绘一个好政府是什么样的，解释为什么这样的政府是最好的，因此成为政治小说，从而有别于一般的文学小说。描述和解释好政府的运作原理，尤其是解释，使得乌托邦小说成为一种政治论述的形式。17 世纪的政治乌托邦小说包含着许多与政治哲学论述相同的因素，只是写法完全不同而已。

《燃烧的世界》里有哪些政治哲学因素呢？其中有四个因素，它们分别是：一、主权者，二、社会等级，三、宗教，四、法律。

4.17 世纪为何又如何维持生活稳定

卡文迪什的《燃烧的世界》是一部 16、17 世纪特有的"君主建言书"（advice books），莫尔的《乌托邦》、伊拉斯谟的《论基督教君主的教育》、马基雅维里的《君主论》都是这样的作品。这样的作品强调的都是统治者个人的素质，将他的"美德"当作一种起积极作用的权力。除了马基雅维里之外，所有对君主建言的"美德"都包括基督教的原则、智慧、品性、慈爱、宽宏等。

今天我们阅读《燃烧的世界》，当然不只是为了知道一个想象奇诡、内容有趣的故事。这部乌托邦著作包含着丰富的政治思想。卡文迪什亲身经历过 17 世纪英国的政治动乱和内战，她害怕和厌恶战争，因此她的政治思考都是以和平、稳定和秩序为目的的。在这一点上，她与前面提到的政治哲学家霍布斯非常一致。她考虑的是如何有效地维持稳定，至于维持的是怎样的一种稳定则并不重要，顶多也只是次要的考量。在这一点上，她与霍布斯也很相似。

在《燃烧的世界》里，卡文迪什描述的就是一位睿智的统治者会为维护稳定秩序做哪些事情和怎么来做这些事情。如何维持稳定秩序和为何维持稳定秩序并不是 17 世纪特有的问题，今天这些问题仍然摆在我们面前。了解卡文迪什对这些问题的回答可以让我们看到，今天还是有许多人，他们对这些问题的回答居然与 1666 卡文迪什的回答如此相似。

我们可以从四个方面来看卡文迪什如何表述为何维护稳定秩序和如何维护稳定秩序，这也是她书里的四个主要政治思想要素，它们分别是：一、政体，二、社会等级，三、宗教，四、法律。所有这四个方法都是为"维持稳定秩序"这个核心目标服务的。

为何要维持稳定秩序呢？这个问题相对比较简单，《燃烧的世界》要表明的是，维持稳定秩序是为了保证人民能有一个安身立命、安居乐业的基本环境，那就是和平和社会秩序。和平本身是人民最大的福祉，没有和平，人民的生命和财产就会受到威胁和破坏。经历了 20 世纪极权统治之后，人们有理由追问：威胁人民生命安全和财产的仅仅是战争和动乱吗？在和平的状态下，在社会秩序并未受到敌对危险的情况下，人们的生命安全和财产仍然会受到威胁和破坏。

《燃烧的世界》讲述了政治和社会维持稳定秩序的四个方面的基本要素：

第一个方面是政治体制。卡文迪什认为绝对君主制是最好的政治制度和政府形式，而君主的完美则可以保障专制的完美。这也就是今天一些人期待的明君人治。卡文迪什认为当时的专制君主制还不完美，需要进一步优化，所以，她用《燃烧的世界》来说一个关于"开明专制"的比喻故事。后来，在一些 18 世纪的启蒙哲人那里（如伏尔泰），开明专制仍然主导着他们的政治思考。

卡文迪什和娘家人都是君主制的坚定和忠实的支持者。她认为，英国需要君主制，是因为其他形式的政府都不能像君主专制那样有效地维护稳定。她认为当时的君主制度还不完美，不仅因为她看不惯宫廷政治的倾轧和内斗，而且还因为她丈夫对皇室忠心耿耿，但一直不受重用。所以她特别强调，一个好的君主制必须任人唯贤、唯才是用，只有贤明的君主才能让君主专制优秀起来。

卡文迪什拥护君主专制，这在 17 世纪是主流观念。17 世纪的观念认为，君主制是唯一可能的，因此也是最好的政府形式。君主专制代表"最好的秩序，最强的力量，最稳定和最便利的政府"。所有这些都归结到政治统治的有效性上。她强调的是君主一个人的统治能力。

17 世纪，人们普遍认为君主的专制必须是绝对的，立法和行政的权力必须掌握在君主一人之手，君主代表绝对主权，任何有限的主权都是矛盾和自我削弱的。权力不集中的后果就是派系和混乱。在 17 世纪，英国政治哲学家洛克是一个例外，他批评绝对君主，并明确否认其优越性。他认为，专制限制了和平和非暴力的变化，反而会导致冲突和不稳定。但他写道，如果共同体愿意的话，也可以选择任何形式的政府，其中也包括君主专制。

卡文迪什更接近于文艺复兴时期的马基雅维里而不是 17 世纪的霍布斯。霍布斯是现代政治理论的开拓者，虽然他主张共同体要有一个强有力的主权，但这个主权可以是一个人（马基雅维里式君主），也可以是代表臣民的议会，作为体制的主权与作为个人的主权是不同的。洛克和霍布斯一样，强调的是政治机构的作用，卡文迪许与他们不同，她属于罗马帝国后期出现并延伸到 16 世纪的旧政治传统。

卡文迪什政治观的第二个方面是社会等级。等级也是 17 世纪乌托邦的一个主题，培根在《新亚特兰蒂斯》里，将 Bensalem 描述为一个等级社会，人分为普通公民和"所罗门众屋"（Salomon's House）成员，他们是科学家兼治理者。科学家受到其他人的尊敬，拥有比其他人更高的地位。

《燃烧的世界》里的人们也被分成不同的等级，首先是政治等级，高等级是因为在道德上更纯洁、更优秀，女王是优秀人士中最优秀的，因为她本来就是神挑选出来当统治者的。其次是经济等级，不同的人有不同的分工，科学家的贡献比其他人更大，所以社会地位也高。

卡文迪什认为，实用科学比人文研究有用，普通人不需要接受太高的教育，也不需要太聪明，只有贵族和高等阶级的成员才需要学习较高的知识，但这必须是对国家有用的知识。女王禁止科学参与或干扰政治，科学研究必须为控制和管理民众的目的服务。科学家必须服从女王的直接领导，一旦他们之间发生意见分歧或争论，女王就会解散科学团体。

卡文迪什政治观的第三个方面是宗教。17 世纪的宗教起到的是我们今天意识形态的作用。卡文迪许坚持主张，只有女王才拥有对宗教的解释权，神职人员不拥有这样的权利，因此国家和宗教是合为一体的。在这一点上，她与霍布斯或洛克都大不相同。在她那里，既然女王是君权神授，对女王就应该个人崇拜。

卡文迪什主张，宗教的价值全在于它的政治作用，与臣民的灵魂无关。她认为，政教合一可以建立一个保证和平和防止派别分裂的政治制度。当国家崇拜也就是个人崇拜时，实现持久和平就更容易。

她认为，教会和国家不应该是分离的，而且解释宗教是君主的专利，神职人员不拥有解释宗教的权威，否则国家稳定的目标就会被破坏。宗教的目的是维持稳定秩序，科学的目的也是维持稳定秩序，政治必须利用宗教，也利用科学。因此，宗教和科学都是被政治化的。为政治服务的宗教也讲善和恶，但善和恶都无关乎道德，善只是因为有利于维护权威和秩序，恶也只是因为威胁或动摇到权威和秩序。

卡文迪什政治观的第四个方面是法律。《燃烧的世界》里只订立了很少几条法律，这也是其他乌托邦小说理想世界的一个特征。卡文迪什认为，"许多法律造成许多分裂，这种分裂最常见于派别，最后爆发为公开的战争"。她并没有解释为什么许多法律会导致很多分歧或分裂，也没有解释法律应该用来管理人类生活的哪些方面。她只是在一个普遍的层面上声称，在一个组织良好的社会群体中，如果法律设计良好并满足社会需求，那么很少的一些法律条文就足够。

卡文迪许认为，要让人民有正确的行为，他们之间的相互监督比法律规定更加有效。莫尔的《乌托邦》也同样强调人们的相互监督。当然，16、17 世纪的文学想象还没有细致到把国家的管制深入到社会的基层细胞里。一旦形成这样的管制，群众互相监督，甚至家人互相监督就会发展成为极权统治的重要手段，这正是我们在奥威尔的《1984》所看到的。

《燃烧的世界》里的法律禁止任何政治、宗教或科学上的异见，没有异见自然也就没有异见分子。法律的根本目的是保证和谐与稳定，法律是为政治和绝对专制服务的。为了和谐与稳定，限制自由、放弃自由是每个人包括君主都必须付出的代价，就算君主实现暴政，人民也没有反抗的权利。

在《燃烧的世界》的乌托邦故事里，我们似乎看到一个很熟悉的现实世界。17 世纪的乌托邦和 20 世纪的反乌托邦都可以用来思考和联想我们自己的现实世界。这也就是阅读乌托邦和恶托邦文学的宝贵镜鉴作用。

四 霍布斯《利维坦》

1. 专制的保护和人民的服从

人民活在一个权力专横的制度里，该如何安身立命？为何即便在很坏的甚至是残暴的专制统治下，人民也需要耐心服从、克己忍受？欺压和盘剥百姓的不义统治要"很坏"到什么程度，人民才可以忍无可忍、揭竿而起、挺身反抗？这些平时只是朦朦胧胧浮现在人们的意识里的问题，被一位 17 世纪的哲学家第一次明确地提出来，并且前所未有地做了系统的讨论，这位哲学家就是霍布斯。

霍布斯（Thomas Hobbes，1588—1679）思考这些问题的主要起因是，在他 54 岁的时候，英国爆发内战。这场在国王和国会之间进行的内战，从 1642 年打到 1651 年，延续了 9 年，双方死亡的人数高达 20 万人。霍布斯本来就是一个胆小的人，他憎恨任何形式的暴力，战争的残酷对他产生极大的冲击，深刻地影响他对政治的几乎所有想法。

霍布斯出生于 1588 年，活到 91 岁，于 1679 年去世。他的所有作品都是他在 60 岁以后才写作的，其中最著名的就是我们要阅读的《利维坦》（*Leviathan*，1651），写这部书的时候，他已经是一位饱经风霜的 63 岁老人了。

《利维坦》论述的是，为什么在政府并不完美甚至相当糟糕的情况下，我们也必须服从它的权威，服从是为了维持稳定秩序，是为了避免发生混乱和流血。霍布斯提出一种与传统政治观念完全不同的现代政治理论，直接切入一个令 17 世纪人们困扰的问题：人民为什么要服从他们的统治者？

对这个问题，传统的标准答案相当简单，那就是"君权神授"。这个回答就像中国皇帝的"真命天子"说一样，虽然简单，但却很有效。国王是上帝选定的，服从国王是上帝的意志，违反者要下地狱。到了 17 世纪，这样的回答已经不再能说服有思想的人们。他们认为，说到底，统治的权力不是国王的事，而是人民的事，是人民让国王拥有统治他们的权力。日子过得还算好的时候，人民服从国王；可是有一天日子过得太苦了，他们就会抱怨连连、蠢蠢欲动，国王的王位就会坐不稳。国王让人民过好日子，人民让国王安心坐稳王位，这就叫"社会契约"。

霍布斯骨子里是个无神论者，他当然不相信"君权神授"这个说法。他还知道，就算是对基督教信徒，这个说法也是越来越没有说服力。但是，霍布斯对社会契约的民心影响却不能放心。这是因为，社会契约的想法会让老百姓变得很不安分，如果他们有什么不满，就会想要推翻国王。霍布斯从英国内战和 1649 年人民处决国王查理一世看到，社会契约可能产生非常可怕的流血后果。所以，他要写一本书，提出一种政治理论，让这样血腥的动乱再也不会发生。

霍布斯在《利维坦》里巧妙地将"社会契约"与"服从权威"结合到一起。巧妙就巧妙在他把读者带回到一个非常遥远的谁也没有见过的"自然状态"之中。那个时候还没有国王，人民生活在自然而为的状态里，但那是一种非常可怕的自然状态：人与人像狼与狼一样互相对待，谁狠谁就生存，谁弱谁就没命。这是一个充满危险和杀戮、性命朝不保夕的世界。为了自保，人民同意建立一个可以全权管制众人的杀戮和暴力本能的权威。这样大家也就不用终日提心吊胆、满怀恐惧地在混乱和不稳定中过日子了。（《利维坦》，第13章）

霍布斯说，这就是社会契约，但这并不是全部事实；另一部分事实是，人们都渴望得到强有力的权威保护，所以愿意交出他们的权利，换取这个权威强有力的保护，这个权威就叫"利维坦"。人民必须决定服从利维坦，当然，他们可以保留一些微不足道的权利。例如，在日子实在难过的时候骂街、发火、抱怨、心怀不满，或者上访、恳请和哀求青天大老爷为他们申冤等。霍布斯认为，只有在利维坦要他们性命的时候，人民才有反抗的权利，否则就算利维坦百般压迫和盘剥他们、给他们加税、禁止他们自由言论、不让他们自由集合、把胆敢闹事的人关进监狱，他们也不得闹事、不得妄议改变政府。

拥有这种绝对权力的利维坦，当然不是什么好东西，甚至会成为一种祸害。但是，霍布斯认为，这总比民众闹事、满街打砸抢、随便杀人、发生动乱、弄得人头落地、血流成河要强。这样的专制至少能让你有饭吃、有房住，不至于死于非命。所以，一个政府再坏、再不堪，人民也还是有服从政府的义务。人生在世，哪有那么多称心如意的事呢？有些不痛快也是正常的，霍布斯称此为"不便"（inconvenience）。而且，有这样的政府其实不能怪政府，而只能怪人民自己，如果人民自己很有能力能管好自己的事情，又何必要这样的政府呢？人民自己就是这副德行，有人管着就抱怨，没人管着就乱来。有什么样的人民就有什么样的利维坦，实在怨不了别人。

霍布斯的政治理论确实挺叫人丧气，挺没希望的。但是，仔细一想，也有他的道理。现实政治经常不就是这个样子吗？人们只能希望现实不是如此，或者不只是如此。同样，我们希望霍布斯的政治理论是错误的，希望人性和政治不是像他所说的那么阴暗。但是，当人们生活在专制的重轭之下，一边喘不过气来、一边又害怕动乱的时候，当暴政意味着稳定，而变革可能带来动荡，人们又总是会觉得霍布斯的《利维坦》说的就是自己的事情。正如霍布斯在书的序言里所说的，他"写这本书，不带偏见，不为付诸实施，没有其他的目的，只是为了把保护和服从的关系呈现在读者眼前"。

客观求实，不带偏见，这是霍布斯写作《利维坦》的方法原则。他对政治的理解受到当时盛行的科学探究精神的影响，以经验而不是抽象的或形而上的假设前提为基础。到 17 世纪，由于伽利略和培根等科学家的努力，科学精神已经发展成为一场羽翼丰满的革命。17 世纪科学家挑战由古人得出的关于宇宙的教条，同样霍布斯要挑战古人提出的政治理论。亚里士多德也不再是所有知识的权威，17 世纪的科学家和思想家不再接受他的许多断言，他们转向无须古人、无须教会或者《圣经》的帮助即可发现的经验知识。霍布斯就是一位杰出的代表。

霍布斯将经验科学的新方法引入他的政治讨论。《利维坦》是以当时的物理学和政治心理学的认识为基础的，阐明这种新型研究所能设想的最佳政治组织。和 17 世纪的科学家一样，霍布斯讲究的是能获得可靠知识的"方法"。他说，他的政治研究方法与亚里士多德是正好相反的。

亚里士多德说，人是政治的动物，这是一个抽象的假设，一个理想在普通人的生活经验中很难得到证实。但是，霍布斯说，人都是怕死的，为了躲避死亡，人愿意牺牲许多宝贵的东西，比如自由、权利、尊严等。霍布斯因此认为，人为了保全性命，会胆小怕事，这是对人性的一个很实在的经验观察，有常识的人都不难认同这样的看法。

霍布斯本人就是胆小怕事的人。他不是什么硬汉，也不是什么英雄，他有自知之明。他还知道，他是这样，连那些在嘴上充硬汉、充英雄的人也都是这样。与许多人不同的是，霍布斯并不为自己不是硬汉或英雄而觉得低人一等，也不为自己在人性上的软弱感到羞耻。他反而以自己的胆怯为荣，就像别人以勇敢为荣一样。但霍布斯的情况还是有点特殊，他是个早产儿。在他出生的时候，英国正面临可怕的西班牙无敌舰队（Spanish Armada）的威胁。他后来写道："恐惧和我是双胞胎。"显然，他的生活和著作里弥漫着对暴死（violent death）的恐惧。

他从经验观察发现，人跟人在体力和能力上本来差别不大，这就是他所说的"能力平等"。也正因为这种能力平等，"任何两个人如果想取得同一东西而又不能同时享用时，彼此就会成为仇敌。他们的目的主要是自我保全，有时则只是为了自己的欢乐；在达到这一目的的过程中，彼此都力图摧毁或征服对方"。（第 13 章）

因此，人与人之间的自然关系就是以强凌弱、弱肉强食，这是一种非常暴力的关系。霍布斯写道，"由于人们这样互相疑惧，于是自保之道最合理的就是先发制人，也就是用武力或机诈来控制一切他所能控制的人，直到他看到没有其他力量足以危害他为止"。（第 13 章）

霍布斯的人性论与他的国家起源观念是一致的。他认为人性本恶，因而权势欲成为人类共有的普遍意向。人常常受到自己内心无止境的欲望驱使，人的激情常常凌驾于人的理性之上，必须要有外界的约束才能不互相伤害，而能够制约个人欲望的外界力量就是公共权力。只有确立了拥有权威的公共权力，人才能脱离自然状态，进入社会秩序。

2. 专制国家和统治权威

霍布斯认为，人的本性决定了人与人的关系就像狼与狼一样，总是处于斗争关系之中。这里需要补充的是，他还认为，斗争关系有三种：第一种是竞争，第二种是猜疑，第三种是荣誉。第一种原因是为了求利，第二种是为了安全，第三种是为了求名。这三种都是利己的，霍布斯相信人的利己本能构成真实的人性。

人性的自私与争斗无限制地膨胀，结果是自然状态成为每个人对每个人的战争，这种战争状态使人的生存无法稳定。霍布斯说，"最糟糕的是人们不断处于暴力死亡的恐惧和危险之中，人的生活孤独、贫困、卑污、残忍和短寿"。摆脱这种状况的唯一办法在于创造一个可以管得住众人的绝对权威，每个人放弃权利，让一人或一个集体来代表。

霍布斯政治科学的出发点是对人性之恶的实际观察，他认为，个人受到一种奇特动力的驱使，"我首先作为全人类共有的普遍倾向提出来的便是，得其一思其二、死而后已、永无休止的权力欲。造成这种情形的原因，并不永远是人们得陇望蜀，希望获得比现已取得的快乐还要更大的快乐，也不是他不满足于一般的权势，而是因为他不事多求就会连现有的权势以及取得美好生活的手段也保不住"。（第11章）

这里有不止一层对人性的观察。首先，人都是得陇望蜀的，也就是俗话说的人心不足蛇吞象，人都是快活了还想更快活，有了权势还想要更大的权势，贪得无厌，永不满足。但是，霍布斯所说的这种贪婪还具有更深的人与人之间互相争斗、互相伤害的心理意义。那就是，人活在人世间，就免除不了害怕和恐惧：就算你想克服贪婪，并且能够克服贪婪，那也不行。因为你只要失去权势，就会落入人为刀俎我为鱼肉的悲惨境地，连那一点令你满足的东西也保不住。这也就是俗话说的，马善被人骑，人善被人欺。

正是因为人有这样的生存恐惧，所以需要有一个以恶制恶的超然力量来对恶形成遏制的力量，那就是"国家"，"像这样统一在一个人格之中的一群人就称为国家，这就是伟大的利维坦（Leviathan）的诞生，用更尊敬的方式来说，就是活的上帝的诞生"。（第18章）国家这个利维坦是掌握在"一群人"手里的最高权力。俗话说"一个好汉三个帮"，再能干的国王、皇帝、元首、主席，也不可能一个来进行统治，他必须要有一帮人跟他一起来统治，霍布斯称这样的"一群人"构成的"像一个人"的国家为利维坦。

利维坦又叫"巨灵"，是希伯来圣经里的一个怪物，原型可能来自鲸及鳄鱼。"利维坦"一词在希伯来语中有着"扭曲""漩涡"的含义。利维坦是一头蛮横到足以与撒旦相提并论的强大怪兽和恶魔。

霍布斯用利维坦来比喻国家，是明明白白地告诉人们，国家是个残暴的怪物，不要指望它成为什么仁慈爱民的政府。但是，如果利维坦是恶的话，那是必要的恶，没有利维坦，人民会遭受更大、更多的灾难。必须要有利维坦，完全是因为人自己天性邪恶。

人天性自私、贪婪、暴力、恃强凌弱、弱肉强食，总是在对他人造成武力威胁。霍布斯认为，用武力来遏制他人的武力威胁，"这并没有超出他的自我保全所要求的限度，一般是允许的"。但是，有的强徒会超出这个限度，"以自己在这种征服中的权势为乐；那么其他那些本来乐于安分守己、不愿以侵略扩张其权势的人，他们也不能长期单纯地只靠防卫而生存下去"。所以他们就会寻找一个可以制服这些强徒的权威，以契约的形式赋予这个权威最高的、绝对的权力，它就叫"主权者"。

因此，利维坦和主权者之间的关系是这样的，利维坦是国家机器，而主权者则是统治权威。国家机器包括监狱、军队、公检法、政府部门和机关等，它们都是用来体现、落实和维护统治权威的。

换句话说，利维坦是为主权者服务的。虽然叫"主权者"，但主权者不是一个个人，而是一种权威。所以，也可以叫它"主权"，它们本是同一个词：Soverign。

在霍布斯那里，专制君主的主权至高无上、不可分割、不可转让，这样的权力特征让行使主权者的地位也变得极为崇高、不可侵犯。主权者的权力一旦确立，便不容任何人染指。所有人必须对之绝对服从。臣民不得到君主的允许，就不能违背现存的政府意志，更不能改变这个政府。臣民无权重新选择另一个更好的主权者，他们必须无条件地顺从主权者，如有任何反抗，便是背叛，也是犯罪。

主权者不受前人的法律制约，也不受自己制定的法律的制约，因为不可能想象还有个凌驾于主权者之上的权力。不确保主权者的绝对权力，国家就会陷入动乱。这是绝对专制权力的正当性所在。

主权者享有立法、行政、司法、言论监督等广泛的权力，而且因为主权不可分割，权分则国分，国分则不国，所以主权者也无权转让自己的权力。这样的规定其实已经人为地创造了一个凌驾于所有人、所有权力之上的权力。不受任何限制、独揽大权的主权者虽然是世俗生活中的一个凡人，但由于他是唯一有权发号施令的权威，他不仅是国家的领袖，而且是人们必须虔诚膜拜的上帝。

霍布斯所说的"主权者"是所有的允诺、法律和权利的来源。作为主权者，拥有职务能力的权威可以自由地按照他们认为合适的方式行动。他人不能对这种权威施加限制，因为"在那些关系到公共和平与安全的事务上"，主权者必须拥有为防止和平受到破坏而需要的全部权力。（第 29 章）

霍布斯认识到对主权者赋予如此广泛、绝对的权限所带来的风险，但他更在意没有主权者的危险。主权者是一个以恶制恶的必须性产物。无论是将最高权力授予一个统治者，还是授予一些贵族，或者授予民众大会中的许多人，它"都是人们能想象得到它有多大，它就有多大。像这样一种无限的权力，人们也许会觉得有许多不良的后果，但缺乏这种权力的后果却是人人长久相互为战，更比这坏多了"。（第 20 章）

人们希望这样的主权者能给他们带来保护，如果幸运的话，这样的保护者甚至还会是仁爱无私、睿智公正的万民救星。但是，人类的经验一次又一次发现，从这样的万民救星到独断专行、肆意妄为的专制暴君，只不过是一步之遥。对于有过这种现实经验的人们来说，霍布斯的"利维坦"令他们联想到不是一片和平景象的乐土，而是乔治·奥威尔《1984》中的可怕景象。

霍布斯把选择主权者（国家权力）视为一种必要的恶，如果人人都生性善良，彼此没有恶念或侵犯行为，也就不需要什么主权者。他写道："人们之所以选择主权者是由于互相畏惧，而不是由于畏惧他们按约建立的主权者。但在这种情形下，人们所臣服的人就是他们所畏惧的人。在两种情形下，人们都是出于畏惧而服从的。这一点值得那些认为所有出于畏惧死亡和暴力的信约一律无效的人注意。"（第 20 章）

霍布斯认为，在绝对权威（也就是权力）被滥用与因缺乏权威而失序之间，必须做出两害取其轻的选择。他的选择是，就算权威很霸道，甚至非正义，也比因缺乏权威而不稳定和不安全要强。这样一种两难选择困境经常成为人们虽不满意现有秩序，但还是不得不默默忍受的一个原因。任何两害取其轻的选择，所选的都是一种必要的恶。

霍布斯理想的君主国是专制的，他虽然不反对民主国家，但对民主国家的结果怀有恐惧。在他的想象中，民主国家似乎与相互为战的自然状态最为接近。民主的那一套理念在霍布斯的学说中是不被信任的。在可选择的有限的政体范围内，他把最符合他政治理念的君主制度列为首选。在今天的许多读者看来，虽然霍布斯的价值观念、哲学基础早已不属于旧阶级的阵营，但他得出的明确专制主张却是他学说的最大遗憾之处。

但是，这种价值观念却仍然存在于今天许多人的头脑之中。他们对民主的想法与霍布斯非常相似，一说起民主，想到的首先是混乱、不稳定和不安全。在可选择的有限的政体范围内，他们的首选是威权甚至专制制度。他们认为，只有这样的制度才能保持稳定，避免社会发生动乱。他们虽然不反对民主，但永远认为民主的条件还不成熟，民众的素质太低，所以必须耐心等待。

说民众素质太低，不过是用一种比较婉转的方式在说，民众受制于低劣天性的限制，无力胜任民主事业。是民众的恶劣人性导致他们生活于其中的专制环境，还是专制环境造就他们低劣的素质：自私、愚昧、目光短浅、偏执僵化？如果说民主需要民众有与此不同的素质：关心公共利益、宽容、开放、善于独立思考和判断，那么如何获得这些民主所需要的习惯和训练呢？他们是否必须有了这些条件方能有所正当地民主参与呢？

事实上，这是长期以来的老问题。只不过统治者老是用霍布斯式的眼光看待这些问题，所以得到的总是霍布斯式的结论。那就是，在民众素质仍然低下的时候，必须实行专制。当然，他们不会直接称其为专制，而是用了一些别的好听的说法，如所谓的"训政"。

这样的答案与坚持最大限度民主参与的理念是不符合的。20世纪三四十年代，当中国酝酿由一党训政转向宪政的时刻，《独立评论》《国闻周报》和《时代公论》等刊物上曾有过一场关于民主宪政的争论，其中就涉及这些与民主政治参与有关的问题。有些人（如马季廉和何浩若）根本对民主心存怀疑，反对以宪政代替党治。

另一些人（如蒋廷黻、陈之迈和梁漱溟）虽不反对民主宪政，但认为中国的经济和教育条件尚不足以言宪政，与发展这些条件相比，民主宪政并非当务之急。唯有胡适、丁文江、萧公权和张佛泉这些人，主张即时公开政权、结束训政、容纳民众的参与。

霍布斯一辈子生活在害怕和恐惧中，这种心态也影响他的政治观点和写作方式。他的一些重要观念，如主张君王权力、蔑视民众、反对民主，都表现出一种极端的小心谨慎，这与后来启蒙时代哲学家的大胆形成对比。许多历史学家把 17 世纪和 18 世纪放在一起，作为一个"长启蒙时代"来探讨。这两个时期确实有许多共同之处，但是正如彼得·盖伊指出的那样，"17 世纪有自己的特点：那时人们运用更精致的方法，也怀着焦虑，继续许多世纪以来的工作，寻求世俗与虔信、古典主义与基督教之间的妥协方案。17 世纪的基督教已不再是文艺复兴时期的基督教，而 17 世纪的世俗观念却还不是启蒙运动时期的世俗主义"。霍布斯必须在不同的思想势力之间小心翼翼地找到一块安身之地，以避免来自不同方面的攻击和孤立。尽管如此，"霍布斯在当时臭名昭著，险些被吊死。比霍布斯更能代表这个时代的思想家是帕斯卡尔和剑桥柏拉图主义者。帕斯卡尔首先是伟大的科学家，其次是伟大的基督徒。剑桥柏拉图主义者以神秘主义的热情研究柏拉图，激烈地批判恪守圣经文字的本本主义，轻蔑地指斥宗教狂热，但他们是彻头彻尾的基督徒"。[1] 在霍布斯的时代，他是一个异类，他是有自己的宗教信仰还是缺乏宗教信仰，至今仍然是学界争论的一个问题。但是，我们更关心的是他的政治思想。

3. 专制下的自由和法治

早在 20 世纪 30 年代，一些中国知识分子已经在讨论这样一个

1　彼得·盖伊著，刘北成译，《启蒙时代（上）》，第 293 页。

重要的现实政治问题，那就是废止专制和民众觉悟应该先走哪一步。张佛泉认为，应该先废除专制，让民主生活来开启民众的政治智慧。胡适赞同这个观点。政治学者萧公权也认为，民主宪政随时随地都可以实施。他说，实行民主宪政虽然需要有教育上的准备。但是，你见过先学会养孩子，然后再结婚的女子吗？这也就是曾子《大学》里说的"未有学养子而后嫁者也"。

可见，20世纪的一些启蒙知识分子已经对人性有了与霍布斯完全不同的看法，我们不再把人性视为由某些绝对的固定不变的素质因素所构成。人性是可以改变的，而改变恶劣人性、培育人性自由的一个重要条件，就是人所生活于其中的政治和社会制度。专制，尤其是现代的极权专制，是最与这种人性培育背道而驰的制度。专制不仅使人不自由，而且使人难以避免人性的堕落，这也是我们反对专制的一个重要理由。

霍布斯的《利维坦》问世之后，影响巨大，但也有许多争议和批评。他非常悲观的人性论理论也一直受到其他思想家的质疑和辩驳，例如英国哲学家洛克和法国哲学家卢梭都提出与他不同的人性理论。对于如何理解他主张专制的政治立场，也同样存在不同的意见。

一种意见认为，霍布斯是专制主义的辩护师，他不只是专制的捍卫者，而且是专制体制的捍卫者。专制体制比专制是一个更为现代的观念。君主、国王、皇帝独自掌控权力，那是专制，但那不是霍布斯所论述的体制化的专制。他说的不是"君主"，而是"主权者"，一个源于契约的非个人化的权力；或者用霍布斯的话说，一个"人造的"权力制度，他认为，这是唯一有效的人造权力制度。

我们知道，历史上有可以称为"好皇帝"的皇帝，人们叫他们明君、贤主，但是有好的专制体制吗？显然，这个问题是不能用有没有好皇帝来代替的。

另一种意见则认为：一方面，霍布斯坚决捍卫政治专制主义，主张专制的主权者在特定领土内，对所有平民或教会机构拥有完全垄断的权力；另一方面，他坚持人的基本平等。认为国家是个人之间的契约，主权者的权力得到被管理者的同意，并且有义务通过确保公民的和平与安全来保护他们的利益。后一方面的观点被一些人解释为自由主义反对专制主义的表现。

我们知道，自由是民主的核心价值，怎么理解主张专制的霍布斯也会看重自由这个价值呢？

有论者认为，霍布斯的自由观包括在他的平等观中，理由是，"由于表示赞同的各方在本性上是根本平等的，主权者的所有正当行为都必须平等地运用于政治体中的每个成员。这其中就包括自由"。至少从理论上说，人民放弃权利是有条件的，为的是换取更加确实的保障。这种交换最终仍然是要保护每个人。如果主权者不再能通过维持和平来执行契约，自我保护的权利就会被激活。如果个人安全受到威胁，那么人民就又回到自然状态，除了自我防卫的个人能力之外别无其他保护。因此，"当法律的保障不起作用时，任何人都可以运用自己所能运用的最佳方式来保卫自身"。（第21章）

因此，霍布斯所涉及的自由是在个人生命受到威胁时才成为重要价值的考量，这是一种非常有限的自由。只是当个人的生命受到主权者行为的威胁时，例如当一名罪犯被无辜判处死刑时，自我防卫的权利才会启用，但这时候启用已经太迟。

霍布斯认为，只是在处于危险中时，个人主体才有自我保护的自由，甚至是抵抗合法权威的自由，类似于中国政治文化中的"官逼民反，不得不反"。专制不把你逼到要你性命的地步，你就不拥有反抗的自由。今天，我们已经不可能接受这种对自由的理解。

但是，从另一方面看，即使人们如洛克所说，当政府不再受到人民信任的时候，人民有权更换政府，那也并不意味着人民就会行使推翻政府的自由。在很多情况下，人们不反对或不反抗政府，不等于说他们便是在支持政府，而是他们觉得还没有到"官逼民反"的程度。人们认为反抗主权者比服从他会带来更大恶果的时候，他们便不反抗，这时候主权者就能保有权力。

霍布斯的自由还可能有另一层意思，那就是，除了进行抵抗的权利之外，每个人的自由都是消极性的；它有赖于"法律的沉默"。（第 21 章）当法律既不命令也不禁止某项行动时，这项行动就是自由的。在所有这些事务上，个人可以自由地按照他们认为合适的方式采取行动或者不行动。在现实生活中，尤其是在政治自由得不到保障的情况下，当人们没有做什么事的自由时，他们会坚持不做什么事的自由。例如，你没有说真话的自由，至少你可以不说假话，你可以坚持不说假话的自由。这被一些人称为"消极自由"。

霍布斯认为，由于法律的沉默，这样的自由是存在的。但是，经验告诉我们，在现代专制统治下，这样的自由也是可以被剥夺的。

法律显然无法为自己规定什么时候要沉默，什么时候不沉默。法律只是"善恶行为的尺度"，正义的法律不应该是统治者一时的异想天开，而应该有指导民众正确行为的作用。

霍布斯认为，"良法就是为人民的利益所需而又清晰明确的法律"。他强调，对有公愤的事件视而不见，便是法律的失职，如果包庇罪犯和犯罪，那就更是恶法。他写道："正确地执行赏罚也是主权者的职责，由于惩罚的目的不是报复或发泄怒气，而是纠正犯法者或效尤者，所以最严厉的刑法便要施用在最危害公众的罪行上。这些罪行……有的是在群众中引起公愤的，以及有的是不加惩罚似乎就会被认为是得到承认（诸如当权者的儿子、仆役和宠幸所犯的罪行）等。因为公愤不但会使人们起而反对不义行为的作案者和主使人，而且连一切可能保护他们的权力当局都包括在

内。"（第 29 章）

因此，特别重要的是，法律是否为良法，衡量的标准是主权者的利益与人民的利益是否一致。他写道："没有必要的法律由于不包含法律的真正目的，所以便不是良法。一条法律如果是为了主权者的利益，虽然对人民来说没有必要，可以被认为是良法，但实际上并不是这样。因为主权者的利益和人民的利益是不能分开的。臣民弱的主权者也弱，而主权者缺乏根据自己的意志统治臣民的权力时，臣民便是软弱的。没有必要的法律不是良法，而只是聚敛钱财的陷阱；这种法在主权者的权利得到承认的地方是多余的，在没有得到承认的地方则又不足以保护臣民。"（第 29 章）

霍布斯知道，主权者也是人，也有人的弱点，为了保障人民的基本权利，防止主权者人性的弱点，霍布斯也规定主权者应尽的义务，其中最重要的一条是关于法律和法治。主权者要制定良法，正确执行惩罚。霍布斯认为，制定良法不在于约束，在于指导和维护臣民，使他们能有效地克制自己的欲望，减少因鲁莽行为而害人又害己。惩罚也一样，惩罚不是为了报复和发泄怒气，而是为了防止此类不良行为；奖赏则是为了鼓励某些利国利民的行为，特别是培养人民效忠国家的习惯。良法和赏罚都是治理国家的调节机制，主权者必须很好地掌握其中的技巧和艺术，而且要平等施法。

霍布斯还认为，臣民地位的不平等是相对于主权者来说的，但臣民在法律面前是平等的，不分富贵贫贱。任何臣民触犯法律，判决的尺度是统一的，不得有区别，这就是公道。但是，法律不适用于主权者，制定法律的主权者是凌驾于法律之上的。

霍布斯所说的法律和法治不是民主宪政意义上的，指的不是公民参与制定并服从他们参与制定的法律，也不是"经由人民同意的统治"（rule by consent）。霍布斯的主权理论已经包含对法的理解，那就是，主权不仅是法的来源，而且是法的唯一来源。法律是专制权力所规定的法，法律是统治者的命令。这种法的观念是我们非常熟悉的。

这就是所谓的"法律实证主义"（Legal Positivism），指的是，法律是统治者的命令，统治者说了算，那就是法，就是最高法庭，没有比这更高的法律权威。他不仅是执行法治规则的裁判者，而且是这种规则的制定者。要是他不喜欢，他就可以改变规则，使规则符合他的统治目的。

在我们今天看来，这是很可怕的事情，它意味着，统治者永远是正确的，永远都在依法行事。因此，他不会不公正地行事。为什么？因为他是法律的来源，也是正义规则的来源。我们与霍布斯的时代距离是，我们认为，这样的统治者虽然也在讲法治，但并没有真正的执政合法性。

执政合法性又称"政治合法性"，指的是人民对权威尤其是对政府或统治权力的接受和拥护。执政合法性是政权的财富，没有或缺乏执政合法性的政权也照样可以存在，就像没有财富的人也照样可以生存。但是，就像任何人都希望追求财富一样，任何政权也都想拥有合法性。

合法性不仅让一个政权拥有权威，而且拥有体面的权威，这就像财富不仅让一个人可以活下去，而且能体面地活着。在当今世界上，合法性对政权的重要性已经超过财富之于个人，因为没有合法性政权会为维持统治惶惶不可终日、无所不用其极，但除了暴力和胁迫之外，又无其他有效的统治手段，因而沦为一个凶恶残暴的政权，而没有财富的人却并不会沦为恶徒。今天，人们要求人民主权、人民当家作主、人民享有不可剥夺的政治权利和人权，这些都已经成为当今世界认可的普适价值。在这种情况下，霍布斯所说的那种法治也就不可能再为专制带来任何合法性。

五 洛克《政府论·下篇》

1. 驯化国家权力

洛克（John Locke，1632—1704）的《政府论·下篇》，它出版于 1689 年，是霍布斯去世后 10 年。霍布斯的《利维坦》出版于 1651，比洛克的《政府论》早 38 年，但我们可将它们视为同时代的著作。

洛克与霍布斯不一样，他不只是一个政治哲学家，而且是一个全方位的哲学家，是早期启蒙思想的代表人物，对 18 世纪启蒙运动的重要人物如卢梭、休谟、康德都有很大的影响。他非常博学，对后世的影响不仅在于政治哲学，而且还在于认识论、宗教宽容、儿童教育等。

洛克的政治哲学是以他自己的经验和经历为背景的，17 世纪是英国政治动乱的时代。洛克出生于 1632 年，少年和青年时代经历了从 1642 到 1651 年的英国内战。这之后英国建立共同体（Commonwealth，1649—1660）。"共同体"指的是一个由人民掌控最高权力的国家，可以是共和的，也可以是民主的。共同体的人民称为"公民"，不是臣民。英国内战的结果是查理一世于 1649 年 1

月 30 日被处死，之后成立英吉利共和国。

1660 年在多数英国人思念王室的氛围下，迎回查理一世的长子复辟，是为查理二世，称为王政复辟（1660—1688）。继而发生了"光荣革命"（1688），这个革命不是人民选择共和，而是将英国本来的国王罢黜，改由从荷兰来的威廉三世来当英国国王。人民选择国王，而不接受父传子承的国王，这是破天荒的，所以叫"革命"。在这之后，英国国会通过保证公民自由的"权利法案"（Bill of Rights，1689），终于确立了国会至上的主权，君权退居次要地位。

洛克最重要的政治著作《政府论》有上下篇，都是在 1689 年通过"权利法案"的同一年出版的。这是他早就完成的著作，但一直没有机会发表。洛克在上篇里驳斥君主权力必须父传子承的理论，在下篇里陈述他自己的政治主张。上篇的内容今天已经不重要了，所以一般只是阅读下篇。

洛克在《政府论》的下篇（下面简称《政府论》）里强烈反对君主专制，主张政教分离，表明他自己的社会契约理论，与我们前面讲过的霍布斯主张君主专制完全不同。

洛克的政治哲学主张可以简单地归结为这么四点：一、人有来自造物主的自然权利，任何政府都不能剥夺人的自然权利，自由、生命、财产是人不可让渡的权利；二、人性是自私的（这一点他同意霍布斯），但是人性可以通过理性和宽容来得到修正（不同于霍布斯）；三、自然状态是不稳定的，人容易受到身体的伤害，这就意味着人在危险状态下不能实现只有在稳定和合作条件下才能实现的目标；四、人通过社会契约产生政府，政府是由于人的需要才产生的。人们放弃一些权利给一个以契约形式出现的权威，以交换他们想要的好处，也就是由政府来保护每个人的生命、财产和追求个人幸福。

关于这四点，我在后面还会有具体的讨论。

洛克的这些基本信念后来在一个世纪之后，在美国《独立宣言》和《宪法》得到充分的体现。洛克还主张政府分权，主张为了反抗暴政，人们不仅有权利而且有义务发动革命。

洛克被称为美国革命的教父，甚至被誉为美国的荣誉建国之父。在阅读洛克《政府论》的时候，把书里的理论对照美国自由民主的宪法精神和政治运作，这会是一个很好的学习方法。这样一来，洛克政治理论内容便有了实践意义，也就容易变得具体而明确起来。洛克对美国建国之父之一的托马斯·杰斐逊（Thomas Jefferson，1743—1826）有特别明显和深入的影响，如果有机会阅读杰斐逊的传记，对于理解洛克也会有莫大的帮助。

洛克主张人类的自然平等，主张人类对生命、自由和财产的自然权利，并以此为标准界定什么是合法政府，什么是执政合法性，什么是基于人民同意的法治，为什么人们有改变政府的权利。所有这些都已经成为今天自由民主和民主宪政的基本原则和常识。即使不把这些当成是普遍价值的人们，也不敢明目张胆地反对这些价值，这样的理论成就，在现代政治学者中恐怕是头一份。

洛克并不是洛克思想的独立发明者，他理论的一些因素可以追溯到与自由民主看起来背道而驰的专制理论，特别是马基雅维里和霍布斯的理论。这并不奇怪，因为自由民主的理论本来就是针对专制的统治及其理论发展起来的。

马基雅维里把专制统治者明确为"君主"，君主是国家的个人化身。虽然君主总是依靠暴力和欺骗的手段，但他有为国为民的良好动机，因此可以成为人民信得过的仁爱君主。霍布斯进而将君主转化并确定为主权。主权不再是一个掌握国家政权的统治者个人，而是一个去人格化的权威。这个权威代表国家，代表人民，他的"代表"可以有各种不同的化身。议会可以是代表，贵族的上议院可以是代表，一个党、一个政府也可以是代表。它们都是"主权"或"主权者"的变化形式。

霍布斯把君王的王位变成了国家权力的"办公室"或"办公厅"，谁成为这个机构的头头或首长，谁就可以成为事实上的君主。

在霍布斯那里，这个国家权力的办公室是某种社会契约或盟约的产物，对缔结契约或盟约的人民负责，保障他们的和平、正义和秩序。用今天的话来说，就是为人民服务，当人民的公仆。如果没有这个主权的绝对权威，那就一定会天下大乱、民不聊生。霍布斯使得专制主义的绝对权力不仅成为合理，而且成为最佳、世界上最先进的制度。专制能为人民带来一切他们所期盼的好东西：法治、正义、政治稳定等。

洛克去除了霍布斯理论中那些专制的东西，创造出一种更加自由、更加人道的政治制度理论。他保留了"代表"的观念，但像驯化一匹野狼那样，把专制政府驯化成一个更能为人民服务的民主政府，虽然不能说是一条温顺的忠犬，但也不至于是残民以逞的野兽。

马基雅维里和霍布斯都把人性视为具有恶的本质。洛克改变了这种看法，他认为，人性虽不完美，但并不具有本质的、绝对的恶。因此，只要条件合适，普通人也能担负起自我治理的任务，不需要君主和专制统治者为他们设计和制定最好的生活方式和社会秩序，更不需要他们拿着鞭子，像狼一样时刻盯住他们的一举一动，以猛于虎的苛政对待他们。

专制统治者只要让老百姓害怕，就能达到任意求取、取索无厌的目的。但他们有时对老百姓提出道德和思想教育的要求，树立某个好人标兵或行为模范。但那只是一种统治的策略和权术，通过洗脑、宣传和欺骗，使人民更容易被掌控和操纵。任何道德，对于政治权力来说，都只有利用价值，只是统治的工具，不是目的。

马基雅维里认为，一个好的共和政体和一个好的僭主政体

（tyranny）是没有区别的，只有那些迂腐学究的天真之徒才会妄议这二者孰优孰劣。一个好的专制或君主政体其实就是由一个最强悍的公民所主宰的共和，这个强悍的公民迟早会被另一个更强悍的公民所取代，也就是所谓的成则为王、败则为寇。

霍布斯认为，人类自然是残酷和自私的，激励人们做任何事的唯一动力就是贪婪，这是由生存欲望造成的。他认为，人的第一原则就是他的保命本能，人性是单一的、绝对的，对之进行教育是无效的。人既然天生就是自私、残忍的，政府就必须严酷地管制他。没有隆刑峻法的政府，人最终会由于缺乏理性和缺乏社会结构而自我毁灭。只是为了防止被自然的相互杀戮所摧毁，人才放弃自然的自由，以生存的本能参与社会，霍布斯称之为"社会契约"。

和霍布斯一样，洛克也设想了一种人类原初的"自然状态"，他称之为"自由状态"。"为了正确地了解政治权力，并追溯它的起源，我们必须考究人类原来自然地处在什么状态。那是一种完备无缺的自由状态，他们在自然法的范围内，按照他们认为合适的办法，决定他们的行动和处理他们的财产和人身，而无须得到任何人的许可或听命于任何人的意志。这也是一种平等的状态，在这种状态中，一切权力和管辖权都是相互的，没有一个人享有多于别人的权力。极为明显，同种和同等的人们既然毫无差别地生来就享有自然的一切同样的有利条件，能够运用相同的身心能力，就应该人人平等，不存在从属或受制关系。除非他们全体的主宰以某种方式昭示他的意志，将一人置于另一人之上，并以某种明确的委任赋予他以不容怀疑的统辖权和主权。"（《政府论》，第 2 章）

洛克认为，人在自然状态中发展出来对政府的需要，人需要政府，不是因为政府能够镇压人民，而是因为政府能服务于人民，能满足人们的实际需要，保护他们的生命和财产，让他们追求自己的想法。

洛克与霍布斯不同的是，他认为，既然人选择成为社会的一员，那就不是仅仅出于保命的激情，人要比霍布斯设想的更加理性、更加具有自我管理的能力。洛克对人有更加积极的认识，那就是：人生来自由、平等，人是上帝创造的更大创造物的一部分。上帝指引人们向善。人类被赋予理性和良心，也就是道德感。这使得人有别于其他动物。人性是由道德的、理性的、自利的和社会的这几种因素构成的，是一种潜在地具有美德的混合体。这样的人性不是单一和绝对的，而是复杂的和变化的。人的天性基本上是善良的，人能为自己做出明智的决定，政府的存在是因为人足够合理地创造它，人不仅要创造政府，还要创造好的政府，所以在政府变坏的时候，就会反抗，就会推翻这个坏政府。

2. 人性、自由与政治

洛克虽然同意霍布斯，认为人的天性是自利的，但他还认为，人性是由复杂因素而非单纯自利所构成，与自利一样，理性也是人性的一个重要因素。

洛克认为，作为人性因素的理性通过经验得到发展，并与好坏、是非的意识一起发生作用，指向自然的道德律。由上帝订立的道德律指导人作为伦理动物的存在，人因此有自由、平等的行动。正因为上帝创造的是这样的人，人基本上是可信赖的。

在洛克看来，甚至自利也是人性的一项积极因素。虽然人是寻求满足欲望的贪婪个人，但是人对快乐永不知足地追求并不必然是自私的。只要是以改善自我而不是伤害他人为目的，那么人们对幸福的追求就会是合乎道德与理性的。这是个人自由的基础。个人在本性上具有社会性，倾向于相信同样有道德、有理性而且自利的人类同胞。人与人之间并不总是像狼与狼那样互相撕咬，而是可以相互协作、共同合作。由于这种特性，人能为了共同的目标而协同行动。人与人的协作关系，促使人们去追求既对他人有利又对自己有利的目标。

当洛克强调人性本质中这些积极方面时，他要比霍布斯乐观。霍布斯笔下的自然状态首先强调的是不信任与冲突。与生活在冲突状态中的人比起来，洛克所描述的人更容易通过订立契约来保护个人自由。洛克不是一个人性善的乐观者，在他的人性观中，善与恶是并存的。这可以在生活经验中得到证实。

在洛克看来，生活就像一场道德竞赛，善与恶为了争夺控制权而展开斗争。人性中既有善也有恶，同一种欲望、激情可以起到善的作用，也可以起到恶的作用，甚至连道德学家们经常谴责的自利也可以是人性的一项积极因素。自利并没有什么不善。不善的不是利己，而是损人利己。这个思想在美国《独立宣言》里得到重申。

洛克重视个人的本性所具有的社会性，他认为人都是有道德、有理性而且自利的人类同胞。这使所有人能为了共同的目标而协同行动。他说，"上帝把人们对儿女的深厚感情交织在人性的原则之中，简直不必担心父母会过分严苛地使用他们的权力；过分之处很少是在严苛方面，自然的强烈倾向倒是引向另一方面"。（第6章）也就是说，在上帝创造的人性中善比恶更重要。

洛克大多数时候把多数人描述为有道德的人，从而暗示他的主要读者是有美德、有理性的人，有长远的眼光，能够保持自由。然而，他也看到非理性、反社会、不道德的一面。并不是所有人都可以信赖，至少有一些人具有潜在的过分自私倾向，容易伤害他人。洛克用人性的这一阴暗面来表明生活（尤其是自然状态中的生活）的危险与陷阱。因此，他特别关心教育的问题，教育可以稳定人性

中积极的因素，弱化或改变人性中消极的因素。人自己创造的政府
形式和社会规范能成为教育的力量和条件。

对人性的理解与对政府的理解是密切联系在一起的。如果你认
为人性本恶，那么你就可能像马基雅维里或霍布斯那样认为，对于
人性本恶的刁民，政府无论用怎样的手段去对付他们都是必要的，
因为是必要的所以也是正当的。相反，如果你认为人性本善，人变
恶是因为环境的影响，那么你就可能像卢梭那样认为，人生而自由
却无处不在枷锁中。社会习俗和政府权力是败坏初民美德的邪恶势
力，必须对之抱警惕和批判的态度。

洛克不把人性视为全然本恶或全然本善，因此人需要政府，但
同时也必须对政府权力保持警惕。如果政府不能正当和有效地行使
保护人民自由、财产和追求幸福的权利，那么人们就有权利也有义
务更换政府。如果人都是天使，就不需要任何政府了；如果人都是
恶魔，那么任何政府都注定无效，都注定要失败，更可怕的是，政
府本身就会是一个由许多个体恶魔勾结形成的巨大恶魔。

洛克在《政府论·下篇》把霍布斯从"人性恶"推出的专制主
义主张加以清理，恢复了"自然法"与人的自由的原本关系，使得
自由成为反专制政治的核心价值和原则。

洛克的政治学说尽管与 18 世纪的启蒙思想家一样，都把自由
作为政治学说的核心概念，但是洛克更强调现实的自由，而不是理
念的自由。也就是说，在他的政治学说中，他更重视采用各种现实
的、可操作的政治制度来保障自由，而不是沉湎于崇尚自由精神的
理想主义中。务实的自由观与务实的人性观是一致的。这也就是为
什么他对美国建国之父们有如此清晰可见的影响。

例如，美国历史学家 T. V. 斯密斯在《世俗和僧侣的圣人：麦
迪逊和甘地》一文中称麦迪逊在《联邦党人文集》第 10 篇里关于

分权和权力制衡的论述"本身就是对人性思虑周密的深刻见解"。[1]
美国政治学家莫登·怀特在《哲学、联邦党人和宪法》一书里指出，
《联邦党人文集》的作者们的"政治科学"中相当重要的部分是心
理学，而心理学最重要的部分则关乎人的动机和人性。[2] 这里涉及的
"人性"（human nature）与"人的本质"（the essence of man）不是
同义词。《联邦党人文集》的三位作者并不以抽象或一般地分析人
的本质为己任，他们关注的是可以通过经验观察而了解的人的行为
及动机，这是他们所说的人性。

例如，人有野心、私利心、贪婪心，人也有同情心、恻隐之情、
羞耻感和荣誉感等。相比之下，对人的本质的确定则经常是哲学或
意识形态的抽象或提炼，如人是政治动物、社会动物、理性动物、
阶级动物等。怀特解释道，汉密尔顿、杰伊和麦迪逊是从经验观察
来谈人性的，"当他们说人性包含野心时，他们并不是说野心是人
的本质特征……他们所特别指出的人性特征是许多哲学家所谓的偶
然（accidental）而非本质（essential）特征"。也就是说，野心是人
性的特征，但并非是人必有野心。再多的人有野心，那也是偶然的，
而不是必然的，因为野心并不是人的本质特性。

政治或人性现实主义的要义都在于折中和不走极端，同时看到
互相的两个极端，并试图找到与它们不同的第三种选择。在洛克的
自由观念和自然状态观念中都可以看到这种避免极端的折中方式。

在洛克那里，人的自由与自然状态是联系在一起的，也是相互
一致的。洛克认为，自然状态并非如霍布斯所描述的那样是种战争
状态。相反，他认为自然状态是一种完备无缺的自由状态，自由而

1　Saints, Secular and Sacerdotal: James Madison and Mahatma Gandhi. *Ethics*, Vol. 59, No. 1, 1948, 49-60.

2　Morton White, *Philosophy, the Federalist, and the Constitution*, Oxford University Press, 1987, 86.

不放任，因为有一种人人所遵守的自然要求在教导人们不得侵犯他人的生命、自由、财产、健康。

洛克认为，自然状态与战争状态最大的区别在于是否以自然正当的原则调节彼此间的关系。自然状态中没有公共权力为后盾，但照样可以很好地调节人与人之间的关系。这是因为，自然法根源于人类的理性，对人的行为是有约束力的。而霍布斯则认为自然法只是道德法，没有实际的约束力。

在某种程度上，自然法是否能至少对某些人有约束行为的作用呢？洛克认为这是可能的，而霍布斯则认为完全没有可能。这是洛克不同于霍布斯的一个关键点，洛克认为，自然状态是一种自由状态，但却有诸多不便，其中最大的不便就是有的人会不受自然法的约束而直接诉诸暴力。这就会不可避免地使人们进入战争状态。如果没有共同的尊长或裁判者来主持裁决，战争就会延续并损害所有人的利益。

这种缺陷在自然状态中是无法避免的。所以人们才会决定部分放弃自然状态中享有的权利，以同意或默认的方式把部分权利交给社会，或授权给社会的立法机关，制定符合公共福利的法律。这就是社会契约。由于这样的自愿契约，便产生具有公共权威的裁判者，裁判者可以是立法机关或者是立法机关的代表。裁判者有权根据法律裁决一切争端。这就是国家的起源，也是洛克所认可的政治社会。

洛克认为，从自然状态向政治社会转型的过程中，人民保留一部分权利，而不是把权利全部转让给政府，这是洛克社会契约论最具特色的地方。他认为人们放弃的只是一部分权利，有一些权利是不可转让、不可剥夺的。这些自然权利就是自由权、生命权、财产权、健康权。既然政府的起源本来就是为了弥补自然状态的不便，那就不得侵犯人们在自然状态中享受的"天真乐趣的自由"。人保留一些自然权利，留下一手，这是由于对政府不能完全信任，必须预防政府对人民的背叛。一旦政府违背当初的诺言，背叛人们，开始侵犯人民的人身安全、自由和财产，人民由于还保留的那些由自然法所赋予的原始权利，可以决定不惜回到自然状态重新选择新的政府。

人们所保留的那一部分自然权利是他们政治权利和自由的保障，政治权利是争取一切其他权利的权利，而一旦失去政治自由，其他的自由都很容易就被剥夺。因此，自由、生命和财产这三者中，自由是更本质的。

虽然洛克认为政府最重要的目的是维护财产权，但自由在自然状态中是其他一切权利的基础。人只有是自由的，才能捍卫生命和财产，奴隶既不能保护自己的生命，也不能保护自己的财产。自由的人才能按自己的理性行事，与他人和谐地生活，不自由的人只是权力的工具。人必须先是自由的，然后才能自主地决定是否要放弃部分权利，与他人结成政治、社会、交换或其他自愿关系。一切基于自愿的人类活动都离不开自由，自由因此成为最不可剥夺的自然权利。

3. 政府为什么要保护公民的财产权利

虽然洛克被视为现代自由民主之父，也被称为自由民主的美国制度的教父，但洛克并不是一个民主主义者。他的政治哲学理论的核心是：政府的权力来自人民，政府必须对人民而不是某个人（如君主）或机构（如政党）负责；政府的权力必须是分散的，这样才不会落入某个人或某个机构的手中；政府必须有制度的操作性，也就是说是制度化和可持续运作的，不能凭某个人的指示或某个机构的文件就随便改变。除此之外，洛克并不坚持他所说的责任政府一定必须是某种制度，可以是共和制，也可以是君主制，只要政府能担负起保护人民的权利，是一个正义的政府就行。

我们可以设想，如果洛克到总部设在美国纽约的联合国去发表关于他的政治理念演说，台下坐着的代表来自不同制度的国家，有自由民主制的，有社会民主制的，有专制的，甚至还有极权专制的，洛克肯定不会说哪种制度是他所赞同或不赞同的。他一定会坚持说，无论什么制度的政府都应该以人民的福祉为第一考量，政府必须以正义的原则治理国家，政府的权力不应该因为掌握在一个人或一小撮人手里而不受任何节制，政府必须尽到保护国家公民的安全、自由和财产的责任。

我们可以设想，台下所有的各国代表一定会齐声鼓掌，表示赞同，因为再独裁专制的国家也不会说这些基本的政治原则是不对的，他们可以对这些原则做不同的解释，玩说一套做一套的把戏，但说还总归是要说的。任何一个统治者都不会说他不对人民负责吧，他也不能说他的政府就是要危害其国民，绝不给他们安全和自由吧。

洛克的历史意义在于，300 多年以前，他就说了今天几乎所有政治人物都必须照此来说的话。不管是真心诚意，还是口是心非，凡是自称有统治正当性的统治者，就必须说这样的话，这就是普适价值的力量！

再恶毒的匪徒也不会直截了当地以恶的名义来作恶，同样再邪恶的政府也不会以邪恶的名义来残害本国人民，哪怕它事实上是这么做的，它也会为自己的行为寻找各种合理的甚至美好的理由。洛克的伟大正在于，他把一些基本的政治原理提升到一个在人类世界里是人就不能不公开认可的道德政治原则。

然而，在洛克的政治哲学中，最突出的也最有争议的还有他的个人财产观念。在有的制度中，保护个人财产是天经地义的；但是，在另外一些制度中，个人财产是不受保护的，甚至还会被强行没收，违抗则成为犯罪行为。

我们阅读洛克的《政府论》，必须重视"财产"问题，因为在洛克那里，财产不只是一个经济学的概念，更是一个重要的政治概念。因为财产的概念是与法治的概念紧密联系在一起的，在财产权利没有保障的国家里，生命和自由会同样没有保障。

洛克说，保护财产是人的自然权利，人民将保护财产的权利转授给政府，成为政府保护公民财产的权力。人们授予政府这一权力，是为了让政府在法治制度里作出成文的规定，由公开、公正的法官和其他执法人员来执行。

负责将自然法转化为公共法律的是立法机构，所有人都平等地服从法律。一旦这些措施就位，稳定的和平就取代充满不确定性的自然状态，让每个人获得更大的安全以享受他们的财产。洛克对最高权力——"立法会议"——的规定中明确地指出："最高权力，未经本人同意，不能取去任何人的财产的任何部分。"因为，政府的目的就是维护所有权。财产，准确地说"私有财产"，与自由、生命一样是人们不可剥夺、不可让渡的自然权利。

洛克的意思是很清楚的。首先，人民不会同意政府订立剥夺他们财产的法律，人民是理智的，不会把保护自己财产的自然权利交给一个非正义的政府，让这个政府制定压迫和危害人民的法律。其次，如果政府开始承诺保护人民财产而后背叛这个承诺，抢夺人民的合法财产，那么只要社会契约仍然有效，公民社会就将持续存在，并能用另一个政府来代替这个非正义的政府。

当然，这只是从理论来说的。事实上，就算一个国家的宪法明文规定要保护公民的合法财产，侵犯公民财产权利的事情也还是照样会发生，而个人财产得不到保障是法治形同虚设的结果。

洛克对"财产"并没有特别的概念定义，他是用一系列的例子来说明什么是财产。例如，他说，"野蛮的印第安人既不懂得圈用土地，还是无主土地的住户，就必须把养活他的鹿肉或果实变为己有，即变为他的财产的一部分，而别人不能再对它享有权利"。（第5章）可以这么理解，财产就是可以据为己有，别人不能分享的东西。

洛克又举例说，当一个人用劳动和双手把橡树落在地上的果子捡起来，橡实就成了他的财产，"是劳动使它们同公共的东西有所区别，劳动在万物之母的自然所已完成的作业上面加上一些东西，这样它们就成为他的私有的权利了"。（第5章）洛克在这里告诉我们，财产不只是一个人占有的东西，而且更是一种"权利"。他说，"只要他使任何东西脱离自然所提供的和那个东西所处的状态，他就已经掺进他的劳动，在这上面掺加他自己所有的某些东西，因而使它成为他的财产。既然是由他来使这件东西脱离自然所安排给它的一般状态，那么在这上面就由他的劳动加上一些东西，从而排斥其他人的共同权利"。（第5章）

是自由的人用自己身体的劳动，使得本来属于自然的东西变成他的财产。这样理解财产，可以看出洛克为什么将自由、生命、财产三者视为不可分离的自然权利。在这三者中，自由的人联合成共同体，缔约了社会，政府由此产生。洛克说："人们联合成为国家和置身于政府之下的重大的和主要的目的，是保护他们的财产。"（第9章）这么直截了当地把政治的目标定位于保护私人财产，在有些人听起来似乎太俗气，也太简单化。他们会想起亚里士多德"人是政治的动物"的说法，在洛克那里，人成了财产的动物。

其实，不能脱离"每个人的自由生命都具有同样价值"这一信念来理解人的财产。自然赋予任何人的财产都是有限制条件的，因为任何人都没有浪费其他人生存资源的权利。

洛克说，"'上帝厚赐百物给我们享受'（《提摩太前书》，5：17）是神的启示所证实的理性之声。但上帝是以什么限度给我们财产的呢？以供我们享用为度。谁能在一件东西败坏之前尽量用它来供生活所需，谁就可以在那个限度内以他的劳动在这件东西上确定他的财产权；超过这个限度就不是他的份所应得，就归他人所有。上帝创造的东西不是供人们糟蹋或败坏的"。（第 5 章）

洛克引用《圣经》来为私有财产辩护，《圣经》十诫中第八条诫命"不可偷盗"（《出埃及记》，20∶15）规定，每个人的财产只属于他个人，而不属于其他人。我不应该偷我邻居的牛或驴，因为它属于我的邻居，不属于我，也不属于其他任何人。第十条诫命更明确地规定这一点，它禁止的不仅仅是偷窃的行为，而且是想要偷窃的念头："不可贪恋人的房屋；也不可贪恋人的妻子、仆婢、牛驴，并他一切所有的"（《出埃及记》，20∶17）。我不应该"觊觎"（贪恋）我邻居的房子或其他东西，因为那不是我的，我也不可以用国家或集体的名义，召集一伙人把它抢夺过来。这样理解财产的私人所有权，其实包含着一种具有普遍意义的政治制度观念。今天，我们主张保护私人财产权利，是因为和其他公民权利一样，私人财产权利经常被无端侵犯和剥夺。换言之，今天坚持私人财产的权利，是出于维护法治正义和公民权利的政治需要，而并不是像有人以为的那样，是因为私有财产有什么"神圣"的本质。

洛克要强调的是，物质是为了维护生命而不是满足贪欲，"谁尽其所能尽多采集野生果实，尽多杀死、捕捉或驯养野兽"，"但是如果它们在他手里未经适当利用即告毁坏；在他未能消费以前果子腐烂或者鹿肉败坏，他就违反了自然的共同法则，就会受到惩处；他侵犯了他的邻人的应享部分"。（第 5 章）

谁占有过多的财产，谁就会损害别人的利益，这是不公正的。"公正"是一个重要的社会伦理价值，不公正或非法手段获取的财产，如破坏生态、坑蒙拐骗、贪污受贿，都是不义的，因此不应该受到正义法律的保护。

4. 公正执法；政府不正义，人民怎么办

洛克政治哲学中的财产观念认为，财产是一种与生命、自由同样重要的自然权利。在社会契约关系里，人民把保护自己财产的权利转让赋予国家，让国家订立法律，并由执法部门公开、公正地实行，更好地保障人民的这项权利。

这就明确了立法和守法的根本原则，那就是，人民不需要服从自己没有同意制定的法律。法律是由人民的同意、委派和授权给一些人来制定的，没有人民的这种同意和授权，未经人民的委派，擅自制定的法律是无权威的，因而人民没有服从的义务。以民意来立法，这是洛克对立法者的政治道德要求。

洛克不仅是对立法者，而且也对执法者提出同样明确的政治道德要求。执行者的任务是执行法律，这要求他时刻在职。同时，执行者也是立法者的受托人，执行者的所有权威都是由立法者授予的，执法者必须要为其行为向立法者负责。这种负责对保护个人权利而言是至关重要的。

执法权令人生畏惧，并且掌握生杀大权。就像立法权一样，执行权的行使权力必须是正当的，必须与公开的法律保持一致。法律说保护私人财产，执法者就不能去侵犯老百姓合法的财产权利。执行者有法不依、拥权自重、滥用权力、伤害无辜都是不正当的。

再正义、周全的法律，没有公正的执法也不过是一张废纸。例如，宪法明文规定保护人民的生命和财产，但执法人员照样可以用冠冕堂皇的理由来危害人民的生命和财产，干出伤天害理的事情来。

洛克非常重视执法公开和公正的问题。他认为，立法者不能够预见并以法律规定一切有利于社会的事情，因此，不能规定的"事情必须交由握有执行权的人自由裁量，由他根据公众福利和利益的要求来处理"。这就是行使行政特权，它必须具备的合理条件是

"公众福利和利益"。洛克举的例子是城市发生火灾时，把"无辜的人的房屋拆掉来阻止火势蔓延"。之所以允许这么做，是因为"遇到这些场合，严格和呆板地执行法律反会有害"。（第14章）洛克认为，允许在某些特殊情况下让政府行使行政特权，一定会有"一个有关特权的老问题被提出来，即：谁来判定这个权力是否使用得当呢"？（第14章）洛克说，在这种情况下，"如同在世界上没有裁判者的其他一切场合一样，人民没有别的补救办法，只有诉诸上天"。洛克认为，人民"只有诉诸上天；因为，统治者们在作这样的企图时，行使着一种人民从未授予他们的权力（绝不能设想人民会同意由任何人为了贻害他们而统治他们）"。（第14章）

"诉诸上天"指的是什么呢？共同体的法治秩序发生危机，以至于人世间无说理之处，没有可以诉告的公正权威，这时候诉诸上天，是不是指绝望哀告、束手无策、听天由命、求老天开眼呢？

洛克认为不是这样的，他说，"在人世间又无处告诉"而情况非常糟糕的时刻，人民"有权诉诸上天"，而不是"只好诉诸上天"。诉诸上天是人民"基于一种先于人类一切明文法而存在并驾乎其上的法律"。人民"为自己保留有属于一切人类的最后决定权：决定是否有正当理由可以诉诸上天。这种决定权他们是不能放弃的，因为屈身服从另一个人使其有毁灭自己的权利，是超出人类的权力以外的，并且上帝和自然也从来不许可一个人自暴自弃，以至忽视对自身的保护"。（第14章）

洛克说，人民诉诸上天，是他们要求一个坏政府解体的决定权，"这种决定权，非到弊害大到为大多数人都已感觉到和无法忍耐，并且认为有加以纠正的必要时，是不会行使的"。（第14章）

洛克在《政府论》第19章里专门讨论了"政府解体"的问题。当人民与政府中的立法和行政发生严重的冲突，以致社会信任被瓦解的时候，由谁来作裁决政府该不该解体呢？洛克的回答是，由人民来作裁决。这也就是人民进行革命的权利。美国革命时的《独立宣言》所宣告的就是美洲人民的这种权利，他们正在以这种权利为根据，诉求以武力更换政府，建立新的社会契约。

在神学之外，"上天"成为另一种对神的自然法的表述，洛克把"上天"当作一种最后的裁判权威，将这一权威放置在人类关于正义、公正、公义的理性认知磐石上。人民的权利如果享有法律的保护，本无须求助于上天，只是在"人民的集体或任何个人被剥夺了权利，或处在不根据权利而行使的权力的支配之下，而在人世间又无处告诉……就有权诉诸上天。上天的权威先于并高于一切人为的实在法，如果执行机关或立法机关在掌握权力后，企图或实行奴役人民或摧残人民，在立法机关和人民之间也不可能有裁判者。在这种场合，如同在世界上没有裁判者的其他一切场合一样，人民没有别的补救办法，只有诉诸上天"。（第14章）

洛克所说的"上天"是人类由于理性而认识的一种比政府更高的权威，也是对他们自己最后权利的坚持，正因为如此，他们才不至于在强权面前成为俯首帖耳的臣民。一个群体中的人们如果集体丢弃或放弃了"上天"的意识，那就陷入一种彻底的无以自救的自暴自弃和道德堕落之中。

中国有一个说法叫"呼天天不应，叫地地不灵"，那是对黑暗世道的控诉，也是极为痛苦的哀号。生活在这种世道下的人们，没有明君、没有清官、没有王法可以指望，甚至连老天的报应都不能指望，那不是绝望透顶的生存处境吗？

因此，呼唤上天，至少还是一种有信仰的表现。传统的中国人至少还相信：善有善报，恶有恶报；不是不报，时辰未到。今天，已经彻底唯物主义和功利主义化的人们，有多少人还会相信这个呢？这种情况完全不同于洛克写《政府论》的17世纪的英国。那时候的英国人都是虔诚的基督徒，他们信仰上帝，上帝是最高的正义，当人间正义丧失的时候，他们会向上帝呼叫，并从上帝的正义权威获得反抗暴政和更换政府的正当性。

这种反抗并不意味着暴力革命，虽然英国也确实有过这样的革命。政府的正当更换可以以和平方式进行，也可以以暴力方式进行。当人民对政府的错误有所不满但认为政府对公共利益的侵犯还不是那么严重的时候，他们可以通过正常的立法者选举来展开行动，选举不同的国会代表或总统，以此改换政府。

洛克认为，人民掌握这种权力、运用这种权力，是防止暴力革命的最好方式。但是，如果人民无法通过合法或选举手段更换政府，面对的是一个根本不尊重社会契约并将权力滥用永久化的政府，那么他们服从政府的义务也就消失了。暴力成为他们仅有的资源。因此，洛克提供了一种进行革命的集体权利，这种权利在马基雅维里或霍布斯那里是不存在的。

在什么情况下人民必须用革命的手段来更换政府呢？洛克在论及革命的必要条件时，采取的是保守的态度。他认为，不应轻易使用暴力，只有当统治者一再滥用权力，并把权力导向某种永久专制的时候，公民才应该使用武力。

当人们对社会契约表示同意时，他们交出他们的个人权利，换来自然法实施、安全（不受罪犯之害）、秩序（不受动乱之害）。由于所有人都可以自由地在任何时候离开契约共同体（这只是一种假设），那些留下来享受着政府所带来好处的人就被认为是无言地表示他们的同意。契约原本是经过一致同意建立起来的，而且一旦契约得到批准，就无须进一步要求统治建立在一致同意的基础上，所以公民有服从政府的义务。

社会契约建立起一种由公民社会（civil society）和政府构成的双层结构。公民社会就是联合起来的人民，它的作用是将权力授予政府。因此，在洛克的设想中，最高权威是公民社会，而不是政府。

所有对契约表示同意的人都是公民社会的成员。洛克式的政府是有限政府，这意味着人们交给政府的自然权利仅限于为了实现政府的目的所需要的范围之内。当政府的权力超过这个限度，损害或破坏人民的公民权利，也就成为专制暴政。在专制暴政非常恶劣的情况下，倘若要在人民反抗暴政的革命与不义政府的永久暴政之间进行选择，那么就应该选择人民革命。做这样的选择，是因为暴力专制彻底破坏社会契约，而正当的暴力革命只是暂时用自己的权威取代不义的政府，使得原初契约得以保存，因此还有机会建立更好的政府。可见社会契约在洛克的政治哲学中有多么重要。

六 莫里哀《伪君子》

1.17 世纪理性时代的风尚喜剧

莫里哀（1622—1673）是 17 世纪法国喜剧作家、演员、戏剧活动家。他的名字是 Jean Baptiste Poquelin，莫里哀（Molière）是他的艺名。他是法国芭蕾舞喜剧的创始人，也被认为是西方文学中最伟大的作家之一。他著名的作品有《伪君子》《吝啬鬼》《太太学堂》《唐璜》《愤世者》《司卡班的诡计》等。他与悲剧作家高乃依（Pierre Corneille，1606—1684）和拉辛（Jean Racine，1639—1699）合称为 17 世纪法国古典戏剧三杰。

莫里哀的名字几乎成了"喜剧"的同义词，你一定听说过。对于"伪善"，我想你也一定不陌生，因为我们生活中的伪善和伪君子实在太多了。网上曾经流传一个关于伪善的《笑喷了！》的帖子，收集了一些著名贪官的语录，例如，"对贪污腐败，我们是零容忍"，"我最大的缺点就是清廉"。

听到诸如"我最大的缺点就是清廉"这样伪善之辞，你也许不会愤怒，不会心跳加快，不会血压升高，而是会忍俊不禁。

为什么会是这样呢？

人家明明是在正儿八经地说事情，你怎么反倒被逗乐了呢？对这个问题的简单回答就是，你的第一直觉反应是觉得好笑；等到第一反应过去，你回过神来，又会在理智上意识到，这不只是一个笑话。你会想，为什么会出现这种伪善？是什么让这些"正人君子"可以作如此露骨的伪善表演？这种能一下子触动你"好笑"直觉，并在随后引发你道德思考的，就是喜剧效应。光觉得好笑，没有思考的，那是滑稽戏，还不是喜剧，莫里哀有一句名言："对善于感受的人，生活是一种悲剧；对能够思考的人，生活是一种喜剧"，说的就是这个。贪官喜剧的滑稽还有另一层意思：老百姓怕官，在台上时害怕，犯法下台了还是害怕，连提到犯法下台的官，也会觉得"非常敏感"，吓得不得了。

哲学家康德是第一个从"乖讹"（incongruity）来解释人的"好笑"直觉的，他在《判断力批判》一书中说，好笑来自"从期待到期待落空的突然转变"，"在所有引人发笑的事情里一定有荒诞的东西（也就是说，人们无法对它得到满意的理解）"。[1] 叔本华则指出，人发笑是因为观念（所说的）与它所要解释的对象（实际发生的）是脱节的，笑的一个因素是"意想不到"，"越是出乎意料……就越显得乖讹，越让人笑得厉害"。[2] 越是道貌岸然的人物做出卑鄙龌龊之事（如嘴上说得好听，实际却贪婪腐败），就越是一个令人十分好笑的"意想不到"。卑鄙龌龊导致道貌岸然发生自我否定，这样的情况就会变得很可笑。这样的笑包含着批评和批判。社会学家彼得·伯格和安东·泽德瓦尔德在《疑之颂：如何信而不狂》中把这样的笑称为一种"温和的政治"（a politics of moderation）。[3] 如果

1　Immanuel Kant, *Critique of Judgment*. J. H. Bernard, Trans. New York: Hafner, 1951. I. I. 54.

2　Arthur Schopenhauer, *The World as Will and Representation*. 1818. I, Sec.13.

3　彼得·伯格、安东·泽德瓦尔德著，曹义昆译，《疑之颂：如何信而不狂》，商务印书馆，2013 年，第 143 页。

说谴责和打击官员的腐败是一种"严肃的政治",那么喜剧的幽默玩笑则是以看似轻松而温和的方式来对待它。

任何一个本质和现象的对比,或目的和手段的对比,如果出现矛盾和不协调而导致特定现象发生自我否定,这样的情况就会变得很可笑。人们对乖讹的反应包括感觉到滑稽、荒唐和可笑,于是就有了对它进行讽刺、嘲笑、戏仿、恶搞、挖苦、嘲弄的冲动。莫里哀的《伪君子》(Tartuffe)刻画的正是一个因其"乖讹"而让我们觉得好笑的人物,而它为我们提出的思考问题便是"伪善"。

这个剧创作于 1664 年,体现了法国文学史上的新古典时代特征。为了更好地欣赏这个了不起的喜剧,我们需要对其时代特征有一些了解。

《伪君子》是一部具有时代特色的"风尚喜剧"(comedy of manners),好的风尚指的是正派、诚实、诚恳、善意的言谈、举止、趣味、行为、待人接物的方式等。英国 17 世纪作家艾迪生(Joseph Addison,1672—1719)用随笔文学来对当代读者进行"风尚启蒙"(或风范启蒙),他谈趣味、礼仪、阅读、交谈、待人接物,因此在文化上引导一种更文明的新市民文化、习俗和公共生活。

17 世纪法国和英国"风尚文学"是同一时代的产物,倡导的是正派社会的优良市民风尚和风范。风尚喜剧是风范文学的一种,又被称为"社会喜剧",其社会作用是帮助去除当时常见的不良风气和习惯,如虚荣、虚伪、贪婪、吝啬、嫉妒、攀比、好色、矫情、轻浮、粗鲁、流言八卦。英国风尚喜剧的代表作有威廉·康格里夫(William Congreve,1670—1729)的《老光棍》(1693)、《以爱还爱》(1695)和《如此世道》(The Way of the World,1700),谢立丹(Richard Brinsley Sheridan,1751—1816)《情敌》(1775)和《造谣学校》(1777)。法国风尚喜剧的代表就是莫里哀的喜剧。

莫里哀把喜剧从法国传统的那种粗制滥造闹剧提升到一个前所

未有的高度，成为精致的社交风范喜剧，与法国 17 世纪的新古典悲剧平分秋色。悲剧一直被视为比喜剧高雅的戏剧，但是在莫里哀手里，喜剧成为与悲剧并驾齐驱甚至影响更大的戏剧种类，他的名声也超过拉辛和高乃依。

16 世纪的时候，法国戏剧还远没有得到发展，只是一种道德剧、奇迹剧、闹剧和狂欢表演的混杂形式。当时有一个由戏剧爱好者（票友）组成的"热情兄弟会"（Confrérie de la Passion），活跃在巴黎的表演行业。1548 年，它开设了自己的勃艮第大酒店（Hôtelde Bourgogne）剧院。

所谓"剧院"，其实也就是一个狭长的房间，剧场尽头是一个舞台，舞台前面是一个供观众站立观看的场地（观众席）。剧场房间两边墙上是画廊。观众席和舞台都是点蜡烛照明的。剧院开张后不久，就有法令禁止表演宗教剧，因为担心戏剧可能被用来破坏法国的天主教权威。法国戏剧很快受到文艺复兴的影响，剧作家开始从古代经典而非宗教题材中寻找灵感，17 世纪渐成气候，称为新古典主义戏剧。莫里哀也有一个自己的剧团，在法国各地演出 13 年后，于 1658 年被路易十四的宫廷接受。他的剧作成为法国新古典主义喜剧的代表。

莫里哀的喜剧与在他之前的莎士比亚的浪漫喜剧不同，莎士比亚的浪漫喜剧可以说是文艺复兴时期喜剧的代表，这类喜剧通常有相似的特征，如复杂的情节、众多的人物、滑稽的误会、真真假假的身份等；剧中还会添加一些悬念元素，最后误会一一化解，结尾皆大欢喜。这种"浪漫喜剧"与观众的当下社会没有直接关系，故事大多是以遥远的王国或异国为背景，即便有社会问题的考虑，通常也是嵌入浪漫的幻想故事之中。

莫里哀的喜剧具有不同的新古典时期特色。它更关注当代的社会生活风气。新古典是一个讲究平衡、正确和规范的时代，因此特别主张社会生活应该遵守基本道德和行为规范，也就是我们前面说到的"风尚"或"风范"：如谦逊、平和、诚实、诚恳、不弄虚作假、礼貌待人、尊重别人的感受等。

"风尚"代表的是一套受到认可的文明和礼仪规则，不遵守规则会受到嘲笑，被人瞧不起。受到这样对待的当事人会受到触动，回归正当的规范。虽然在莎士比亚的浪漫喜剧中也可以发现相似的主张，但他的浪漫喜剧并不像 17 世纪新古典风尚喜剧那样明确区别正确的和错误的行为类型，也没有那么强的社会介入意识。

新古典喜剧的主题大多针对当时社会中存在的"风尚问题"。我们今天会更直接称之为社会风气或道德问题。在我们今天的社会生活里也有各种不良风气——崇拜权力、拜金主义、虚伪狡诈、吹嘘夸大、大话炎炎、斗争为乐、睚眦必报、奴性和犬儒，等等。今天我们讨论这些问题，不只是因为少数个人身上有这些毛病，而且是因为这些毛病已成为社会道德流行病，因此是具有普遍性的问题，而且与特定的政治、社会、经济制度有所关联。

莫里哀关心的是他那个时代的社会风气问题，他的社会喜剧明显包含着一些社会规范（如虔诚、诚实、亲情、信任）的思考。当一个角色背离社会认可的行为规范时（如假虔诚），就会引发笑声。然而，所谓的"规范"（如每个人挂在嘴上的"虔诚"）本身也会引人发笑。这就像有人说，"我最大的缺点就是清廉"，不管他说的是真的还是假的，你都会觉得好笑。如果是假的，那么好笑的是他的伪善；如果是真的，那么好笑的是他的陈词滥调：比如"清廉"等。

虽然喜剧触动的看上去只是普通人天生就有的"好笑"和"滑稽"感觉，但正如批评家理查德·都波雷（Richard Duprey）在《喜剧发生了什么？》（What Happened to Comedy?）一文中所说："喜剧是这世界上最严肃的事情，它最宝贵的价值和魅力就藏在它外科手术般的'悲观主义'里。"悲剧是高贵的，在给我们的头脑敲响警钟的时候，它洗涤我们情感中的恐惧和害怕。但喜剧打动的是我们的心，它以世俗而非高贵的方式让我们看到人类的愚蠢。在普通人的失败中，我们也看到自己的不完美。[1]

喜剧写的是人的短视、愚昧、猥琐和无法摆脱庸俗的七情六欲，但是这样的性格或人格缺陷无不指向其社会、体制和制度的生成原因。从普通的性格和人格缺陷，观众察觉到，可恶之人亦有可怜之处，可笑之人必有可悲之处。观众在喜剧人物身上同时看到个人的和不只是个人的缺陷和弱点。观众和舞台上的人物生活在同一个世界里，所以与这些人物会感同身受、同病相怜。舞台上的人物越出糗，观众席上的看客越会身上冒冷汗，庆幸在舞台上的不是他自己。然而，他虽然有舞台人物所没有的安全感，但这种安全感是非常脆弱的。这正是新古典喜剧所追求的戏剧效果。

《伪君子》这个喜剧与我们今天能不能也有感同身受的关系呢？有人说，剧中人物答尔丢夫（Tartuffe）是一个"封建贵族和教会势力的伪善者"，这就会把他当成一个与我们自己无关的滑稽人物，好像针对的只是 17 世纪的某个势力或阶级，而我们自己则可以居高临下、感觉良好地置身事外。这样就会丧失对这部作品应有的相关联想和人文阅读的问题意识。其实，答尔丢夫就是我们每个人自己。他是一个戴着面具、善于装假的家伙。我们生活在自己的社会里，又有谁不是在装假不是戴着面具生活的呢？戴着面具固然可笑，但那个逼迫每个人都得戴上面具的假正经环境和制度不是也很可笑吗？装假的人心知肚明，逼人装假的人也心知肚明，但大家心照不宣，一起玩彼此心照不宣的装假游戏，人戏不分，乐此不疲。

喜剧能产生讽刺和幽默的效果，在于它所包含的"喜剧痛点"，痛点构成联系喜剧中与在场观众的主题。同一部喜剧在不同时代或

1　Robert W. Corrigan, ed., *Comedy: Meaning and Form.* Chandler, 1965, 243.

社会的观众那里会形成不同的喜剧痛点。"面具"和"假面"是我们的时代痛点，与我们自己有关的"面具"和"伪善"问题，会放在《伪君子》的最后做专门讨论。

对莫里哀时代的观众来说，《伪君子》触及的是哪些喜剧痛点呢？第一个痛点就是宗教的虔诚。虔诚是美德之首，美德中的美德。答尔丢夫这个伪君子一直在冒充虔诚的美德，如果谁相信他是个虔诚的人，就会认为他诚实、可靠、慈善、仁爱、通情达理，一句话，他是个好人。17世纪的天主教会在法国人的生活中扮演着极其重要的角色。教会代表美德的权威（虔诚、慈善和信仰），也代表着秩序和服从。答尔丢夫利用这些道德符号来操纵周围的人物，尤其是他的保护人奥尔恭（Orgon）。奥尔恭本人一心想成为尽美尽善的天主教徒，所以特别需要通过结交答尔丢夫来表现自己的虔诚。答尔丢夫夸张地表现出一个基督徒的虔诚，好像他就是教会的代表。讽刺他这样的人物，教会是不会高兴的。

第二个痛点是家庭和父亲。《伪君子》展示了家庭和父辈的重要性，一旦家庭权威遭到破坏，就会有毁灭性的严重后果。一家之长的奥尔恭在对答尔丢夫的偏信偏听中越陷越深，他所有的家人就都不得不为之承受后果。这清楚地表明这位一家之主在家庭中的核心作用，但他自己也在家人眼里成为一个可笑的父亲。他强迫女儿嫁给一个她不爱的人，他还与儿子断绝父子关系、虐待女仆、强迫自己的妻子与答尔丢夫在一起，而这给了答尔丢夫性骚扰自己妻子的机会。家里的每个人都试图劝说奥尔恭，但他就是不听，而他们最终也不得不屈服于他这个一家之主。只是当他自己吃到答尔丢夫的苦头，终于醒悟过来的时候，他的家庭才有了开始新生活的希望。许多别的家庭中一定也有这种刚愎自用、自以为是的父亲。

第三个痛点是表面与实质。俗话说，知人知面不知心，看人不能只看表面。莫里哀在《伪君子》里要提醒观众的是，外表可能是骗人的。但是，他并不菲薄和蔑视"美丽外貌"这一最浅显的美德。莫里哀说，美（美丽）是值得赞赏和钦佩的东西，但不能让它支配我们的行为。在剧本开始时，奥尔恭的太太埃尔米（Elmi）看起来是一个外貌美丽但没有自己想法的妇人。她婆婆对她不满意，说她热衷于接待客人，太在意自己的容貌，漂亮脸蛋下掩盖着内心的丑陋。但是，随着剧情的发展，我们看到埃尔米的内心和外表都是美丽的，她是一个善良、勇敢而忠诚的妻子。同时，这位婆婆认为答尔丢夫是一个虔诚的人，虽然长相不佳，但内心十分美好。其实他是一个伪君子，利用奥尔恭对他的信任来谋取自己的个人利益。他声称蔑视所有世俗事物，但却恩将仇报，对女主人埃尔米图谋不轨。

宗教虔诚、父亲权威、表面与实质，我们会围绕着这三个主题，介绍一下《伪君子》里的情节结构和人物关系。

2. 栽倒在好色弱点上的成功骗子

《伪君子》采用的是古典主义的戏剧规则结构，严格遵守"三一律"。剧本的情节单一，地点始终没有离开巴黎富商奥尔恭的家庭，时间不超过 24 小时，全文用诗体写成。全剧共有 5 幕。

《伪君子》的中心人物是答尔丢夫，但他一直要到第三幕第二场才出场。喜剧的前半部分答尔丢夫虽未出场，但事事与他有关。顺便说一下，法国新古典主义戏剧的"幕"和"场"，与我们今天所理解的不完全相同。当一个新人物出现在舞台上或当一个人物离开舞台时，这就是一"场"戏的结束。有时候，进场或退场只是发生在简短的对话之间，所以"场"的划分就显得不自然也不明显，但在实际演出时，换场并不影响到台上表演的连续性，因为舞台上的大幕是不落下的。在我们阅读的时候，也不必太把这样的换场当作故事的停顿点。

《伪君子》故事里的一家之主名叫奥尔恭，他是巴黎一位家道殷实的富人，因为在最近的内战时期中为法国国王忠诚服务而赢得荣誉，他正在进行为期两天的商务旅行。故事开始的时候，奥尔恭的母亲珀尔内勒夫人（Pernelle）正在儿子家串门。老太太刚来一会儿，就因为看不惯家里的所有人，嚷着要回去。

这位老太太脾气很大，而且唯我独尊，只有她一个人是对的，其他人都是错的。她骂侍女桃丽娜（Dorine）不懂规矩，太爱说话，什么事都想插进来发表意见；她骂孙子达米斯（Damis）是糊涂虫，若不改掉坏脾气，就要尽等着受罪；她骂孙女玛丽亚娜（Mariane）表面温柔老实，其实坏心眼太多；她骂儿媳欧米尔（Elmire）只知道花钱打扮讨丈夫的喜欢，不给孩子们当好榜样；她还骂舅爷克雷央特（Cleante）总是宣讲些胡说八道的人生格言，叫他以后少登这个家门。

老太太一口气骂了家里的所有人，叫他们多多向道德君子答尔丢夫学习。她教训道："你们大家都应该听他的话，他是一位真正的道德君子，他会引导你们走向天堂的。"为什么会提到答尔丢夫呢？原来是因为一家之主奥尔恭要把女儿玛丽亚娜嫁给答尔丢夫。除了奥尔恭和老太太，一家人都反对这门婚姻。这个家庭内部对答尔丢夫这个人和他的人品形成严重的对立。

观众的好奇心一下子就被调动起来，这位道德君子答尔丢夫到底是何方神圣，能让这么一个坏脾气的老太太如此敬重？

这戏一开始就展现了莫里哀的喜剧技巧。这个剧本有一个"伪君子"（The Hypocrite）的副标题，观众会好奇谁是这个伪君子。而且站在舞台上的一群人里，只有一个老太太独自在夸赞答尔丢夫是虔诚的好人，观众自然想知道，这是为什么？老太太对这么多人吹毛求疵，却对答尔丢夫大加赞赏，她的话可靠不可靠？她如此赞扬有加的答尔丢夫又会是怎样一个人物？老太太显得十分任性、霸道、主观、多话，在"风尚喜剧"里，这样的古怪行为成为对规范的荒谬背离，让她显得很"出格"，因此而好笑。

其实，老太太这么赞赏答尔丢夫，但比起她儿子奥尔恭来，还真是小巫见大巫！别看奥尔恭在国王面前是个能人，但自从他迷上答尔丢夫后，却变成个大傻瓜。他称答尔丢夫是兄弟。女仆桃丽娜说，奥尔恭敬爱答尔丢夫，胜过自己的母亲、妻子、儿女。这句话在剧中数次重复，给观众留下深刻的印象。

奥尔恭简直就是离不开答尔丢夫，有心里话只跟他说，要做什么事只向他请教。他怜惜敬爱答尔丢夫，吃饭时要他坐在首位，给他夹最好的菜，自己坐在旁边快快活活地看他一个人吃下够六个人吃的东西。他崇拜答尔丢夫，不管什么时候总是赞扬他，不管说什么总要提到他，答尔丢夫芝麻大小的举动他都认为是奇迹，答尔丢夫所说的话他听起来都像是神谕。他爱答尔丢夫爱得发疯，而答尔丢夫也早就摸准他的脾气，施展出种种手段，迷得他晕头转向。奥尔恭甚至想把女儿玛丽亚娜嫁给答尔丢夫，而且相信女儿一定会同意。玛丽亚娜早已有了心上人，听了父亲的话，惊恐和痛苦得说不出话来。奥尔恭成为《伪君子》一剧中另一个偏离规范的角色，他的致命弱点是轻信易骗、自欺欺人。

第三幕第二场，这位让人好奇的答尔丢夫终于出场，一见到女仆桃丽娜，他未等说话就掏出手帕，要桃丽娜把袒露的胸脯遮起来，仿佛他是一个断绝一切欲念的圣徒。桃丽娜是个非常有个性的女仆，她冷笑着对答尔丢夫说："你就这么禁不住引诱？肉感对你的五官还有这么大的影响？我当然不知道你心里存着什么念头，不过我，我可不这么容易动心。你从头到脚一丝不挂，你那张皮也动不了我的心。"

但让答尔丢夫动心思的不是这位女仆，而是奥尔恭的太太欧米尔。他露骨地大胆勾引欧米尔，用的是虔诚而美丽的言辞，说自己爱上帝，但也爱上帝创造的美，尤其是女性的美。他赞颂欧米尔的美丽，说："我一看见您这绝色美人，就禁不住要赞美手创天地的万物之主……我的心不觉就发生了一种炽热的情爱。"

他接着又说："最初我很怕这种秘密的爱恋是魔鬼的一种巧计……心里甚至于还决意要躲避着您的美丽的眼睛。不过到后来，可爱的美人呀！我才明白这种爱情原可以不算作罪恶的，我很可以使它和圣洁配合在一起的，于是我就任凭我的心沉溺在爱的里面了。"

这时，欧米尔的儿子达米斯突然从房间的小屋里跑了出来，他一直在偷听答尔丢夫勾引他母亲，气得牙痒痒，恨不得马上把这事告诉他父亲，让父亲看清这个恶棍的假仁假义。欧米尔不想家丑外扬，让儿子警告答尔丢夫一下就算了。正在这时候，奥尔恭回来了，儿子马上告诉他刚刚发生了什么，奥尔恭大吃一惊："哦！老天爷呀；我刚才听见的这番话能叫人相信吗？"

没想到那边答尔丢夫以退为进，大骂自己是世上从未有过的坏蛋和罪人，说他这一生都是污秽、罪恶与垃圾。随后他就话锋一转："我也看出来了，上帝原要处罚我，所以借着这个机会来磨炼我一下，因此无论人们怎样责备我，说我犯了多大的罪恶，我也绝不敢自高自大来替自己辩护。"他对奥尔恭说："你尽管相信他们对你说的话好了，你尽管发怒吧！你尽可以把我当作罪犯，把我撵出你的大门，因为我应该忍受的羞辱正多着呢，受这么一点儿，原不算什么。"

他话锋一转，说自己是受了太太欧米尔的诱惑，才一时把持不住。他对刚刚听到一切的达米斯说："你尽管拿我当做阴险、无耻、绝灭理性的人，拿我当做强盗，当作杀人凶犯；再找出一些比这还丑恶的字眼来加在我身上吧！我决不反驳，这正是我分所应得的；我愿意跪在地上忍受这种耻辱，当做我这一生一世所犯罪恶应得的一场羞辱报应来领受。"

由于观众在前面已经看到答尔丢夫勾引太太欧米尔的那一幕，一定会觉得这样的倒打一耙简直太恶心了。然而，这样高度戏剧性的伪善和邪恶却是实实在在发生在我们今天的世界里。例如，教授被指涉非礼女学生，已不是什么新鲜的事情。他们有的会否认所有对自己性骚扰的指控，而且还会声称是女方出于某种目的主动与自己接近。我们对这类事件的具体细节不做评论，但就事情的突然反转，被指控的一方突然变成指控而言，确实是一个很戏剧化的情节。一出事就否认，一否认就撒谎，要不就索性反污，贼喊捉贼。《伪君子》运用的就是这样一个喜剧情节。

在《伪君子》里，如果故事到这里停止，糊涂蛋奥尔恭一定不知道是该相信自己的太太，还是该相信他的崇拜偶像答尔丢夫。正如女仆桃丽娜所说，奥尔恭敬爱答尔丢夫，胜过自己的母亲、妻子、儿女。也许奥尔恭宁愿相信答尔丢夫，也不相信自己的太太。

然而，既然是喜剧，就得有一个观众们期盼的结局。最后，奥尔恭终于看清答尔丢夫伪善的真面目，下令将他从家中带走。然后，答尔丢夫居然告诉他，由于奥尔恭已签署给了他所有财产，因此他现在是该房屋的合法拥有者。奥尔恭这才告诉太太，自己早些时候曾将一些机密文件交给答尔丢夫照管，这些文件可能在法院判决时对他非常不利。

直到这时，奥尔恭的母亲仍然相信答尔丢夫是一位正人君子，奥尔恭难以说服他母亲，就像先前他的家人难以说服他自己一样。直到答尔丢夫带着法院的人前来奥尔恭家，要把他一家人赶出家门，老太太才看清答尔丢夫的真面目。还好国王亲自过问此事，把恩将仇报的答尔丢夫送进监狱，把奥尔恭的财产归还给他，事情才算有了一个好的结局。

莫里哀这个剧的题目本来就叫《答尔丢夫》，后来又叫《骗子》（The Impostor）或《伪君子》（The Hypocrite），因为剧中主角是一个出色的骗子或者说善于伪装自己的人。他精于此道，装扮成一个虔诚的人就能装得特别虔诚，装扮成一个有道德的人就特别有道德，装扮成一个宗教的禁欲主义者就能使奥尔恭和他那位老太太母亲完全相信他的虔诚和谦逊。观众知道他是个伪君子，这就形成《伪君子》的喜剧讽刺（Irony）。

答尔丢夫的本事在于他可以准确地看到并利用被骗者的弱点，然后利用这些弱点为自己谋取利益。他不是一般的骗吃骗喝或无赖，而是一个心计很深的机警善变的成功人士。

莫里哀并没有把他写成一个十恶不赦的妖魔，而是通过他的性格弱点对他进行人性化处理，使他更显得是一个普通的俗人。作为一个伪君子，答尔丢夫是一个典型，而不是一个例外，每个普通人都有可能成为一个程度不同的伪君子。答尔丢夫像许多其他的普通人那样善于伪装，在无耻的程度上也许超过他们，但并没有什么太特殊的地方。他非常聪明，而且靠着自己的聪明，一路成功。他本来是有能力适应任何环境的变化，永远成功下去的。

但是，莫里哀为这个人物安排了一个致命的弱点，那就是好色。不管他有多聪明，多么善于伪装，但他毕竟是一个普通人，所以最后在好色这个弱点上栽倒了，没能一直成功下去。相反，环顾我们周围，就会发现，有许多比他更能伪装的大小骗子，开口装白莲花，内心挺肮脏，因为弱点没有暴露出来，所以没有栽倒，一直还十分成功。

如果说答尔丢夫是一个明显的伪君子，那么对他言听计从的奥尔恭则是一个更为复杂的角色。显然，他不是一个坏人，也不是一个笨蛋。他是国王跟前一个能人，也有经营自己财产的能力，而且在故事开始之前，他是一个理智的人，受到家人和朋友的尊重。因此，我们要问，他为什么在跟答尔丢夫一起的时候会变得如此轻信和愚蠢？

这也许是因为，一个人在某些事情上有理智，并不等于在所有事情上都有理智。理智是《伪君子》的一个重要主题，17 世纪的法国社会已经开始将理性当作人的一项重要美德，而把感情冲动视为成事不足、败事有余的致命弱点。在整个剧中，答尔丢夫一直在利用别人的情感进行欺骗，但并非人人都上他的当，唯独是本来不乏理智的奥尔恭（当然还有他母亲）越来越感情用事，先是逼迫女儿嫁给答尔丢夫，后又因为儿子反对扬言要与子断绝父子关系。

奥尔恭信任答尔丢夫到了非理性的程度，可能是因为他人过中年，需要有宗教的精神寄托，正好遇到答尔丢夫，一拍即合。像这样的人，我们生活中也有，他们因为某种自己未必了解的精神空虚或失落感而对基督教或佛教有了兴趣，如果正好碰到什么宗教人士，便会特别愿意接受他们的宗教指引，视为自己的精神导师。这是一种半吊子的宗教狂热主义，既容易走极端，又容易对他们的信仰同道言听计从，过度信赖。

奥尔恭想成为一个虔诚的人，这本没有什么问题，但是他想成为一个特别虔诚的人，因此他的言行就开始超过理智的限度，变得越来越过分、极端和滑稽。这是为表现而表现虔诚的结果。不管什么事情，那些特别想积极表现的人都会有这个问题。他们是骗子最容易下手的对象，他们言行也会像奥尔恭一样变得极端、非理性和荒唐至极。所幸的是，在他发现答尔丢夫的伪善之后，他改变自己，从此对那些特别虔诚的人不仅保持怀疑，而且很厌恶。这也可以说是吃一堑、长一智了。

3. 伪善：从道德扮装到政治扮装

莫里哀生活在法国路易十四时代。路易十四是一位有雅趣的君主，他为了支持和鼓励拉辛与莫里哀等作家，甚至得罪过许多诽谤和中伤他们的权势人士。热爱艺术品鉴赏的法国贵族常爱在凡尔赛宫聚会，形成具有高度鉴赏力的群体。毫无疑问，这对才智的开发具有很大的帮助。虽然我们不能说这样的文化氛围一定会产生伟大的艺术家，但毋庸置疑的是，路易十四时代确是出了许多文艺大家。仅就文学一项而言，最知名的作家就有帕斯卡尔、高乃依、拉罗什富科、布瓦洛、莫里哀、拉辛、拉封丹、拉布吕耶尔以及圣西门。伏尔泰在《路易十四时代》一书里感叹道："过了路易十四时代，大自然进入休息状态，再未产生天才。"

1664年，《伪君子》在路易十四的凡尔赛宫盛大游园会上演出，随后便被禁演。伏尔泰在《路易十四时代》一书里提到这次演出，但没有提到后来禁演的事。他对这次盛大联欢宴会有生动的描述，他写道，1664年5月5日的庆宴"被设计得极其豪华、独特，是过去任何盛会都无法比拟的。此外，这次盛会相比以前更多了几分华美的情趣和优雅的风格，凡尔赛宫开始成为美妙的逗留场所，但还没有后来那种阔绰的气氛。5月5日，国王带着他的宫廷人员共600人来到凡尔赛宫参加这次盛大的庆宴。除了特地为这次盛会修建的纪念碑，其他的也应有尽有，而这种纪念碑最早曾由希腊人和罗马人修建过。剧院、圆形剧场和拱形长廊的修建非常迅速，并且其建筑装饰得十分富丽堂皇，精致大方。这一创造了修建速度奇迹并且华丽异常的建筑，使得在里面所进行的演出显得更加迷人"。[1]

伏尔泰还特别提到，"在这次盛会上还演出了喜剧《强迫婚姻》，但是真正令人难以忘怀并赞叹不已的是《伪君子》前三幕的首次演出。国王对这部作品大加赞赏，并保护它免遭那些千方百计要扼杀它的人的伤害。这部作品不是阿谀奉承的哗众取宠之作，只要法国人鉴赏力还在，只要法国还有伪善者，这个剧便有它存在的意义。

1　伏尔泰著，王晓东编译，《路易十四时代》，北京出版社，2007年，第57—58页。

它不会随着时间的流逝而被人遗忘，正如人们会永远记得那次盛大的联欢庆宴活动一样"。

今天，知道莫里哀《伪君子》一剧的人比知道路易十四联欢庆宴的人不知要多出多少，而知道这个剧也需要知道：它虽然显然有伏尔泰所说的那种长久存在的价值，但在他那个时代却成了某些思想审查人士的眼中钉，务必将之禁止而后快，这经常是优秀文学或思想作品的不幸命运。

喜剧是比悲剧更容易引起现实联想的戏剧形式，因此对喜剧的思想审查和戒备也就更加严厉。莫里哀的喜剧包含的讽刺虽然相对来说是温和的——这是自公元前 3 世纪之后的新喜剧传统——但仍然可以让不喜欢的人对号入座，认为是指桑骂槐、别有用心，故意制造老百姓对某些人或某个制度的不满。

《伪君子》在法国的演出并不顺利，历尽坎坷，就是因为它的动机或效果遭到猜疑。它于 1664 年首次演出。同年在凡尔赛宫的盛大宴会上演出，但随后路易十四便宣布禁演的命令。历史学家认为，这可能是受巴黎大主教德·佩里克菲斯（Paul-Philippe Hardouin de Péréfixe de Beaumont，1606—1671）的策动。这位主教曾是国王的忏悔神父，还曾担任过他的家庭教师。他可能认为《伪君子》一剧的锋芒指向教会，因为剧中两位主要人物都与宗教信仰有关。

尽管路易十四本人对禁演这部戏并不感兴趣，但他有这么做的政治理由。法国历史学家弗朗索瓦·雷（François Rey）和让·拉库尔特（Jean Lacouture）在《莫里哀与国王》一书里说，这位国王认为，虽然这个喜剧非常有趣，但可能把通往天国的真虔诚与只为了虚荣的假虔诚处理得太过你中有我、我中有你，让善太像恶，而恶又太像善。所以，虽然国王"不怀疑剧作者的良好用意"，但由于它对公众的实际影响，还是决定禁止它的公开演出，"以避免分辨能力差的观众不能正确理解该剧"。[1]

这样的理由当然难以说服莫里哀，他在多种场合朗读该剧本，在私人宅第里演出，而且再三上陈情书，请求国王收回成命。1667年他得到国王的口头许诺，同意对剧本作了修改后再度上演。但是，只演了一场，《伪君子》又遭厄运：巴黎最高法院下令禁演，巴黎大主教也在教区内张贴告示，严禁教民阅读或者听人朗读这出喜剧，否则就取消教籍。一直到1669年，教皇发布"教会和平"谕令，宗教迫害暂时有所缓和。莫里哀对作品进行了第三次修改，于1669年2月间上演。这次演出获得极大的成功，《伪君子》也从此成为一部法国新古典喜剧的经典。

2019年6月23日下午，北京天桥艺术中心举办了以"透过莫里哀看现代《伪君子》"为题的讲座活动。中央戏剧学院和北京大学的几位教授围绕《伪君子》文本及戏剧，进行一次有趣的对谈。在谈到对当下中国的意义时，中央戏剧学院教授彭涛说："一个中国的导演今天去排《伪君子》，我觉得同样也是需要勇气的，他需要有勇气指出我们现实生活中的伪善隐藏在哪里，而这个一针见血的戳破是会刺激到某些人的。严格来说，我们每个人自己在嘲笑答尔丢夫的时候，我们也会反观我们自己身上有没有他这样的地方，不能说我们像他，但是我们在某些时候是不是也有着同样的所谓被莫里哀所抨击的恶习呢？我们有没有勇气去面对生活中的伪善并且和它做斗争呢，我觉得这是这个剧作对于当下的中国观众有现实意义的地方。"

政治伪装和扮相是一种特定政治制度下的"伪善"，早在20世纪20年代就已经被用作喜剧性文学的素材。在苏联文学中，就有一个家喻户晓的政治—经济骗子故事《十二把椅子》，说的就是一

1　*Molière et le roi*, 2007, 76.

个靠着政治扮相在苏联社会里通行无阻的骗子。《伪君子》里的骗子答尔丢夫只是成功地欺骗了奥尔恭和他母亲两个人，但《十二把椅子》里的那个骗子却能成功欺骗社会里几乎所有的人。

故事发生在 1927 年的苏联，在苏维埃政权下，社会发生翻天覆地的变化。当年的首席贵族基萨，眼下早失去往昔的威风，只担任县户籍登记处的一名办事员。一天，他的岳母在去世前告诉他，家里 12 把椅子里藏着钻石和其他值钱的东西。他决定去寻找这笔巨额财富，而恰巧又认识一位精明能干的年轻人奥斯塔普·班达（Ostap Benda）。

班达最精明能干的地方是，他知道新生活要有新面孔，有了新面孔才能有效地获得各色人等的信任，于是便有了他利用政治假面四处行骗的觅宝故事。在 1927 年的苏联，要博得别人的信任、钦佩和特殊对待，最有效的办法就是政治扮相，而政治扮相的有效手段就是用时兴的革命语言来说话，就像《伪君子》里答尔丢夫在行骗时运用虔诚教徒的道德语言一样。苏联文化史教授费茨派垂克（Sheila Fitzpatrick）在《撕掉面具》（Tear off the Masks！）一书里称之为"苏维埃语言"。班达还自称是 1905 年俄国革命期间塞瓦斯托波尔起义领导人彼得·施密特中尉的儿子，有着傲人的血统。凭着这个本钱，他能够在需要的时候娴熟地戴上那副面具，对行骗的对象如鱼得水般予取予求。

《十二把椅子》还有一个后续故事《小金牛》，主角也是奥斯塔普·班达。这两部小说被称为"奥斯塔普·班达故事"。二次大战前，它们合集或分集共发行了 20 版，魅力经久不衰。在 20 世纪 30 年代的苏联，除了奥斯特洛夫斯基的半自传小说《钢铁是怎样炼成的》，没有一部"社会主义现实主义"文学作品的影响能比得上奥斯塔普·班达故事。20 世纪 70 年代，由于改编为电影，《十二把椅子》更是成为一部讽刺"苏维埃式骗子"的经典之作。这个故事在过去的苏联和今天的俄罗斯都家喻户晓，而"奥斯塔普·班达"在俄语中也成为"身份骗子"和"假装面目"的代名词，就像答尔丢夫成为"伪君子"的代名词、"阿Q"成为"精神胜利可怜虫"的代名词一样。

可以说，莫里哀《伪君子》的主角不是一个而是两个，不只是答尔丢夫，而且还有奥尔恭。他们一个是伪善，一个是轻信。没有轻信，伪善就难以得逞，伪善最容易欺骗的就是那些轻信和自我欺骗的人。因此，如果我们能从《伪君子》得到什么道德或其他启发的话，应该同时与这两个人物有关。

一般人的伪善只是因为他们想当好人但又有困难，所以装好人。这是人类天生就有的表演本能，无可厚非。但是，伦理道德意义上的"伪善"要比这严重得多。伪善是一个相当严厉的人格批评和道德谴责之辞，而自我欺骗则不是。在大多数社会里，伪善都是令人反感和厌恶的。人们不愿意与伪善者打交道，当然不愿意与他们做朋友，因为人们总也猜不透他们怀着什么坏心思。除非没有办法，人们也不愿意与伪善者来往或做生意，因为伪善者的诚信有问题。伪善者唯利是图，说一套做一套，随时随地都会利用别人、欺骗别人，图利自肥。因此，伪善被普遍视为一种严重的道德罪过，而伪善者则是"坏人"或"恶徒"。

相比起伪善来，自我欺骗即便被视为一种过失，性质也不算严重，人们对自欺的批评远没有像对伪善那么严厉。自我欺骗常被视为一种人性弱点，而非不道德的恶行。人们一般都会对自己有某些不真实的看法，形成自欺。例如，人们常会以为自己比实际上更聪明、漂亮、幸福、宽厚，有能力、爱心或慈善心。但这不过是人之常情的认知缺陷，算不上是道德过失。心理学家甚至认为，能够自欺的人会有比较好的自我感觉，不管是否真实，良好的自我感觉能让人更自信、更乐观进取、更愿意做好事、更愿意承担风险。

在一般情况下，自欺是欺骗自己，伪善则是欺骗他人。因此，自欺可能只是一种个人行为，而伪善则必然是一种社会行为。孤岛上独处的鲁滨逊可能是一个自欺者，他只有自己可以欺骗，所以还成不了一个伪善者。自欺经常是不得已的，而伪善则是厚着脸皮去做完全可以不做的事情。

自欺经常是不自觉的，并非存心作假，自欺犯下的是不思考、不理性的过失；但伪善则是一种工于心计和处心积虑的行为，犯下的是故意欺骗的罪过。经常是，一个人自欺的程度越深，人们对他越是心存可怜、哀其不幸、叹其愚蠢。而对于伪善则不同，伪善的知识程度越高，越是明知故犯，伤害他人，人们的自然反应就越是愤怒、鄙视和厌恶。说话漂亮、做事肮脏的权势人物，他们欺世盗名、哄骗世人，是众人最痛恨的对象。玛西亚·培根（Marcia Bacon）在《自欺错在哪里？》（What is Wrong with Self-deception?）一文中说，"自欺的错误更接近拒绝思考的错误，而不是哄骗别人的错误"。[1]

自欺经常是一般人智力有限的行为，相比之下，高级的伪善者必须具备高智力的理性算计能力，唯有如此才能欺世盗名，而不显露本质真相。他必须很熟悉自己假装相信的价值观，清楚知道该用怎样的行为来表演这些价值观。以色列心理学教授丹尼尔·斯塔特曼（Daniel Statman）在《伪善与自欺》（Hypocrisy and Self-deception）一文中说，伪善的才能与充当间谍的才能颇为相似，"精明、有创意、随机应变，这些是一个优秀间谍必须具备的素质，对于一个能够面面俱到、一贯成功行骗的伪善者来说也是一样。但是，间谍用他的才能为国家服务，而伪善者则是用他的才能谋取私利"。[2]

1　In Brian P. McLaughlin & Amelie O. Rorty（eds.），*Perspectives on Self-Deception*, University of California Press, 1988, 431-449.

2　Hypocrisy and self-deception（researchgate.net）.

伪善的不道德不在于它伪装善良（伪善是邪恶向美德的致敬），而在于用伪善谋取不正当的个人利益。《伪君子》里的答尔丢夫有害人之心，而不仅仅是假装圣人。这才使他成为一个道德行为意义上"恶人"。我们在今天看待、判断和评价自己周围的伪君子时，恐怕也需要用这样的行为标准来区分害人的和不害人的伪君子，或者在多大程度上害人又害己的伪君子。

七 帕斯卡尔《思想录》

1. 悲观人生与积极向上

复旦大学任课老师陈果成了网络热议的人物，她从受青年学生热捧的网红偶像跌落到被众人嘲笑的新一代心灵鸡汤的熬制手，似乎不过是转眼之间的事。她的一些励志"名句"一下子变成精神毒汤，如"同黑暗妥协，黑暗就不那么黑了""今天你吃的苦会照亮你明天的路"，等等。

像这种模仿箴言警句的"智慧之言"有一个未必有恶意但却是误导的假设，那就是：要让一个人振奋起来，最好的办法就是让他盲目乐观起来，让他相信什么事情都会好起来，相信人生是快乐的，幸福就在眼前。

然而，阅读了帕斯卡尔（Blaise Pascal，1623—1662）的《思想录》（Pensées/Thoughts），你就会发现，这种乐观主义的劝导，其实是一种"心灵鸡汤"，甚至可能是对真实人生的危险误导。帕斯卡尔是一位将悲观人生与积极向上完美结合到一起的思想家，因此产生一种奇妙的几乎令人难以置信的思想审美效果，在他那里，越显得阴沉的思考就越能提升人的精神。

帕斯卡尔出生于 1623 年，从小就体会到人生的不幸与缺憾。他 3 岁时，母亲就去世了。他很少有朋友，又是个驼背。所幸的是，他的聪明才智很早被人发现，12 岁的时候就被公认为一位科学天才，后来确实有不少科学成就。有的是你肯定知道的。比如，任何一个三角形的三个内角的总和都是 180 度，这个定律就是帕斯卡尔首先发现的。又比如，只要你上过医院打过针，就一定见过打针的针筒。针筒里的液体是怎么打到病人体内的呢？针管比较粗，针头很细，用手轻轻地顶住注射器的活动部分，针头里的压力就很大，药水也就很容易进入体内，这叫液压原理，它也是帕斯卡尔首先发现的。他的科学成就还远不止这些。

我们这里关心的不是发现三角形内角之和或医疗用针筒的帕斯卡尔，而是写作《思想录》的帕斯卡尔。他 32 岁的时候，由于身体不健康，不能再从事科学工作，转而用写作箴言的方式来捍卫基督教信仰，后来编成《思想录》。但他在这本书完成编辑和出版之前就去世了。

《思想录》是一系列的思考片段。帕斯卡尔是一位出了名的苦行者，他对基督教信仰抱有一种今天我们看来是相当极端的立场。他不是受过专业训练的神学家或系统哲学家。所以，不管他是一位多么了不起的天才，也不管哲学家如何系统地阐述他的《思想录》，我们都只是把这本书当作一个个人思考的集锦，而不是神学论著来阅读。

《思想录》的目的是劝人信仰上帝，而最好的办法就是让人们看到人生在世是多么痛苦。帕斯卡尔认为，人一旦充分看清人在尘世中的真实状况，就一定会向上帝寻求永恒的解救。事与愿违的是，今天阅读《思想录》的读者未必将此视为一种可行的解救。但是，他们仍然能够从帕斯卡尔的人生思考中得到许多启发和阅读的快乐。

　　《思想录》的内容可以分为两个部分，一个部分是说人世间的歧途和迷误，另一个部分是说上帝的伟大，信仰上帝能带领我们走出苦海。对许多读者来说，第一个部分比第二个部分有意思得多。

　　帕斯卡尔一开始就告诉我们，人世间的快乐和幸福不过是一个幻觉。尤其是，人不愿意用心思考自己的生存状况，宁愿过一种浑浑噩噩的生活。人天生就轻信易骗、胆怯萎缩，又鲁莽冲动。人有依赖性，变化无常，无聊烦闷，烦躁不安。人生最大的苦恼就是"无聊"。他写道，"无聊——对于一个人最不堪忍受的事莫过于完全的安息，没有激情，无所事事，没有消遣，也无所用心。这时候，他就会感到自己的虚无、自己的沦落、自己的无力、自己的依赖、自己的无能、自己的空洞。从他灵魂深处马上就会出现无能、阴沉、悲哀、忧伤、烦恼、绝望"。[1]

　　帕斯卡尔的思想魅力在于他那苦涩的悲悯和带刺的睿智。他毫不留情地揭开人的一个致命弱点，那就是，宁愿糊里糊涂地过日子，死也不肯面对可怕的现实。帕斯卡尔还认为，人是非常爱虚荣的动物，一点点小事就能弄得他心神不宁、六神无主。他写道，"一点点小事就可以安慰我们，因为一点点小事就可以刺痛我们"。（136）

　　北宋文学家范仲淹在《岳阳楼记》里说，"不以物喜，不以己悲"，意思就是不因外物的好坏和自己的得失而或喜或悲。但帕斯卡尔看到，人天生就有名利之心，加上意志薄弱，所以没有上帝的帮助，根本就做不到这一点。人是狂妄和虚荣的丑恶结合，"我们是如此之狂妄，以至于我们想要为全世界所知，甚至于为我们不复存在以后的来者所知；我们又是如此之虚荣，以至于我们周围的五六个人的尊敬就会使我们欢喜和满足了"。（148）

　　在这个世界上，又有谁能躲避虚荣之恶呢？帕斯卡尔写道："谁

1　帕斯卡尔著，何兆武译，《思想录》，编号131，天津人民出版社，2007年。

要是看不见人世的虚荣，他本人就一定是非常之虚荣的。而且除了年轻人完全沉溺于喧嚣、作乐和思念未来，又有谁看不见它呢？"（164）虽然看见别人虚荣但却看不到自己虚荣的人，这样的人要么是假崇高，要么是真愚蠢。

帕斯卡尔在不断提醒人的渺小和空虚，提醒人世间幸福的虚无缥缈，提醒人性的晦暗和残缺，提醒人的骄傲自大和狂妄无知。他不是要我们就此自暴自弃、随波逐流、自甘堕落，而是要我们面对现实，也面对自己的人性。人的伟大正在于能认清自己的渺小和卑劣。所以，你会惊喜地发现，原来帕斯卡尔并不是真的悲观，而是因为悲天悯人，以他特别的方式在给人安慰和温暖。许多人生幻灭和绝望无助的人，在觉得自己快要支撑不下去的时候，可以让他们不至于倒下的也许正是像帕斯卡尔《思想录》这样的一剂苦药，而不是心灵鸡汤或者其他迷魂的甜汤。

帕斯卡尔在《思想录》里反复陈述一些有关基督教信仰的基本主题。他专注于人类的自然堕落。他看到，人类太自我中心，最后难逃自我毁灭，没有上帝的帮助，任何人都无法从自我中得到救赎。

但是，人无须自暴自弃，因为上帝施予人类救赎的恩典。尽管人有不幸，但因为人是按照上帝的形象塑造的，所以人拥有伟大和真正值得骄傲的东西。帕斯卡尔没有把人的罪当作憎恨人类的理由，但他也不因为人受造于上帝而无视人性的晦暗。他在整个《思想录》中坚持认为，只有当人们接受人类的双重性质，即黑暗与光明，才能真正理解这个世界。

《思想录》1670 年在法国首版，以其论战的锋芒、思想的深邃以及文笔的流畅而成为世界思想文化史上的经典著作，对后世产生深远影响，被认为是法国古典散文的奠基之作。它与《蒙田随笔集》《培根随笔集》一起，被人们誉为欧洲近代哲理散文三大经典。帕斯卡尔以他特有的揭示矛盾方法，反复阐述人在无限大与无限小两个极限之间的对立悖反，论证人既崇高伟大又十分软弱无力这一悖论，揭示人因能够思想而伟大的这一动人主题。

阅读帕斯卡尔的体验是比较特殊的，与阅读蒙田和培根的体验有所不同，需要加入更多的个人体会和感悟，依靠一种顿悟的体验。帕斯卡尔自己对宗教信仰也是一种用心去把握的体验，信仰其实存在于每个人心中，只是不到顿悟的时刻人们并不知道罢了。

"顿悟"在文学中被用作一种特殊的创作手法，詹姆斯·乔伊斯（James Joyce，1882—1941）的小说集《都柏林人》（*Dubliners*）就运用这种手法。文学顿悟与宗教顿悟有相通之处。顿悟是突然发生的，但并不是无缘无故地发生。顿悟是一种理解力的积累，水到渠成，豁然开朗，一个明亮的念头一下子出现在人的头脑里。《都柏林人》里有一篇题为《伊夫林》（*Eveline*）的短篇小说，就是一个很好的顿悟例子。

伊夫林是这篇小说的女主人公，她父亲非常凶悍，女管家对她百般刁难。她生活在沉闷和单调之中，连呼吸都觉得困难。她认识一位叫弗兰克的外国水手，两人私下来往。弗兰克谋划让她随船逃跑。但就在轮船快要起航的那一刻，伊夫林害怕了，动摇了，她发现自己没有勇气也没有力量奔向她梦寐以求的自由。心灵的瘫痪使她的理想和追求流产。她一下子感悟到，她也许并不是真的被剥夺自由，只是她自己没有勇气和力量去把握自由。

帕斯卡尔认为，信仰其实早已存在于每个人的心灵之中，许多人不知道，或者不愿意承认。必须等待顿悟发生的那一刻，人们才会感受到信仰的力量。

对心灵中的信仰，人们不是不明白，也不是有他人或外在力量在阻止他们明白，而是他们自己不想明白，缺乏想弄明白的意愿，一直在不让自己知道自己没有真想弄明白的意愿。例如，我们总是以为这是一个没有信仰的时代，然而是因为真的什么都不值得我们信仰吗？还是因为我们太犬儒，根本就不想要拥有信仰？

帕斯卡尔说，"既然理智把你带到这里，而你又不能做到信仰。因而，你应该努力不要用增加对上帝的证明的办法而要用减少你自己的感情的办法，来使自己信服。你愿意走向信仰，而你不认得路径；你愿意医治自己的不信仰，你在请求救治：那你就应该学习那些像你一样被束缚着但现在却赌出他们全部财富的人；正是这些人才认得你所愿意遵循的那条道路，并且已经医治好你所要医治的那种病症"。（233）

信仰在理智和逻辑上可能无法解释清楚，但是人若用心灵来感受就能体悟到。理智是人的头脑，心灵是人的心，头脑的真理与心的真理看起来是相反的、互相违背的，这两种真理存在于人的不同活动中。科学寻找的是头脑的真理，信仰寻找的来自心灵的真理，这两种真理都是不能偏废的。

2. 脆弱的理智和内心的力量

帕斯卡尔认为，理智是人的头脑，心灵是人的心，理智和心发现的是不同的真理。人的头脑与心之间会存在矛盾，在生活中我们经常对此有所体会，这是一种悲剧性的矛盾，经常难以化解。

帕斯卡尔提出他的心灵逻辑，那就是，在认识上帝的过程中，逻辑推理是没有用处的。人需要的是一种感觉，用他的话来说，那是一种"极其细致又十分明晰的感觉，并且根据这种感受做出正确公允的判断来"。人在一瞬间突然感悟到"整个的事物"。于是，心灵恍然大悟，茅塞顿开；于是，他对自己说，"我信了"。这种恍然大悟就是我在前面谈到的顿悟。

对于一个非信仰者来说，这种恍然大悟会是一种相当陌生的感觉。我们平时所说的恍然大悟经常说一种理性认知的"理解"或"被说服",与信仰的"确认"是不同的。一个是头脑知道,另一个是心知道。只能用头脑知道而不能用心知道的人,其实是不完整的。我们生活在一个没有信仰的社会里,许多人用心知道的机能已经严重退化,自己并不知道这是一种心灵残缺,反而觉得自鸣得意,觉得自己头脑灵光,比别人聪明。

这样的人在与基督徒或其他信徒一起探索信仰时,经常会说,你说有上帝,你证明给我看看。而所谓的证明,就是依靠科学实验或逻辑推理的方法,以此去除怀疑和不信。对这样的问题,基督徒只能如实地承认:我证明不了,如果我能证明上帝的存在,那么你就不必信上帝了,信我就好了。我之所以回答不了证明的问题,是因为问题提错了。上帝不是人的逻辑推理的对象,也不是在显微镜、望远镜下能观察到的。人们可以证明二加二等于四,但永远也证明不了几加几等于上帝;他们在显微镜下能看到发了霉的菌毛,但永远也看不到毒害自己心灵的那些霉菌的模样。

人们常常混淆科学与宗教的界限,以为事物只有通过科学的检验才是可信的、真实的。殊不知这是两个领域的问题,不能彼此取代。帕斯卡尔说,"我们认识真理,不仅仅是由于理智而且还由于内心;正是由于这后一种方式我们才认识到最初原理,而在其中根本就没有地位的推理虽然也在努力奋斗,但仍是枉然。怀疑主义者却正是把这一点当作目标的,所以他们就徒劳无功了"。(282)这其中是不能用推理的,推理也是枉然。在我们的日常生活和教育里,老是有人把一些推理出来的"放之四海而皆准"强加给我们,就算我们辩驳不了这些推理,但我们的内心并不接受。这种内心的力量可以来自宗教信仰,但也可以来自普通人内心的良知或良心。

宗教的体验经常与美和善的体验有关,在人的艺术和文学经验中生动地体现出来。善和美也是需要用心去体会的。宗教情感与善和美"心心相印",这是宗教情感经常借助艺术和文学来表达的一个重要原因。优秀的艺术和文学特别能让人体验到来自普通人内心的良知或良心,你被艺术或文学感动,总是先有了心的直觉感受,然后才诉诸语言解释或说明这个感受。经常是,你哽咽了,眼泪刷刷地流下来,嘴里却说不出连贯的话来。这时候,你的理智跟不上你的心。

人类历史上以宗教为题材的艺术和文学杰作真是太多了,数不胜数。许多伟大的文艺作品,即使不直接以宗教为题材,也包含着丰富的宗教情怀,古代现代都有。古代有但丁这样的代表,19世纪的俄国作家陀思妥耶夫斯基和美国作家麦尔维尔也都是人们熟悉的例子。

麦尔维尔有一个著名的中篇小说《水手比利·巴德》(*Billy Budd, Sailor*),就是一部关于头脑和心矛盾的经典作品。故事讲述的是青年水手比利·巴德的故事,他为人和善,年轻英俊,受到船员的爱戴,但是却受到军械师的嫉妒。比利被军械师诬陷说是要谋反,他是个结巴,无法用言语辩解,一拳打死了军械师,船长按照军法判处比利绞刑。船长以严厉著称,但是远非残酷鲁莽,他喜欢阅读蒙田的著作,始终像慈父一样呵护比利。船长内心当然不相信军械师的诬陷,但是根据战时法律,比利的行为是"以公然的反叛行为犯下的杀人罪"。同时,"身为军人,是不容许有个人意志的"。比利被判死刑,临上绞刑架前,比利喊出的是"上帝保佑维尔船长",表明他并不怨恨船长。在这个故事里,船长听从的是理智的决定,但一直到比利被绞死,他内心都十分痛苦,临终时口里还呼唤着船长维尔的名字。

像这样的事情,似乎不断在证明帕斯卡尔对两种逻辑的区分。他认为,人有两种逻辑,一种是理性的逻辑,一种是心灵的逻辑。

科学需要的是理性的逻辑，信仰需要的是心灵的逻辑，信仰的本质是精神的感悟。精神的感悟要靠每个人自己。帕斯卡尔说，"这些原则几乎是看不见的，我们毋宁是感到它们的而不是看到它们的；那些自己不曾亲身感到过它们的人，别人要想使他们感到，那就难之又难了"。（1）

这种境界也就是人们所说的"只能意会，不可言传"或者"此中有真意，欲辨已忘言"，意思是，想要把它说出来，却又觉得它无法也无须明白地说出来。让自己的心灵丰富和活跃起来，学会用心去体会，感知你内心的力量，而不是偏废于狭隘的理智。这也是人文教育的一个重要内容，这部分的人文教育经常被称为"美育"。

感知人内心的力量，能让我们更好地了解人的理智的局限和脆弱。帕斯卡尔说，"人心有其理智（道理或者理性），那是理智所根本不认识的"。（277）他还说，"我们认识真理，不仅仅是出于理智而且由于内心；正是这后一种方式我们才认识到最初原理，而在其中根本就没有地位的推理虽然也在努力奋斗，但仍是枉然。怀疑主义者却正是把这一点当作目标，所以他们就徒劳无功了。我们知道我们绝不是在做梦：无论我们要以理智来证明这一点是多么地无能为力，但这种无能为力所得的结论只不过是我们理智的脆弱性"。（282）

许多人看不到自己的脆弱性，沉醉于自我陶醉的强大和幸福感觉中。帕斯卡尔提醒说，那些觉得自己强大、聪明、美貌、幸福的人沉迷于世间的欢乐中，忘却了考虑自身的得救。帕斯卡尔要让他们认识人的本质，唤醒他们对人的境遇（human condition）的不安，并向他们指出哲学和科学并不能平息这种不安。他的《思想录》在宗教的说理中展示对人世的深刻思索——没有信仰的人是痛苦的。人想认识真理，却遇到不可克服的困难；人想找到自己的位置，却只得到矛盾的指示。这就是人类的境遇。

人看到无限大时，他是虚无；看到无限小时，他是巨人；他是一个中间物吗？他想观察自己，却会被骗人的观念所迷惑。人充满谬误和虚假的想象，把自己带到理性认识的限度之外。人的自尊心妨碍他如实地看清自己。人虽然渴望正义，却无法在人间建立合理的秩序。

帕斯卡尔说，国王用欺骗和愚弄人民的办法来统治人民，"国王的权力是以理智并以人民的愚蠢为基础的，而尤其是以人民的愚蠢为基础。世界上最重大的事情竟以脆弱为其基础，而这一基础却又确凿得令人惊异；因为没有什么比这一点、比人民永远是脆弱的这一点更加〔确凿〕的了。以健全的理智为基础的东西，其基础却异常薄弱，例如对于智慧的尊崇"。（330）哲学家提出许多体系，都有自身的价值，但每一体系都不能充分满足我们。由于找不到救治良方，人唯一的希望和出路就是转向宗教。神恩得到预言和显灵的证实。然而，天主是隐藏着的，许多人因为看不清，而仍然生活在虽生犹死的悲惨境遇中。

帕斯卡尔提出一个著名论点："人只不过是一根苇草，是自然界最脆弱的东西；但他是一根能思想的苇草……纵使宇宙毁灭了他，人却仍然要比致他于死命的东西更高贵得多；因为他知道自己要死亡，以及宇宙对他所具有的优势，而宇宙对此却是一无所知。"他又说："我们的全部尊严就在于思想。"（347）他还描述道，比起宇宙的无限大，人是微不足道的，但比起原子的无限小来，人又是巨大的。一边是一切，一边是虚无，人处在当中。这一描述引起许多20世纪作家对"荒诞"意识的强烈共鸣。法国作家夏多布里昂（François-René de Chateaubriand，1768—1848）称帕斯卡尔为"可怕的天才"，他带给世人的是关于人和人的荒诞的可怕真相。

3. 亦药亦毒的罪感：精神提升和人格毁损

在基督教里，罪是一个核心的观念。人有罪是说，人从根本上来说是有缺陷的，是不完善的。帕斯卡尔把"知道自己有罪"当作信仰的条件，也是信仰的产物。我们只有知道自己的罪，才能好好认识上帝。"当我们想要追随德行直到它的两个方面的极端时，就出现了罪恶，它在其沿着无限小这方面的不可察觉的道路上是不知不觉暗暗钻进来的；而在其沿着无限大这方面，罪恶则是大量地出现；从而我们便陷没在罪恶里面而再也看不到德行。我们就在完美的本身上被绊住了。"（357）如果你觉得恶小而为之，那么恶就开始附着在你身上；如果你对再大的恶也觉得无所谓，那么你就会有许许多多罪恶的行为。

他又说，"试探与导致错误这两者之间是大为不同的。上帝在试探，然而他并不导致错误。试探乃是提供机缘，它绝不把必要性强加于人；假如人们不爱上帝，他们就会做某一件事。而导致错误则是使人有必要得出谬妄的结论并追随这种结论"。（821）

帕斯卡尔是在人与上帝的关系中看待人的罪感的：在现实世界里，当权力人物或权力本身被神化的时候，人与神的关系很容易被人与人的关系所代替，并恶意挪用。政治权力不断考验人的忠诚，而把这种考验说成是对信仰的考验。这时候，罪感就会成为一种对人的情感、思想和行为的严重束缚和扭曲，不仅不能提升人的精神，而且还会摧毁人的自尊，将罪感植入人心，让罪感在人的心灵中扎根。

因此，罪感是一柄双刃剑，可以是良药，也可以是毒药，这是我们必须了解和警惕的。

先说可以是良药的罪感。瓦立斯有一本叫《美国的原罪》的书，[1]

---

1 Jim Wallis, *America's Original Sin*, Baker Publishing Group, 2016.

他在书里把种族主义称为美国的原罪，因为"美国社会是作为白人社会来建立的，开始时几乎完全灭绝一个民族，而后又把另一个族裔沦为奴隶"。前一个是印第安人，后一个是黑人。

美国的种族主义之源是一种宗教意义上的"罪"（sin）和非宗教意义上的"恶"（evil）。罪或恶是比政治更深层的问题，它超越了种族、政党、意识形态等的各种谴责、派别斗争、责怪和攻击。知晓原罪是一个道德的深度境界，如果不能达到这个境界，那么政治优化和社会改善的种种措施都只能是头痛医头、脚痛医脚。因此，在美国，重要的不仅仅是公平升学、求职的平权法案，或者"黑人的生命很重要"的司法公正，而且要有根本的精神和道德转变。

那么怎么才能有精神和道德转变呢？首先必须辨别具体的罪和恶本身，不是把它笼统、抽象地称为罪或恶，而是对它进行有实质内容的"命名"，这样才能辨认它、揭露它、真正认识它，也才能有所悔悟，弃恶从善。种族主义就是美国原罪的名字。不同的国家当然有不同的原罪。

在美国，许多人并不同意瓦立斯"美国原罪"的说法，他们基本上都是白人。他们中有的会说，我从来也没有拥有过奴隶，我的前辈和祖先也没有过。我移民到美国来的时候，奴隶制早就废除了，我为什么要为种族主义受责？还有的人会用更直接的理由来反驳：我不是种族主义者，我反对历史上的奴隶制，也反对社会中的种族歧视。我不是坏人，既然如此，就不要把别人的坏事责怪到我的头上。

许多美国白人确实会对种族主义的人或事有反感，瓦立斯又为什么认为"美国原罪"也与这些白人有关呢？

瓦立斯提出两条理由，第一个是"潜在偏见"，你虽然看上去没有种族歧视，但是扪心自问，你真的愿意让自己的女儿嫁给一个穷黑人吗？第二个是"事实特权"，你虽然自己没有种族歧视，但在一个白人事实上比黑人有更多机会的社会里，你不是也在照样受益吗？这就像在有地区差别的高考制度里，你是北京人、上海人，虽然你不歧视河南人、甘肃人，甚至反对地区差别，但你还是实际的受益者。

对于西方人来说，罪感是一种人为了恢复本性、明白自己责任所必需的自我意识，也是一种区别西方文化与东方文化的伦理意识。美国学者鲁思·本尼迪克特（Ruth Benedict，1887—1948）在她的文化哲学名著《菊与刀》（*The Chrysanthemum and the Sword*）一书里认为，西方人有"罪"的意识，而东方人则有"耻"的意识，这是一种根本的文化差异。罪是我做了错事，就算没人知道，我自己心里也有道德愧疚；耻是我做错了事，只要没有别人知道，我就保住了面子，不算丢脸。

罪和耻的不同可以用一个故事来略加说明。美国作家斯本塞（Scott Spencer）的小说《树林里的人》（*Man in the Woods*）的开头说了这样一个故事：保罗是一个在林子里建造木屋的木匠，一个天色阴沉的下午，他在林子里遇见一个名叫威尔的不良之徒，保罗见威尔在虐待一条狗，便上前干涉。两人扭打起来，保罗失手打死威尔，陷入一个痛苦的道德困境：虽然没有人看见，但杀人是错的，而且是一种犯罪，他该去自首呢，还是一走了之？保罗左右为难，热切地希望有一个上帝能告诉他该怎么去做。他看着那条被威尔虐待过的狗，心想该不该杀掉它，因为狗最终有可能成为自己杀人的见证，留下会是一个麻烦。保罗想，只要杀掉这狗，就可以神不知鬼不觉地不留痕迹和后患。再说，这条狗也确实该死，要不是因为它，自己不会卷进这件麻烦的事情。但是再一想，这条狗是无辜的，因为狗本是受害者，并没有要加害保罗。保罗陷入深深的选择两难之中。

在保罗心里起作用的道德感是罪感，他在心里知道，不管什么情况下杀人都是有罪的。"不可杀人"是《圣经》十诫中的一条，当然，这条诫命可以理解为反对预谋杀害他人。

保罗知道，在上帝面前，他无法隐瞒自己的罪，也无法找借口文过饰非。这也就是帕斯卡尔所说的，"这里面有一个证明使我恐惧。天主教并不规定我们不加区别地向一切人都坦白自己的罪过：它容许我们向其他所有的人保持秘密；但其中只有一个唯一的例外，对于这个唯一者它却要求我们坦白出自己的内心深处并且让他看到我们的真实面貌。……它命令我们不得欺骗并使他有义务担负起一种不可侵犯的秘密……难道我们还能想象有什么更加慈爱、更加美好的事了吗？然而人类却是那么腐化，以至于他们还觉得这条法律太严苛"。（100）

宗教和道德的罪感可以是让人向善的力量，但是罪感是可以转化的，一旦罪脱离人与神的关系，而变成一种人与人、人与权力、人与国家法律的关系，罪也就成为一种对人进行政治控制的手段。这种控制手段的力量极为强大，也极为可怕。这是一种为统治权力服务的政治化的罪感。这种罪感是一种毒药。

已故历史学家刘泽华（1935—2018）先生在《臣民的罪感意识刍议》一文中讨论了中国的这种政治化的罪感。[1] 他认为，中国原初文化中本没有基督教文化中那种人有原罪的意识，但是进入社会领域，情况就发生天差地别。在有关社会关系的主流文化与观念中，只有帝王是"天子"、是最尊贵的。臣民们在天子面前都是卑贱者，并形成普遍性的罪感意识。在君主面前，臣民都是天生的卑贱，天生有罪。刘泽华先生说，"这也是一种'原罪'意识"，是"臣民的罪感"。

他分析了"臣民罪感"的三种表现，分别是"自愚""自

1　刘泽华：《臣民的罪感意识刍议》，见 https://www.aisixiang.com/data/10296.html。

罪""请死"。

第一，"自愚"就是自我愚昧化，这是自我错误感的起点。在臣下与君主对应关系中，君主是圣明的，臣下是愚昧的。臣下与君主对话时都要把自愚作为陈述的前提。不管是什么样的进谏，几乎都要称为"愚计""愚议""愚陋""鄙陋"，以及各种自卑自贱之词，如"愚臣""贱臣""薄陋""虚薄""馊贱""刍贱""犬马""枯朽""奴才"等。

生为百姓，就已经注定是愚昧之辈，于是称为"愚夫愚妇""愚氓"。其实"民"这个称呼就是愚昧无知，贾谊说："夫民之为言也，瞑也；萌之为言也，盲也。"（《新书·大政下》）瞑就是冥顽不灵的意思，"萌"就是"氓"。意思是，老百姓是群氓，他们说的都是一派胡言。

第二，臣民的自愚不只是自谦，而且包含着"自罪"，也就是责任的自我判定。面对君主，臣下首先是一个负罪者，不管你说什么做什么，大抵都要先表示自罪。在君臣关系中有一个至关重要的原则：功要归君，罪要归臣。这就是韩非子说的"有功则君有其贤，有过则臣任其罪"。君主可以随时命令臣下做"检讨"，戴罪听候处理，君主嘴上说要"自我检讨"，其实永远是臣民的自我批评、自我检讨、自我加罪，乞求圣上开恩。即使被冤枉治罪，一旦"洗清罪名"，也要痛哭流涕、感恩戴德。

第三，比自罪更加低下的是"请死"。君主杀戮臣下与臣下自我"请死"是不同的两回事。君主杀戮臣下是制度或权力行为，而臣下"请死"表达的是一种价值观念的定位。也就是说，臣下对君主应有以死相报或时时等待君主降罚直至处死的忠心和心理准备。韩非的《初见秦》篇是对秦王的一篇上奏，文章开始的一段话就说："臣闻：'不知而言不智，知而不言不忠。'为人臣，不忠当死，言而不当亦当死。虽然，臣愿悉言所闻，唯大王裁其罪。"也就是说，当臣下的应该有这样的觉悟：说也该死，不说也该死。但心无怨言，为了皇上，粉身碎骨也心甘。

正如刘泽华先生所说，臣下把死作为信物和条件，虽然可以把这理解为表现无所畏惧的勇气、志气、豪气和张扬道义的抗争精神，"但更多的是蕴含了无限的恐惧、自卑、服帖和怯懦。臣子们动辄请死，表明臣下除了是帝王的工具，还是帝王施威的材料，所以要时时刻刻准备着挨杀"。是君臣制度下臣民的罪感，把许多人变成人格毁尽的奴才。

4. 人性的美与丑，人的伟大与可悲

相信不少人都看过电影《辛德勒的名单》（*Schindler's List*），电影是根据澳大利亚小说家托马斯·肯尼利（Thomas M. Keneally）所著的《辛德勒的名单》改编而成，1993 年由美国导演史蒂文·斯皮尔伯格（Steven A. Spielberg）搬上银幕。影片再现德国企业家奥斯卡·辛德勒（Oskar Schindler）与其夫人埃米莉·辛德勒在第二次世界大战期间倾家荡产保护 1200 余名犹太人免遭法西斯杀害的真实历史事件。俗话说，十个商人九个坏，商人也就是"生意人"。辛德勒是一个商人，商人都是在商言商，本来是以发财牟利为主要目的。辛德勒与纳粹当局的关系不错，本来可以借助这层关系，在二战期间大捞一笔，但为什么要为不相干的犹太人弄得倾家荡产呢？

唯一可能的解释就是，辛德勒是个有良心的人。那么，为什么千千万万的其他人不像他那样有良心呢？他们不但不帮助无辜的犹太人受害者，而且还与纳粹积极合谋或合作，为虎作伥，大胆作恶。帕斯卡尔是从整体而不是从个体来思考人性的。从整体来看，人到

底具有怎样的天性，到底是怎样一种动物呢？

在帕斯卡尔的《思想录》里，人是一个奇怪的混合体，一个怪异的动物：有狮子的头，羊的身体，蛇的尾巴，或者是其他的奇怪组合。人的状况是自相矛盾的。人的主观性来自冲突，人的知识是出于悖论。人是一个不确定性的仓库，随时会冒出匪夷所思的怪物，有希特勒这样的人，也有爱因斯坦这样的人。就是普通人，也是如此不可思议。人是怎样的虚幻啊！是怎样的奇特、怎样的怪异、怎样的混乱、怎样的一个矛盾主体、怎样的奇观啊，既是一切事物的审判官，又是地上的蠢材；既是真理的储藏所，又是不确定与错误的渊薮；既是宇宙的光荣，又是地上的垃圾。

他又说："他要求伟大，而又看到自己渺小；他要求幸福，而又看到自己可悲；他要求完美，而又看到自己充满缺陷；他要求能成为别人爱慕与尊崇的对象，而又看到自己的缺点只配别人的憎恶与鄙视。"（100）

帕斯卡尔以他自己的方式热爱人类，他说："让人尊重自己的价值吧。让他热爱自己吧，因为在他身上有一种足以美好的天性；可是让他不要因此也爱自己身上的卑贱吧。让他鄙视自己吧，因为这种能力是空虚的；可是让他不要因此也鄙视这种天赋的能力。让他恨自己吧，让他爱自己吧：他的身上有着认识真理和可以幸福的能力；然而他却根本没有获得真理，无论是永恒的真理，还是满意的真理。"（423）

虽然帕斯卡尔并不信奉"人性恶"的教条，但他对人性的阴暗和软弱有着极其敏锐的认识，他关心的不只是现象本身，而是其根本的原因。在帕斯卡尔看来，这就是人一不能认识上帝，二不能认识自己。人若不接受耶稣为主，那么他就不可能认识上帝；而人若不认识自己的罪，那么他也绝对不可能认识他自己。人拒绝认识自己与拒绝认识上帝是不可分的，就像帕斯卡尔所说的，"人就不外是伪装，不外是谎言和虚假而已，无论是对自己也好还是对别人也好。他不愿意别人向他说真话，他也避免向别人说真话；而所有这些如此之远离正义与理智的品性，都在他的心底有着一种天然的根源"。（100）

在帕斯卡尔那里，人认识自己与认识上帝是一致的，缺一不可，因此他的上帝观念也是一种人道主义的宗教观。人性的邪恶根源就是罪。罪集中表现人缺少对上帝的足够而充分的信仰。他认为，上帝不是别的，正是人类的拯救者。"上帝的行动是以慈祥在处置一切事物的，它以理智把宗教置于精神之中，又以神恩把宗教置于内心之中。"（185）我们只能在认识自己的有罪和可悲时，才能很好地认识上帝，也才能使人变得伟大。"人的伟大之所以为伟大，就在于他认识自己可悲。一棵树并不认识自己可悲。因此，认识〔自己〕可悲乃是可悲的；然而认识我们之所以为可悲，却是伟大的。"（397）

帕斯卡尔说："最使我惊讶的，就是看到每个人都不惊讶自己的脆弱。人们在认真地行动着，每个人都追随自己的情况；并非因为追随它事实上有什么好处（既然它只不过是时尚），而是仿佛每个人都确凿地知道理性和正义在哪里。他们发现自己没有一次不受骗；可是由于一种可笑的谦逊，他们却相信那是他们自己的过错，而不是他们永远自诩有办法的过错。然而最妙的就是世上这种人竟有那么多，他们为了怀疑主义的光荣而不做怀疑主义者，以便显示人是很可能具有最奇特的见解的；因为他居然能够相信自己并不处于那种天赋的、不可避免的脆弱之中，反倒相信自己是处于天赋的智慧之中。"（374）明明很软弱，却自己觉得很强大；好像知道真理和正义在哪里，却发现自己经常受骗。正因为聪明的人就是这么愚蠢。帕斯卡尔是用直觉来做出这种人性观察的，今天这种人性弱点在社会心理学和社会认知研究中有了更充分、更系统的认识。今天我们知道，这样的人性表示是典型的自欺欺人或认知偏误。

对人性的软弱，今天非宗教的理解和解释已经在很大程度上代替像帕斯卡尔的那种宗教理解，这是 21 世纪与 17 世纪的差别，就像今天的电灯不能取消百十年前油灯的价值一样，今天认知心理学的认识也不能取消 300 多年前帕斯卡尔的宗教认识。

帕斯卡尔强调的是人的两面性，人的心灵的真实图画是：人既不是天使，也不是禽兽；但不幸在于想表现为天使的人却表现为禽兽。

帕斯卡尔是在基督教的教义框架中相信，人有天使的一面，也有禽兽的一面。基督教认为，上帝规定人的本性，上帝创造的人有神的形象，但并不具有神的品格特征。《圣经》告诉我们说，上帝"照着上帝的形象"造了男人和女人。（《创世记》，1：26—31）人是上帝最高级的造物，人类被创造得像上帝，但并不是在全知全能方面。人类像上帝（但不是上帝）的方式包括我们与上帝建立正确关系的能力，这些能力包括自由选择、推理、创造、交际、对其他被造物的支配，等等。

然而，人类始祖的堕落以深刻的方式改变了所有这些。在重新获得神的恩典之前，人的"悟性变暗"。（《以弗所书》，4：18）罪的影响使人性受到损害，人因为人性的迷失而无法理解现实或知识的真正性质。人的意志也受到影响，人的欲望变得邪恶。（《创世记》，3：22；《彼得前书》，4：3；《彼得后书》，2：10、18）但是，堕落后的人虽然仍有上帝的形象，仍然可以得到赎救，但并不是必然的赎救。人必须依靠对神的信仰获得赎救，向天使的方向上升；否则就会进一步堕落，成为禽兽，甚至变得禽兽不如。

人正是在这样一种不确定的存在状态中，才有了人性的不幸和悲哀、高尚和喜乐。人，即便他堕落了，但也没有完全泯灭心中的灵性之光，所以他才会想表现为天使；但这个善良的愿望只是人的显意识，而在这一个显意识的冰山下蠕动的常常是连禽兽都不如的邪恶，而人又常常有意识或者无意识地漠视这些邪恶。有一句老话：善良的愿望往往把人引导到地狱中去，这些善良的愿望可以用自由、民主、平等、博爱名之，也可以用幸福、革命、富裕、正义来描绘，但在历史上有多少的罪恶都是借着这些善良的愿望而大行其道啊！

于是就有了这样的心灵状态："很少有人是在谦卑地谈论谦卑的，很少有人是在贞洁地谈着贞洁的，很少有人是在怀疑中谈论怀疑主义的……我们在向自己隐瞒自己并矫饰着自己。"（377）挣脱存在的这种虚伪性的利器是：让人有勇气去面对在他一生中同时存在的兽性与天使性，"使人过多地看到他和禽兽是怎样的等同而不向他指明他的伟大，那是危险的。使他过多地看到他的伟大而看不到他的卑鄙，那也是危险的。让他对这两者都加以忽视，则更为危险。然而把这两者都指明给他，那就非常之有益了"。（418）

在仔细剖析人性中的禽兽性时，帕斯卡尔发现一个非常有趣的现象，在人性中有一种奇怪的颠倒："人对小事的感觉敏锐和对大事的麻木不仁。"比如，一个人唯恐丧失一点金钱、一个职务或者一点名声，但就是这同一个人，明明知道自己一死就丧失一切却无动于衷，你告诉他只要你信上帝，就是失去生命还会得到生命，但他毫不动情。帕斯卡尔说："看到在同一颗心里而且就在同一个时间内，既对最微小的事情这样敏感，而对最重大的事情又那样麻木得出奇；这真是一件邪怪的事。"（194）

对什么事是重要的，什么事是最重要的，什么事不那么重要，不同时代和不同社会环境下的人们会有不同的看法，但对帕斯卡尔来说，信上帝是最重要的。他这样看待信仰固然有他的道理，但倘若一般化、普遍化为一种抽象的原则，却未必是什么好事。个人信上帝也可能变成信某个主义、信某个党、信某个民族，因为存在这种至高无上的"信"，与个人幸福有关的种种事情都变成无足轻重的琐碎小事，失去应有的关注。

你有没有想过，什么是对你最重要的事情？这就要看你把什么看成是最重要的需要。美国心理学家马斯洛（Abraham H. Maslow，1908—1970）把人的需要分成五类，即生理需要、安全需要、社交需要、尊重需要和自我实现需要，依次由较低层次到较高层次排列。任何一种需要得到满足，我们就会产生相应的幸福感。在满足较低层次的需要、获得较低层次的幸福感以后，我们就会追求更高层次的需要，追求更高层次的幸福。

帕斯卡尔把宗教信仰视为人最重要的需要，但他同时也是一位伟大的人性洞察者。他是一位智者，但我们从他那里得到的并不是某种永远正确、不会错误或不容怀疑的真理。帕斯卡尔自己就是他所观察和理解的普通人类中的一员，而不是像某些"伟大真理的发明者"那样，超越在普通人类之上。今天我们阅读帕斯卡尔是因为他让我们看到，真正可以称为"思想"的，必然包含两个部分，一个是智慧（the intellectual），另一个是道德（the moral）。英国哲学家罗素（Bertrand A. W. Russell，1872—1970）晚年在接受一次采访的时候，被问到你希望一千年后人们记住你什么，罗素说在智慧上要实事求是，在道德上要爱不要仇恨。帕斯卡尔在智慧上对人性实事求是，在道德上拥抱爱而不是仇恨。今天，不管我们同意不同意他的上帝观，他就凭这两点，就是一个对我们和我们的后代有益的思想家。

帕斯卡尔在文学史上是一位 17 世纪法国的道德论者，而另一位法国道德论者就是拉罗什富科。

八　拉罗什富科《箴言集》

1. 带刺的真话和心灵鸡汤

17 世纪是一个箴言写作复兴的时代，尤其是在法国。箴言写作对我们来说并不陌生，中国古代就已经有了，孔子《论语》就是一个箴言集子。古罗马流传至今的箴言作品则以两位斯多葛哲人为代表，一个是《论说集》（*Discourses*）和《手册》（*Enchiridion*）的作者——都是由他的学生编撰——奴隶出身的哲学家爱比克泰德（Epictetus，55—135），另一个是《沉思录》的作者，哲学家皇帝马可·奥勒留·安东尼（Marcus Aurelius，121—180）。

尽管箴言在古代就已经有了，但 17 世纪的法国箴言却特别能让今天的中国读者觉得新鲜和富有思想冲击力。同孔子那种四平八稳、循循善诱的温和教导，或者同斯多葛哲人那种安贫守拙、宁静内向的沉思相比，17 世纪法国箴言的特点是对人性的软弱和幽暗有敏锐的察觉，并予以毫不留情的揭示，因此成为带刺的箴言，最有代表性的便是德·拉罗什富科的《箴言集》（*Maximes*）。

德·拉罗什富科公爵（Duc de La Rochefoucauld，1613—1680）出身法国名门贵胄，早年热衷于政治，但因为站错队，一辈子政途坎坷，在政治上和军事上都毫无作为。在一次他参加武装叛乱的战斗中，还被子弹打瞎一只眼睛。1653 年，他回到自己的领地，开始撰写《回忆录》（*Mémoires*，1662），叙述他的早期政治活动经过。这本书起先在荷兰出版，尽管作者不同意出版此书，但在后来 30 年中仍然被不断重印。现在已经证明，这本书是其他 6 个人的作品拼凑起来的，拉罗什富科自己写的部分还不到三分之一。因此，他最重要的著作是 1665 年发表的《箴言集》（1678 年再版）。

拉罗什富科活着的时候曾对《箴言集》不断修改和增添，去世后又有编者再加上一些。现在出版的版本经常包括 504 条箴言，大多数只有两三行，很少有超过半页的。拉罗什富科的魅力之所以弥久犹新，是因为他对自己的亲身体验有深刻思考，他记录自己的真实想法，不附和他人，也不讨好时尚，一字一句都自然流露他自己的心灵。他只是想到哪里写到哪里，怎么想就怎么说，但又说得特别精致。凡是他说的，既无建立一种思想体系的企图，又无宣扬某种主义或教义的意向。

在这些箴言里，拉罗什富科犀利地剖析人类行为背后的暗藏动机，尤其是人的嫉妒、虚荣、野心。因此他的箴言里有许多人不爱听的带刺真话。这样的真话用在别人身上痛快淋漓，但用到自己身上就疼痛难当，所以拉罗什富科在《箴言集》的前言里建议道："读者阅读此书的最好办法是从一开始就认为与他自己无关，虽然看上去说的是所有人，但他自己是一个例外。这样一来，我敢保证，他一定会是第一个赞同这些箴言的，也会同意，这些箴言有益于人类精神。"就在他的建议里，他又挖苦了人类的一个通病，那就是，批评坏事从来是对人不对己。这又是一句带刺的真话。

拉罗什富科是 17 世纪法国道德学家（les moralistes）的主要代表之一。他继承的是由 16 世纪法国作家蒙田开创的写作传统，这种写作专注于描绘人的道德特征，用箴言的形式来评论世人的生活规范。拉罗什富科不同于绝大多数道德学家的地方是：他没有任何要人们改变信仰的意愿，他的写作对象是像他自己那样的为数不多的"小众"。他们头脑清醒又乐于思考，彼此很容易引为知己。由于拉罗什富科不必对大众遮遮掩掩，所以他可以直率地对少数知己实话实说，诚实坦荡。而且，由于他的对象有较高的学养和趣味，所以他的写作特别考究，风格隽永、文字清新、耐人寻味。

告别公共事务之后，拉罗什富科有时住在自己的家族领地，有时住在巴黎。他经常出入德·赛博莱侯爵夫人（Marquise de Sablé）的沙龙，戏剧家莫里哀和哲学家帕斯卡尔也是这个沙龙的常客。德·赛博莱侯爵夫人自己也喜欢写作箴言，她比拉罗什富科年长 14 岁，政治观点、文学趣味和人性观察都与他投合。拉罗什富科的箴言大多是从沙龙交谈中提炼出来的。

在法国上流社会里，参与分析人类动机，创作精辟箴言，分享道德智慧，是一种常见的客厅游戏，不只因为有见识，也因为有趣和好玩。拉罗什富科是一位公认的箴言游戏好手。他的《箴言集》就是在德·赛博莱侯爵夫人的帮助下出版的。

17 世纪的法国箴言是一种与沙龙文化相得益彰的贵族范儿话语，讲究的是才思敏捷、言辞犀利、不落俗套，称为"机智"（wit）。机智是一种风趣、机警、智慧、似是而非的高超文体风格，要求一种言简意赅的语言表达方法，既在情理之中又出其不意，没有什么比箴言或警句更适合机智。箴言的出其不意经常是由词语或概念之间的关联造成的。这种关联让听者的期待落空，却以出乎意料的方式满足听者的期待。拉罗什富科的许多箴言都有这样的特征，例如，他说，"真爱有如鬼之出现，谈之者多而见之者少"。[1]把"爱"比喻成"鬼"就是一种出人意料的词语或概念关联。

---

1 《箴言集》，编号 75，Maxims. Cambridge University Press，2015。

拉罗什富科的箴言之所以带刺，是因为这些箴言经常以破坏的方式分析良好的品德，结果是毁灭人们对高尚感情或道德热情所存在的幻想。这使得他的箴言完全不同于我们所熟悉的那些励志鼓舞、道德告诫或乐观人生的心灵鸡汤式格言。

许多励志的格言都含有诱导或鼓励自我欺骗的因素，比如：天将降大任于斯人也，必先苦其心志，劳其筋骨，饿其体肤，空乏其身（其实绝大多数人就是被这样的考验和磨难给毁掉的）。这种自欺类似于赌徒心理：输的次数越多，觉得下次赢回来的概率越大。励志格言的自欺可能是积极的（励志或鼓舞斗志），也可能是消极的（白日梦或心灵鸡汤），因此特别值得重视。

其实，渴求心灵鸡汤的芸芸大众并不可能单靠乐观幻觉生活，他们对世态炎凉、人心叵测、世道险恶不会没有经验的体会。正是因为他们需要平息自己内心的不安、焦虑、害怕，他们才越加需要心灵鸡汤的抚慰。然而，残酷的现实却经常让人体察到世道险恶、人心难测。古代的民间智慧中就有许多包含凶险意识和防患于未然的经验之谈。在童蒙书《增广贤文》中有许多这样的例子："相识满天下，知心能几人"，"逢人却说三分话，未可全抛一片心"，"画虎画皮难画骨，知人知面不知心"，"山中有直树，世上无直人"，"年年防饥，夜夜防盗"，"有茶有酒多兄弟，急难何曾见一人"，"人善被人欺，马善被人骑"，"人情似纸张张薄，世事如棋局局新"。

对他人和社会没有信任感，在怀疑和害怕中生活，时间长了，也就不会有快乐的人生。然而对许多人来说，这是一种真实的现实感。当然，也有许多人在这样的现实状态中不顾一切地保持乐观的生活态度，努力过一种快乐的人生。在这种情况下，快乐的人们可能实际上生活在一种自我欺骗的矛盾状态中，他们在同一时间有着两种相互矛盾的想法——世界美好，世道险恶。这两种同时存在的矛盾观念让他们处于焦虑、不安、不能释怀的紧张状态。

　　心灵鸡汤确实能平复人们受伤的心灵，带来暂时的快乐，但经常是不真实的快乐。真实与快乐就像鱼与熊掌，难以兼得。挪威—加拿大哲学家赫尔曼·汤勒森（Herman Tønnessen）认为人必须在真实与快乐中二选其一。他写过一篇《幸福是给猪的。哲学与心理疗法》的文章，表达对快乐真实性的怀疑，"我们的'处境'就好比是一个从帝国大厦上掉下来的人。任何试图为我们短暂的、加速的坠落进行（快乐）'辩解'的……都注定是同样可笑的"。[1]

　　这简直就是一份悲观的不快乐宣言，与此相反，乐观主义是一种快乐的生活观，任何乐观主义都难免有错觉或幻觉的不真实成分，乐观主义的不真实使它显得肤浅和虚幻。一味乐观的箴言励志空洞浮泛，经常被嘲笑为"心灵鸡汤"。统治权力所制造和宣传的"幸福感"类似于此。赫胥黎的《美丽新世界》里每个人可以定量享受的"舒脉"，就是这种乐观主义的迷幻剂。在一个乐观迷幻的社会里，像拉罗什富科这样的世相习俗观察者会成为给幸福生活抹黑、让人性黯淡无光的"异类"，与正能量要求背道而驰。

　　有意思的是，像拉罗什富科这样的带刺作家在法国却被称为"道德学家"（moralists）。法国人所说的道德学家是人间世俗的冷静旁观者，他们的任务是对世态炎凉和社会习俗做出客观、真实的观察，不美化，也不制造乐观幻觉。这跟英国人所说的道德学家稍有不同。英国人所说的道德学家擅长分析社会的道德结构，解剖社会大众眼里的德性和恶习以及为何如此，等等。也就是说，法国人重描述，英国人重分析。

　　像"多难兴邦""劳其筋骨，饿其体肤"这种抚慰痛苦心灵的说法，不是全无用处，而是过于陈套，了无新意，所以迂腐、机械、令人生厌。成语、谚语或励志格言的过度使用难免有这样的效果。

1　Happiness is for the Pigs: Philosophy vs Psychotherapy, *Journal of Existentialism*, Vol 7（26），1966, 181-214.

与这类处世箴言所不同的是，具有真知灼见的警句格言往往以颠覆而不是教谕为目的，它促人思考，而不是供人仿效，它是黄蜂，不是蝴蝶。它特立独行而不是人云亦云，往往是苦涩而不是甜美。它的表述也是深思熟虑、匠心独具，不屑于机械模仿或鹦鹉学舌。拉罗什富科的《箴言集》便是这种警句格言的一个代表，他那些苦涩、冷峻的箴言渗透着对人生和人性清醒而不安的悲观主义。不仅如此，他的箴言写作还是一个文体和修辞的杰作。

箴言的特点是言简意赅，是简短形式与深邃思想的巧妙结合。法国文学批评家罗兰·巴特（Roland Barthes，1915—1980）说，拉罗什富科是在做"意义本身的表演"，词汇和修辞格用得少，反而使他的箴言成为有逻辑性的小小戏剧。

那么拉罗什富科经常运用的是哪些"意义的表演"手法呢？

2. 意义表演和微型写作

拉罗什富科的箴言被称为"意义的表演"，那么具体是怎么个表演法呢？大致可以分为五种表演手法，分别是对比、类比、出语惊人、巧建联系和夸张。当然，我们还可以在这五种手法之外，总结出别的手法，这五种可以说是主要的。

第一是对比。对比中又可以分成不同的手法，例如，他说，"邪恶和善良都有自己的杰出人物"。（《箴言集》，185）邪恶和善良是两个对立极端但都导向同一概念"杰出人物"。有时候，这个导向的概念并不很清楚，例如，他说，"伪善是恶行向美德表示的一种敬意"。（218）他没有说是一种什么样的"敬意"。

当然，对于箴言来说，意义清晰或清楚本身并不是目的。虽然不那么清楚，但我们还是能明白它的意思：就算邪恶之人，也得装成是有美德的样子，做坏事都是用好事的名义。这是伪善，但因为必须假装成善，所以更说明善的力量，也就是俗话所说的"邪不压正"。

"伪善是恶行向美德表示的一种敬意"，它说的是，做坏事的总是伪装成做好事，就是专制也必须把自己打扮成民主的样子。这句箴言里，把恶行和美德以对比的形式联系到一起的是"伪善"。"邪不压正"的说法虽然也很言简意赅，虽然也有对比，但却没有一个像"伪善"这样的含义引导。

有时候，对比本身是间接而非直接的，例如，他说，"人人都抱怨自己的记忆力，却没人抱怨自己的判断力"。(89)记忆力与判断力并不是对立对比。对立在于我们对"记忆力"和"判断力"完全不同的态度：很在乎记忆力，不在乎判断力，也在于暗指"人人"与"没人"的对立。

第二是类比，这是一种常见的哲学修辞，以一件熟悉的事情说明不熟悉的事情。例如，"灵魂的疾病就像身体的那些复发的疾病一样，当我们自认为痊愈时，常常只是病痛的间歇或转移"。(193)又例如，"精神上的缺陷就像是肉体上的伤口，不管你怎样细心治疗，那些永远存在的疤痕随时都有重新裂开的危险"。(194)

有的类比可以做不同的理解，例如，"优雅之于身体，犹如良知之于思想"。(67)一种理解可以是，你要么真有优雅，要么就没有，装是装不出来的。还有一种理解可以是，优雅和良知都是后天培养而成，并不是天生的。一句箴言可以有不同的理解，要看运用这句箴言的语境而定，这也是箴言意义丰富的一个特征。

第三是出语惊人，有时候是想法本身不同凡响，有时候则是以不同凡响的方式来说出一般人都知道的常识。

出语惊人并不是箴言里才有，但箴言却是以一种非常简练、精辟的表达方式来出语惊人。因此，箴言的出语惊人往往会有令人突然惊醒、震动或不知所措。这正是箴言想要的修辞效果，在演说中这是一种常用的手法，"语不惊人死不休"说的就是这个。例如，拉罗什富科说："我们与自身的差别有时跟别人与我们的差别一样大。"（135）我们一般把自己看作一个同一和统一的主体，自己与自己有差别，而且是很大的差别，那不是精神分裂、神经出了毛病吗？哪个神志清醒的人愿意承认自己有这个毛病呢？而拉罗什富科偏偏说，这是我们的一种常态。不是要把我们吓一跳吗？

这种惊人之语在他那里俯拾皆是，他说，"当坏人离开我们时，我们就自吹自擂，相信是我们摆脱了他们"。（192）他还说，"在很多人眼里，有良知的人不过是那些意见和我们一致的人"。（347）这些都是用不同凡响的方式说出一般人都知道的常识。

第四是巧建联系。在拉罗什富科那里，不同的特性可以形成对比，但也可以形成不一定是对比的其他关系。例如，不同的特性可以以某种方式相互重叠。他说，"骄傲激起我们的嫉妒心，也常常使我们克制嫉妒"。（281）他在这里建立了骄傲和嫉妒之间的关联。骄傲在两个方面都与嫉妒有关。一方面，我们的骄傲使我们嫉妒他人的财产、物品、成功或成就，因为骄傲，我们会认为你能做到的我也一定能做到，或我也要做到。另一方面，我们的骄傲也为我们所能达到的目标设定限制。我们骄傲，不希望失败，所以我不会像个傻瓜似的真的想成为第二个马云、第二个赵薇。我不想因为我的嫉妒而出丑，所以我会克制我的嫉妒，不至于太想入非非。拉罗什富科又说，"没有虚荣心伴随，德性走不了那么远"。虚荣的人好表现，所以做好事、学模范、争先进，就是利用这种普遍的心理。

第五是夸张。夸张的特征是在陈述句中运用全称的主语，故意以偏概全，所以我们经常看到"人人怎么样怎么样"，"每个人怎么样怎么样"，"没有人怎么样怎么样"，"总是或通常怎么样怎么样"，而且是用比较或最高级来说话。在逻辑、理性的公共说理中，这正是我们需要避免的。例如，拉罗什富科说，"赞扬别人通常只是为了让别人赞扬自己"。（146）你听了这样的话会有什么反应呢？你也是这样的人吗？你从来不诚心诚意地称赞别人吗？他还说，"我们因懒惰和怯懦恪守本分，却显得我们品格高尚"。（169）在我们的生活中确实有许多这样的人士，他们品格高尚，不过是因为恪守成规、安分守己罢了。

什么样的人说什么样的话。身为贵族的拉罗什富科用他的箴言说的是贵族范儿的妙语，这种妙语高雅、聪明，因此在 17 世纪的贵族沙龙里大受欢迎；但是，就其话语性质而言，与我们今天微信朋友圈里的那种下里巴人和平凡百姓的闲言碎语并没有太大的差别。

沙龙微信也可以说是沙龙微博。这二者有类似于 Facebook 和 Twitter 的关系。Facebook 用来联系好友和家人，分享和评述他们关注的人或事。Twitter 是一个全球平台，可以让人们公开表达自己，并与其他人交流。它们的共同特点是微型写作。

拉罗什富科的箴言是在沙龙里分享的，德·赛博莱侯爵夫人非常欣赏拉罗什富科，帮助他出版《箴言集》，也就让他有了更大范围的读者。他的箴言包括两个方面：话语内容和话语行为。话语内容是一些关于人性的带刺真言，这个在前面已经谈过。话语行为则是在沙龙圈里的交友和参与，这类似于我们熟悉的微信朋友圈话语行为。

在微信朋友圈里，话语行为与话语内容是有区别的。你在微信朋友圈用文字发表你对某个议题的看法或观点，这是文字话语的内容，也是你要说的"话"。就算你一个字也不写，只是上传一张图片、一段视频、一篇别人的文字或看到的文章，在不同程度上那也可以说是你的话语内容。你上传的东西表示你的某种意向或意思，表示你乐于参与微信圈里的游戏。不然你为什么要上传呢？

朋友圈里的话语行为首先在于你发声还是潜水。潜水不代表你不关心朋友圈里的事，但却是一种行为的缺席。如果大家都像你那样潜水，那么朋友圈也就名存实亡，一点不好玩了。所以，在朋友圈里，你最好发声，至少时不时"冒个泡"。你"冒泡"不只是为了说一些你想说的话（内容），而且还是在表示，你很在意朋友圈，"在意"就是你朋友圈话语行为的意义。你每次发声还有一个更加具体的话语行为意义，那就是"分享"。

分享指的是，你把自己觉得有趣或好玩的事情告诉朋友，希望他们也觉得有趣和好玩。你与他们分享一些滑稽搞笑的视频、新奇有趣的事情、传闻或小道消息、异国风光的图片、好听的音乐、奇花异草的照片。这些并不包含你的什么观点或看法，你只是觉得自己看了开心，所以让别人也分享这种开心。谁也不会在朋友圈里正儿八经地对别人进行说教，规定别人相信这个、不相信那个。如果有这样的人，那其他人一定会觉得这是个煞风景、讨人厌的家伙，巴不得他早早退群滚蛋。

分享的行为是很重要的，对特定群体的成员有相互认同和凝聚的作用。分享使得朋友圈里更加热闹、更好玩，增添朋友圈的亲切感，也让交往更加随意和热络。相互的友情和信任就是这么来的。

17世纪，拉罗什富科写作他的箴言时，当然还没有微信朋友圈，但却有他那个时代的朋友圈，那就是沙龙。拉罗什富科的箴言是在沙龙的朋友圈里与朋友们分享的东西。与今天微信朋友圈里的上传信息一样，拉罗什富科的箴言也主要是用来与朋友们分享的。这些箴言只是为一小群有天赋、有雅趣的朋友写的，所以写得特别坦率，也特别考究。他的写作既不草草了事，也不过度雕琢，可谓恰到好处，是一种特别适合上流精英社会的精致写作。这当然是今天的微信写作（除了极少数人）所不能相比的。

在朋友圈里分享的拉罗什富科箴言,其风格是与其目的一致的。这些箴言隽永有趣、机智俏皮,但绝不居高临下、自以为是、故意炫耀,更不要说冒犯他人、粗鲁无礼了。这样的箴言在沙龙里受到欢迎,是因为它能很好地活跃沙龙的气氛,提升交谈的雅兴和品位。彼此交流因此更加轻松愉快,交际氛围自然也就更加融洽。难怪有人把他的箴言比喻为21世纪推特和微信写作的始祖。

拉罗什富科的箴言写得非常考究、精致,这在沙龙朋友圈的话语环境是必须的。17世纪的沙龙和21世纪的微信朋友圈一样,是个人多口杂、众声喧哗的地方,你一言我一语,谁也不需要非听谁的不可。你不可能像开大会那样,坐在主席台上,话筒往手里一拽,宣布大会开始,全体肃静,听你一个人独讲。

在人多口杂、众声喧哗的地方,你要别人把目光转向你,给你注意力,只有两个办法,一个是提高嗓门,另一个就是言吐出彩。提高嗓门不算本事,是粗人做的事。声音不大,言吐出彩,快人快语、说话有分量,但又不耽搁听众的功夫。如果能这样吸引别人的目光和注意力,那才叫本领。拉罗什富科的箴言就体现他的这种本领。

你也许已经注意到,在众声喧哗的朋友圈里,或在网上的一般流传中,有特别语言才能的人非常容易得到别人的关注。今天,在网上有许多写微博的好手,他们能单刀直入而不是啰里啰唆、简明扼要而不是长篇大论;自然而不做作,机智而不抖小聪明。陈丹青就有这个本事,所以他的不少微博就成了今天的箴言。网上有不少他的经典语录,他也喜好这样的写作,这是一个在网上流传颇广的例子:"一个社会有三大底线行业:一教育,二医疗,三法律。无论社会多么不堪,只要教育优秀公平,底层就会有上升希望;只要医疗不黑暗堕落,生命就会得到起码的尊重;只要法律秉持正义,社会不良现象就能被压缩到最小……如果三大底线全部洞穿,就是人间地狱！"一共一百多个字，概括了老百姓最关心也最感沉重的三件大事，可见微型话语的力量。

3. 箴言的哲理与人性剖析

拉罗什富科运用的是箴言的写作方式，这种言简意赅的微型话语不仅可以发人深省，而且给人一种愉悦感。这种愉悦感不是指说好听的奉承听众的话，而是指用让人喜欢的方式来说话。拉罗什富科经常运用的是一种优雅的、亲热的句式，经常用"我们""人人"这样的泛称主语，或者"一切""都"这样的概述，以此拉近他与读者的距离。

例如，拉罗什富科在剖析"友谊"的自私和自我中心时写道，"朋友们的优良品格在我们心目中的大小，和我们从他们那里得到的满足程度成正比，我们是根据他们同我们相处的方式来判断他们的价值的"。（88）"我们喜欢结识新朋友，并不是因为我们厌倦老朋友，或换换新人就高兴，而是因为那些太了解我们的人对我们已不那么欣赏，所以希望那些不太了解我们的人给予更多的赞扬。"（178）"当我们对朋友的体贴照顾夸赞有加时，与其说是出于感激之情，不如说是希望人们据此评判我们的优点。"（279）"我们所有的人都有足够的力量去承担别人的不幸。"（19）由于这样的箴言运用一般化、普遍化的表述，所以显得特别富有哲理。

如果把拉罗什富科的箴言与我们所熟悉的网上微型话语做一个比较，就会发现，中国式的微型写作是以修辞手法而不是哲理思考为主要特征。网上的微型写作经常运用顺口溜的形式。顺口溜在形式上多用排比、对仗、谐音、双关、比喻等修辞手段，并具有用字精练、合辙押韵、通俗易懂、朗朗上口、易传易记、幽默风趣等艺

146

术特征，再加上是老百姓抒情言志、褒贬时风、抨击时弊、表达爱憎的内容，自然能够广为传播。

但是，也应该看到，由于微型写作的信息量很小，为了加深印象、提高效果，有的写作者往往自觉不自觉地借助一些具有冲击力的表达方式，如偏激、夸张、煽情，使用激烈的情感字词，乃至粗陋芜鄙、污言秽语、谩骂侮辱。这样话语就有失体面，也不符合文明语言的标准。这种微型写作都是攻击性的，缺乏更有深度的哲理与人性剖析，而拉罗什富科箴言的哲理正来自他对人性的剖析。

拉罗什富科经常回到的人性主题就是"自恋"（amour-proper）。这是一个很不容易翻译成中文的概念，即使翻译成英语的 self-love 也很勉强。我在这里姑且翻译成"自恋"。一般认为，自恋与自尊有关，自恋是负面的，而自尊则是正面的。但是，在拉罗什富科那里，自恋是一种自利，自恋和自利都是中性的，本身并没有什么好坏。

他只是要澄清，自恋中包含自尊，但还有别的成分。自尊是我们愿意让别人看到的部分，而别的成分就不然。我们会小心翼翼地把那些不愿意让被人看到的其他成分掩饰和遮盖起来。自恋让人有自尊，希望受人尊敬，被人看得起，有面子，体面做人。但是，自恋，尤其是放纵的自恋会使人傲慢、自视甚高、爱慕虚荣、权欲熏心、特权感强、爱出风头，并且需要持续得到别人的夸赞。

1665 年第一版的《箴言论》就是以"自恋"这个主题开篇的，拉罗什富科写了一个很长的序言，超过两页，这是很少有的。在1678 年的版本里，他着重在"自我中心"和"自恋"这两个主题上。他认为，人的所有行为背后都有自我中心或自恋的心理动机。这个动机经常是隐藏起来的，并与"自我利益"即"私利"有关。例如，人就算是有自利行为，也会假装没有私利。在拉罗什富科看来，这只是装腔作势而已。他说，"自恋者比世上最精明的人还要精明"。（4）他还说，"人为私利所驱使，任何话都可以说，任何角色都能扮演，甚至可以把自己扮成一个大公无私的人"。（39）

像这样的断言听起来愤世嫉俗，有点像中国的犬儒主义。这是我们应该有所警觉的。不过，拉罗什富科对"自利"的剖析又确实特别符合中国许多高等人士的所言所行，对上流社会的失德可谓一针见血。这些带刺的真话因为表达非常精辟，尤其让我们觉得充满一种苦涩的智慧。

例如，他说："德行消失在利欲之中，正如河流消失在海洋之中一样"（171）；"勉强自己对所爱的人保持忠诚，与不忠相差无几"（381）；"中庸这一传统美德，可以抑制那些大人物的野心，也使平庸之辈满足于贫穷和无所作为"（308）；"慷慨常常只是一种伪装的野心，它是为了得到更大的利益而假装蔑视那些小的利益"（246）；"很多人表现出来的某种忠实，只是获取他人信任的一种手段。这种手段把我们抬高到他人之上，并成为一些最重要的秘密的保管人（247）。

像这样的短小精悍的言论虽然很短小，但有很大的思想容量和再思考空间，更重要的是，它是人生箴言，不是心灵鸡汤。这样的箴言风格特别、见解透彻，很多人都会欣赏，但是它出语尖刻、愤世嫉俗，所以也经常受到批评。

拉罗什富科的愤世嫉俗与帕斯卡尔的悲天悯人很不相同。帕斯卡尔的箴言虽然也经常是带刺的真话，但却没有拉罗什富科的那种尖酸刻薄。也正因为如此，拉罗什富科对尼采的影响超过帕斯卡尔。有论者甚至认为，拉罗什富科之所以成为"次要作家中的主要作家"，之所以至今受到许多读者欣赏，正是因为尼采对他的推崇和他对尼采的巨大影响，而他们之间的联系则在于对人性的悲观论。

拉罗什富科的箴言有一种悲观论的色彩，但他的悲观论并非厌世悲观论。厌世悲观论者认为人生没有价值，恶永远比善更加强势。但是，拉罗什富科没有那种对人类不合理的憎恶之情。他的悲观论也不是下层人由于遭遇不幸事故而养成的悲观失望，这种悲观失望是穷人自我保护的一种心理机制。拉罗什富科的贵族气质让他能够从哲理的高度从容评论人生和生存的悲剧特性。

他的悲观论更不同于基督徒用以抑制世人骄傲，使人归顺上帝的那种悲剧情调。他不是一个基督教徒，就算他是一名基督教徒，他也不见得会同意上帝可以解决人性幽暗的不幸境遇。他对人性的观察，对人性幽暗的认识可能会与一些基督教徒相似，我们甚至可以在他与帕斯卡尔之间发现一些显著的相似之处。但是，值得注意的是，拉罗什富科总是就人性本身来论人性，并不把人性与上帝之爱、家庭之爱、父母之爱等牵扯到一起。

拉罗什富科关注人的自欺远甚于人的欺人，这也许是因为他把人性自省看得比谴责恶行更加重要，也更符合沙龙绅士的风度和品位。其实，欺人和自欺一样值得我们高度关注。这二者同样重要，因为并非所有的上当受骗都是源于自欺。处心积虑的欺人不仅在现实中相当常见，而且对他人的危害可以是毁灭性的。德国作家埃利亚斯·卡内提（Elias Canetti, 1905—1994）在《群众与权力》里讲过这样一个故事，约瑟夫·弗拉维（Titus Flavius Josephus, 37—100）是一位抗击罗马将军维斯帕先（Vespasian，后成为罗马帝国弗拉维王朝的第一位皇帝）的犹太人领袖。兵败之后，约瑟夫和最后的 40 个抵抗者躲进一个山洞，四面被围。这时候他的同志们提议集体自杀，约瑟夫不想死，所以就提出一个建议：犹太教是不允许自杀的，每个在山洞里的人都必须让一个同志来杀死自己。

约瑟夫对同志们说："既然我们决意要死，不作其他考虑，不如大家抽签决定，依次杀死对方。抽中第二号的杀第一号，第三号的杀第二号，这样所有的人都会死，谁也不需要自杀。"约瑟夫的这一建议赢得同志们的信赖，他们认为，这个规则对所有人都是公平的，他们的首领不会正巧就是那最后之人，"他和他们一起抽签。就像每一个按签号被杀死的人一样，他也甘愿被下一个签号的人杀死。他们知道，他们的领袖也必然会死，对于他们来说，和约瑟夫一起死胜于活着。但最后，也许是命运，也许是神意，只剩下约瑟夫和另一个伙伴。他不愿意被抽中最后一号的人杀死，也不愿意抽中最后一号，从而亲手杀死伙伴，于是他说服这一位伙伴一起向罗马人投降，从而保住他的命"。[1]

约瑟夫把自己活下来归功于神意，但是，后人认为，他把自己放在这 40 个人中的那个位置是算计好的，今天称为"约瑟夫置换"或"约瑟夫环"。一定数目的人们站在一个等待被处决的圈子里。计数从圆圈中的指定点开始，并沿指定方向围绕圆圈进行。在跳过指定数量的人之后，处决下一个人。对剩下的人重复该过程，从下一个人开始，朝同一方向跳过相同数量的人，直到只剩下一个人，并被释放。在一个 40 人的环中，那个位置注定会是最后一人的那个位置，有兴趣的读者可以自己去算一下。

卡内提写道，"约瑟夫的骗人手法天衣无缝，此乃所有领导者的骗人手法"，"约瑟夫在洞里显然使用了这种阴谋诡计。……他一开始就想逃离这条共同的黄泉路，最后他实际上也做到这一点。最后剩下的是他和另一个同伴。因为正如他所说的，他不愿让自己的手沾上同伴的血，他就劝说这个同伴向罗马人投降。仅仅劝说一个人保命他可做到，要劝说 40 个人实在是太多了。……他就这样在同自己人进行斗争中安全脱身"。[2]

1　埃利亚斯·卡内提著，冯文光等译，《群众与权力》，中央编译出版社，2003 年，第166—179 页。
2　同上，第 171 页。

把目光只是专注在自欺上，会忽视欺人者的阴毒，最有心机的欺人者是防不胜防的。17 世纪的道德学家对这样的问题缺乏足够的思考，不是因为他们蠢笨，而是因为他们虽然对人性悲观，但毕竟不愿意揭穿人性最邪恶、最丑恶的那些部分。他们只不过是以优雅而含蓄的方式来避免浅薄的道德乐观主义罢了。拉罗什富科只是要说出关于人性本身的一些还不算太阴暗的实情。他既不以改造人类为己任，也没有提出人类应该以何为处世或生活的目标。他只是客观地记述自己从人类行为所得的有绅士风度的认识和感受而已，而这种认识恰恰是有普遍意义的。他的《箴言集》以觉世醒人的带刺话语，揭开虚伪规范和假面道德的一处处盘踞之地。

婚姻就是这种规范和道德的盘踞之地之一，拉罗什富科的质疑当然不会放过婚姻。他说，"有好的婚姻，可是不存在美满甜蜜的婚姻"。（113）这是他在对好婚姻就等于美满婚姻的说法表示怀疑。他还说，"若根据爱的主要效果对爱进行判断的话，则爱情类似仇恨之处多，像友谊的地方少"。（73）这是对做不成爱人便成仇敌的婉转表述。

像这样的箴言直接表达了他对人们习俗婚姻和爱情观念的不信任和不以为然。但是，这样的质疑是相当有节制的，尽管他富有自由精神，但他的言论并不脱离贵族的教养和文明规范。拉罗什富科挖苦人性的软弱，嘲笑人类的浅薄和猥琐，揭示人的自私、愚蠢、虚荣、伪善、自欺欺人。但他不攻击宗教，也不攻击王权，所以他的反叛和怀疑虽然显得尖锐，但仍然是在 17 世纪传统文明的范围之内。

九 弥尔顿《论出版自由》

1. 自由是观念，更是行动

今天要谈的是约翰·弥尔顿（John Milton，1608—1674）的《论出版自由》（*Areopagitica*，1644）。他是一位伟大的英国诗人和思想家。他的伟大诗作包括《失乐园》《复乐园》和《力士参孙》。他也以反对书报审查制的《论出版自由》闻名于世，这是世界言论出版史上的里程碑，也是报刊出版自由理论的经典文献。

在这篇文章里，他提出出版自由的两个经典观点：第一个是"观点的自由市场"，那就是，让言论在这世界上自由流通，就像货物在市场上自由流通，优质的自然会被接受，劣质的自然会被淘汰；第二个是"真理的自我修正"，那就是，真理是在不同意见的交锋过程中浮现出来的，好的和真实的观点总会战胜谎言和欺骗。

弥尔顿相信公众的阅读和理解判断能力，他说，"你不论拿到什么书都可以念，因为你有充分的能力作正确的判断和探讨每一件事物"。弥尔顿认为公众不需要政府告诉他们，可以阅读什么，不可以阅读什么。虽然他并不否认劣质书籍的存在及其消极影响，但是他相信公众的辨识力，善恶相对，看到恶才会知道善的可贵。

他始终相信，公众自己拥有阅读任何书籍的权利和判断书籍优劣的能力。

30多年前，我在美国念英语博士的时候，弥尔顿是英语系研究生的一门必修课，一学期就阅读他一个人的作品。这可是十分特殊的待遇。除弥尔顿之外，只有另一位作家享有这样的待遇，那就是莎士比亚。博士资格考试的时候，弥尔顿也是必考的内容，可见他对于英语文学有多重要。

我修这门课的时候，已经读过他的大部分诗作，虽然读得不精，但一点不觉得陌生，而对《论出版自由》却是相对陌生的。同系的师兄对我说，博士资格考试一般不会考弥尔顿的诗作，但《论出版自由》是必考的。这给我留下很深的印象，30多年后，我还是牢牢记得。我在这门弥尔顿的必修课上阅读《论出版自由》，读完后记得还写了一篇小论文，但当时体会是不深的。

我开始认识到《论出版自由》在今天社会的意义，是因为我自己的经历和经验。其实，推而广之，你对某个观念感兴趣、对某个想法投以关注、对某种自由有所要求，都不只是因为观念或想法本身，而是因为它们与你碰到的现实问题有所关联，并能启发你对这些问题的思考。人文经典阅读思考就是为了建立这样的关联和进行这样的思考。对于你来说，一本书是不是经典，不是因为别人说它是经典，而是因为它能启发你的思考，引导你关注自己身上和身边的问题。对你是重要的书，由于你的思考才成为对你是重要的经典著作。

"联想"，用18世纪启蒙时代英国哲学家大卫·哈特利（David Hartley，1705—1757）的话来说，就是思绪的"振震"。[1] 自由言论是人类的基本欲望和需要，其观念振震尤为广泛和强烈。自由言论不只是一个权利问题，而且是人类不受恐惧威胁的生存安全，

1　彼得·盖伊著，王皖强译，《启蒙时代（下）》，第168—170页。

也成为文学的一个强有力的主题。美国作家雷·布莱伯利（Ray Bradbury，1920—2012）的反乌托邦小说《华氏451度》（*Fahrenheit 451*）就是以此为主题的名著。华氏451度是作者给出的纸张燃点（实际上不同的纸燃点不同，一般在440°F—470°F，即227°C—243°C之间），烧书成为禁绝自由言论最恐怖的手段和普遍象征。故事叙述了一个压制自由的近期未来世界，那里的人们阅读及拥有书籍是一桩犯罪行为，被严格禁止和严厉惩罚。所谓的消防员工作不是灭火，而是焚书。故事里的主人公就是一名负责焚书的消防员，但他最后醒悟到自己从事的是一件多么肮脏、不人道和非正义的事情。这是一个痛苦的启蒙和自我启蒙过程。

其实，弥尔顿自己思考出版自由，并非出于对人类未来的忧虑，而是因为他在生活中遭遇不自由的事情，并对这些事情作出思考和行动的应对。出版自由在他那里，不只是一个想法或观念，而是一种社会行动和政治行为。

弥尔顿一生有过三次婚姻，第一位太太小他17岁，第二位太太小他20岁，第三位则小他30岁。老夫少妻的组合导致他生活中的种种不快和裂痕。于是他写了一些论述离婚的小册子。因为发表这类小册子，1644年弥尔顿被国会召去质询，恼怒之余，慷慨陈词，于是便有了如今的《论出版自由》。[1]

你可以想象：第一，在弥尔顿的时代，有离婚经验的肯定不只是他一个，但他却以自己的经验来思考离婚这个问题，并写了为离婚辩护的小册子；第二，遭到出版禁令的作家也肯定不止弥尔顿一个，被国会召去质询的也可能不止他一个，为出版不自由愤愤不平的更不可能只有他一个。为什么就是他写下《论出版自由》呢？

这是因为他对自由有一种比别人更强烈的感受，一种无比的执

1　译文参见网址：https://www.aisixiang.com/data/8197.html。

着。无论是离婚的自由，讨论离婚问题的自由，还是反对禁止出版言论的自由，关乎的都是自由。《论出版自由》是一部称颂自由的激情写作，其中许多名句都经常被人们引用。这里举几个例子：

"我们的信仰和知识，正和我们的肢体与面容一样，愈运动愈健康。真理在圣经中被比作一泓泉水，如果不常流动，就会干涸成为一个传统与形式的泥淖。"

"即使土地丧失了，那又有什么关系？即使所有的东西都丧失了，但不可被征服的意志和勇气，是永远不会屈服的。"

"因盲目信仰所造成的铁轭印子恐怕会长久留存在我们的颈子上。"

他还说："因为书籍并不是绝对死的东西。它包藏着一种生命的潜力，和作者一样活跃。不仅如此，它还像一个宝瓶，把创作者活生生的智慧中最纯净的菁华保存起来。"

"杀人只是杀死一个理性的动物，破坏一个上帝的雕像；而禁止好书则是扼杀理性本身，破坏瞳仁中的上帝圣像。"弥尔顿的意思是，雕像坏了可以重新打造一个，但心中的上帝圣像被毁了的话，人就会失去理性，所以不可以禁止好书出版。

再比如，谈到人的良心自由时，他这样写道："让我有自由来认识、发抒己见并根据良心作自由的讨论，这才是一切自由中最重要的自由。"

他认为，自由与真实必能结成牢固的同盟，他说："让她（自由）和虚伪交手吧。谁又看见过真理在放胆地交手时吃过败仗呢？她的驳斥就是最好的和最可靠的压制……"

弥尔顿坚持自由的信念，被视为开放社会的主要建构者之一。这个荣誉是由《论出版自由》奠定的。英国政治家和社会主义者拉斯基（Harold Joseph Laski，1893—1950）赞扬弥尔顿说，在人类历史上，要说对自由的热忱，比《论出版自由》表达更高贵的文献不会超过一打，在弥尔顿那里，"自由言论是不接受'世俗枷锁'和'雇佣的狼'掌控的，自由言论是人的灵魂和良心自由的联系"。[1]《论出版自由》作为一个自由主义革命文献的地位是不可动摇的，因为它将宽容的理念从宗教扩展到世俗的领域，而出版自由便是这些世俗领域中最重要的自由之一。

美国法学教授史蒂文·海曼在《自由言论与人的尊严》一书里指出，根据康德的道德命令，人是目的，不是手段，要求的是对他人的尊重，"这种尊重的义务既适用于道德领域，也适用于法律领域，在法律领域它的形式是尊重他人的法律权利的义务。故意侵犯他人的权利，就是否定他人作为一个有权受到尊重的人的地位。由此可见，所有的基本权利都有一个尊严的层面。就这一点而言，言论自由当然也是如此。正如约翰·弥尔顿所言，让一个演说者或写作者受到无端的审查，'是对自由和知情的精神所能施加的最大的不快和侮辱'"。[2]

在美国，弥尔顿的声望是崇高的。在纽约公共图书馆的主阅览室的入口处有这样一句醒目的话："好书是伟大心灵的富贵血脉，蕴含着超越生命的生命。"这句话就是来自弥尔顿的《论出版自由》。美国最高法院在解释美国宪法第一修正案时，就提到《论出版自由》。最高法院案例中直接提到《论出版自由》的就有四个，每个都是引用弥尔顿的观点来为广泛的言论自由和结社自由进行辩护。

弥尔顿的《论出版自由》最好与卡尔·马克思的《评普鲁士最近的书报检查令》一文一起阅读。美国密苏里州州立大学西北分校教授罗伊·利博（Roy V. Leeper）在《奇怪的盟友：弥尔顿和马克思论审查》（Strange Bedfellows: John Milton and Karl Marx on

1 Harold J. Laski, *Studies in the Problem of Sovereignty*, Yale University Press, 1917, Batoche Books, 1999, 48.

2 Steven J. Heyman, *Free Speech and Human Dignity*, Yale University Press, 2008, 39.

Censorship）一文中指出，弥尔顿和马克思的思想遗产截然不同，但他们在反对书报审查、主张出版自由的问题上，并没有原则的分歧。

马克思生前肯定也吃过书报审查官的不少苦头。因为在他的著作里，我们可以看到，他对普鲁士的书报审查制度是多么深恶痛绝。马克思在《评普鲁士最近的书报检查令》中说："惩罚思想方式的法律不是国家为它的公民颁布的法律，而是一个党派用来对付另一个党派的法律。追究倾向的法律取消了公民在法律面前的平等。这不是团结的法律，而是一种破坏团结的法律，一切破坏团结的法律都是反动的；这不是法律，而是特权。一些人有权干那另一些人无权干的事情……"

马克思还强调，没有言论自由也就没有真实意义的人民，"自由出版物是人民精神的慧眼，是人民自我信任的体现，是把个人同国家和整个世界联系起来的有声的纽带"。马克思把自由出版物的人民性看成是人民的自觉自我意识。出版物是人民精神的喉舌和它公开的表露。

马克思说："自由的出版物是人民用来观察自己的一面精神上的镜子，而自我认识又是聪明的首要条件。它是国家精神，这种精神家家户户都只消付出比用煤气灯还少的花费就可以取得。它无所不及，无处不在，无所不知。它是从真正的现实中不断涌出而又以累增的精神财富汹涌澎湃地流回现实去的思想世界。"马克思所说的"人民"拥有独立的主体性，并富有主体意识。

弥尔顿强调的是个人自由，而马克思强调的是人民的自由，虽然着眼点不同，但对他们来说，自由都是人类最宝贵的东西，无论以什么理由或借口剥夺人的自由，都是不正义、不道德和非常邪恶的。

弥尔顿在当代世界享有崇高的声誉，主要是因为人们普遍欣赏他捍卫自由的勇气。这与弥尔顿在中国的声誉是不同的。在中国，人们知道弥尔顿，主要是因为他的诗作，知道他是一位伟大的诗人和文学家。文学经常成为逃避政治敏感议题的避风港，奥威尔、赫胥黎和昆德拉也是作为小说家和文学家被引进中国的，他们作品中揭露极权和反抗专制的政治内容也经常被故意淡化。

弥尔顿是一位共和主义者，他对专制深恶痛绝。他反对的不是某一党派的专制，而是专制本身。出版审查和管制是一种专制，不管谁来审查和管制出版，遏制出版自由，都是他要反对的。

《论出版自由》发表于 1644 年 11 月 23 日，正是英国内战最激烈的时候。1642 至 1651 年在英国议会派与保皇派之间发生一系列武装冲突及政治斗争。在这场冲突中，国王查理一世及其支持者是一派，而由长老会控制的议会则是另一派。弥尔顿是一位清教徒，是长老派的支持者，但他强烈反对议会由长老会主持颁布的 1643 年"印刷管理条例"。这项条例规定，任何著作在出版前必须获得政府颁发的许可证。

弥尔顿在《论出版自由》中反对的就是这种审查，他提出两个著名的观点，那就是观念自由市场和观点自我修正。

他在文中首先为自己写这个小册子的正当性做辩护。他说，英格兰打败查理一世的暴政，作为一个公民，他有权表达他的不满。对议会的不当条例提出批评和反对，既是公民的自由，也是公民的忠诚。他强调，必须用公开的建设性批评代替对权力的虚假奉承。议会应该听取"理性的声音"，并且为了真理和正直的判断而"愿意废除任何法令"。知错必改才是一个好政府应有的表现。

2."观念自由市场"和"观点自我修正"

《论出版自由》有四个主要的内容部分，讨论了四个主要问题，分别是：一、回顾许可证制度的起源；二、论述读书应该不设禁区；三、许可证制度的无效；四、许可证制度的有害。

弥尔顿首先回顾许可证制度的起源。他从历史证据开始，指出古希腊和罗马并没有硬性规定的许可证制度。他说："雅典的书籍和哲人比希腊任何其他部分都要多，我发现雅典的长官只注意两种文字，一种是渎神和无神论的文字，另一种是诽谤中伤的文字。"在一些情况下，亵渎或诽谤的作品被烧毁，作者受到惩罚。但是，这都是发生在作品发表之后，而不是在发表之前。弥尔顿的观点是，如果一个文本被拒绝，应该是在出版之后被"审查、驳斥和谴责"，而不是在它的观点发表之前就强行禁止。

《论出版自由》的第二个问题是，政府不应该对读书设禁区。弥尔顿说，读书是为了让人摆脱愚昧，变得智慧起来。摩西、大卫和保罗都是有学问的，他们学习的内容包括阅读"各种书籍"。弥尔顿认为，就是"坏书"或邪教书籍，也可以是"开卷有益"，因为我们可以从他们的错误中学习到有用的东西，并通过考虑什么是不正确的来发现什么是正确的。弥尔顿的观点是，上帝赋予每个人理性、自由意志和良知，每个人都能为自己作出必需的思想判断。要读什么书不读什么书，应该让每个人自己来决定，而不是由颁发许可证的人来决定。这就像在自由市场上买东西，每个人都能决定要买什么不买什么。这就是著名的"知识自由市场"原则。

弥尔顿用类比的方式陈述这一观点，用的是《圣经》的例子，这是长老会熟悉的宗教语言。他说："我认为上帝从前普遍扩充人类肉体的食物时，始终没有用节制的原则，因此正和以前一样，关于我们心灵的食粮和消化问题，他也任人选择。这样，每一个成熟的人便都要在这一方面使用他最高的智能。节制是多么伟大的美德，在人的一生中又是多么重要啊！但上帝把这样大的事情完全交给成年人，让他们凭自己的品性作决定，此外并没有提出任何法律或规定。"

　　弥尔顿强调，与其他的事情一样，读书要允许犯错，犯错是一个人学习的过程。《圣经》里的例子就是亚当，因为犯错亚当才知道有善恶，才有机会从恶里知道有善。弥尔顿慷慨陈词道："因此，就人类目前的情况来说，没有对于恶的知识，我们又有什么智慧可作选择，有什么节制的规矩可以规范自己呢？谁要是能理解并估计到恶的一切习性和表面的快乐，同时又能自制并加以分别而选择真正善的事物，他便是一个真正富于战斗精神的基督徒。如果一种善是隐秘而不能见人的；没有活动，也没有气息，从不敢大胆地站出来和对手见面，而只是在一场赛跑中偷偷地溜掉；这种善我是不敢恭维的。"这就是弥尔顿提出的"观点自我修正"原则。

　　《论出版自由》论述的第三个问题是，许可证无用。在弥尔顿的时代，整个英国的许可证官员不过 20 个人，在今天人们看来，这个人数真是少得可怜。弥尔顿说，这 20 个人管制出版，那么，"谁又能来管制我们日常的狂欢饮宴呢？同时，民众常常到沽酒买醉的酒家去闲荡，那又有谁来禁止呢？其实裁缝裁剪的服饰也必须有经过许可制挑选出的头脑比较清醒的师傅来监督，以便制出不致伤风败俗的衣服。男女青年互相交谈是我国固有的习惯，那时我们也必须加以管制。试问又有谁去指定应当讨论什么、提出什么论题，而不致超越范围呢？最后，淫乐场所又有谁去禁止，宵小结群又有谁去驱散呢？"

　　弥尔顿当然不可能知道，17 世纪 40 年代英国政府做不到的事情，20 世纪希特勒政府可以做得非常好。英国历史学家马修·休兹（Matthew Hughes）和克里斯·曼（Chris Mann）在《希特勒的纳粹德国：第三帝国社会生活史》一书里描绘了一幅全面管控日常生活的可怕图景：新闻、书籍、问候寒暄、吃喝拉撒、衣着、娱乐、交友、谈恋爱，没有一样是政府管不了、不能管的。不仅要管，而且要管得德国人服服帖帖。所以，我们今天并不认为弥尔顿的这番论述对我们还有多大的说服力量。

《论出版自由》论述的第四个问题是，许可证对公众的理性发展和智慧成长是有害的，这是弥尔顿对我们今天最有用的思想贡献。

思想审查不仅剥夺英国人的言论自由，而且会削弱他们的理智，使他们变得愚蠢，就算不是蓄意愚民，也会有愚民的后果。弥尔顿说："如果对成年人每一种行为的善恶问题都加以规定、限制和强迫，那么美德就将徒具空名，善行也就无须赞扬了，严肃公正和节制也就没有好处了。有许多人抱怨天意不应当让亚当逆命。这真是蠢话！上帝赋给他理智就是叫他有选择的自由，因为理智就是选择。"

弥尔顿认为，许可证制度是对英国人智能的侮辱，他写道："英国的上议员和下议员们，请想想你们所属的和受你们管辖的民族究竟是什么民族。这不是一个迟钝、愚笨的民族，而是一个敏捷、颖慧、眼光犀利的民族。他们勇于创造，精于辩论，其程度决不下于全人类的禀赋可能达到的最高度。"以爱护国人为名义的政府强制行为，实际上是对国人最大的伤害。弥尔顿愤怒地谴责道："让二十个横行霸道的统治者建立起寡头政治，给我们带来心灵饥荒，使我们除了经过他们用斗衡量过的东西以外，就不知道旁的东西。"

弥尔顿还认为，这些自以为是的管辖者，他们断送的是英国人的自由，他强烈呼吁，"让自由来认识、发抒己见并根据良心作自由的讨论，这才是一切自由中最重要的自由"。

弥尔顿 1644 年发表的《论出版自由》并没有产生他想要的效果，1643 年"印刷管理条例"仍然被维持下来，一直要到 1688 年英国光荣革命之后，作为这场伟大革命的一个成果，出版管制法才于 1694 年被废止。光荣革命给英国带来更自由的宪法，鼓舞了随后发生的美国独立运动（American Revolution），并最终激发美国的《权利法案》（Bill of Rights）和美国宪法第一修正案（First Amendment）。今天，《论出版自由》成为美国大学生的必读材料，确实不是偶然的。不少美国学生都能随口说出弥尔顿的名句："让我凭着良知自由地认识、自由地发言、自由地讨论吧！"（Give me liberty to know, to utter , and to argue freely according to conscience.）

《论出版自由》的两项重要思想遗产是弥尔顿提出的"观念自由市场"和"观点自我修正"，这两个原则至今仍然是人们为自由思想的权利和自由言论权利辩护的主要理论依据。这两个原则是以同一个信念为核心的，那就是，人是理性的动物，人具有选择和自我完善的能力。在 17 世纪，这个信念是理性主义的一部分，到了 18 世纪这个信念继而成为启蒙思想的一个主要部分。

弥尔顿明确地形成自由言论的概念，这是一件了不起的思想成就，虽然有时代局限，但已经相当接近当今世界人权观念对信仰、言论和表达自由的认识，与古代人对自由言论的行为认识是不同的。美国著名报人和作家斯东（I. F. Stone）在《苏格拉底的审判》（The Trial of Socrates）中讨论古希腊雅典那种未必有言论自由概念的言论自由。他指出："人类在形成言论自由这个概念之前，自由地讲话已有很久了。也许这个概念本身是人类在抵制要从他们那里夺走言论自由的企图时，或者在争取恢复言论自由的斗争中发展起来的。"[1] 也就是说，言论自由的概念是在与压制人的自由言论行为的斗争中形成并传播开来的。

当然，雅典人的自由言论行为并不是古代世界的通例，斯东相信，"历史上没有别的国家的人民有比希腊人更加珍视言论自由，而对雅典人来说尤其如此"。古代的自由言论是与民主制联系在一起的，"除了斯巴达和克里特由武士地主等少数人统治被吓服的农

---

[1] 斯东著，董乐山译，《苏格拉底的审判》，三联书店，1998 年，第 249 页。

奴以外，希腊的城邦都倾向于民主；雅典则是民主的堡垒。希腊人创造了所有其他地方的人们仍在使用的那个词——demokratia，意为由 demos，即民众来进行统治。政治的平等以自由讲话的平等权利为基础。词源学与政治学在古代希腊文的演变中是联系在一起的。随着争取民主的斗争，有两百多个包含代表'平等的'那个词 isos 的复合词加到希腊文里。两个最重要的复合词是，代表'平等'的词 isotes 和代表法律面前'平等待遇'的词 isonomia。同样重要的另外两个词是，代表'言论自由'权利的 isegoria 和 isologia"。

"前一词 isegoria 最初出现在古希腊历史学家希罗多德（Herodotus）的作品里。它的同义词 isologia 一直到公元前 3 世纪的波利庇乌斯的著作中才出现。"[1] 波利庇乌斯写作的时候已经是希腊式自由的最后阶段，当时的阿坎亚联盟（Achaean League）是代议制和联邦制政府第一次成功的经验，"波利庇乌斯把它能在罗马的阴影下存在一个世纪之久归功于它在联邦议会中允许言论自由（isologia），以此作为它的盟员城邦（不像雅典和斯巴达所组织的早期联盟中的城邦）能够享受充分政治平等的象征和保证"。[2] 18 世纪启蒙运动时，美国宪法的起草者就是以阿坎亚联盟作为自己联邦政府的模型，它的特征之一就是联邦成员不管大小，都享有平等的言论权利。

今天，言论自由被当成个人的而不只是联邦成员的基本人权。美国政治学家詹姆斯·尼科尔在《认识人权：普遍人权宣言的哲学思考》一书里分析了包括"自由言论"在内的现代"权利"观念的基本要素。他指出，"由于权利往往涉及有关谁拥有权利，以及何时可以应用权利的复杂关系，因此必须对一个充分具体化的权利的

---

1 斯东著，董乐山译，《苏格拉底的审判》，第 250 页。
2 同上。

各个部分进行详细分析"。[1]

第一，每项权利都确定某一方为其拥有者或持有人。一项权利的占有条件可能很窄，只适用于一个人（例如，遗嘱中指定的人），也可能很宽泛，包括整个人群或人类。一项权利的范围规定它的目的。例如，你在教授会议上可以自由发言，但在旁听国会听证的时候，就不能应用你的自由言论权利。你可以用自由言论来维护你的公民权利，但却不能用它来伤害其他公民。

第二，权利通常被分为消极和积极两类，权利要求一个人不仅仅不做某事，还包含要求他采取一些他可能不会采取的积极行动。因为大多数权利都对其对象施加某种消极或积极的义务，所以权利还涉及义务。例如，一个人可以批评坏人坏事，也可以保持沉默，但说他有沉默和旁观的"权利"却是一种误导。正确的理解是，他在坏人坏事发生时没有尽一个公民的义务，因此让坏人坏事损害无辜者的权利。恶人可以大胆作恶，是因为善良的人都保持沉默。又例如，公民有合法集会的自由的权利，政府没有干涉和禁止的权力，这似乎是一项消极的权利。但政府的这一权力也意味着它有提供积极保护的义务，以防止有人扰乱集会。

第三，一项完全明确的权利确定一个或多个当事方。有的是在一定范围内的，如股东在公司里的平等权利；有的是对所有人来说都适用的权利，如普遍人权。自由言论是一种普遍人权。至于什么时候、什么条件下运用这个权利，第一个因素分析里已经涉及。权利拥有者必须自己采取行动来确定和保证他的自由或利益。

第四，一项权利的权重规定它相对于其他权利或规范的等级或重要性。权重涉及在冲突的情况下，一项权利是否有时能被其他考虑因素所推翻。表面上的权利是一种非绝对的权利，它在与其他考

1　James W. Nickel, *Making Sense of Human Rights: Philosophical Reflections on the Universal Declaration of Human Rights*, University of California Press, 1987, 13-14.

虑因素的竞争中的权重并不完全明确。例如，泄漏国家机密就是一项被国家利益推翻的个人言论自由权利，但什么是国家机密却应该由法律来规定，因此法律又应该起到保护公民不受随意控罪的作用。

总之，人权观念下的言论自由是一个复杂的问题。

3. 不自由造就自我奴役的思想奴隶

前面，我们谈到权利，包括自由言论权利的四个构成因素：第一，权利是有范围的，权利的范围规定它的目的。自由言论不是少数人的权利，而是所有人的权利，其目的是实现个人的公民权。第二，权利通常包含道德义务，自由言论应该有利于社会群体，包含弘扬社会正义和坚持说真话的义务。第三，权利的当事方人数有多有少，言论自由是与所有人有关的普遍权利。只是少数人享有的不是自由言论权利，而是话语霸权。第四，一项权利的权重会随条件的不同而变化，自由言论不享有绝对的权重，是可以被其他考虑因素所推翻的，但这些因素一旦不再存在，应该立即恢复自由言论的权重。

有一种被称为"权利理论"（the Entitlement Theory）的权利观，它认为，权利是一个非常强势的道德理由，说人们有某些权利，也就是说他们应该拥有某种自由、权力、保护或利益。澳大利亚道德哲学家亨利·麦克洛斯基（Henry J. McCloskey）阐述了这种理论；他认为，权利最好"正面解释为做什么的权利，或者拥有、享有或实现什么的权利，而不是负面解释为可能伤害到他人的东西，或是应该拥有（而实际并不拥有）的东西"。[1] 从这个理论来看，自由言

1　H. J. McCloskey, "Rights-Some Conceptual Issues." *Australasian Journal of Philosophy 54*（1976）: 99-115, 99.

论是一项根植于人类本性的有力道德理由，不管别人是否承认此权利，它都是一项普遍的人权。但这只是从理论上说的，因为自由言论的权重事实上并不总是绝对优先的，例如今天网络上的仇恨恶毒语言就没有肆意横行的自由。

因此，美国哲学家乔尔·凡伯格（Joel Feinberg）提出另一种关于权利的理论，一种完整的权利包括两个方面：可以做什么和不可以做什么。[1] 这样就不会割裂权利和义务的关系，例如，未成年儿童有受到父母保护的权利（儿童权利），父母则有保护子女的义务。弱势群体有受到社会照顾和保护的权利（弱者权利），而社会则有照顾和爱护他们的义务，福利制度就是这种义务的体现和落实。同样，公民对社会、政治事务积极参与，因此应该有知无不言、言无不尽的权利，而政府则有保护公民自由言论权利的义务和责任。

权利通常是由自由、豁免和权力，以及对一个人应得的东西的要求所构成的。[2] 例如，洛克和杰斐逊所强调的反抗压迫性政府的权利，主要是自由的权利，意味着人民有反抗压迫性政府的权利，他们这么做并没有错，应该是免罪的（immunity）。正如美国道德、政治和法律哲学家戴维·里昂（David Lyons）所指出的，美国宪法中的自由言论权利主要是一种豁免权；它剥夺了国会通过限制公民言论自由的法律的权力，就算人们说错了话，只要不伤害他人（诽谤、侮辱、攻击），也应该获得豁免。[3]

17 世纪的弥尔顿似乎已经在预示 20 和 21 世纪的这种自由言论的权利观。他的"观念自由市场"和"观点自我修正"论实际上是

1 Joel Feinberg, "The Nature and Value of Rights." In Feinberg, ed, *Rights, Justice and the Bounds of Liberty: Essays in Social Philosophy*. Princeton University Press, 1980; and Joel Feinberg, *Social Philosophy*. Prentice-Hall, 1973, *Chapter 4*.
2 See Carl Wellman, "Upholding Legal Rights." See also Martin and Nickel, "Recent Work on the Concept of Rights." *Ethics* 86（1975）.
3 David Lyons, "Correlativity of Rights and Duties." *Nous* 4（1970）.

在说，就算自由言论发表了错误的看法，只要不伤害到他人，也是应该获得豁免的，况且错误言论最终不是正确言论的对手，在交锋的过程中是可以被修正或自我修正的。

自由是弥尔顿思想的核心，他是第一个提出言论自由的人，而言论自由正是人的自由最重要的组成部分。英国牧师和作家伊恩·穆瑞（Iain Murray）在《自由言论对于人类进步的重要性》（The Importance of Free Speech to Human Progress，2015）一文里指出：当我们回顾西方的言论自由史，我们可以看到，早期的言论自由与出版自由是紧密相关的。这也正是为何在美国的宪政理论中这两个表述是可以相互替换的。不过，在西方历史的大部分时间里，"出版"这一概念并无多大意义。早期的书本都是通过手抄方式复制的。罗马贵族们雇用抄写员，让他们抄写自己所喜欢的书。后来在中世纪的誊抄间里，修道士们抄写古卷，保存重要的圣典经文。这样的手抄方式，使得很多经典都已遗失，留下的实属偶然。[1]

中世纪教会自诩为知识的守护者，但却对任何可能威胁到自身权力的创新报以敌意，对早期英语译本《圣经》的打压即是一例。在当时，信息传播速度缓慢，知识创新障碍重重。

但是，1440年发明的印刷术改变这一切。印刷术带来第一次真正意义上的捍卫言论自由之战。观念的传播更快捷，人们的读写能力迅速提高。

一旦人们最终能够自己阅读《圣经》，宗教改革运动就席卷了整个欧洲。随之而来的是，人们开始通过印刷传播自己的各种观点。作为回应，处于权力顶端的教会及其同盟采取措施试图打压新生的自由传媒。事实上，早期的版权法正是产生于对印刷机构所印作品的管制。

1　The Importance of Free Speech to Human Progress - Foundation for Economic Education（fee.org）.

无须惊讶的是，很多早期的自由意志主义者都是印刷商。17 世纪早期有一位叫"生而自由的约翰"（"Freeborn John" Lilburne）的出版商，他被当局逮捕，就是因为印刷和传播禁书。弥尔顿在自由言论史上的重要性在于，他第一个从理论上阐述自由言论权利的合理性和必要性。

自由言论并不自动等同于正确言论，然而即使是错误的言论，也应当被视为对公共辩论的有益贡献，因为通过真理与错误的冲突，使得人们对真理的认识更加明晰，对真理的印象更加生动。

在弥尔顿的时代，人的不自由，尤其是言论的不自由，被视为是非正义外力所强加于人的限制，被剥夺自由的人是强权外力的受害者。人的自由意识是天生的，也是不会泯灭的。但是，经过 20 世纪的极权统治，我们知道，这样看待人的自由意识并不充分。因为在特定的环境下，人的自由意识是可以改变的，它甚至可以走向自由意识的反面，把不自由也就是当奴隶或奴才当作一种对无自由者更好的选择。在这种情况下，他选择的不是用言论发声，而是自愿的沉默。一个自愿沉默的人是不需要言论自由的。

更加严重的是，自愿的选择性沉默不仅可以是个人的，也可以是集体的。这个集体，小的如党派、团伙、局部群体，大的可以是整个社会或国家。这样的沉默无视谁都可以看得见的现实存在，也就是房间里的大象，对之不闻不问，装聋作哑，闭口不言。美国社会学家伊维塔·泽鲁巴维尔的《房间里的大象：生活中的沉默和否认》一书里研究这种沉默，重点放在体制性和结构性的集体沉默。

这是一个关乎社会性沉默，也关乎政治性沉默的选择。泽鲁巴维尔研究集体性沉默的方法是，"我首先从审视各种各样的社会规范、习俗和人们关注以及交流的传统入手，观察人们把哪些视为值得关注和可以讨论的，又有哪些是被视作无关紧要的和可以忽视的。其中，我特别审视了那些约定俗成的禁止人们去看、去听和去说的

168

习俗，无论是不可越雷池一步的绝对禁区，还是一些相对更微妙的、世故城府的处世准则"。[1]

这些大多是造成社会性沉默的传统禁忌或习惯忌讳，包括性和与性有关的生理、癖好，尤其是同性恋问题，也包括成为"不方便话题"的种族问题、贫困或城市无家可归者的问题等。

政治性沉默是泽鲁巴维尔关注最多的问题，如德国人对纳粹屠杀犹太人有关问题的沉默，还有某些国家对一些重大历史事件和政治人物的噤声。他说，"在我们和他人讨论交流中，哪些不能进入我们的意识，又有哪些不能公开承认其存在，这不仅仅迫于社会规范和习俗的压力，也来自政治领域的限制。毕竟，权力本身就含有控制人们可介入哪些信息领域的能力，以及他们想要传递哪些信息的能力"。政治权力对言论的这种控制"促成强制性的'盲、聋、哑'的存在"。[2]

泽鲁巴维尔用日本的传统图画"三不猴"来象征和比喻在集体沉默中同时存在的盲、聋、哑。这三只猴子分别捂住自己的眼睛、耳朵和嘴巴，成为与房间里的大象同样重要的动物形象。三不猴的意思是，虽然不说是沉默的直接起因，但最后一定要有不看和不听的积极配合。因此，沉默的合谋不仅是不说者的串通，而且也是不看者、不听者共同参与的集体合作。

在弥尔顿看来，人不能自由言论，是因为他的嘴巴给管制言论的家伙活生生地捂住。但是，日本传统图画"三不猴"画的三只猴子是这样的，一只使劲捂住自己的嘴巴，一只捂住自己的眼睛，还有一只捂住自己的耳朵。这三只猴子必须是一伙的，少了任何一只都不行。有话要说，光是憋着不说话，那有多难受啊！只是这么憋

1 Eviatar Zerubavel, *The Elephant in the Room: Silence and Denial in Everyday Life*, Oxford University Press, 2007, 24-25.
2 Ibid, 25.

着，非憋出毛病来不可，肯定是憋不长久的。许多因言获罪的人，不是因为不知道"祸从口出"的道理，也不是没有克制过自己说话，而是因为一时实在憋不住才说的。说了之后，后悔也就迟了。

为了不说不该说的话，你需要先做到不听不该听的话、不看不该看的东西。这就得把耳朵和眼睛捂起来，所以不传谣总是与"不听谣""不信谣"连起来说的。问题是，你如果真的不听，又怎么知道是谣言呢？所以，这种不传、不听，不信，其实是自欺欺人。这也是三不猴的寓意所在。

集体性沉默是自欺欺人的表现，看起来是自我选择，但追根究底是权力操控的结果。因此，泽鲁巴维尔在《房间里的大象》一书里讨论了政治权力制造集体沉默所使用的压迫和操控手段，其中包括"从内容审查到不那么正式的转移注意力的手段"，也包括"控制人们表达领域的各种手段，从正式的议程议题设置安排，到不那么正式的所谓'沉默守则'"，还有各种关于不得"胡乱议论"的规定。[1]

例如，他认为，制造沉默的主要手段之一是设置禁区。他指出，"要确保人们在谈话中远离'禁区'，一个行之有效的方式是使得该被禁谈话题无从命名"。[2]为此，他举了一个天主教禁言男同性恋的例子，他指出，"天主教的传教士们，会很小心地避免直接提到'鸡奸'之名（此为'无名之罪'）。这就像你对某事避而不谈，那么终将导致此事无以名状"。将鸡奸设置为"敏感词"，不仅使得有关的信息得不到传播，而且使得这样的信息根本说不出口，这就在很大程度上保证在这个问题上的沉默。

许多事件、人物、数字、日子都会成为禁忌，因此成为敏感词。不仅如此，许多普通汉字也会在某个敏感事件发生时，或在某一段

1　Eviatar Zerubavel, *The Elephant in the Room: Silence and Denial in Everyday Life*, 25.

2　Ibid, 51.

敏感时期成为敏感词。如果说,印刷术的发明让书籍传播变得前所未有地普遍起来,那么互联网时代的到来,让信息传播的便利和范围再次发生翻天覆地的革命。历史上每次传播技术的革命会对思想审查带来新的挑战,但也一定会使审查水涨船高。

网络时代的字词筛选和屏蔽已经变成阻碍和破坏信息传播的一种常态。美国前总统特朗普的社交媒体账号被封,从事封号工作的人不生产对社会或人类文化有用或有益的信息,他们就像依附于健康肌体,有人将他们视为危害健康肌体的寄生虫,但也有人认为他们是在维护传媒肌体的健康。

弥尔顿在《论出版自由》中称他那个时代的思想审查员是"审判者"和"操书籍生杀大权的人"。他说,这些人本应是"学识和公正都必须在一般人之上",但却经常是一些不学无术的宵小之徒。他们从事的是"一桩极其枯燥而又无聊的工作;在时间上也是一个极大的浪费"。要是这些审查员真的有本事,学识优秀、见识过人,他们早就去当作家了,何必在这种无益的事情上浪费自己的才能和生命。

弥尔顿没有看到的是,有些人年纪轻轻,从事这种行业,只是为了混一口饭吃。当然不能排除其中也有一些是平庸浅薄之辈,他们对才能出众、有见识、有学问又敢于说真话的人充满妒忌和仇恨,还没有弄明白书里的意思,就已经先动了杀心。对任何一个民族来说,存在和依靠这种心地阴暗的人,都是一种不幸和祸害。

十　斯威夫特《格列佛游记》

1. 腐败的小人和高尚的巨人

斯威夫特（Jonathan Swift，1667—1745），爱尔兰作家，讽刺文学大师，其代表作为《格列佛游记》（*Gulliver's Travels*，1726）。

在我们阅读的诸多作品中，这本书也许是你最熟悉的一部，你可能小时候就已经看过小人国、大人国的小人书或动画片。百度百科把《格列佛游记》归入"童年书系"。儿童或普及版的《格列佛游记》有的只包括这本书的前面两个部分：小人国和大人国，所以有的人虽然读过《格列佛游记》，但并不知道这部书的第三和第四部分。

这样的普及读物虽然有用，但很容易造成对作者斯威夫特的误解，以为他就是一位写幻想游记让读者开心和消遣的作家。其实，斯威夫特是一位非常深沉、严肃、深刻的作家。他的特色不是滑稽、有趣、搞笑，而是尖刻和辛辣的讽刺、无情的嘲笑、愤世嫉俗以及对人类的鄙视和憎恨。

所以，你小时候读的和现在要读的《格列佛游记》，可能根本就不是一本书。有一位读者就谈到他的这种体会，他说："我小时候看过大人国、小人国的动画片，印象中这是一部很可爱的动画片，里面充满奇思妙想，充满童趣，看得我喜笑颜开，直想跟着格列佛去大人国、小人国转一圈，看看那个奇妙的世界。"

大人国与小人国，就成了他心里的一个桃花源、远离尘世的乐土，想到就会觉得好玩、好笑。

后来，他长大了，买了一部完整的《格列佛游记》，原本是为了找回童年的快乐，结果发现事与愿违，他惊讶地发现："我跨进通往天堂的大门，却掉进地狱的深渊。这本书竟是这样的阴郁，越看我的心里越是充满恶寒，浑身不适，有种无法克制的躁动，几欲冲破身体的束缚，直接冲向茫茫宇宙。燃烧，毁灭。这就是这本书留给我的印象。"

斯威夫特不喜欢人群，也不喜欢人类，这与有的作家讨厌人群，但热爱人类不同（如萨特）。他在《格列佛游记》里讽刺和嘲笑的不只是他那个时代的英国人，而且是整个人类。帕斯卡尔说，人一半是魔鬼，一半是天使；狄德罗说，人一半是殿堂，一半是阴沟。斯威夫特所鄙视、嘲笑和憎恨的是魔鬼，以及沉沦在阴沟里的那一半人类。

斯威夫特讽刺人的卑鄙，嘲笑人的肮脏，是为了说出他所了解的人性晦暗和人类荒唐史。文学幻想为他提供一个方便的揭露手段。在斯威夫特看来，人性的丑恶和历史的虚伪，都是被所谓的"人类文明"掩饰太久的不堪实情。

在第一部小人国游记和第二部大人国游记里，我们就已经能体会到这种道德实情的讽刺和嘲笑，第三部和第四部就更猛烈、更尖酸刻薄了。我们先讲第一、第二部里的讽刺，然后再说第三和第四部。

一个正常人一下子发现自己变成超级巨人，又一下子变成极小的侏儒，充满戏剧性，强烈地刺激着人们奇思怪想的冲动。这不仅是格列佛个人的变化，而且也代表着人与世界关系的变化。在一个剧烈变化的新世界里，人有什么样的机会和可能，又碰到什么样的限制和问题？当你突然获得超凡的能力，你会去做什么？当你一下子在强大的外力面前变得无限地渺小，你又会选择怎样的安身立命之道？

文学幻想提供的这种境遇剧变不只是为了好玩和逗乐，而且因为要对人性有所测试和考验，新的可能性让我们在人性里察觉到以前忽略和无视的东西。如果你一下子有了隐形的能力，或者手无寸铁便可以打遍天下无敌手，那你会去做什么？是偷盗抢劫，还是仗义行侠？

格列佛在小人国一下子成为一个无敌巨人，一步可以踩死几百个最强悍的小人国士兵。然而，就算他在小人国成为种种恶作剧的对象，他也没有这么做。他不仅是一个身体上的巨人，而且也是一个心胸开阔、容忍宽大的心灵巨人。相比之下，小人国的人们就显得猥琐、渺小、心胸狭隘、见识短浅多了。

斯威夫特的小人国简直就是一幅关于丑陋、卑鄙、愚昧、自以为是的漫画。在《格列佛游记》的四部游记中，小人国是我们最容易理解的，因为小人国里的小人简直太像我们人类，所以我们几乎处处都能有一种似曾相识的感觉。小人个子虽然很微小，但却骄傲自大得不得了。而且，小人们心思缜密，会想出各种恶作剧和损人利己的计策来。

格列佛费尽心思讨好那些小人，一心想得到他们的信任和好感。他让小人们在自己手掌心里跳舞，在自己头发里玩捉迷藏。国王命令格列佛叉开双腿，像凯旋门一样让受检阅的军队从他的裤裆里通过。格列佛遵命照办，不料这是一个恶作剧，因为小人们在穿过他裤裆的时候，偷看他的私部，还笑个不停。小人们利用格列佛的好心，这和人类社会里马善被人骑、人善遭人欺是一样的。

　　小人国的小人不仅有欺负老实人的毛病，还特别猥琐、贪婪和徇私。国王任用大臣，凭的不是能力，而是看能否讨国王的欢心。那些会玩把戏的，会在绳子上跳舞的，会在棍子上蹦来蹦去的，便能做大官。这就像在桥牌或麻将桌上能升官一样。

　　小人国里政治腐败，不同政党之间的斗争非常激烈，为一点点小事就钩心斗角、你死我活地要搞垮对方。敌对阵营，争的无非是鞋跟该高还是低、鸡蛋该从大头还是从小头来打破这类琐事。而且，小人们还特别忘恩负义。有一次皇宫着火，情急之下，格列佛撒尿救火，挽救了一场巨大的灾难，但却背上亵渎国王尊严和权威的罪名，被关押起来治罪。这种好心没好报的事情，在人类世界里也是屡见不鲜的。

　　斯威夫特要讲的不仅是人类劣根性的实情，而且更是人类历史上有善始未必有善终的事情。Frank Brady 在《烦恼和转向：〈格列佛游记〉中的三个问题》一文中指出，斯威夫特讽刺的主要目标不只是当下那些因人性晦暗而发生的政治腐败现象，而且更是它一开始就有的制度。

　　人类历史中一个又一个国家，都是以美好的愿望和理念开始建立新的制度，但因为制度本身的缺陷，注定要一步步走向腐败。小人国开始也是有乌托邦理想的，但却沦落到格列佛见到的那种政治腐败境地。斯威夫特是在影射英国的政治现状，他认为英国的体制本来是好的，但到他那个时代政治已经非常腐败，这都是因为政治人物无节制的权力欲望，这种因权力欲而发生的制度堕落正是人类历史的一个规律。这才是斯威夫特要揭示的历史实情。

　　格列佛逃离小人国后，来到大人国，他自己成了一个非常渺小的小人。与大人国的巨人们相比，格列佛不只是身材上的小人，而且更是在心胸、境界、道德上的小人。如果说前面小人国的人与人类简直一模一样，就是身材微小而已，那么大人国的巨人则与人类几乎完全不同。在小人国里，格列佛像是用望远镜看小人；在大人国里，他像是用显微镜看巨人。他看到大人国里女人的皮肤特别粗糙，汗毛孔清清楚楚，他不由得想，英国美貌淑女们的皮肤放在显微镜下看，一定也会把人吓一大跳。

在大人国里，格列佛成为人类夜郎自大的化身，人类因为自大、狂妄、傲慢、不知天高地厚，成为主要的讽刺和挖苦对象。航海术是人类文明的骄傲，但是格列佛的航船在巨人的眼里，不过是一个小马槽而已。大人国里的一个 9 岁女孩就能把格列佛当洋娃娃玩具那样。在大人国，他只不过是一个人见人爱的小宠物。他的自尊心受到沉重的打击。

为了保护自尊，他把人类文明世界里引以为傲的文明成就、政治制度和哲学观念说给大人国里的人听，谁知他们不但没有表现出敬佩和羡慕，反而觉得十分好笑：这么渺小的动物居然如此夸夸其谈，尽说些与自己能力不相称的事情，这就像是大人听幼童高谈阔论什么人类未来的远景一样。

在大人国，格列佛充分暴露人类的幼稚和滑稽。他和飞鸟抢食输给飞鸟，结果像个孩子般恼羞成怒。在人类社会里，人与人、国与国，为了一点小小利益，因为要面子，结果打得你死我活，输的一方怀恨在心，赢的一方洋洋得意，这些都成为习惯，不觉得自己幼稚可笑。

格列佛向大人国国王献计说，自己会制造火药，愿意教国王如何制作和运用火药。国王弄不懂为什么需要火药。格列佛说，有了火药，你就可以造出杀人厉害的枪炮，杀光所有反对你的人。国王觉得这个小人实在是太狠毒、太阴险、太卑鄙。

斯威夫特让读者看到的是，大人国的巨人在道德感上远远超越作为人类代表的格列佛。与心思龌龊的人类相比，大人国的巨人是一种高尚的异类，他们的高尚大度，根本就是人类难以想象的，也是无法企及的。

这样辛辣、尖刻的嘲笑便是斯威夫特的讽刺。

2. 空想的科学和高贵的动物

在《格列佛游记》的四次游历中，第三次的特征是缺乏统一性。格列佛到了空中之城，去了长生岛，又去了幽灵岛，最后还去了日本。前面几个地方一看就知道是文学幻想，而日本却是一个现实世界里存在的地方，也是《格列佛游记》整本书里唯一的真实地方，日本也可以是一个有真实名称但却加入幻想元素的地方。

第三部分与前面小人国和大人国的最大不同在于格列佛这个人物，尤其是格列佛与你这个读者的关系。这会影响你对斯威夫特讽刺的理解。

在小人国和大人国的故事里，你会感觉到你就是格列佛。你到了一个完全陌生的地方，你还是你，但陌生的世界强迫你改变看待自己的方式。因此，你不再是以前的你，你变了，你在自己身上看到以前看不到、看不清的东西。你被一步步带进格列佛这个人物的角色里。

但是，你在第三部里大概不会有这样的感觉。格列佛辛辣地讽刺和嘲笑科学，但你挺享受科学带给你的方便生活。你对科学挺有好感，还有更多的期待，所以你会觉得科学没有斯威夫特说得那么可怕。斯威夫特本人鄙视科学和科学家，格列佛简直就是斯威夫特的替身和传声筒，作者在作品里直接向读者喊话，这不是文学之所长。

随着格列佛游历空中之城，我们看到科学家许多古怪、荒唐的行为。他们长相就很古怪，"他们的头一律都不是偏右，就是歪左；眼睛是一只内翻，另一只朝上直瞪天顶。他们的外衣上装饰着太阳、月亮和星星的图形"。他们一门心思在冥思苦想，对周围的事情视而不见、听而不闻。

他们极不善于交谈，要等仆人提醒才有反应，他们拿东西来比画，还不如哑巴打手势来得利索。他们看不起实用的几何学，认为太粗浅，不配真正的科学，所以，"他们的房屋造得极差，墙壁倾斜，在任何房间里见不到一个直角"。"虽然他们在纸上使用起规尺、铅笔和两脚规来相当熟练灵巧，可是在平常的行动和生活的行为方面，我还没见过有什么人比他们更笨手笨脚的。"这样的科学人士，倒是让我想起"文革"刚结束后被广为宣传的数学家陈景润。有一次，有人问他："你为啥一只脚穿新袜子，另一只脚穿旧袜子。两只袜子的颜色也不相同啊？"陈景润说："我穿袜子就是这样，一只破了，先换一只新的，另一只破了，再换另一只，这样袜子最耐穿。"这样的故事并没有恶意，与斯威夫特的讽刺自然是不同的。

其实，斯威夫特讽刺、挖苦的未必是科学和科学家本身，而是为科学而科学的科学和不食人间烟火的科学家。他所描述的那些科学，即使在最爱好科学的人看来，也是荒唐可笑的。例如，如何把大便变成食物，如何把大理石变得像枕头一样柔软，如何从上往下而不是从下往上造房子，如何用猪来耕地、培育不长毛的羊。这些都是《格列佛游记》里拉格多大科学院的重大研究项目。今天，自然学科当然不会再有这样的项目，但是人文学科尤其是政治性的研究项目就难说了。这样的科研就一定能作出把大便变成食物或用猪来耕地更有实效的成果？

斯威夫特是何等敏锐的思想家，他当然不会放过对政治和政治家的讽刺。格列佛访问了那里的"政治设计家学院"，有一位研究员提出，如果一个国家党派纷争激烈，就可以用一个有效的办法来解决，叫"换半个脑袋"："从每个党派中各挑出一百名头面人物，把头颅差不多大小的，两党各一人，配对成双；接着请两位技术精良的外科手术师同时将每一对头面人物的枕骨部分锯下……把锯下的枕骨部分互相交换一下，分别安装到反对党人的头上。"手术精巧利落，疗效一定绝对可靠。

格列佛又到了长生岛（拉格奈格人的岛屿），那里的人都活了几百年，但痛不欲生，想死也死不掉。他们死不掉，会变得越来越老，受老年疾病的折磨，失去记忆、感情和友谊，羡慕那些可以在死亡中得到安息的人。格列佛逃出那个地方，好不轻松，庆幸自己回到一个人会死的世界。

生命越长，人未必越幸福。那么其他的事情呢？这世界上有越长久越好的事情吗？长久只是一个时间概念，不等于幸福，也不等于就好。延长生命并不能提高生命价值，也不能保证提高生活质量，这我们都知道。同样，一个有野心的人，希望拥有权势，越长久越好，是不是也会像长生岛上的老不死一样，最后变成一具能喘气的政治僵尸，孤家寡人、欲罢不能，像是被判了无期徒刑一样，永远必须提心吊胆地过日子。

《格列佛游记》的第四部是马儿国的故事，是书里最愤世嫉俗的一部分。你怎么看待这一部分会在很大程度上影响你怎么看待《格列佛游记》这部著作。故事里叫"慧骃"的马儿过着单纯、理性、诚实无欺的生活。慧骃饲养着以供役使的动物耶胡，有着人的形状，但却肮脏、懒惰、不肯学习。慧骃很讨厌耶胡，认为它们生性恶劣，为了争夺一种闪光的石头（暗指财宝）彼此争吵不休，甚至引起内战。

格列佛向慧骃介绍人类文明的各个方面，政治、战争、经济、法律，慧骃觉得这些丑陋、奸诈的事情简直不可思议。例如，格列佛向慧骃介绍百年来欧洲君主间发生的战争。慧骃问战争的起因和动机是什么。格列佛说："有时是因为君主野心勃勃，总认为统治的地面不够大，人口不够多；有时也因为大臣贪污腐化，唆使他们的主子进行战争，才好压制或者转移人民对于国内行政事务的不满情绪。"慧骃批评说，这是缺乏理性的行为。

格列佛还向慧骃介绍法律和金钱的用处。他说欧洲的耶胡们认为："不管是用钱还是攒钱，钱总是越多越好，没有够的时候，因为他们天性就是这样，不是奢侈浪费就是贪得无厌。富人享受着穷人的成果，而穷人和富人在数量上的比例是一千比一。"慧骃对这点感到很费解。因为在慧骃的国家里，虽然按马的毛色不同分贵贱优劣，但慧骃们都很友爱，"仁慈和友谊"是慧骃国的两种美德。

慧骃们不懂什么叫罪恶，它们共同遵守的格言是发扬理性，并以理性来治理国家，教育下一代。在这里，年轻的慧骃都要"学习有关节制、勤劳、运动和清洁的功课"。每四年春天举行一次全国性的代表大会，发现哪里有困难，大伙便踊跃捐助，互相支援。

格列佛感到"这些杰出的四足动物有许多美德，跟人类的腐化堕落对比一下，使他睁开眼睛，变了个人，要跟可敬的'慧骃'在一起过一辈子，对各种美德加以研究和实践"。等到他回到文明世界，他也还是愿意住在马厩里，不愿与人为伍。为此，有人批评斯威夫特极端愤世嫉俗和仇恨人类。

怎么理解第四部分里那种对人类的彻底厌恶和摒弃呢？这成为理解《格列佛游记》全书的关键。文学研究者和批评家对此主要有两种不同的看法。

一种看法是，慧骃代表一种传承的没有被文明体制败坏的生活方式，其反面则是由雅虎所代表的那个落后和退化的人类，因此斯威夫特的讽刺对象是雅虎，也就是人类。

另一种看法是，斯威夫特对慧骃的描述并不是正面赞扬，而是一种讽刺，通过慧骃来讽刺那种只凭生活经验、用自然理性看待一切的简单思维方式。慧骃并不是给人类模仿的，小说里的人物格列佛赞美慧骃，不等于斯威夫特本人就赞美慧骃。斯威夫特希望读者通过格列佛这个人物看到，在可怕的现实面前，人和人的判断都有可能会陷入疯狂和荒谬。奇特的经历使格列佛在如何判断和评价人类的问题上变得完全不知所措，失去自我的定力和应该坚持的价值，完全用慧骃的价值代替自己的价值。因此，斯威夫特呈现给读者的格列佛是一个失败的人物，不是同情和效仿的对象。

第二种看法向我们提出一个重要的问题，那就是，当你察觉人类原来有这么卑鄙、肮脏、下贱一面的时候，你如何对人类仍然保持信心？20世纪的极权统治极度扭曲许多人的人性，把善良的人变成野兽和恶魔一般的动物，人的世界变成一个地狱般的地方。有许多人选择自杀，抛弃这个世界，另外有许多人选择苟活，但变得极度愤世嫉俗，如电影《芙蓉镇》里那个饱经忧患的人物所说，"活下去，像牲口一样活下去"。我们该如何看待这样的愤世嫉俗呢？

有正义感的人愤世嫉俗，是因为对人间邪恶激愤痛恨。愤世嫉俗能让人以冷静、谴责、绝不合作来对待邪恶的世道，有它反抗的积极一面。但是，大多数时候，愤世嫉俗会使人完全绝望，并丧失对他人的怜悯和关爱。而我们需要的是，既要能认清人性的晦暗，但同时也要相信人有行善的能力，不能只是像牲口那样活着。

3. 三种讽刺，人还是万物之首吗

读《格列佛游记》，是一个了解和体会什么是讽刺的好机会。说起讽刺，我们都不陌生，而且在一般人的印象里，讽刺是会引人发笑的。其实，有的讽刺引人发笑，有的讽刺并不引人发笑，而引人发笑的也未必都是讽刺。讽刺的一个主要功能是批评，由于批评对象和方式不同，讽刺又可以分为三种，虽然你不知道它们的名称，但相信一定都是你所熟悉的。它们分别是：一、贺拉斯式讽刺

（Horatian satire），二、朱文纳尔式讽刺（Juvenalian satire），三、梅尼普式讽刺（Menippean satire）。

第一种是贺拉斯式讽刺，它得名于古罗马诗人贺拉斯，是三种讽刺中最温和的。它经常动之以情，虽然批评，但不咄咄逼人，表现出一种好脾气的幽默。它以有趣的方式来批评社会生活中的恶习。在这种讽刺里，被戏弄、被批评的是人的愚蠢，而不是某个特定的个人对象。《格列佛游记》的小人国和大人国在相当程度上就是这样的讽刺，它们变成儿童读物，因为可读性和幽默度适用于所有年龄段的人群。

胡适先生有一个短篇，叫《差不多先生传》，就是温和型讽刺的一个代表，前面一部分是这样的：

> 你知道中国最有名的人是谁？
>
> 提起此人，人人皆晓，处处闻名。他姓差，名不多，是各省各县各村人氏。你一定见过他，一定听过别人谈起他。差不多先生的名字天天挂在大家的口头，因为他是中国全国人的代表。
>
> 差不多先生的相貌和你和我都差不多。他有一双眼睛，但看得不很清楚；有两只耳朵，但听得不很分明；有鼻子和嘴，但他对于气味和口味都不很讲究。他的脑子也不小，但他的记性却不很精明，他的思想也不很细密。他常常说："凡事只要差不多，就好了。何必太精明呢？"
>
> 他小的时候，他妈叫他去买红糖，他买了白糖回来。他妈骂他，他摇摇头说："红糖白糖不是差不多吗？"
>
> 他在学堂的时候，先生问他："直隶省的西边是哪一省？"他说是陕西。先生说："错了。是山西，不是陕西。"他说："陕西同山西，不是差不多吗？"

这样的讽刺是幽默而温和的，这里讽刺的"差不多先生"，可以是你，可以是我，也可以是我们每一个人。

第二种讽刺是朱文纳尔式讽刺，得名于古罗马时代的著名讽刺诗人朱文纳尔（Juvenal，65—140，又译尤维纳利斯），是三种讽刺中最尖刻、最伤人的。朱文纳尔本人在诗中采用托古喻今的手法和辛辣尖锐的语言，抨击皇帝的暴政和大臣们的阿谀奉承，锋芒直刺在位的权势人物，终因得罪朝廷而被驱逐出境。这种讽刺的对象可以是社会积弊或迂腐陋见，也可以说不好的个人、组织或制度。它挖苦、嘲笑、谩骂，有什么手段使什么手段，杀伤力越大越好。由于攻击是目的，幽默被淡化，所以它的社会批评容易偏激，变得尖酸刻薄。鲁迅的一些作品就是这种讽刺。在西方文学中，斯威夫特是这种讽刺的一个代表人物。

斯威夫特有一篇著名的文章《一个小小的建议》（A Modest Proposal，1729），将这种讽刺发挥到极致。此文原题为《为防止穷人孩子成为父母和国家的负担并使他们为公众谋利的小小建议》。在文章中，他建议穷苦的爱尔兰父母把婴儿卖给英国贵族当食物。其中有不少令人毛骨悚然的描述："营养充足的健康婴儿，在周岁之际，无论用于烧、烤、煎、煮，都是一种味道极佳、营养最高并最有益健康的食物；而且我毫不怀疑，把他们用来做炖肉丁或菜炖肉片也同样合适……婴儿皮可用来做女士的漂亮手套和风雅绅士的凉鞋。"这一讽刺抨击的是统治者的腐败、残酷、荒淫、贪婪，并表达对英国贵族剥削、压迫爱尔兰人民的强烈控诉和抗议。

第三种是梅尼普式讽刺，得名于古希腊讽刺文学家梅尼普（Menippus），它与朱文纳尔式讽刺相似，但不像朱文纳尔式讽刺那样集中火力对付某个单一的目标。梅尼普式讽刺经常以分散攻击的方法对付多个目标。作为一个整体，《格列佛游记》是一部出色而典型的梅尼普式讽刺作品。它一下子讽刺社会的许多方面，没有固定的目标。格列佛这个角色显露斯威夫特多重讽刺意图：小人国里的故事讽刺心胸狭隘、诡计多端的政客和英法战争；大人国里的道德巨人讽刺道德腐败、狂妄自大的人类，也讽刺人类自以为是的骄傲和傲慢；飞岛国里的故事讽刺疯子科学家和空中楼阁的科学；慧骃国代表"完美的自然"，格列佛愿意像马儿一样生活，既讽刺不完美的人类，又讽刺极端愤世嫉俗的格列佛。

我们用西方文学批评的分类来介绍不同类型的讽刺，只是为了讨论的方便，不是说中国没有自己的讽刺作品传统。讽刺作品比其他作品形式更需要一个相对宽松的言论环境。政治动乱的时候，统治权力无暇严厉看管言论，且又出现种种政治黑暗现象，这时候就会有机会出现讽刺作品。例如，在动乱的晚唐时期，中国也出现过政治讽刺文学的高峰。皇帝、宰相与官吏等政治人物，都成为文人笔下讽刺的对象。除抨击昏庸、腐朽的统治者的讽刺诗外，还有大量笔调犀利、尖刻的讽刺小品文出现，主要代表作家有皮日休、陆龟蒙、罗隐等。有评论者称，晚唐小品文"以其辛辣大胆之笔讽刺黑暗现实，借物喻人，托古讽今，以笔作枪，愤激抗争"。不过，这些作品的社会影响都很有限。

明清时期，揭露官场腐败、社会黑暗的小说如《官场现形记》《二十年目睹之怪现状》等，则因讽刺的艺术性不足而被归为"谴责小说"。直到民国时期，中国才出现影响较大的讽刺文学作品。张天翼的短篇名著《华威先生》，用漫画的方式勾画出对上阿谀奉承、对下百般压制的党棍官僚。其幽默含蓄、内蕴深厚的讽刺艺术，颇得一些著名文学批评家的赏识，但1949年后的中国读者则更熟悉他的童话《大林与小林》。

不过，在中国影响最大的，还是鲁迅的杂文。他视杂文为战斗武器。他说，"生存的小品文，必须是匕首，是投枪，能和读者一同杀出一条生存的血路的东西"。梁实秋对鲁迅讽刺杂文的评价是，

"鲁迅先生的文字，极讽刺之能事，他的思想是深刻而毒辣，他的文笔是老练而含蓄。讽刺的文字，在中国新文学里，是很不多见的，这种文字，自有它的美妙，尤其是在现代的中国"。像鲁迅这样的讽刺，今天是不可能存在的。

今天中国人有机会读到的讽刺作品，都是讽而不刺的作品，钱钟书的《围城》就是这样的作品。有人说，钱钟书讽刺的是读书人和女人，也有人说，具体的人物还特有所指，如褚慎明原名家宝，曹禺原名万家宝，所以可能是在讽刺曹禺。不管怎么说，是嘲讽有余，至于有什么社会意义，抨击了什么人性恶习、社会黑暗、政治腐败，那就是微乎其微了。

还有许多不咸不淡的小品，那种所谓的"讽刺"既没有实质的内容，也没有批判的锋芒，纯粹是耍小聪明、尖嘴薄舌、逞口舌之快。甚至还有拿弱势群体和残疾人开涮的，格调十分低下。这是讽刺在中国走上了末路。相比之下，《格列佛游记》在这些方面的批判锋芒则是非常地勇敢和鲜明。

讽刺是一种在政治上特别危险的写作方式，并不是所有的政治制度都能容忍的。讽刺对制度和人性都有特别辛辣的揭示作用。就揭示人性的缺陷和人的无足轻重而言，讽刺与悲剧之间有着一些亲缘关系。但讽刺和悲剧在对待人的局限性上，区别比相似更加重要。悲剧用人的渺小揭示人的高尚一面，而讽刺则很少用人的渺小来激励人的高尚情操。愤世嫉俗的讽刺会太阴暗、太绝望，对整个人类充满轻蔑和愤恨，把人的存在看得滑稽、荒唐和毫无意义。

然而，人虽然渺小，但有理由高尚地存在。《圣经·诗篇》里说："人算什么，你竟顾念他？世人算什么，你竟眷顾他？你叫他比天使微小一点，并赐他荣耀尊贵为冠冕。你派他管理你手所造的，使万物，就是一切的牛羊、田野的兽、空中的鸟、海里的鱼，凡经行海道的，都服在他的脚下"。（8:4-8）人虽然渺小，虽然卑微，但人仍然是万物之首。

莎士比亚《哈姆雷特》第二幕第二场里，哈姆雷特说，虽然人这个泥土塑成的生命算不了什么，但是，"人类是一件多么了不得的杰作！多么高贵的理性！多么伟大的力量！多么优美的仪表！多么文雅的举动！在行为上多么像一个天使！在智慧上多么像一个天神！宇宙的精华！万物的灵长"！同样是渺小的人，《哈姆雷特》里的人跟《格列佛游记》里的人是多么不同啊！

斯威夫特于 1726 年发表《格利佛游记》后，像个隐士般生活，经常被发狂的恐惧念头所困扰，终于在逐渐丧失所有的官能作用之后于 1745 年死于精神病，享年 78 岁。一直到最后，他或许还是希望能够改变自己对人类的愤恨和绝望，在他的坟地上有一块他亲自用拉丁文撰写的墓志铭是这样写的："神学博士乔纳森·斯威夫特的遗体埋葬于此，过去那种炽烈的愤恨再也不会撕裂他的心灵。过路的人啊，如果你能够的话，去效法这曾经尽其全力维护人类自由的人吧。"他毕竟还是希望，后人记住的是他的热爱自由，而不是他的愤世嫉俗。

十一　笛福《瘟疫年纪事》

1. 瘟疫和灾难中人怎么活下来

发表《瘟疫年纪事》（*A Journal of the Plague Year*，1722）的英国作家笛福（Daniel Defoe，1660—1731），一生大起大落，充满戏剧性，要是说起他的故事，恐怕与他的小说一样精彩。可是我们并不知道他一生的所有细节，所以我们叙述他的人生故事，只能大致说一说他一生的主要事件。他出生于英国王政复辟那一年（1660）。父亲詹姆斯·福是个卖牛油烛的商人，笛福后来把自己的姓从"福"改成"笛福"，其实应该翻译成"德福"，德（de）是放在贵族姓氏前的称号，"德福"听起来就有身份多了。

他干过多种职业，有过许多不同的身份：商人、密探、政治记者、宗教和社会讽刺家、诗人、旅行作家、经济学家、品行读物作者以及长篇小说家等。他一生几次破产，1692 年他破产时，因负债17000 镑而被投入监狱，这可是一笔巨款。当时，一个仆役除了吃住之外，一年挣不到 8 镑。但到了 1695 年他作为商人和作家又东山再起，还开了一家砖瓦厂。凡此种种，还有许多其他的故事。

为什么要说他的人生故事呢？因为他是一位总是能在绝境中谋

生，甚至活得还不错的人。他的小说里也大多是这样的人物，他最有名的两部小说是《鲁滨逊漂游记》和《摩尔·弗兰德斯》（*Moll Flanders*）。《鲁滨逊漂游记》可以说是家喻户晓，鲁滨逊·克鲁索在岛上度过 28 年，《摩尔·弗兰德斯》又译成《荡妇自传》，讲的是一个不幸的女人，她为贫穷所迫进行通奸、乱伦和偷窃，不管怎么还是活了下来。《瘟疫》也可以说是这样的故事，瘟疫爆发，夺走千千万万的生命，但还是有人活了下来。

《瘟疫》是一个用第一人称"我"来叙述的故事，叙述人是一个制马鞍的匠人，一个单身汉。我们一直不知道他的名字，直到最后，故事快要结束的时候，才知道他名字的缩写是 H. F.。故事说的是 1665 年伦敦大瘟疫时他的所见所闻。故事是虚构的，但是有许多统计数据、历史资料、图表和政府文件，给人一种真实故事的感觉。

开始，有一些关于从荷兰传入瘟疫的传闻，官方起初还不肯公开疫情的真相，后来随着疫情的扩散，官方开始发布死亡统计，有的教区被感染上，有的还没有。时值冬天，所以瘟疫似乎还不是最厉害的。但是，到了五六月里，死亡的人数开始攀升。H. F. 考虑该不该离开这座城市，几经内心的挣扎，他终于决定留下，以为上帝要他留下。

H. F. 发现，富人正在离开这座城市，而穷人正在受到瘟疫感染的强烈影响。他们生活在恐惧和焦虑之中，只得听命于庸医、算命先生、江湖骗子和占星家，

市政官员对于瘟疫传播采取理性和有组织的应对措施，发布通告和命令，制定规则和条例。市政府组织搜索者、审查员和守望者，他们保护房屋，关闭感染房屋，禁止众人聚集，以防万一进一步扩散。H. F. 认为关闭房屋是不妥的，这么做弊大于利，使被关闭的居民绝望等死，但无助于阻止瘟疫传播，因为想逃出自己房屋的人

总能找到逃脱和欺骗有关人员的办法。

H. F. 讲述许多伦敦人如何受瘟疫煎熬的故事：那些悲伤欲绝的父亲，那些满街乱窜的疯子，那些因为痛苦和悲伤而自己跳进埋葬坑里的人，那些因恐惧而亵渎神灵和咒骂上帝、趁火打劫、掠人财物的恶徒，那些想方设法要逃离城市到别的地方避难的男男女女。

这是伦敦历史上空前的大劫难，但也是一个道德力量得以显示的时刻。有些教区的运尸车几乎通宵奔忙。夜晚的街道上，时而见到满载尸体的运尸车燃着火炬缓缓行进，时而见到黑暗里人群念着祈祷文涌向教堂。宗教的歧视消失了，不少教堂的牧师都逃走了，非国教牧师顶了上来。不同教派的人们摒弃前嫌，在同一个教堂里听取布道。灾难也改变人们的生活：宗教生活让人们变得空前团结和虔诚，就连那些铁石心肠的杀人犯也开始大声忏悔，痛哭流涕对人供认隐瞒已久的罪状。

H. F. 不是一个愤世嫉俗的人，他保持理性。他认为，把瘟疫期间的城市说成一片混乱和疯狂，其实是在传播不真实的谣言。他同情穷人所处的困境，他们虽然身处绝境，但还是有许多同情别人、互相帮助、行善积德的故事。

H. F. 的故事是他写给自己的备忘录，所以故事讲得拉拉杂杂，杂乱无章。他从一件事扯到另外一件事，一遍又一遍地回到他特别在意的一些事情：如关闭房屋是错误的，要想不受瘟疫之害，唯一的方法是逃走。他不断地动摇，又不断地说服自己，他觉得现在自己留在城市里是一个错误的决定，但他又向上帝坦白自己的罪过，乞求上帝的宽恕。他有时候在家里一待就是几天，实在忍受不了了，就跑到街上到处乱走。他一边走，一边想瘟疫的事情：瘟疫到底是怎么传播的，他不相信那些稀奇古怪的解释。他认为，一定是有一些人为的原因，但根本上还是因为上帝要瘟疫发生。

　　瘟疫对城市居民的伤害不仅是肉体上的，也是精神上的。不同的疫情对人的身体会有不同的侵袭，但精神伤害都是差不多的。H. F. 对此有细致的观察和生动且富有同情的描述："有些地区还没有遭受灭顶之灾，但所有人看上去都深怀忧戚；随着我们清清楚楚地看见瘟疫的到来，每个人都把他自己还有他的家庭看作是处在极度危险之中。要做到把这些时刻准确地描述给那些没有看见过的人，告诉读者什么是随处可见的真正恐怖，那就必须给他们的心灵以恰切的印象，让他们充满惊讶。伦敦大可说是整个儿浸泡在泪水里；送丧的人其实并没有在街上走来走去，因为没有人穿黑丧服，或是身着正式礼服，为他们最亲近的朋友默哀；但是哭丧的声音确实从街上听见；妇女和孩子的悲号响彻屋子的门窗，他们挚爱的亲属或许在那里面奄奄一息，要不就是刚刚断气。当我们从街上经过时，屡屡可以听见，连世上最刚强的人听着也会为之心碎。家家户户几乎都见到眼泪和悲叹，尤其是在最初受灾的地区；因为越是到了后来，人的心肠也变硬了，而死亡在他们眼前是如此习以为常，他们对失去朋友也就没有那么多关切了，指望着自己在下一个时刻就要被召去。"

　　H. F. 一面记录发生的事情，一面收集和更新死亡统计。随着疫情的加剧，死亡人数快速增长。好在城市官员能理性地及时处理，街上从未堆积过超过数十具尸体，生活物资的供应也还能维持，还采取帮助穷人的慈善措施。不幸的是，与外贸有关的商业活动停止了，一下子难以恢复。

　　H. F. 用一种显得非常客观、可靠的方式记录具体地点的死亡数字，让读者感觉到他在运用一种写实的叙述方式。他是这样记叙的："单单在这一周，从七月四日到十一日，那个时候，正如我已经注意到的那样，仅仅在菲尔兹的圣马丁和菲尔兹的圣迦尔斯这两个教区，有近 400 人死于瘟疫，在埃尔德盖特教区只有 4 个，在怀特夏普尔教区是 3 个，在斯台普涅教区只有 1 个。同样在下一周，从七月十一日到十八日，当时的《每周统计表》上是 1761 个，而在索斯沃克整个河滨地区死于瘟疫的却不超过 16 个。"他以同样冷静的语调继续记叙道："但是事情的这种面貌很快就改观了，尤其是在克里普尔盖特教区，还有在科勒肯威尔，它开始变得严重起来；因此，到了八月的第二周，单是克里普尔盖特教区，埋掉了 886 个，而科勒肯威尔是 155 个。前者有 850 个，大可算作是死于瘟疫；而后者，《统计表》自己说，145 个是死于瘟疫。"

到了 9 月里，瘟疫到了最厉害的时候，但最后死亡统计的数字开始下降，显示瘟疫正在减轻。受感染的人越来越少，生病的人也恢复得越来越快。一段时间以来，这些公共信息似乎在帮倒忙，因为那些注意死亡统计的人以为瘟疫已经在消失，他们变得粗心大意，这样反而助长瘟疫的进一步传播。幸好瘟疫消失的势头没有受到影响，瘟疫终于过去。H. F. 发现，许多人真心地感谢自己得到拯救，决心重新做人，重新生活，变得比以前更好一些。但大多数人很快就好了伤疤忘了疼，又过上了以前那种习惯的有罪的生活方式，就像在灾难的磨炼中什么也没有学到一样。H. F. 用一小段歌词结束他的叙述，他很幸运地活了下来。他写道："我要结束这一部悲惨之年的记录，为此而用上我自己的一个粗糙却是诚实的节段，我把它放在我普通备忘录的结尾，它们写于同一年：

伦敦发生一场可怕的瘟疫，
在 1665 年
把十万人的生命一扫而光，
而我却活了下来！"

在这个关于瘟疫的故事里，笛福特别感兴趣的是，人在压力巨大的境遇中，甚至在面临完全绝望的灾难境遇时如何活下来，如何以自己的行动来改变这样的境遇，或者至少在其中找到活路。这是他在其他作品中一再探讨的一个文学主题，也是一个对我们具有普遍意义的人生主题。

向死而生的主题在许多其他关于灾难的文学作品中也不断出现，并得到更新。有两个例子我想在这里提一下，因为它们与我在后面讲到的内容有关，一个例子是加缪的《瘟疫》，另一个例子是维赛尔（Elie Wiesel）的《夜》（Night）。加缪的《鼠疫》看起来也是一个关于鼠疫的故事，但隐喻的是第二次世界大战时期法国人生活在纳粹法西斯统治下的那场灾难。在笛福那里，瘟疫基本上是天灾，但在加缪那里，瘟疫隐喻的是人祸，人祸才是加缪关注的灾难。在德国纳粹大屠杀幸存者的维赛尔那里，人祸就更明显了，他的《夜》讲述的就是在纳粹死亡集中营里的事情。

在故事讲述方式上，加缪的《鼠疫》和维赛尔的《夜》都与笛福的《瘟疫年纪事》有重要的相似，也有重要的不同，可以帮助我们更好地理解《瘟疫年纪事》在文学和灾难叙述史上的独特价值与意义。

《瘟疫年纪事》写的是历史上真实发生过的事情，经历过这场瘟疫的人们是如何在灾难发生时挣扎着找活路的呢？是如何存活下来的呢？可以用历史研究来回答这样的问题，也可以用文学想象的方式来回答这个问题。笛福没有简单地选择这两种方式中的一种，而是创造了一种在历史和小说之外的描述方式，我们姑且称此为"纪实"。

笛福创造的表现方式不是在历史和小说之间，而是在历史和小说之外。"之间"形成的是历史小说，而"之外"形成的则是纪实文学。历史小说是历史与虚构的混合，而纪实文学则是一种不是历史但也不是小说的另类写作。

作为一种文学写作样式，我们可能会从它联想到中国的"报告文学"。刘宾雁和徐迟是中国具有代表性的报告文学作家，在"文革"之后因他们的报告文学才负有盛名。但是，在西方文学传统里并没有报告文学这一说，报告文学翻译成英语是 reportage。这是一种新闻写作方式，不算是文学形式，因此不能拿中国特有的报告文学去理解像《瘟疫年纪事》这样的作品。

对《瘟疫年纪事》《鼠疫》和《夜》这样的作品，有一个专门的名称，叫作"见证叙述"（witness narrative）。

2. 见证叙述，灾难见证的个人责任

笛福开创了一种灾难见证叙述的新写作形式，它有真实历史的部分，但又有文学虚构的成分。20 世纪是一个灾难深重的时代。这是一个极权主义猖獗的时代，人类遭受前所未有的各种灾难，不只是天灾，更是人祸。20 世纪出现很多灾难见证叙述，见证叙述本身也带来人们至今仍在持续思考的许多问题：为什么要为灾难见证？灾难见证是灾难幸存者怎样的道德责任？我们可以或应该如何看待灾难见证？见证叙述有什么特征？历史纪实与文学艺术表现孰轻孰重？非艺术甚至粗糙的表现手法会不会影响见证叙述的价值或质量？等等。

笛福的《瘟疫年纪事》当然不可能回答所有这些问题，但他在作品中对历史和文学艺术关系的处理却对今天人们回答这些问题富有启发的价值。

刚出版的时候，有读者把《瘟疫年纪事》当历史记载来读，因为书里的叙述者是 H. F.，而直到书的最后才暗示这位叙述者是真有其人，是可以考证的。H. F. 是笛福的叔叔 Henry Foe。书里的事情

是 1665 年的大瘟疫，也是实有其事。书里还有实实在在的官方《死亡统计表》，教区每周发布一次。叙述人 H. F. 提到的不同街道、建筑、教堂、酒馆、客栈、房屋、村庄、路标等，就有 170 余处，都是实实在在的地方。

但是，更多的读者把《瘟疫年纪事》当小说来读，因为书里有许多生动的细节描述，营造和烘托瘟疫时变化莫测的恐怖气氛。辛西娅·沃尔在该书（Cynthia Wall, ed., *A Journal of the Plague Year*, Penguin Classics, 2003）的导言里，特别提到笛福在书里对伦敦街道的描绘，在历史记载里这完全是可以省略的。那时候的伦敦，仅有的照明物是灯笼，从日落到夜间，户主们要将灯笼张挂出来，但他们并不总是这么做。整个城市没有灯光，没有指示牌，没有标志，甚至没有门牌号码。小说通篇都是在叙述 H. F. "在街上不停地游来荡去，但并不是为了查明逃跑路线，他已经熟悉这些街道，因此能够非常、非常具体地描画这场瘟疫的进程。如此一来，对于他，还有其他伦敦人来说，正是对街道的了如指掌，使得他们对瘟疫的蹂躏感到更为恐怖：瘟疫使已知之物成为未知"。在瘟疫来袭的时候，已知的变成未知的，可以预测的变得不可预测，熟悉的世界变得陌生，到处潜伏着杀机，鬼影幢幢，只有文学才能描述这样的恐怖。

那么，笛福为什么要写《瘟疫年纪事》这本书呢？是为了施展他的文学才能，还是有别的目的？他为什么要用 1665 年的瘟疫来做书的题材呢？

有学者认为，笛福是想为 1771 年的可能疫情做某种准备。那一年从法国马赛传来瘟疫的消息，所以《瘟疫年纪事》这部以 1665 年瘟疫事实为题材的作品，便是为了让伦敦人为潜在的瘟疫爆发做好准备。书里的建议和事实信息可以缓解在伦敦可能发生的普遍恐慌。笛福还就瘟疫的话题写过一篇较小的非小说类作品：《瘟疫的准备工作》（*Due Preparation for the Plague*，1722）。所以有学者推测，笛福是为了支持当时英国政府禁止与有疫情的国家继续贸易，他认为隔离有助于制止瘟疫的发生。

《瘟疫年纪事》可能是要提醒伦敦居民，在瘟疫发生时要保持理性、坚忍和忍耐，伦敦有这方面的先例和经验。文学评论家曼努埃尔·索恩霍恩写道，《瘟疫年纪事》"是一个灾难见证，它平静又真实，见证的是当规模空前的大灾难发生时，一座城市胜利地挺了过来。在整个体验中，笛福的伦敦成功地表现它的卓越品质"。[1] 索恩霍恩所强调的正是《瘟疫年纪事》一书的积极见证作用。

对今天的读者来说，《瘟疫年纪事》的叙述者见证的那些事情：苦难、灾难时的人性、同情穷人、深不可测的天机、有限的政府权威、宗教的意义，这些都是永恒的文学主题。

H. F. 见证许许多多苦难的事情，肉体的和精神的苦难，这是绝望、痛苦、悲伤境遇下的普遍苦难。肉体的苦难令人难熬，病患者的身体上长出肿块，变得坚硬，肿胀得疼痛不堪，但却怎么也不肯自动溃烂。患者发疯似的想戳破或烧破肿块，有人疼痛得满街乱跑，疯狂地大声嚎叫，有的人自杀，有的人跳进粪坑。精神的痛苦更是让人痛不欲生，父母失去孩子，孩子失去父母，天人两隔的离别让人锥心刺骨。

H. F. 见证人性在灾难面前经受的考验，他收集许多故事、传闻和所见所闻。他不仅记录下有些人的癫狂、失德和邪恶，也记录下更多人的友爱、坚忍、怜悯、同情和慷慨。他承认，他听到的一些人性堕落和崩溃的故事也许是真的，但他相信更多的人不是这样。他更关注的是人们如何在苦难中重新找到生命和受难的意义，如何帮助别人、向上帝真心诚意地坦诚自己的罪孽，真诚地为亲人悲伤。他们没有变成暴民，也没有完全瓦解成混乱。他们并没有完全放弃

1 Manuel Schonhorn, "Defoe's Journal of the Plague Year Topography and Intention," *The Review of English Studies*, Vol. 19, No. 76, 1968, 387-402.

对上帝或美德的信仰。他们以意志、耐力和耐心的力量战胜可怕的灾难。

H. F. 的见证中包含着对穷人的同情。每当爆发灾难，许多人最害怕的就是穷人，害怕穷人变成暴民，害怕他们铤而走险，打家劫舍，滥杀无辜，像洪水猛兽般冲垮一切文明的秩序。统治权力的所有"维护稳定秩序"都是担忧这种暴民恐怖来煽动民众情绪。但是，故事叙述者不是这样看待穷人的。他对穷人充满理解和同情，可怜他们因为瘟疫而失去生计，一家人跟着挨饿。尽管他看到穷人愚昧、无知、听信于庸医和骗子，但他不相信所有的穷人骨子里都是群氓和暴民。确实有穷人袭击看夜人，或者赤身露体在街上有伤风化，但那些都是普通人会犯的错，不是只有穷人才干得出来的事情。

H. F. 还见证深不可测的天机和命运弄人。瘟疫的来龙去脉和每一个细节都让人摸不着头脑，找不出头绪。关于瘟疫起源的解释大多都是谣言，谁也弄不清瘟疫是怎么进入这个城市，又是如何传播开来的。有人认为是呼吸传染，有人认为是因为接触病人的床上用品或衣服。医生不能确定如何去判断一个人是否已经感染或已经感染多久，也不知道什么是最佳的治疗方法，一切都是在匆匆忙忙的混乱中摸索。

通常病人得了病也不知道，知道的时候已经病入膏肓，因此很多人一直在不知不觉地传播瘟疫。有时候，病人倒毙在街道上，临终都不知道是怎么死的。 人们提出各种各样关于得病的理论；大多非常荒谬离谱，有的说，对着鸡蛋呼气，如果鸡蛋变质，那人就是得了病。

人们弄不清瘟疫到底是人祸还是天意。许多人简单地断定瘟疫直接来自上帝，是对人罪恶的神圣报应，但又有许多如何保护自己免受瘟疫的理论。有人随时都会把大蒜含在嘴里，还有人则把醋洒在头上。没有人确切知道如何避免将瘟疫传染给他们的亲人。瘟疫快结束时，因为根本无所适从，所以许多人自暴自弃，索性什么措施都不采取。他们因为没有办法确定自己的行为是否有帮助，所以索性什么都不管。所以，命运弄人的想法是危险的，它会强化瘟疫的威胁。

H. F. 在称赞城市管理部门和牧师们努力抗疫的同时，最关心和同情的还是穷人的生存状态。有钱人早早逃离疫区，穷人无处可以去，是陷入绝境的主要人群。他们因为无知、轻信和易骗而相信各种各样"空口说白话的家伙"。他们"热衷于江湖郎中和江湖骗子，还有法师术士和算命先生"，趋之若鹜，甚至到了疯狂的地步。他们相信口含大蒜就能祛病，相信各种秘方草药，"不假思索地把毒药当作药品吞下，用死亡代替生命"。

他们的钱被骗光，"然后他们的恐惧便以另一种样子发作，换言之，是惊诧莫名，呆若木鸡，不知道该采取什么方针，或者说不知该如何是好"。他们完全没有自救的知识和能力，只会"跑来跑去，从一户邻居家里跑到另一户邻居家里；甚至在大街上，从一扇门跑到另一扇门，嘴里不停地号叫着，上帝对我们发发慈悲吧，我们该怎么办呀？"。

H. F. 很清楚，有些人爱以一种窥探的心思去读穷人的遭遇和不幸，不是因为真的对穷人有什么同情，而是为了向自己证明，不是穷人的他们是多么幸运、多么幸福。这是一种非常普遍的比下才能觉得有余的幸灾乐祸心理。但是，H. F. 还是觉得自己有记录穷人窘境的责任，"其实，那些穷人单单在一桩事情上是让人同情的，他们在那里没有或者少有得到解救，而我很想以严肃的敬畏和反思把它记录下来；而说不定，大家读了之后，不会觉得它津津有味"。

吊诡的是，瘟疫这场灾难却又似乎对不少人有灵魂拷打和忏悔罪过的作用，这也可以说是人之将死其言也善的效果吧。巨大的灾难和死亡的恐惧让人们感觉到末日审判已经来临，"朝他们的屋里，还有卧室望一望，然后仔细看一看他们的脸：虽说或许是有着某种心灵的愚笨和呆滞，而事实上就是这样，极大的愚笨和呆滞；却是有着某种极大的真正的惊慌，潜入他们灵魂的最深处"。"许多的良心惊醒了，许多的铁石心肠溶化成泪水，许多忏悔者的告白是由长久隐瞒的罪行所组成。听到许多绝望之人的那种垂死呻吟，又没有人敢走近去安慰他们，这会让任何一位基督徒的灵魂为之撕裂；许多的强盗，许多的杀人犯，那个时候大声忏悔，而没有人活着把这些事情记录下来。我们从街上经过时甚至都能够听到人们，通过耶稣基督呼喊上帝大发慈悲，并且说，我是一个窃贼，我是一个通奸犯，我是一个杀人犯，等等之类。没有人敢停下脚步，对这类事情发出一点点询问，或是对这些可怜人施与安慰，他们因此在灵魂和肉体的惨痛中大声悲呼。"这是 H. F. 见证的一部分人性。

当然，这也只是《瘟疫年纪事》见证的一小部分，它还见证什么别的，在这里当然不可能一一详述。灾难见证涉及的内容和议题需要你自己细心去体会，也需要你对那些见证的内容先已经有了某种程度的关心。见证者有责任揭示灾难对人性的摧残和扭曲作用，这是灾难所能造成的最大灾难。但是，见证者也需要让人保持活下去的信念，不只是苟活，而且还要尽可能有意义有良知地活下去。

《瘟疫年纪事》可以说就是这样的见证。这是一部小说，但不是一般的虚构作品。由于它的题材是历史上发生过的瘟疫灾难，而这种灾难还会以其他形式出现，所以它也就具有超脱一般小说故事的意义，也使它一直受到许多其他作家的推崇。1830 年，英国作家威廉·哈兹利特（William Hazlit，1778—1830）评论这部作品时说，它有史诗般宏伟的风格和内容，还有一种令人心碎的熟悉感。各种天灾人祸虽然不同，但总给人一种似曾相识的感觉。另一位英国著名作家沃尔特·斯科特（Walter Scott，1771—1832）爵士说，就算笛福没有写过《鲁滨逊漂流记》，他的《瘟疫年纪事》也让人看到一位不朽的天才。20 世纪 60 年代，安东尼·伯吉斯（Anthony Burgess，1917—1993）在为《瘟疫年纪事》所写的序言里认为，这本书给读者的"真实是双重的：它具有认真严谨的历史真实，但还有更深层的来自想象创造性的真实"。[1]

其实还不只这些，笛福的这本书对我们了解一些揭示 20 世纪极权主义灾难的著作，如加缪的《鼠疫》、维赛尔的《夜》都还有重要的启发作用。

3. 天灾和人祸的灾难记忆

大概是 2009 年或 2010 年，有一天我收到一封来自陌生人的电子邮件。来信人告诉我，他读了我的《人以什么理由来记忆》一书，知道我关心灾难记忆问题，想要告诉我一些关于他自己的不幸遭遇。他告诉我说，他在牢狱中度过 10 年，写下一部记录自己经历的作品，问我是否愿意读一读。我的第一反应是，这是一部纪实作品，因此我立刻答复说：行。于是他寄给我一本足足有好几百页的《孤独的咒语》。我阅读了他的作品，发现并不是我所期待的那种纪实作品。我的感觉是，作品中似乎有太多虚构的东西，正如这位来信者后来向我说明的，这是一部"纪实小说"。

我感到有些失望，就给作者打电话，告诉他我的想法。我对他说，读了他的自我介绍之后，我对他的作品便有了一种期待，我期

---

1 A Journal of the Plague Year Study Guide | Grade Saver. Daniel Defoe, *A Journal of the Plague Year*. ed., Christopher Bristow. Anthony Burgess（Introducer），Penguin English Library, 1966.

待这是一部纪实的幸存作品。结果我读到的却是一部"小说",而且是一部有意用技巧和手法来取胜的小说。虽然我并不怀疑书中情节、人物的真实性,但我觉得作者是在以幸存者的身份说了许多别人的故事,而没有集中地说出他自己的故事,没有让他自己的经历和声音贯穿在整个叙述之中,确实太可惜了。

我建议他先把别人的故事放到一边,而单单把他自己的故事整理出二三十万字来,然后另外再写别人的事情不迟。这就像纳粹集中营幸存者,美国社会活动家和作家埃利·维赛尔先有纪实作品《夜》,然而再有别的作品那样。

维赛尔出版过 80 多本著作,《夜》这本书是他其他著作的核心,因为只有这本书才是他的亲身经历纪实。维赛尔其他的书,包括"夜"三部曲本中的另外两部《黎明》和《白昼》,尽管也都"真实",但如他自己所说,都只是《夜》的"评注"。今天,"文革"的幸存者,那些像这位作家一心一意要把自己的经历用文字保存下来的幸存者,是越来越稀少。因此,幸存叙述者的那个"我"和"我的故事"就越发成为一种宝贵的写作资源。

我觉得,用小说这个形式来讲述"文革"故事,没有亲身经历者也完全可以去做,但纪实叙述却非亲身经历者来做不可,这是亲身经历者特殊的见证资格,以特殊的资格去做一件无须这一资格也能做的事情,在我看来是一种浪费。由于用原本十分真实的"我"和"我的故事"来写小说,而且由于叙述混合运用第一人称和第三人称角度,给人"虚构"的感觉,那就更是令人遗憾。

不少《瘟疫年纪事》的读者也曾有过类似的感觉,他们期待阅读一本历史性的"纪实",但发现是一本"小说",期待的落差甚至让他们觉得自己受到欺骗。十七八世纪英国作家约瑟夫·艾迪生(Joseph Addison,1672—1719)称笛福是"一个虚假、善变、推诿的坏蛋"。一位同时代作家说笛福是"伪造故事、骗世人说是真实情况的大师"。19世纪给笛福写传记的苏格兰作家威廉·明托（William Minto，1845—1893）说，"他是一个了不起的、真正了不起的说谎者，也许是有史以来最大的骗子"。[1]

这样的看法当然未必公正。后来有研究者发现，《瘟疫年纪事》中许多看上去是编造的事情，其实都是真实的。1919年，年轻学者尼科尔森（Watson Nicholson）写了一本书，考证《瘟疫年纪事》里的资料来源，叫《笛福〈瘟疫年纪事〉的历史资料》（*The Historical Sources of Defoe's Journal of the Plague Year*, Stratford Co. edition）。尼科尔森通过研究发现，当时人们把《瘟疫年纪事》想当然地当小说来读，可能是错误的。他认为，有"充分证据"可以证明笛福这部"想象性的杰作"是完全真实的，"《瘟疫年纪事》没有一处主要的说法是没有历史事实基础的"。笛福的确对事情加以润色处理，但即便如此，"在叙述中采用第一人称，在任何意义上都不会干扰所记录事实的真实性"。

在灾难叙述中，如果叙述者是灾难的亲历者，而他的叙述中运用的又是第一人称，那么这样可以增强叙述的可信度，就像我在前面评论《孤独的咒语》叙述者时所说的那样。但是，笛福并不是1665年伦敦瘟疫的当事人，当时他才5岁，而且人不在伦敦。为了达到增强叙述可信度的目的，他运用第一人称的叙述者，只是在最后一刻才暗示，这个"我"其实是他的叔叔亨利·福。读者于是知道这个"我"是假的，这反过来其实是损害《瘟疫年纪事》的真实可信度。恰恰是这一点，造成对笛福相当两极化的评论。这确实是一个教训。

许多后来的灾难叙述作家看来都吸取了笛福的这个教训，他们在运用第一人称叙述者时特别小心谨慎。例如，加缪的《鼠疫》是

1　Quoted from Nicholson Baker "'The Greatest Liar'：Is Defoe's *A Journal of the Plague Year* a Work of Journalism?" 'The Greatest Liar' - Columbia Journalism Review（cjr.org）.

用第三人称来叙述的，直到最后才让读者知道，这个叙述者是书里的里约医生。《鼠疫》是一部小说，这是没有疑问的。维赛尔的《夜》是用第一人称叙述的，故事里的事情都是发生在维赛尔自己身上的。在杨显惠《夹边沟记事》和《告别夹边沟》里，他用的是第三人称的视角，因为他不是当事人。其实，在灾难叙述中，不用第一人称的叙述者，如果说不能增强可信度的话，至少也不会被人指责为"造假"或"伪造"。

灾难叙述中的身份造假不仅会弄巧成拙，而且甚至会让造假者身败名裂。1995 年在德国出版一本题为《片段》（Bruchstucke）的书。这是一部回忆录，讲述一个犹太孩子在犹太圈禁区和纳粹死亡集中营的苦难经历。书的作者是一位第一次写作的瑞士人，名叫本杰明·维克米斯基（Benjamin Wilkomirski）。

《片段》一出版，立刻受到普遍好评，被认为又一部幸存者灾难叙述的名著。《片段》以一个四五岁孩子的口吻叙述犹太人在大屠杀中的遭遇，作者说这个孩子就是他自己。《片段》很快就被翻译成十几种文字，也受到国际评论界的广泛注意。在英国，它获得"犹太书籍国家大奖"（National Jewish Book Award）。作者成为公共媒体竞相邀请的人物，在不止一个国家的电视台上亮相，参加许多朗诵他作品的表演会，并由美国大屠杀纪念馆赞助在美国巡回演讲。后来发现，作者的这个大屠杀幸存者身份是假的。他落下一个"记忆窃贼"的骂名，从此销声匿迹。

《瘟疫年纪事》的情况与《片段》毕竟还不一样，因为书在最后落款的是 H. F.，而不是笛福本人。所以，笛福不能算是欺骗，他只是巧妙地运用一种文学手法而已。也正因如此，我们把《瘟疫年纪事》当文学作品而非纪实作品来阅读。这和我们阅读 20 世纪极权灾难幸存者的纪实作品是不同的。意大利作家、大屠杀幸存者普里默·莱维说，他的《这是不是个人》中"没有任何事实是虚构臆造的"。[1] 在回答"为什么你只讨论德国集中营，而不谈及苏联集中营"这个问题时，莱维说，"我更愿意充当一位证人，而不是法官"，而作为一位证人，"我只能见证我亲身经历和目睹的事情"。他特别强调："我的书不是历史书籍。在撰写这些书籍时，我严格地将自己限制于只报道我亲身经历的事情，而摒除我之后从书籍或报纸上读到的故事。"[2]

与莱维这样的纪实作品一个不同的是，笛福《瘟疫年纪事》讲的是天灾，而不是像纳粹迫害和杀害犹太人那种人祸。为了保存真实的极权人祸灾难记忆，作者应该特别避免用虚构代替事实。真实是灾难叙述者和灾难记忆共同的伦理原则，也因为真实才能有现实的警世作用。

在所有的天灾中，瘟疫是比较特别的。瘟疫不同于地震、台风、火山爆发、海啸这样的天灾，后面的这种天灾是突然发生的，无论后果多么严重，从性质上说都是突然发生，也突然结束。瘟疫不同，瘟疫是一个过程，从爆发、扩散到遏制，都有人的因素在起作用，如果哪一个环节有人为的延误或不当处理，瘟疫也就成为人祸。

就危害而言，天灾有限，而人祸无穷，政治人祸更是如此。20世纪极权统治造成的人祸，事情虽发生在几十年前，但许多严重后果一直延续到今天。例如，如何记忆纳粹罪行，如何记忆苏联的古拉格，这些仍然是在考验德国人和俄国人的创伤性问题，即使在二战中第一和第二代加害者和受害者死去之后，他们的第三代、第四代仍然丢不掉这个记忆的包袱。记忆和见证叙事与对历史的理论总结是不同的，它们最生动最重要的载体就是文学。正如加缪在《自由的证人》（*Freedom's Witness*）中所说：理论使世界变得

---

1 普里默·莱维著，沈萼梅译，《这是不是个人》，人民文学出版社，2016年，"作者前言"，第 2 页。
2 普里默·莱维著，杨晨光译，《再度觉醒》，外语教学与研究出版社，2016年，第 237 页。

抽象，不再具备生动、鲜活、具体的形态，蜕化为意识形态和抽象法则的附庸。被这种"理论"主导的历史，失去想象人祸和见证人道灾难的能力。与之相反，保持大量灾难细节的记忆和见证是一种与历史知识、抽象理念不同的"有血有肉的历史见证"（historical eyewitnessing in the flesh）。通过一个个活生生的个体生命的毁灭故事，记忆和见证戳穿被意识形态美化的杀戮和暴力，暴露其残忍和欺骗（比如纳粹所宣扬的"优化人种"，消灭人类机体中的"害虫""细菌"，等等）。[1]

　　人祸的灾难记忆比天灾记忆更为重要，也更具有深远的后代教育意义。记忆不是为了沉湎于过去的苦难和痛苦，而是为了避免历史重演，走出历史灾难的阴影，实现社会和解和进步。记住过去的灾难和创伤不是要算账还债，更不是要以牙还牙，而是为了厘清历史的是非对错，帮助建立正义的新社会关系。真实的记忆促成对历史的过错道歉，目的不是追溯施害者的罪行责任，而是以全社会的名义承诺，永远不再犯以前的过错。从将近 300 年前的笛福到今天的灾难叙述作家，人们对灾难和记忆都有了更多、更深入的认识，这是一个值得庆幸的历史进步。

1　Shoshana Felman & Dori Laub, *Testimony: Crises of Witnessing in Literature, Psychology and History*, Routledge, 1992, 108.

十二 艾迪生《旁观者》

1.随笔的幽默品位和轻松说教

我们现在开始要讲的这位是英国十七八世纪的作家约瑟夫·艾迪生，也许是这个启蒙课程中你比较不熟悉的但却是一位非常独特也是当时非常重要的作家，他在18世纪的影响力几乎是我们今天难以想象的。

约瑟夫·艾迪生出生于英格兰威尔特郡的米尔斯顿。他14岁那年开始就读于著名的查特豪斯（Charterhouse）学校，其校友包括神学家约翰·卫斯理（John Wesley，1703—1791）和小说家威廉·萨克雷（William Thackeray，1811—1863）。正是在查特豪斯，艾迪生首先认识了理查德·斯蒂尔（Richard Steele，1672—1729）。从那里他去了牛津大学，并于1693年完成文学硕士学业。1695年，艾迪生给威廉三世写了一首诗，引起有影响力的政治家的注意，使他们看到这位年轻学者的巨大潜力。他获得300英镑的资助，使其能够在欧洲旅行。

艾迪生返回伦敦后，加入政治家和文学家的"小猫俱乐部"（Kit-Cat Club），成员包括理查德·斯蒂尔、剧作家威廉·康格里夫

（William Congreve，1670—1729）、戏剧家和建筑师约翰·范布勒爵士（Sir John Vanbrugh，1664—1726）和未来首相罗伯特·沃波尔爵士（Robert Walpole，1676—1745）。

1708 年，艾迪生被选为国会议员。同年，他成为爱尔兰事务大臣。在爱尔兰期间，他开始为斯蒂尔的报纸《塔特勒》撰稿，它的最后一期出到 1711 年 1 月 2 日，共 271 期，艾迪生为其中 40 期供稿。两个月后，他和斯蒂尔共同推出《旁观者》（Spectator），继续写随笔，还创作了著名的悲剧《加图》。艾迪生于 1719 年 6 月 17 日去世，享年 48 岁，安葬于威斯敏斯特大教堂。

艾迪生的戏剧名著是《加图》，我们在讲普鲁塔克的《小加图传》时已经提到过。小加图是罗马共和晚期的政治家，他在北非抵抗恺撒的反共和军队，兵败后自杀身亡。《加图》一剧于 1713 年在英国首次上演，引起极大震动，影响经久不衰。1777 年 9 月，美国革命已经爆发，英军成功反扑，美军逃离费城，以逃避英国人对这座城市的占领。华盛顿率领 12000 人的军队进入位于费城西北约 18 英里的福吉谷（Valley Forge）的冬季营地。这是美国革命生死存亡的时刻。为了鼓舞低迷的士气，华盛顿让军中演出《加图》一剧。

今天，人们记得艾迪生的不只是《加图》一剧，而且还有他的随笔作品，这些随笔深刻地影响启蒙时代英国的文化生态和氛围。

随笔这种写作体裁并非艾迪生所发明，但他却把随笔变成一种公共写作的形式。16 世纪的法国作家蒙田是第一个写随笔的，他写作的是私人随笔。在他之后，随笔渐渐成为法国和英国的一种主要文学创作体裁。18 世纪之后的英国随笔又特别对 20 世纪三四十年代的中国文学产生过影响。林语堂、梁实秋等作家大力提倡这种文学创作形式，称之为"小品"。林语堂因其"小品"而被称为独步文坛的幽默大师。当然，也有人认为小品是不入流的文学。对于喜爱小品的人们来说，豁达、闲适、温文尔雅的散文不仅是一种创作形式，也是一种人生态度，在蒙田和艾迪生那里是如此，在林语堂那里也是如此。

英国人对随笔的喜爱恐怕超过世界上任何一个国家，这大概与英国人的幽默而绅士气质有关。所谓绅士气质，其实也就是现代的公民文明。当然，英国人并不天生就有这样的公民文明气质。艾迪生在 18 世纪初用随笔写作来影响英国的中产阶级读者，正是为了开启和培养英国人的这种气质。他的随笔不仅本身有一种令人容易亲近的君子风范和绅士气质，温和而又幽默，而且他的随笔题材也大多与如何培养优雅的文化品位、趣味和鉴赏力有关。当下有人倡导国人培养"贵族精神"，我认为不必要，也没有现实的可能，倒不如培养公民的文明素养和气质，而这正可以从文明说话和说理开始。

艾迪生通过随笔的写作对改善英国人的文化素养和品位做出了不凡的贡献。剑桥大学历史学家劳伦斯·克莱因（Lawrence E. Klein）在《18 世纪文化中的约瑟夫·艾迪生》一文中写道："在 18 世纪，艾迪生是任何一个识字的人都不会不知道的作家。不仅如此，艾迪生这个人在英国文化中占有重要的甚至是标志性的位置。他是双重意义上的'文化英雄'。他受人瞩目是因为他的文化贡献（不只是因为他的作品）。他不同于那些行动的英雄，那些受人瞩目的将军和海军上将。艾迪生就像莎士比亚和牛顿，他们都是通过著作而做出特殊的贡献，但不止于此，他们还代表英国的文化价值。艾迪生也是莎士比亚和牛顿这样的人物。"[1]

艾迪生的随笔对英国文化有多重要，从哲学家休谟对艾迪生的称赞和休谟自己的成功之道就能端详一二。休谟说："当洛克完全被人遗忘时，人们也许会很高兴地阅读艾迪生。"休谟的第一部重

---

1 Addisonian Afterlives: Joseph Addison in Eighteenth-Century Culture, *Journal for Eighteenth-Century Studies*, Volume 35, Number 1, 1 March 2012, 101-118.

要著作《人性论》出版后，完全被读者冷落，他非常沮丧，痛定思痛，他悟出一个道理——《人性论》的失败完全肇因于其文风和形式，英国读者压根就不喜欢那种正儿八经的哲学论文。自从艾迪生的作品走红之后，随笔已经成为在英国最受欢迎的文学样式，所以论文的写作形式也就不受读者待见。

休谟这么想不是没有道理的，早在 1725 年，英国作家艾萨克·瓦特博士（Dr Isaac Watts）就悲叹道："现在我们更多地关注随笔，并极不合理地藐视系统性的知识，但我们的父辈们却能赏识规范和体系的写作。正如现在流行八开本一样，那时候流行的是对开本和四开本。"

休谟于是用随笔的形式写了他的《道德、政治和文学随笔》（Essays, Moral, Political, and Literary，1741），当作一种文学实验，旨在重铸时运不济的《人性论》的哲学。这种更为通俗的文体形式果然让休谟收到更好的效果。随笔写作的试验成功了，而由于公众的认可和称许，休谟恢复自信，确信自己是一位真正的文章高手。他在《我的自传》中得意扬扬地写道："1742 年，我在爱丁堡印行我的《随笔》的第一部分。这部著作颇受人欢迎，所以不久我就将此前的挫折完全抛之脑后。"

1742 年 1 月，休谟《道德、政治和文学随笔》第二卷在爱丁堡面世，反响很好。他满心欢喜。他在 6 月 13 日给亨利·霍姆的信中写道，"我所认识的两位英格兰绅士来信告诉我，我的《随笔》在伦敦已销售一空，但仍有人求购。其中的一位绅士告诉我，圣保罗大教堂庭院的一位大书商担心它再不出新版，因为那样的话，他就无法向求购的顾客交代。有人还告诉我：巴特勒博士逢人便推荐这本《随笔》。所以我希望它们都能获得一定的成功。时间可以证明：它们就像是糖衣炮弹（Dung with Marle），可以使我余下的哲学走得更远，我余下的哲学显然更能经受时间的考验而垂之久远，尽管就其本性而言，它更粗粝、更棘手（a harder and stubborn nature）"。[1]

休谟的哲学观点在当时被怀疑是无神论异端邪说，但是，由于他巧妙地用随笔这种讨人喜欢的写作形式来加以包装，裹上温文尔雅的"糖衣"，就连那些不赞同他观点的英国读者也都能欢欢喜喜地接受。而对这些英国读者进行过文学趣味和文化素质调教的，正是那位了不起的随笔高手艾迪生。

艾迪生随笔起先是在与斯蒂尔合作的《塔特勒》（The Tatler，意为"饶舌者"）杂志上发表的。《塔特勒》是一份每周出3次的文学和社会小报——当时的报纸也称为"杂志"（journal）——由理查德·斯蒂尔于1709年创办，出版了两年。这是一个典型的咖啡馆文化刊物。就像"饶舌者"这个名字暗示的那样，此刊物刊登的是伦敦多家咖啡馆听到的新闻和八卦（实际上是真实的八卦与自创故事的混合），不谈政治，只论风俗和时闻，相当受到当时中产阶级读者的喜欢。它还有一个启蒙的目标，那就是，用斯蒂尔的话来说，"指导绅士们，主要是那些有情感热情但理智疲弱的人……该如何思考"。

1711年，《塔特勒》停刊后，艾迪生创办他自己的《旁观者》，斯蒂尔继续与他合作。《旁观者》改为每日出版（星期日除外），每一期都有编号，每期刊登一篇2500字左右的随笔。从1711年3月1日至1712年12月6日共出版了555期，并于1714年短暂复刊80期。每一期都有一个主题，有的主题可延续数期，以便详细谈论。它所刊的随笔趣味盎然、信息丰富，而且还在道德和美学上提供教育和指导的意见。这种随笔式的讨论吸引众多来自新富裕阶层的读者，他们受过一些文学教育，品位不俗，喜欢《旁观者》对论题的

---

1 欧内斯特·C.莫斯纳，周保巍译，《大卫·休谟传》，浙江大学出版社，2017年，第154、155页。

轻松处理和柔性说服方式，他们对同论题的冗长专门论述却全然没有耐心，也没有兴趣。直到今天，这仍然是中产阶级阅读的一个普遍特征，在中国读者中也是如此。

让我们就从《旁观者》中挑几个段落来看看艾迪生那种非常个性化的轻松处理和柔性说服方式。我在这里用的是肖波在《约瑟夫·艾迪生散文选译》里的译文。

艾迪生在随笔《愚蠢的迷信》里写道："我认识一个在大户人家做佣人的阿姨，她俨然就是旧时的女巫，一年到头，不是在预测，就是在预言。她总看到幽灵，总听到报死虫的叫声。一日，她因牙疼而卧床调养，听到外面马厩里一条大狗发出了一声嚎叫，立刻吓得失魂落魄。此等夸张的心态不仅令无数人陷入莫名其妙的恐惧，还令他们承担了过多的生活负担，究其缘由，不过是人心常有的恐惧和无知从中作祟。我们想起死亡（或将至的厄运）时产生的恐惧心理，以及对死亡或厄运何时降临的不确定感，让本已忧愁的心里充斥着不计其数的担忧和猜疑，最终只好通过观察那些毫无根据的预兆和预言以便祛灾避害。是故，智者主要关注如何借助哲学推理来减少人生之厄运，而愚者却耽于用迷信思想去徒增人生之不幸。"[1]以"哲学推理"，也就是理性来克服愚昧和迷信，这是启蒙思想的一个基本主题。

在随笔《论嘲讽》中，他这样写道："在别人背后暗捅一刀以毁其声誉，世上最显卑劣龌龊和胸襟狭窄之行径莫过于此。嘲讽和讽刺文章，若出自风趣却恶毒人士之手，则好似一枚毒镖，致人创伤，且让此等创伤难以治愈。正因如此，每每碰到拥有讽刺人的本事且性格诙谐幽默的心地不善之人，我总是心绪难宁。对野蛮粗暴、不近人情的讽刺者而言，世间最快意之事莫过于激起某位性格内向

1　约瑟夫·艾迪生著，肖波译，《约瑟夫·艾迪生散文选译》，中央编译出版社，2018年，第95—96页。

之人的忧伤，令其近亲心神不定，致其全家饱受众人奚落，而与此同时，讽刺他人者却隐而不现，不知所终。如果某人品性不正，还有故作风趣和与人为恶的本领，那此人无疑是文明社会之大害。他会将矛头直指那些最该免遭讽刺的人士。美德、优点以及任何值得颂扬的事物都将成为其肆意嘲笑和插科打诨的对象。这些暗箭产生的恶果太多，实难逐一罗列。"

他的道德结论是："写嘲讽文章也好，作讽刺诗也罢，其本身并非劫财害命之类的罪行，可是却有很多人宁愿破费大笔金钱甚至付出自家性命，也不愿落得个臭名昭彰、被人奚落的下场。在此情形下，我们应深谙此理：嘲讽带来的伤害到底多深多重，不由加害者说了算，而应该由受害者自行判断。"[1]

艾迪生包含启蒙意图的幽默言说方式与我们今天大多数中国式的"道德教导"相当不同。中国道德作家喜欢用格言或箴言语体来写作，与艾迪生的柔性说服相比，显得相当僵硬和做作。格言或箴言语体与温和、幽默的随笔写作有明显的不同。格言是一种彰显"深刻"的修辞手法，显示的是高高在上的智慧和权威，它是书写形式本身就具有标语、口号、命令、宣誓的特征：一段就是单独的一句，或者顶多两三句，显得非常决断，但又没头没尾。

例如，关于"人性现象"，这里从一位名作家的书里选取几个例子：

"你告诉我你厌恶什么，我就告诉你你是什么。

"厌恶比爱更加属于一个人的本质。人们在爱的问题上可能自欺，向自己隐瞒利益的动机，或者相反，把道德的激情误认作爱。厌恶却近乎是种本能，其力量足以冲破一切利益和道德的防线。

"有两种人最不会陷入琐屑的烦恼，最能够看轻外在的得失。

---

1 约瑟夫·艾迪生著，肖波译，《约瑟夫·艾迪生散文选译》，第129页。

他们似是两个极端：自信者和厌世者。前者知道自己的价值，后者知道世界的无价值。

"狂妄者往往有点才气，但无知，因无知而不能正确估量自己这一点才气。这是少年人易犯的毛病，阅历常能把它治愈。

"傲慢者却多半是些毫无才气的家伙，不但无知，而且无礼，没有教养。这差不多是一种人格上的缺陷，极难纠正。"[1]

艾迪生虽然说教，但轻松幽默、娓娓道来，从不以这种居高临下、咄咄逼人的箴言、格言语气来谈论他的议题。他的随笔体现启蒙时代人们所欣赏的那种"交谈艺术"。事实上，交谈乃是启蒙生活方式的一个不可或缺的部分。它体现交谈者对他人的尊重和关切、对自以为是的节制、对武断教条的反感、对问题的务实态度，以及在与他人交流中获得的快乐。这也促使他们追求自由的言说而不是抽象的口号。交谈与随意的文字表述相辅相成，构成启蒙哲人在咖啡馆、沙龙里有特色的公共话语，以及通过文字交流和刊物传播的机智谈话和轻松言论，都是朝着一个比交谈更高的目标，不仅仅是为了用机警、睿智的言辞赢得喝彩，而且更是为了形成一种更理性、更文明的社会交际和交流规范。

英国历史上最有名的文人之一，也是随笔高手的塞缪尔·约翰逊（Samule Johnson，1709—1784）博士在《艾迪生传》里说，艾迪生的散文自有一种中和之美，严肃的话题不正式，盛大的场合不奴颜，单纯而无顾虑，精致而不雕琢，朴实、浅显，没有什么华丽的辞藻，也没有噱头句式。约翰逊博士还说，"要学会如何熟而不粗、雅而不艳的英文文风，那就日夜诵读艾迪生"，当然不只是他的文字，也是他用文字来温和说理的方式。

温和而有教养的说理和议论在 18 世纪启蒙时期被称为"良好

1　周国平著，《周国平论人生》，长江文艺出版社，2011 年，第 233—234 页。

礼仪"（good manners），是一种具有社会改良意义的行为要求。良好礼仪从彬彬有礼的小圈子向社会的其他部分扩展，要求人们以文明、理性的方式相互说服和交流意见。这并不意味着这样的启蒙文明已经蔚然成风，而恰恰是反映当时的人们还缺乏这种素质，也表明它正在从一种个人风范上升为一种新的社会理想。

英国和法国不仅是启蒙运动的两大中心，也是现代礼仪的发源地。当时，去过普鲁士的旅行者都感觉回到前文明的"自然状态"。18世纪初，普鲁士国王腓特烈·威廉一世举止粗野得像个野蛮人，他出身行伍，这似乎也是情理之中的事。让人失望的是，他的儿子腓特烈大帝据说颇有教养，其实不过是把父亲的野蛮提升为粗野的恶作剧。德国相比于英、法的"后起启蒙"在礼仪上是没有优势可言的。

良好礼仪给各个社会阶层带来教化。正如彼得·盖伊在《启蒙时代（下）》一书里所说，"几百年来一直不可一世、固执己见、粗鲁蛮横的贵族开始收起与生俱来的傲慢，或真心或假意地奉行'高贵义务'或'平易近人'的准则。下层阶级，尤其是城市穷苦劳动者，言行举止也开始讲求体面"。[1]19世纪初，对残酷的现实始终保持清醒的著名激进思想家弗朗西斯·普莱斯（Francis Price）以亲身经历回顾了伦敦的发展，他承认工业革命至少在礼仪方面让英国各个社会阶层受益匪浅，几乎所有居民都有"礼仪与道德水准的提升"，"与艺术、制造业和商业的进步并驾齐驱"。这可以说是社会启蒙的一个不小的成就。

1　彼得·盖伊著，王皖强译，《启蒙时代（下）》，第39—40页。

2. 咖啡馆文化和中产阶级启蒙

艾迪生的随笔作品内容相当丰富，但由于他写的主要是 1711—1712 年英国人关心的问题，即使在英语国家，今天的读者反应也并不热烈，更不要说是中译本的读者。中文有一个肖波翻译的《约瑟夫·艾迪生散文选译》，是个英汉对照本，想来是为了让有兴趣的读者有机会细细品尝原文的美妙吧。这个集子收了艾迪生的 29 篇随笔，只是他五六百篇随笔中很小的一部分。此译本豆瓣上一位读者留言说，"如果不是周作人在《夜读抄》里谈到和这本书同名的文章，并给作者及其文章以高度评价，我想我是这辈子都不会去碰这本书的。……再优美的散文也好，无论中英，我都看不进去"。另一位读者留言说，"早就被两百年的历史洗白的散文，也许在那时候算佳品吧，放到现在实在没意思，基本上就剩下空壳子。……兰姆和伍尔夫的还好，其他的就让它们继续烂掉吧"。

读者有这样的感觉，主要是因为今天的环境已经与艾迪生当年写下他那些随笔时完全不同。因此，为了说明艾迪生随笔为什么在当时有那么大的文化影响，起到过怎样的中产阶级启蒙作用，就需要介绍一下当时的历史背景。

18 世纪初，英国文学和文化刚刚经历 17 世纪的低迷时期，获得重生的机遇。17 世纪的英国处在政治剧烈动荡，君权受到猛烈冲击，从 1603 年詹姆斯一世登位到 1715 年内战结束，英国有过 9 位国家元首，5 次朝代更替。在剧烈的政治动荡中，1642 年爆发内战，结果是国王查理一世于 1649 年被处死。英国建立以克伦威尔（Oliver Cromwell，1599—1658）为首的护国主政体。

这是英国历史上第一次共和实验，只持续了 10 年，最终变成专制。1661 年国王查理二世复辟，恢复君主制。在他登上王位的时候，他与强势的议会妥协，谨慎地行使其有限王权，但最后还是重建了绝对君主制（专制王权）。他死后由其弟詹姆斯二世继位。詹姆斯二世信奉天主教，残酷迫害清教徒。1688 年 6 月 20 日，詹姆斯得子。其信仰英国国教的女儿玛丽从此与王位绝缘。为避免信奉天主教的詹姆斯二世传位给刚出生的儿子，英国爆发非暴力的"光荣革命"，詹姆士二世被罢黜并流亡法国。

1649 年国王查理一世被处死后，清教徒时期关闭剧院。1660 年王政复辟之后，文学和文化在英国仍然低迷不振。粗鲁的举止和放荡的生活方式从查理二世的宫廷扩散到整个英国社会和公共生活中。所幸，到 17 世纪 60 年代末，情况开始有所好转，尤其是在安妮女王（1702—1714 年在位）的统治时期，英国进入一个大乱之后的复兴时期，被称为英国的奥古斯都时期。

奥古斯都是罗马共和经过长期内战，终于灭亡，变化为帝国的第一位铁腕统治者。安妮女王统治时期的英国人认为自己正经历着与罗马黄金时代相当的文化上升和繁荣，英国诗人亚历山大·蒲柏（Alexander Pope，1688—1744）将安妮女王时代的艾迪生比作奥古斯都时代的罗马诗人维吉尔（Virgil，前 70—前 19），他写道："然后，未来的岁月会欣喜地看到，/ 柏拉图、培根、牛顿显得多么一致；/ 一连串戴着桂冠的诗人，/ 那边有一个维吉尔，这边是艾迪生。"

虽然 18 世纪初的英国似乎进入文学创作的黄金时代，但是英国当时只有少数特权人士受过良好教育或有阅读书籍的闲暇，可以参与文化复兴的英国人实在太少。文化和文学的启蒙尚未进入普通百姓的生活世界。也正是在这样一种时代环境里，艾迪生和他的《旁观者》扮演一个及时的角色。艾迪生的文化启蒙能够取得成功，主要的原因在于普通百姓希望得到启蒙，希望优化他们的文化生活，希望拥有更好的文字和艺术品位。

和平稳定带来经济的发展，18 世纪初英格兰经济得到发展，给普通英国人尤其是并非贵族的中产阶级带来新的文化和文学要求。中产阶级对文学阅读材料似乎有一种难以满足的强烈欲望，英国文学也正是在这样的机遇中得到前所未有的发展，成为 18 世纪英国咖啡馆文化的一部分。报纸、刊物、政治小册子、小说、诗歌、评论都在新兴的市民空间里蓬勃发展，艾迪生的随笔也是在这样的文化氛围中应运而生并产生影响的。

在 18 世纪之前，有机会阅读的人们所做的是我们今天所说的"精读"和"慢读"，他们只是反复阅读不多的几部作品（主要是宗教作品）。到了 18 世纪初，随着不同书籍的出现，人们的阅读习惯发生根本的改变，变成我们今天所说的"泛读"和"快读"。他们阅读许多不同的作品，其中短小精练、贴近生活经验的艾迪生随笔就是一种新的大众读物。大众阅读的发展可以从政府授予新书许可的数字里看出来。在英国和法国新书出版都是需要有许可证的。在法国，1750 年出版了约 300 种经许可授权的书籍。到 18 世纪 80 年代，该数字上升到约 1600 册。在英国，1700 年出版了大约 25 种期刊。到 1780 年，已经有 158 种，艾迪生的《旁观者》就是这些期刊中的一种。

出版和读者人数的增长带来出版的繁荣，也带来所谓的"格拉勃街"（Grub Street，又译作"寒士街"）现象，也就是良莠不齐的出版物泥沙俱下。写作和出版成了许多人新的谋生之道。英国作家在历史上第一次有可能完全依靠自己的写作来谋生，而不必依靠有钱人的支持。这支新的作家大军里有许多不过是唯利是图的文艺黑客、雇佣作家、低级出版商和销售商，他们依靠文字工业来谋生。他们很多都积聚在格拉勃街，那里到处都是廉租房、妓院和咖啡馆。旧上海也有过类似的地方，郁达夫在《春风沉醉的夜晚》中称上海静安寺路（现南京西路）为"Yellow Grub Street"（黄种人的寒士街）。

格拉勃街的文字产品严重地败坏和恶化了英国人的文化品位，就像今天的许多网络写作败坏中国人的文化品位一样。对18世纪初低劣文化的影响，像艾迪生这样的有志作家不仅感到厌恶和痛恨，而且力图予以抵制和纠正，这在当时是具有启蒙意义的。那时候他这种工作的难度与今天清除网络文字垃圾的难度有得一比。艾迪生瞄准的对象不是一般百姓，而是已经受过相当教育的英国中产阶级。

艾迪生要对英国中产阶级进行文化启蒙还有另一个原因，那就是当时英国政治生活中辉格党（自由派）与托利党（保守党）严重对立，而艾迪生所属的辉格党人则处于文化的下风。

托利党人大多是土地拥有者，支持英国国教的教会，是坚定的政府信奉者，支持君主专制。乡村地区是他们的势力范围。保守党在政治上一直占据上风，但到了差不多1714年的时候，辉格党开始崛起。辉格党大多是富裕起来不久的中产阶级，他们是1688年"光荣革命"的支持者，他们拥护自由市场和政治自由主义，他们不信任政府干预私人事务。

艾迪生是一个辉格党人，这对于认识他《旁观者》报的立场和作用非常重要。英国托利党人和辉格党人的分裂和冲突，不仅是政治上的也是文化上的。托利党看不起辉格党人，认为他们是粗野、不懂礼貌和没有文化的一群人。这种看法似乎相当普遍，休谟是一个托利党人，他在《英格兰史》里对查理一世表示敬重，他认为道德和品位是本性（Nature）而非理性的产物，你骨子里有就有，没有就没有，学是学不像的。对这样的文化歧视，辉格党人自然很不服气，他们要向瞧不起他们的托利党人证明，辉格党人也是受到过教育的，也能有好的教养和品位，也同样适合政府管理的工作。

对辉格党人的文化起到促进和组织作用的有两项值得一提的知

识成就，一项是沙夫茨伯里伯爵（Lord Shaftesbury）1711 年出版的《人、风俗、意见与时代之特征》（Characteristics of Men, Manners, Opinions, Times），另一项便是艾迪生的《旁观者》。《旁观者》并不是政论刊物，但它比政论刊物更成功，成功原因之一就是它让辉格党人对自己不断增长的文化力量和政治影响更加有信心。

也正是因为《旁观者》的读者群是英国新兴的中产阶级，包括向往进入中产阶级的更普通的民众，它才在那个特殊的时代有了发挥巨大影响的机会，尤其是在中产阶级众多的伦敦。艾迪生在 1711 年 3 月 12 日的《旁观者》中写道："在这座伟大城市生活的居民每天都在打听我出版的这些报纸，并且以适度的严肃和专注来接受我的晨训，这一情况令本人甚感欣慰。"

当时《旁观者》日发行量已达 3000 份，艾迪生在随笔《〈旁观者〉的目标》里说："以每份报纸 20 位读者这比例（在我看来，这还只是一个保守估计）来计算的话，我在伦敦市和西敏市的追随者少说也有 6 万名。"他的启蒙意图非常明确，他说："我希望，我的这些追随者务必小心行事，好让他们能与那些无知且散漫的芸芸众生有所区别。既然我已培养出一个如此庞大的读者群，故应不遗余力地让他们乐于接受我的教导，让他们能够在读报消遣之余有所获益。"他的启蒙宗旨是："我将竭尽所能，以智慧激活道德，用道德调和智慧，尽可能让读者在每日刊载的文章中能够找到与这两个方面相关的论述。为了让他们心中的道德感和谨慎态度不至于转瞬即逝、时断时续，我决心日复一日地让这些观念长驻于他们心间，直至他们能够在人心不古的这个时代，走出邪恶与愚蠢的绝境，回归自我。人的大脑若闲散一日，便会萌生出无数愚蠢的念头，而要灭掉此等念头，非持续且艰苦的教化不可。人们在提及苏格拉底时，常说他将哲学从天上带到人间；本人也有点雄心壮志，希望别人说我将哲学从密室、图书馆、中小学和大学学院带到俱乐部、集会、茶桌与咖啡馆。"[1]

咖啡馆成为艾迪生那时候启蒙的重要公共场所。咖啡馆最早于17世纪中叶在伦敦出现，后来快速成倍增加。到17世纪末，伦敦的咖啡馆已经增加到2000多处，人们在咖啡馆里进行各种社交和生意上的往来，相互交换消息，报纸记者在那里与人接触，打探新闻和消息。咖啡馆还像是公共阅览室，有报纸，也有讲解和评论的闲人。德国社会学家和哲学家于尔根·哈贝马斯（Jürgen Habermas）称咖啡馆是"资产阶级的公共区域"，也就是中产阶级老百姓互相往来、交流的地方。这样的资产阶级公共领域既是象征性的，也是实体性的，传播的大多数是中产阶级的思想。

咖啡馆当然是一个鱼龙混杂的地方，历史学家布赖恩·考温（Brian Cowan）的《咖啡的社会生活：英国咖啡馆的兴起》（The Social Life of Coffee: The Emergence of the British Coffeehouse）一书里有许多对咖啡馆文化生态的精彩描写，还有许多图片。从图片里可以看到，没有文化的人在咖啡馆里吆五喝六，寻衅滋事，行为粗鲁，出言不逊；但有文化的人则在那里会朋友，谈天说地，交流读书心得，讨论艺术和读书体会。咖啡能让人转换情绪，让心情放松，变得好起来，是一种能帮助人与人交往的润滑剂。志趣相投的知识人士在咖啡馆里聚会、读书、研讨学术，形成一种知识和思想的新空间。咖啡馆代表着一种非体制化的空间，与中规中矩的学校课堂不同，成为它的一个互补空间。

咖啡和咖啡馆与英国文人有着特殊的联系。哲学家、科学家和散文家培根在《生与死的历史》（History of Life and Death）一书里饶有兴趣地对咖啡做了这样记述："土耳其人使用一种名为'咖啡'的草本植物，将其晒干，碾成粉末，用热水冲服。他们确信咖啡能

---

1 约瑟夫·艾迪生著，肖波译，《约瑟夫·艾迪生散文选译》，第11页。

大大提升勇气、增强才智。"他以一种猎奇的口气谈论咖啡，可能只是听说过，还没有喝过咖啡。经过 17—18 世纪的商业扩展，到1755 年约翰逊博士的英语词典编成，一系列英语词汇如咖啡、咖啡馆、咖啡侍应生赫然在列，证明咖啡饮用已融入英国市民生活，咖啡馆已成为伦敦常见的休闲场所。而到了 19 世纪，咖啡馆迅速没落，以至于 1848 年麦考莱（Thomas Macauley, 1800—1859）出版的《英国史》（*The History of England*）第三章里提醒读者，不要忘记咖啡馆文化之于他所记述时代（1685—1702）的重要性："咖啡馆绝不能草草一笔带过。实际上，在那个时代，咖啡馆被称为一种极为重要的政治机构是有道理的……它是都市公共舆论自我表达的主要渠道。"咖啡馆就像当时刚出现的路灯一样，改变了伦敦的都市生活。

咖啡馆是爱迪生经常光顾的地方，他在随笔《旁观者先生自述》里写道，他一直在伦敦生活，出入于大多数的公共场所，"至于老百姓常去光顾的消遣胜处，我也时常会去转一转。有时，我会一头扎入在维尔咖啡馆消遣的政界人物之中，凝神倾听那些只有在这种小圈子里才能听到的消息。有时，我会在恰尔德咖啡馆抽起烟斗，假意入神地读《邮差报》，实则却在偷听馆内各张桌子上的谈话。每逢周日晚上，我会出现在圣詹姆斯咖啡馆，偶尔走进雅间去会一会政界人士，摆出一副洗耳恭听、追求进步的模样。另外，我还时常光顾格雷西亚咖啡馆、咖啡树巧克力店以及位于特鲁里巷和干草市场的那些剧院"。[1]

他编撰的《旁观者》本身就是一种咖啡馆读物，它不刊载新闻也不刊载政治性的时事评论，是怎么做到既能吸引读者又能在文明行为、文化品位、公共语言和价值规范上起到启蒙作用的呢？

1　约瑟夫·艾迪生著，肖波译，《约瑟夫·艾迪生散文选译》，第 6 页。

3. 新闻上瘾和手机上的"新鲜事"

艾迪生随笔里有丰富的英国日常生活题材，美国叙拉古大学（Syracuse University）古典学者，英语教授艾琳·麦凯（Erin Mackie）在她编的《旁观者》和《塔特勒》文选里把艾迪生和斯蒂尔的随笔分为四个范围，[1] 这里只能就每个范围稍微举几个艾迪生随笔的例子（斯蒂尔的随笔在此略过）。一、报刊和公共舆论市场：如《No. 10 报纸为何受欢迎》《No. 262 旁观报不是新闻纸》《No. 367 报纸的助益》；二、商贸、钱财和消费：如《No. 3 论英国银行》《No. 21 贸易的社会地位》《No. 55 奢侈和贪婪》；三、时尚趣味和文化市场：如《No. 18 英国舞台上的意大利歌剧》《No. 63 真假俏皮》《No. 411、412、414 想象的乐趣》；四、女性时尚：如《No. 16 女性衣着改良》《No. 23 女性偶像》《No. 128 成功的婚姻》。就从这寥寥几个例子就不难看出他的随笔多么贴近当时英国人的日常生活，这也是他写作成功和广有影响的原因。这是一种体现为中产阶级启蒙的影响。

这里不可能一一涉及麦凯所说的艾迪生四类随笔，只谈一个跟我们今天许多人手机上瘾、上网有瘾相关的问题，那就是 18 世纪初英国人的"新闻瘾"。

艾迪生的《旁观者》是一个用中产阶级文化和市民文明来影响读者的媒介工具，这是他办报的宗旨。《旁观者》每期只有两页，刊载一篇长的说理随笔，看上去是一份"报纸"（newspaper），但就其出版物类型来说却是一份"杂志"或"刊物"（journal）。18 世纪初英国有许多报道新闻的"报纸"，可以说是名副其实的"新闻纸"（不只是用来印报纸的那种纸张）。当时的"新闻纸"都是放在咖啡

---

1 The Commerce of Everyday Life: Selections from *the Tatler* and *the Spectator*, Bedford/st Martins, 1998.

馆里供人阅读的，作为"刊物"的《旁观者》也是一样。摆在一起，一眼看不出《旁观者》与众多"新闻纸"的不同。

艾迪生和斯蒂尔合作的《塔特勒》开始还刊载一些新闻消息，但后来新闻消息渐渐消失。艾迪生的《旁观者》则完全不刊载任何新闻消息。艾迪生骄傲地宣称："我的报纸一个词的新闻都没有，也不报道政治，与党派毫无瓜葛。"他和斯蒂尔都认为，英国报纸上的新闻消息太派性化，太琐碎无聊，因此对"新闻纸"的生产者和消费者都持严厉的批评态度。

人有一种天生的对"新鲜事"的好奇，现代人则表现为对"新闻"的强烈兴趣和无止境的饥渴。由于这种天然趋向，人极容易对新闻上瘾，一时的满足只会带来更强烈的渴求，永远不会有一个止境。今天，人们已经不再从报纸甚至也不再从电视上去获得"新鲜消息"，各种各样的新鲜消息来自他们手机上的网站、公众号，尤其是微信朋友圈。有朋友告诉我，他们半夜里醒来，也会去刷一下手机，看看有什么"最新消息"，生怕漏掉什么"新鲜事"，或者不能"及时"知道什么。有人会疑惑，这是有瘾还是有病？其实都不是，对他们来说，这是一种再正常不过的"知识渴求"。就像睡眠中醒来口渴，喝口水再睡一样，刷一下手机，瞄一眼有没有"新消息"再睡，也已经成为一种习惯性的正常生理需要。人们渴求新消息，因为他们自己的头脑永远是空的，就像一个无底洞，再多的水灌进去仍然还是空的。

艾迪生这样描述他那个时代人们的"新消息渴求者"："我一直称这帮人为对社会毫无用处的家伙，因为他们的脑中总体上并未装有任何思想，只是在处理日常事务和日常交谈时才从别人那里讨来些许。我常常以极度怜悯的眼光去看待这些可怜的家伙，因为我听到他们对自己每天见到的第一个人张口便问近期是否出了什么轰动性的新闻。他们也就只是通过这一手段去收集一些可供自己思考的素材。这些思想匮乏的家伙不知自己能够谈些什么，一心只盼着中午 12 点钟快快到来；因为一到那时，他们将变成判断天气的行家里手，知道当时刮的是什么风，知道荷兰邮轮是否已经入港。这些人完全为他们当天所碰上的第一个人所摆布，由于听信后者给他们灌输的信息，终其一日，不是神情严肃，就是性情急躁。鉴于此，我恳求这些人先在卧房内读一读本报，然后再动身外出。我也向他们做出允诺，我每天都会往他们身上注入一些健康的情操，这些情操应当对他们在接下来的 12 个小时与他人的交谈产生良好影响。"[1]

艾迪生对语言对社会行为的影响非常敏感，这种影响经常是潜移默化的，有的语言看上去新鲜有趣，背后却隐藏着有待仔细解读的复杂社会心理。今天，网络语言正在悄悄地对人们尤其是年轻人产生影响。一个引人注目的现象就是所谓的"网络流行语"。2021年底，年度流行语评选新鲜出炉，12 月 6 日国家语言资源监测与研究中心发布的"2021 年度十大网络用语"是：觉醒年代；YYDS；双减；破防；元宇宙；绝绝子；躺平；伤害性不高，侮辱性极强；我看不懂，但我大受震撼；强国有我。两天后，《咬文嚼字》编辑部也发布了 2021 年度十大流行语：百年未有之变局；小康；赶考；双减；碳达峰，碳中和；野性消费；破防；鸡娃；躺平；元宇宙。2020 年度的网络用语包括：逆行者、秋天的第一杯奶茶、带货、云监工、光盘行动、奥利给、好家伙、夺冠、不约而同、集美；而"十大流行语"则是：人民至上、生命至上，逆行者，飒，后浪，神兽，直播带货，双循环，打工人，内卷，凡尔赛文学。这样的语言很多更像是黑道切口或江湖隐语，隐晦地传递不能公开言说的意思或涉及有违禁忌的话题，成为公共话语病态的征兆。

艾迪生使用的是一种明了达意的公共语言，他用轻松、调侃的

1　约瑟夫·艾迪生著，肖波译，《约瑟夫·艾迪生散文选译》，第 14 页。

语调谈论一件其实是严肃的事情，这是他的议论风格。他描述的是当时被新闻和对新闻的渴望所摆布像丢了魂一样的芸芸众生，就像我们今天的手机族和刷屏族一样。我们今天的情况可能更糟糕，也更可笑。几乎每个人手上都是一部手机，须臾不可或缺，像是人又多出了一个器官似的。18 世纪英国的报纸供应"报纸一族"的"精神生活需要"，就像今天的互联网供应网民们的需要一样。但是，哪能每天都有轰动性的新闻呢？查理二世王政复辟之后，英国进入相对平静的时期，少了许多"大事"，所以新闻纸刊登的净是一些无聊琐碎的事情，诸如德国某天晚上有彗星划过夜空、莫斯科的什么地方发生火灾、哪里出现什么奇人奇事，就跟我们今天微信和抖音上的事情那样。不过，今天我们生活在一个突发事件频频发生的多事之秋，这让手机族似乎多了几分"严肃关注"的理由。

消息越无聊，报道的语言越低下，为了抓人眼球，报纸语言变得越来越耸人听闻、夸张不实，我们今天媒体上的标题党、网络语言也是这样。艾迪生的《旁观者》运用的是一种文雅、达意、平实的语言，其本身就对英语有净化和文明教化的作用。这种语言也是我们今天特别需要的。一个社会的文明首先表现在它的语言文明上，今天我们的语言变得油滑、陈套、干瘪、苍白，靠一些小噱头、小花招来假装活泼有趣，不仅语言缺乏表达力，而且品位极差。可惜我们今天是不可能再有一份像《旁观者》这样的语言示范小报了。

艾迪生对《旁观者》的文明示范作用是这么说的："弗朗西斯·培根爵士曾说，较之与其存在竞争关系和敌对关系的作品，一部佳作恰如摩西的火蛇，会立即将埃及人的那些蛇吞食。我虽不会自负地认为：凡《旁观者》所及之处，其他公共刊物将立即烟消云散，但又希望读者思考一下这些问题：我们是否更应该通过本报去认识自己，而不是仅仅听闻在俄罗斯公国或是波兰发生的事件？

我们是否应当乐于阅读那些可助我们祛除无知、愤怒和偏见的篇章，而非喜于看到那些天然容易煽起仇恨并引得敌对双方水火难容的文章？"[1]

其实，我们今天的手机族读者不也是一样吗？遥远国度里任何一点鸡毛蒜皮的"新鲜事"都能让他们莫名其妙地兴奋起来，事情不管有没有意义，只要新鲜就好。新鲜消息的语言越是耸人听闻，他们就越来劲，越是有上传和转发的冲动。结果传来传去、转来转去的，许多都是胡编乱造、无稽之谈的不实之词，逻辑混乱，语言暴戾。传来传去的那些无知、愤怒和偏见的文章败坏了公共语言，也对其读者的社会行为产生负面影响，让他们变得粗鲁、偏执、冲动、不讲道理。

艾迪生认为，要改变语言行为中的粗鲁、偏执、冲动、不讲道理，不是要让语言摆向另一个极端，变得矫情、做作、假惺惺地言不由衷，而是要学习诚实的交流和表达，尽管礼貌的语言很重要，但不能为了一团和气，不能牺牲掉应有的立场观点和刚正不阿。这样的交谈原则所关乎的已经不只是看似礼貌、刻意不得罪人的语言，而且更是社会人际关系的诚恳、尊重和信任。因此，语言和社会伦理的关系也就清楚地显示出来。

艾迪生批评当时上层英国人语言里的虚情假意，他自己运用的是温和、幽默的语言。这样的批评效果更胜于尖酸刻薄的指责。在《谈客套寒暄》一文里，他用轻松、调侃的语调讲了一个讽刺英国人虚情假意的故事。

他说，他手上有一份给英王陛下的书信，写信人是万丹王国驻英使节，当时他刚来英格兰不久。万丹王国（Bantam）是印尼爪哇地区的一个小国，我们不知道是不是真的有这么一份书信，很可能

---

1 约瑟夫·艾迪生著，肖波译，《约瑟夫·艾迪生散文选译》，第12页。

是艾迪生为了营造话语效果杜撰出来的。就像孟德斯鸠的《波斯人信札》里的"波斯人"那样,万丹王国使节提供了一个方便的"外来人"视角,让信里的话显得更真实、客观,不带偏见。

这位万丹使节在信里说:"陛下,在微臣奉命造访的这个国家,人们的嘴与心的距离如同伦敦到万丹一样遥远。在这个国家,住在一地的居民不知另外一地发生什么事件。他们管陛下和陛下的子民叫野蛮人,因为我们辞达其意。他们自称文明人,因为他们言不由衷。他们管真理叫野蛮,管谬误叫文雅。微臣刚下船时,该国国王派来接待微臣的官员便对微臣讲,他为微臣在抵达前遇上风暴一事而感到非常抱歉。听到他为那场风暴哀叹且自责,微臣内心有些不安;可不到一刻钟的工夫,他就笑逐颜开,兴致极高,好像什么事都没发生一样。另一个陪同微臣的官员通过微臣的通事官告诉微臣,他乐意在力所能及的范围之内为微臣效劳。微臣一听这话,便请他帮微臣拿一只行李箱,可他却大食其言,只是笑了笑,然后吩咐他人代劳。"[1]

虚情假意,初见面时好话一大堆,其实并非真心诚意,说要帮人家的忙,其实不过是口惠而实不至。这种"善意的欺骗"在我们今天的生活里也早已司空见惯,见怪不怪,俨然成为一种风俗。善意的欺骗凸显国民素养的欠缺,因为承诺、信任和言而有信是缺一不可的。不能言而有信,也就不可能有信任;倘若承诺而不准备兑现,只是为了赢得他人好感的一时之需,那么也就会成为实际上的欺骗。因此,艾迪生对个人行为的道德要求中有着一层更深的优化社会风气的目的。

爱迪生倡导文明道德,要影响的不只是男性读者,而且也是女性读者。他在向公众介绍《旁观者》时把女性读者放在一个特别重

1　约瑟夫·艾迪生著,肖波译,《约瑟夫·艾迪生散文选译》,第 154—155 页。

226

要的位置，他说："没有哪一类人能像女性朋友那样从本报中获得更多益处。我时常在想，我们还是没有尽全力为女性找到一些合适的工作和消遣活动。她们的娱乐活动似乎是由我们男人精心设计的，然而我们在设计这些娱乐活动时并未将她们视为理性之人，而仅仅将其视为女性而已。"[1] 在这里，他特别强调要把女性当作理性之人，不要把她们当作男性的装饰品甚至玩物。

他在《谈柔男与壮女》中对女性提出不少具体的建议："我真诚地向所有女性读者提一个建议。我希望这个建议对她们会产生一些影响。简言之，世间最丑陋难堪之物莫过于在聚会时因情绪过分激动而显现的那一张张脸庞。不妨想象一下，某人眼露凶光，一脸酸相，皱纹深幽，双颊通红，红得连劣质白兰地都自愧弗如。我还见到有个妇人喋喋不休，怒骂一位未曾与其谋面的知名爵士，最后自己脸上都急出了雀斑。诚然，我知道，喜欢参加聚会的妇女很难一年到头都能保持仪容端庄。因此，我建议女性读者，若爱惜自身仪容，最好不要卷入此类争辩。"

他认为，女性有失仪态、当众发火，会比男人没有礼貌更引人注目，也更让女性丢脸，"男人若在聚会上言行粗暴，会让自己令人作呕、受人鄙视；至于女人，她们太过率真，无法平心静气和谨慎地去减轻那些因原则之争而引发的愤怒，也无法像男人那样谨慎谦逊地行事。当失态的情绪蚕食她们之时，她们会变得火冒万丈，言行放肆。女性固然胸怀大度，但要么是爱意无边，要么是仇情无际。不论某女谈论何事，是辉格党还是托利党，是阿谀谄媚者还是豪勇之士，是歌剧还是皮影戏，只要怒气一旦发作，则定将她活活吞噬"。[2] 女性撒泼比男性撒野更有损形象，更遭人鄙视，这种现象是不是也存在于我们今天的社会里呢？

1　约瑟夫·艾迪生著，肖波译，《约瑟夫·艾迪生散文选译》，第 15 页。
2　同上，第 52 页。

艾迪生希望女性不要在家里过一种无聊、乏味、重复的生活，不要只是种种花、做点刺绣或者制作果冻和甜食。有时间不妨读读他的《旁观者》，提高自己的文化和文明修养。无论是对男性读者，还是女性读者，艾迪生办《旁观者》和写作关于社会风化题材的随笔，都是出于同样明确的社会目的，那就是促进养成好的行为习惯、道德规范和文明价值，通过优化民众行为规范来提升整体的社会伦理。这样的国民素质启蒙不是也很适合我们今天期盼的社会重建吗？

十三　曼德维尔《蜜蜂的寓言》

1.腐败和不道德是盛世社会的润滑剂吗

伯纳德·曼德维尔（Bernard Mandeville，1670—1733）的《蜜蜂的寓言》（*The Fable of the Bees*）是一部非常有趣但又富有争议的著作。曼德维尔1670年生于荷兰鹿特丹的一个世家，年轻时学习医学和哲学。21岁时获医学博士学位，并开始行医，专治"歇斯底里"病。他26岁旅居英国，初衷是学习英语，但同时在伦敦作为一名神经和肠胃病及精神病专家而行医。1705年，他35岁时，匿名发表了长诗《抱怨的蜂巢，或骗子变做老实人》（*The Grumbling Hive, or Knaves Turn'd Honest*）。

这是一首颇为奇特的讽刺性散文诗，说的是一个寓言故事。话说"很久很久以前"，有一群蜜蜂生活在一个蜜蜂王国里，这个王国很繁荣也很强大。曼德维尔的这个蜜蜂王国是讽刺18世纪初的英国，当时的英国是欧洲最强盛的国家，正处于工业化和商业化的上升时期。

曼德维尔开始讽刺的是这个强盛国家的腐败景象：各种各样的犯罪活动和经济诈骗，医生给病人开的是昂贵但治不好病的药方，没有资格认证但却招摇过市的牧师，只享受薪俸但不会打仗的将军和士兵，等等。然而，虽然到处是罪恶，但这个王国却是一派盛世景象。

突然，曼德维尔话锋一转，这是寓言故事里非常有趣也出人意料的转折。蜜蜂们对社会腐败非常不满，于是开始抱怨起来。为什么有这么多坏蛋和腐败？为什么不来一场反精神污染或者反腐运动？为什么不能树立起诚实的社会风气，成为一个有道德的蜜蜂王国？上天听到蜜蜂的抱怨，同意改变蜜蜂社会，让它们的道德愿望如愿以偿。

第二天，所有的蜜蜂都变成百分之百诚实的蜜蜂。结果怎么样呢？结果是灾难性的。犯罪和罪犯没有了，所有的警察都失业了。既然不需要任何锁具来看守财物，锁匠也都成了无业游民。所有的法官和律师也都必须另谋生路，建造监狱的工程师和工人也都没了工作。医生向病人承认，他们得的毛病其实是医生治不好的，病人当然不再来找医生。没有人再炫耀财富，所有的奢侈品不再生产。一句话，整个蜜蜂社会一下子变成非常萧条，都垮掉了。大多数的蜜蜂离开家园，移居国外，少数还没离去的蜜蜂只好居住到树洞里去。路过的人听见几只悲伤的蜜蜂在议论：我们以前曾经是一个伟大、强盛的蜜蜂王国的子民，真不敢相信，以前那个"厉害的国家"竟然落得这个地步。

这个故事的寓意清楚地写在这首长诗的第一页上，"私人的恶习能带来公共的利益"。曼德维尔的意思是，那些我们假装感到羞耻的"恶"其实可能是在为社会的繁荣作出贡献，每一个社会都需要有某些或某种程度的不轨行为或犯罪行为，这些行为是社会运转的润滑剂，没有它社会这部复杂的机器就不能平滑、顺畅地运转。因为人性本来就有幽暗的一面，所以不管我们愿意不愿意、承认不承认，现实就是如此不尽如人意。

这听起来真有点像是在倡导我们熟悉的"腐败有用论"和"反腐威胁论"。例如，有专家就说过："腐败和贿赂是权力和利益转移及再分配的一个可行的途径和桥梁，是改革过程得以顺利进行的润滑剂，在这方面的花费，实际上是走向市场经济的买路钱，构成改革的成本费。"你同意这样的说法吗？

如果说《抱怨的蜂巢》是一个奇怪的故事，那么《蜜蜂的寓言》的成书就显得不同寻常。《抱怨的蜂巢》于1705年发表后，许多人认为作者是在提倡犯罪，是一个道德败坏之徒。曼德维尔认为这些读者误解了他的意思，所以他自己为这首只有13页的讽刺诗，用几百页的篇幅写了许多注释，9年后发表。那就是1714年第一版的《蜜蜂的寓言》，其中包括最早的讽刺寓言诗，对原诗的20则"评论"，还有一篇《论美德的起源》。

又过了9年，即1723年，他又为书增添两篇文章：《论慈善与慈善学校》和《社会本质之探究》，公开抨击英国社会引以为傲的公共慈善。这无异于引火上身，火也就真的烧了起来。The Grand Jury of Middlesex 将《蜜蜂的寓言》判定为一本有公共危害的书。于是，1724年版的《蜜蜂的寓言》又多了一篇《为本书辩护》的自我辩解。

到1732年为止，这本书出了4版，其间曼德维尔又写了一个"前言"和六则对话，用以支持和扩充原来的观点，于1728年出版，称为第二卷。第二卷单独出版，直到1733年作者去世后不久，才与第一卷一起合为一部两卷本的著作。今天，这本书最权威的本子恐怕要数是 F. B. Kaye 编的两卷本子（Indianapolis，IN，1988），它呈现的是一个比较完整的曼德维尔。现在我们看到的《蜜蜂的寓言》是曼德维尔花了20年才完成的，现在也已经有了完整的中文译本。

今天，曼德维尔基本上只是一个前现代经济史的人物，他饱受公众非议，但却一直在悄悄地发挥某种影响。他的名言"私人之恶可以成为公共利益"，被认为是精练地道出经济学的一个基本原理，比亚当·斯密的"看不见的手"更早地触及自由市场经济的实质。300 年之后，曼德维尔的这句名言还在一些我们耳熟能详的说法里余音缭绕：不管他贪婪不贪婪，黑心不黑心，少数人发财致富就能带动整个社会的经济发展。

今天回头去看，可以说，曼德维尔是一位富有论战精神的先驱，但并没有提出什么独特的经济理论。他的"私恶—公益"说里的"恶"和"益"都不是不言自明的。他所说的"恶"我们可以理解为人类所有的激情、欲望和冲动，而不仅仅是自私，当然归根结底还是人的"自我中心"（自利和贪婪）。这些都是自然赋予人类的，是人类天性中所固有的。这是一种"自然主义"的恶的观念。曼德维尔虽然强调自利和贪婪有助于公益，那么这个"益"又是指什么呢？

在曼德维尔那里，这个"益"就是繁荣，一个群体的繁荣体现在贸易、艺术、技艺和其他多种活动方面。这是一个很笼统的观念。在《蜜蜂的寓言》里，蜂巢的繁荣并不是指个体蜜蜂的福祉（它们永远只是"繁荣"的贡献者），而是指蜂巢社会的长期维持和扩大。今天，我们所知道的群体或国家繁荣有美国的、日本的、北欧国家的、俄罗斯的。哪一种是真正的国家繁荣呢？

在曼德维尔的时代，繁荣主要是指国家与国家之间的竞争能力。因此，曼德维尔认为，一个国家里愚昧、勤劳、不闹事的穷人越多，廉价劳动力就越丰富，国家也就越繁荣，越能在与其他国家的竞争中取胜。为穷人子女提供慈善教育的制度，使他们越来越不甘心充当这样的低人权劳动力，因此，办学者好心办坏事（或者根本就是伪善），最终不利于国家的繁荣。

曼德维尔在 18 世纪的思想家当中是个异类，他看待和论述人的"激情"（主要是私利心和骄傲）的方式使他显得与他人格格不入。大多数启蒙哲人认为激情虽然是人的自然天性，但可以用理性来加以约束，从伦理上说这种约束是善的。但曼德维尔不同，他认为，约束激情不过是出于更大的私利，只不过是一种伪饰和假装，从伦理上说是一种不善，还不如公开承认的好。这使得曼德维尔比18世纪启蒙哲人离基督教传统更远。这也就是我们常听说的"伪君子"和"真小人"哪个更好一些的问题。

在基督教传统里，人的骄傲没有什么神秘之处，也没有什么认识上的困难。在但丁的《神曲》里，骄傲是一种下地狱的罪孽。确实有些神学家把骄傲视为上帝安排的巧妙手段，可以鞭策人努力向上，但大体上说，基督徒完全是把骄傲看成一宗大罪。出于对复杂人性的认识，启蒙哲人对骄傲有着更加多元的认识，但彼此之间也有很大的分歧。随着时间的流逝，"骄傲"一词已经具备许多不同的甚至彼此抵触的含义，如自爱、自夸、清醒的自信、渴望自我肯定或被同胞肯定，等等。这个骄傲，用我们更熟悉一点的表述，也可以是"野心""雄心""抱负""志向"。

启蒙哲人对骄傲的看法众说纷纭而且游移不定，但"有一点可以肯定，骄傲有一些极端恶劣的表现形式，如自负、虚荣、权力欲等，这些形式的骄傲如果真能带来好的结果，那也完全是无意的或间接的。卢梭在他的两篇论文中倾向于认为，骄傲应该对文明的所有显著缺陷负责"。伏尔泰则将骄傲嘲讽为"人们构筑精致的社会大厦的主要工具"，在骄傲的诱惑下，"哲学家把生命浪费在构建无所不包的愚蠢体系上，政治家为了飞黄腾达而牺牲平民百姓，贵族用妄自尊大来伤害自己的同胞，斯多葛派哲学家高贵而徒劳地尝试驾驭激情、满怀憧憬的人要承受痛苦的失望"。[1]

---

1 彼得·盖伊著，王皖强译，《启蒙时代（下）》，第178页。

但曼德维尔不同，他无条件地接受那个被他称为"政治逢迎产物"的骄傲。他不讳言那是一种私恶，但他并不是一味替"私恶"辩护。他为之辩护的是有利于繁荣（他心目中的"公益"）的私恶（骄傲就是这样的私恶），有害于"公益"的私恶不在他的辩护范围之内。这说明，他虽然看上去是一个功利主义者，但并非完全如此，至少他对私恶还有一个好与不好的评判标准（我们是否同意这个标准是另外一回事，姑且不论）。人的"贪婪"可以是拼命想发财致富，并没有损害他人或群体的行为，也可以是丧心病狂地破坏公共资源或生态、竭泽而渔、坑蒙拐骗、拿别人的健康和生命当儿戏。后面这类私恶，是不在曼德维尔辩护之列的。

因此，在曼德维尔的功利主义之外，还有道德的一面，那就是要求诚实地面对人的道德真相。这与他致力于揭露虚伪和伪善是一致的。诚实要求我们在解释蜂巢社会的繁荣时，要摒弃虚伪不实的说辞，说清楚国家或少数人的财富不等于人民的财富。也就是说，少数人的巨大财富不能以虚假的平均数算到每个普通人的账上，国强民弱、国富民穷并不是真正的繁荣。

功利主义和道德剖析可以说是代表曼德维尔的两张面孔。长久以来，人们关注的都是他功利主义的一面，而忽视他道德剖析的一面。他的道德剖析继承的是法国道德学家的人性剖析传统。法国道德学家怀疑和挑战表象化的传统习俗和道德成见。在这一点上，曼德维尔与他们有相似之处，也是他思想的冲击力所在。

在近代西方思想史上，曼德维尔是一位少有的极具争议的深刻思想家，其声名狼藉和高知名度全在于他提出的一系列富有争论的议题。今天我们阅读曼德维尔，正是为了对这些有争议的问题有自己的思考。这些问题主要不是经济学的，而是伦理的。接下来，我要谈的是其中三个与我们今天社会道德危机特别有关的问题：第一，善就是恶吗？怎么才能善恶有别？第二，恶就是善吗？坏事都能变好事吗？第三，就算是能自圆其说的经济或其他理论，就一定能够自动解决生活中的道德选择问题吗？

2. 善就是恶，怎么才能善恶有别

18世纪的启蒙时代，对曼德维尔的评价几乎全都是负面的，就连深受他影响的亚当·斯密也只是承认他的观点"在某些方面接近真实"，而对他的善恶不分不以为然。曼德维尔的评判者在支持新兴的商业社会及其相应经济行为上与他并无太大的分歧（除了在"奢侈品"问题上），他们反对的不是曼德维尔关于"商业行为后果有益"的说法，而是他关于"商业行为动机为恶"的说法。在他们看来，商业行为的动机确实是"私利"，但并不需要称之为恶，用道德中性的说法，不过就是"自我利益"而已。

曼德维尔的道德观念深受17世纪法国道德学家（Moralists），尤其是拉罗什富科的影响，这个传统的道德思考特别专注于人的自恋、自私、私利和自我中心。曼德维尔的独特之处是时代性的，他把17世纪法国享乐主义和怀疑精神与18世纪的英国商业经济现实结合起来，在这个过程中原来的结合成分变得难以辨认。

17世纪的法国出现不少道德论者（或称道德主义者），如帕斯卡尔和拉罗什富科。他们继承了源自蒙田的文学写作传统，注重对人性特征的描述，以隽永、精练的警句提出有关人生经验的体会和总结。这个时期不少法国文体家都是道德论者，他们的警句写作在西方文学史里别树一帜。他们的一个共同特征是追求真实和真相，说的往往是一些带刺的真话。拉罗什富科是他们当中一位极有代表性的作家，他对曼德维尔的影响也最明显。

拉罗什富科的写作主题之一是"自恋"（amour-proper），包括爱自己，自我中心，也包括体面、受尊敬、有面子的意思。他要揭示的是，许多被认同和赞扬的社会美德和行为，背后其实都有自恋的动机在起作用。这就是道德虚伪的实质。

在拉罗什富科那里，道德虚伪是人性使然，但曼德维尔认为是政治使然。他在《美德的起源》中说，"最先使人类战胜私欲、让自己最珍爱的天性泯灭的，明显不是……而是精明政客的老练谋划。我们越是细致地研究人的本性，就越会深信不疑：所有的道德、美德都不过是逢迎骄傲的政治副产品而已"。社会中对道德的赞扬其实是一种奉承，是一件对任何人都有效的武器。"没有一个人能够完全抵御阿谀逢迎的妖法，无论他如何能力过人，如何洞察秋毫，只要这种妖法施行得技巧高妙，适于他接受即可。儿童与傻瓜往往会囫囵吞下对他们个人的赞美，而对更为精明者则必须使用更加隐晦曲折的赞美。阿谀愈带概括性，被阿谀者便愈少起疑。你对全城人的嘉许，会被全体居民愉快地接受。你对普遍意义上的文人的嘉许，每一位饱学者都认为他自己尤其要感激你。你可以毫无风险地赞扬一个人的职业，或是夸奖一个人出生的国家，因为你给了此人一个机会，使他能用自己对他人装出的尊重，掩盖他自视时产生的快乐。"[1]

曼德维尔对人性所做的观察和评价，是现实的而不是道德主义的。确实，阿谀逢迎一个民族如何伟大、历史如何悠久、文明如何灿烂，会把这个民族的每一个成员捧得晕晕乎乎，以为自己因此就是道德最高尚的。知识分子比任何人都更喜欢别人奉承，政治人物也是如此。这是因为自恋在起作用。

今天人们对自恋采取的可以说是一种理解但不鼓励的道德态度：人都渴望受他人尊敬，因为受人尊敬能给人带来最大的快乐。

1　B.曼德维尔著，肖聿译，《蜜蜂的寓言》，中国社会科学出版社，2002年，第37页。

自恋本来是很真实的，没有什么可羞耻的，但是当一个人用虚伪的道德来隐藏自恋的存在时，自恋就成为一种虚伪的道德弊病。因此，人们一般认为，喜欢被人阿谀奉承或拍马屁是一件有损个人道德的癖好。

但是，曼德维尔不是这么认为的。他对自恋、自利、自私抱有更加肯定的态度，承认其正当性，就算是虚伪，也不视其为一种不言而喻的恶。拉罗什富科和其他法国道德论者就人的自私和自恋发表的只是道德哲学的看法，并不试图将此运用于对具体社会问题的分析，而这恰恰是曼德维尔想要做却又没有做成功的。这个失败特别明显地暴露在他对 18 世纪公共慈善和慈善学校的攻击中，后面还会有关于曼德维尔的专门讨论。

曼德维尔敏锐地看到，"最卑鄙的坏蛋也会认为自己价值无比；而富于雄心者的最高渴望，乃是让整个世界赞同自己的观点，如同前者一样。所以说，永远激励着每一位英雄的最难满足的渴望，乃是对声誉的渴望；这种渴望，完全是一种无法驾驭的贪婪"。[1] 但他并不认为卑鄙坏蛋的野心或权力贪婪就是一件坏事，因为这样的品质或动机可以让那些杰出的卑鄙坏蛋为社会发展做出平庸之辈不可能的伟大贡献。这就是他所说的私恶有助于公益。

亚当·斯密的自由市场理论（"看不见的手"）受到曼德维尔"私恶—公益"说的影响，这是许多人津津乐道的，但是，经常被忽视的是，斯密认为曼德维尔的善恶观是一种有害的理论。

斯密更是指出，只是因为曼德维尔巧妙的写作，他的善恶观才让一些人误以为是正确的。斯密在《国富论》里写道："虽然这位作者的见解几乎在每一方面都是错误的，然而，以一定的方式观察到的人类天性的某些表现，乍看起来似乎有利于他的这些见解。这

1　曼德维尔著，肖聿译，《蜜蜂的寓言》，第 39 页。

些表现被曼德维尔博士以虽然粗鲁和朴素然而却是活泼和诙谐的那种辩才加以描述和夸张之后，给他的学说加上了某种真理或可能是真理的外观，这种外观非常容易欺骗那些不老练的人。"（Ⅶ，ii，4）斯密认为善和恶是有区别的，也是可以分辨的，而曼德维尔的善恶不分是其理论的危害所在。

那么，是在什么意义上说曼德维尔善恶不分呢？这可以区分为两种情况：第一，善即是恶；第二，恶即是善。这两种情况互有关联，但却是不同的。在这里，我们先谈善即是恶。

善即是恶，是曼德维尔从 17 世纪法国道德学家那里学习和继承而来的。这个看法运用于善行背后的非善动机时，具有道德剖析和揭示的作用。满怀宗教情怀的帕斯卡尔和世俗的拉罗什富科都认为，无论人们的行为看上去多么有德性、多么利他、多么高尚，背后都有自恋和自利的动机。

曼德维尔和拉罗什富科一样认为，恶仿效善，"虚伪是恶习向善良的致敬"，那么，为什么恶习要向善良表示致敬呢？为此，可以提供两种不同的解释：一种是功利的，一种是非功利的。在 17 世纪道德主义者那里都可以找到，曼德维尔采用的主要是功利的解释。

功利的解释是，恶仿效善是因为这样做有好处、有用，未必是因为善优于恶。你被别人赞美为有美德和善行之人，别人就敬重你、信任你。于是，你不管办什么事都比较容易成功。这就像在今天社会里，你的信誉好，贷款、借钱就比较容易，否则就寸步难行。你很在乎自己的信誉，未必是因为你真的诚实，而是因为你善于计算，知道不诚实是要付出沉重代价的。

非功利的解释是，恶仿效善是因为善是好的，恶是坏的，趋善避恶才是道德的目的。人因为自恋，所以特别希望别人敬重和尊重自己（也就是骄傲，proud）。在法国道德学家那里，骄傲是人的一种最强烈、最重要的心理和精神要求，所以也是人最基本的自我利益。曼德维尔不认为人有趋善避恶的天性，所以不接受这种解释。

曼德维尔在善的背后看到恶，这在一定的范围内有其道德真相剖析的意义。它针对的是我们在社会生活中常见的伪善，尤其是那种说一套、做一套的欺骗行为。这种道德剖析的一个重要特征是注重动机而不是行为，尤其怀疑和不信任高尚、道德、体面行为——坚韧、勇气、自我牺牲、大公无私、高尚行为等——背后的自利动机。一旦这个动机被确定为人不愿意承认或刻意隐瞒的"自恋"（或与此相关的骄傲、自私、私利、自我中心），动机揭示也完成了道德剖析，成为带刺的真话。带刺的真话因此是一种道德批评。人都是自私的，人皆以自我为中心，许多人满口仁义道德、高尚理想，但嘴上说得再好听，也不能掩盖私利这个最基本的事实真相。

但是，泛泛而论"无人不自我中心"，这样的道德剖析并不能告诉我们，自我中心的人会有怎样的行为。

自我中心可以让人做出有利于或不利于、有益于或有害于社会的不同行为。亚当·斯密在《道德情操论》里指出，"曼德维尔博士认为，任何基于合宜感或者基于对值得钦佩和赞美的行为怀有好感而做出的行为，都是基于喜爱被人钦佩或赞美，或按照他所言，都是基于虚荣心而做的"。[1] 这种逻辑推演便是，如果动机（自恋、虚荣心）不值得钦佩和赞美，那么这个动机的行为后果就不值得钦佩和赞美，或者，如果这样的行为有"公益"的效果，那纯粹是功利的考虑，与美德或道德无关。

就算我们承认，人都是以自我为中心的，人渴望得到别人的钦佩，我们仍然无法从"渴望钦佩"的动机来预测它可能有怎样的行为结果。这是因为，人渴望钦佩，这种欲望并不完全是自然的，它

曼德维尔著，谢宗林译，《道德情操论》，中央编译出版社，2011年，第394页。

与人渴望食物或性是不同的。

我们可以从人渴望食物或性来预测他的行为后果，但我们无法从人渴望被钦佩来预测相关的行为后果。渴望别人的钦佩，渴望成为别人眼中的英雄、圣人、模范表率，看起来是好事。但是，这样的动机会造成怎样的行为，是完全不可预测的，因为这会取决于渴望得到谁的钦佩，在什么群体里、什么地方、什么环境中渴望被钦佩和赞赏。

一个医生渴望被人钦佩，会在医术上精益求精，对社会是一件好事；比起不渴望被人钦佩，在业务上混日子的庸医，前一种医生的贡献要大许多。这也许可以证明曼德维尔"私恶成全公益"的合理性。

相反，如果一个犯罪集团的成员渴望获得他那个黑社会群体的钦佩，所以变本加厉地干出危害社会百姓的事情，那么这种私恶也没有任何公益的效果可言。更有甚者，如果一个野心勃勃的独裁暴君"渴望被人钦佩"，那么他会不择手段地加强手中的权力，强迫所有人对他顶礼膜拜，如神一般崇拜，其结果便是人民成为暴君的奴隶。

所以，仅仅用"人皆自私"或"人皆渴望别人尊敬"并不能取消具体个人的不同行为或者不同人的不同行为之间的是善是恶之别。

3. 恶就是善，坏事都能变好事吗

"恶就是善"与"善就是恶"其实是一体两面，都是善恶不分的一种表现。所以在说"恶就是善"时，自然也会涉及"善就是恶"。

恶就是善，有多种人们耳熟能详的相似说法："坏事变好事""多难兴邦""天将降大任于斯人也，必先苦其心志，劳其筋骨，饿其体肤……""交学费""不要算小账，要算大账"，等等。"恶就

是善”是利益得失算计的结果，不是道德善恶和是非的判断结果。如果说"善就是恶"是一种关于动机的道德剖析，那么"恶就是善"则是一种关于利益的功利考量。

"善就是恶"关注的是动机而不是行为结果，与此不同，"恶就是善"关注的是行为结果而不是动机。

就行为结果而言，恶就是善指的是，事情再坏（恶），只要结果不坏，就不能说是坏。在基督教里这叫"神正论"或"神义论"（theodicy），这个词来自希腊语的 theos（"上帝"）和 dike（"义"）。神义论坚持的是，人世间和宇宙中所有的恶或坏事都证明上帝的全善、全知和全能。神义论的根本论点在于人的罪恶问题：恶的持续存在不符合上帝消灭罪恶的意愿。既然上帝是全善、全知、全能的，怎么会创造出这么一种罪孽深重的人类和这么一个充满不幸和灾难的世界呢？这就像在现实世界里，有了成绩全是最高领导的功劳，犯了错误全是下面人的问题，上面的永远正确，永远在运筹帷幄下一盘大棋。这是一种世俗的神义论。

宗教神义论认为，坏的事情并不是以我们所能理解的那个样子存在的，而且坏的事情有其神意的作用，即使是我们所认为"最坏"的事情也是上帝能够预见的，上帝能让坏事变好事。世俗的神义论也很常见，凡事要一分为二，坏事可以变好事，就是一种常见的表述。

宗教的神义论要显示的是，世界上的罪恶并未与上帝的美善冲突，并且尽管"存在"一些罪恶的事情，这个世界仍然是"所有可能世界中最好的一个"。17—18 世纪德国哲学家莱布尼茨（G. W. Leibniz，1646—1716）是这种"神义论"的主要倡导者，为此他成为 18 世纪法国思想家伏尔泰（Voltaire，1694—1778）在《老实人》中嘲笑和讽刺的对象。

世俗的神义论以各种形式出现在我们的社会和政治神话里，成为善恶不分或者善恶根本就没有区别的最严重的表现。一个人以恶为善，其严重性不仅仅在于他如何评价利弊，而且更在于他从根本上否定了是非和善恶之间的区别。同样，亚当·斯密认为，曼德维尔的"私德成全公益"的问题实质，并不仅仅在于最慷慨与最有公德心的行为是否不可以在某一意义上被视为出于自恋的动机，而在于那可能会泯灭邪恶与美德之间的分际。

在曼德维尔那里，无论是怀疑和否定存在任何真实的善，还是坚持"私恶有利于公益"，都是为了表明恶在人类社会里是不可避免的，不只是表明而且要将其证明为一种可靠的社会理论。

在这一点上，曼德维尔完全不同于像拉罗什富科或帕斯卡尔那样的 17 世纪法国道德学家。他不只是把自己的想法当作一种经验观察的描述（就像一个经常吃男人亏的女人会说，男人没有一个好东西），而且形成一种理论，一种可以用历史来证明的社会科学（就像"男人都是坏东西"是一种正确可靠的科学论证）。

由于只是经验观察，17 世纪法国道德学家在强调和突出人的自恋时，运用的是箴言的表达方式。但是，曼德维尔要把印象经验观察变成科学理论，他运用的是理论论述的方式。他的目的是建立一个可以从历史追溯来总结并系统化的道德理论，他要把法国道德学家的想法变成一种关于人性的科学，一种彻底的自然主义人类学。与诗作《抱怨的蜂巢》一同收在《蜜蜂的寓言》里的论述部分《美德的起源》和《社会本质之探究》就是曼德维尔的理论建树部分，也是这部著作中最有争议的部分。

在《社会本质之探究》里，曼德维尔对他那个时代传统道德观的批判和颠覆目的是非常明显的。传统的道德观认为，美德在于顺从自然，在于领悟到公共利益与个人利益是一致的和密不可分的。这里"自然"是指宇宙格局赋予每个人的位置。曼德维尔说，这并不是真实的，这样的想法，无论是"概念还是实在性……都与我们的日常经验格格不入"。事实上，"人那些美好的、善良的品质，并不能使人比其他动物更具有社会性；不仅如此，倘若没有我们所说的（天性中的与道德上的）'恶德'的帮助，要将任何群体提高为一个人丁兴旺、富裕繁荣的民族，亦是完全不可能的；即使做到了，也绝不可能维持下去"。[1]

曼德维尔以罗马著名人物为例来证明，他们那些具有伟业和人格楷模意义的公共行为，其实都是由"私恶"所致。人们说起西塞罗，就会"想到他推理的严密、雄辩的力量、文风的优雅，以及贯穿他全部著作的高雅精神"。但是，"当我深入思考他如此众多的优秀品质时，便十分清晰地看到了另外一面，那就是……他的虚荣心"。小加图也是一样，他是一位刚正不阿、痛恨徇私逢迎并愿意为自由不惜牺牲生命的道德表率。但是，曼德维尔说，那只是一个表象，小加图"显然被一种暴君式的力量所主宰，那力量超过他对国家的爱。他对恺撒的荣耀、真正的伟大及个人优点，怀着无法遏止的仇恨和最为强烈的嫉妒"，这才使得他不愿意与恺撒同生于天地之间。[2]

曼德维尔试图用单一的渴望敬意（也就是骄傲、虚荣）来解释人类的道德行为和道德起源，并以此解释道德的复杂性和道德意识的隐蔽性。这成为《蜜蜂的寓言》中克列奥门尼斯（Clemones）与霍拉修（Horation）对话内容的一个重要部分。

克列奥门尼斯（他是曼德维尔的代言人）刚完成一篇《完美绅士》的文章，文章里的那位绅士在修养和道德等方面全都无可挑剔，全都是他骄傲（渴望别人钦佩）的结果。曼德维尔的意思是很清楚的：一切道德的和社会的美德都是因为骄傲。

霍拉修（他是一位陪衬人物）不满意这样的解释。他反驳克列奥门尼斯说，既然所有人都有骄傲的激情，而骄傲又能产生这么多

---

1 曼德维尔著，肖聿译，《蜜蜂的寓言》，第 200 页。
2 同上，第 208—209 页。

美德，那么为什么不是人人都成为完美绅士呢？为什么世界上的有德之士还是这么少呢？在少数完美绅士身上发生作用的骄傲为什么不在大多数人身上发生作用呢？

克列奥门尼斯回应说，霍拉修所说的美德缺损有两个因素，一个是气质（temperament，可理解为纯心理因素），一个是社会的力量（教育和习俗规范）。他是这么说的，骄傲因不同的"气质"而产生不同的效果。"首先，人的气质各不相同，有人生性活跃，忙忙碌碌，有人生性懒散，温和好静；有人大胆无畏，有人则怯懦腼腆。其次，还应当考虑到：气质的养成多少是有意而为之的，因为一类气质会被教育所抑制，另一类则受到鼓励。其三，这两类气质分别建立在人们不同的幸福观上，根据这些观念，人们对荣耀的热爱便决定了人们的不同行为方式。有些人认为主宰和统治他人是最大的幸福；有些人则把临危不惧视为最珍贵的品德；还有些人认为学识渊博、成为名作家是最大的幸福。因此，尽管人们都热爱荣耀，但获取荣耀的方式却各不相同。"

霍拉修并没有被说服。所以，克列奥门尼斯又用"努力目标"来继续解释说，人的努力目标不同，这也会影响到骄傲发生的作用。"在一些人身上，主宰的激情可能不够强烈，不足以彻底抑制其他的激情：爱欲和贪婪可能使其他激情产生变化，例如酗酒和赌博就能拉走不少人，战胜他们的决心。这些人或可能不具备坚持不懈地实现自己意图的力量，无法始终如一地追求同一个目标。……或可能其天赋并不足以使他们能在所有紧要关头都能把自己掩饰得很好。"

霍拉修还是没有被说服，但他已不想再与克列奥门尼斯讨论下去。他说："我不想和你争论这个问题。不过，到现在为止，你既没有证明任何问题，也没有提出一点理由，说明你为什么认为一个有品行的人，其外在表现如此灿烂美好，而其行为却出于卑劣的动机。不说出你为什么怀疑他，你就不能去责备他。"[1]

曼德维尔自己也意识到，他未必能在伦理上说服所有的人接受他关于人类行为都可以归因为自私或骄傲的理论。今天我们知道，对于人的行为来说，自私或骄傲只是人的一种，而不是唯一的行为动因。

曼德维尔是一位 18 世纪启蒙时代的思想家，他的最大贡献不在于证明克列奥门尼斯对霍拉修不能证明的论点，而是把一些核心的伦理问题——"私利""自恋""私利—公益关系""伪善""利己""利他"——以一种充满挑战的方式引入当时的和我们今天的思想和道德讨论之中。

这些经济和伦理观念对形成现代人的"消费观"持续产生影响，其中有一个是对我们今天崇尚消费的年轻一代最有吸引力的，那就是"节俭悖论"（Paradox of thrift）。这是经济学家凯恩斯（John Maynard Keynes，1883—1946）根据《蜜蜂的寓言》里的观念正式提出来的。根据他的国民收入决定理论，消费变动会引起国民收入同方向变动，储蓄变动会引起国民收入反方向变动。

根据储蓄变动引起国民收入反方向变动的理论，增加储蓄会减少国民收入，使经济衰退，是恶的；而减少储蓄会增加国民收入，使经济繁荣，是好的。这种矛盾被称为"节约悖论"。这个说法很对今天年轻人的胃口，它一方面满足他们的消费欲望，另一方面又给他们一种推动国家积极发展的良好感觉，让他们觉得自己是一个有实际行动的爱国者。

不同的消费观形成今天年轻一代与他们父母之间的代沟，老知青们大多属于父母这一代，而他们的子女则属于年轻一代。父母只要一提起以前普通老百姓节衣缩食的事，子女们就会很不耐烦，不

1　曼德维尔著，肖聿译，《蜜蜂的寓言》，第 280—282 页。

愿意听过去那些陈芝麻烂谷子的事情，怪老年一代人观念落后，不能接受新事物。

对老知青一代人，钱是一种"积谷防饥"的手段，不到万不得已，是不能轻易动用的。把钱花费在可买可不买或者根本不需要买的东西上，那是一种"浪费"。年轻一代不把这叫浪费，他们叫消费，相差一个字，却有正当花钱和不正当花钱的区别，这个区别不是经济学的而是伦理的判断。

对老知青一代的大多数人来说，勤俭持家是一种美德，好吃懒做是一种恶习。他们长身体的时候正好赶上"三年自然灾害"，老百姓靠着活命的东西——粮食、肉类、副食品、做衣服的布料、烧饭用的煤等——都得凭国家发的配给票证才能买到。一般人都很穷，都是"穷人"。只有极少数的"有钱人"，他们有的是高工资人士，有的有外汇来源——外汇不光能换成人民币，还有可以购买紧张物品的外汇券。有钱人可以在黑市上或特供商店里买到一些额外的粮食、肉类、鸡蛋、白糖，让别人羡慕得不得了，穷人就算想"消费"也没那个能力。

对于缺衣少食、难以满足温饱之需的人，与对于富裕优渥、有能力满足特别需要的人，"消费"具有完全不同的意义，对于"拉动经济"的作用也是完全不同的。曼德维尔经济理论的一大盲点，就是对穷人和富人的不同需要（消费和必需）不加区别。今天，对普通人的生活负担有"新三座大山"的说法，在这样一个前所未有的经济盛世时代，人们重新使用这样的说法，足见教育、医疗、住房这三件大事已成百姓不可承受之重。但是，不同经济收入阶层的人们感受这份沉重的程度是非常不同的。在把教育、医疗、住房当作"正常消费"的时候，底层穷人的遭遇和不公待遇遭到了漠视。在寒冬腊月被驱离住所不是一个消费问题，而是一个能不能得到社会同情和人的起码待遇问题。这种驱赶行为的私恶，真的并不能转变为有益于社会的公善。

不幸的是，今天许多人对穷人并不见得比 18 世纪的曼德维尔有更大的同情，也正是因为缺乏对穷人应有的同情，曼德维尔尤其表现出他对当时英国社会慈善事业的不满。

4. 公共慈善和慈善的动机

《蜜蜂的寓言》出版之后，几乎没有引起公众的注意，直到后来新版增添了《论慈善与慈善学校》一文，才引起公众的注意。但是，招来的却一片谴责之声。一直到今天，这仍然是一篇非常有争议的文章。批评主要针对他论述的两个方面。

第一个方面是，既然曼德维尔坚持"私恶成全公益"的原则，那么慈善和慈善学校帮助穷人，应该是一种公益，为什么推动这个公益的"私恶"（慈善人士和机构的私利和伪善）却成了一个问题呢？在这里曼德维尔违背自己的原则，而是循着一条不同的推理逻辑，那就是坏的动机无论造成怎样的结果，这结果都是坏的。也就是说，无论在道德还是功用上，自私动机的结果都无公益可言。曼德维尔坚持认为，慈善学校的动机是自私的，并不真的顾及社会公益，甚至也没有顾及穷人利益。慈善学校的后果更是与它自诩的初衷正好相反，它危害社会的和平、稳定和秩序，危害国家的财富增长，最终也危害穷人本身。

第二个方面是，曼德维尔坚持每个人自我利益的合理性，自我利益包括自恋、骄傲、荣誉心、最大化地追求自己的幸福。这是他所理解的"人性"。但是，他认为，让穷人保持在愚昧、勤劳、不闹事的状态最有利于国家和社会的公益。那么，与其他人同样是人类的穷人，他们也有与其他人一样的自我利益，为什么他们的自我利益就必须为国家和社会的公益而牺牲掉呢？

在人性问题上，曼德维尔事实上在用双重标准对待穷人。他把让穷人"愚昧而幸福"当作一种管理穷人的手段，这是一种以恶求善的管理方式，以此换取社会稳定，并能让穷人为国家财富作出贡献。这暴露了"私恶成全公益"原则的最本质缺陷，那就是，它不能回答：对谁有利才算是"公益"？以哪些人的牺牲作为"公益"的代价？

曼德维尔不是第一个或唯一批评慈善学校的人，但是两位意大利教授庞格里奥（Francesca Pongiglione）和托洛宁（Mikko Tolonen）在《曼德维尔论慈善学校：幸福、社会秩序和贫困心理学》（Mandeville on Charity School: Happiness, Social Order and Psychology of Poverty）一文中指出，曼德维尔在《论慈善与慈善学校》一文中的观点至今仍然被许多人视为"对穷人处境的看法极端偏执，许多部分都表现了无端的残忍"。[1]

曼德维尔论英国慈善的文章是 1732 年发表的，时值启蒙时代，在当时就受到强烈批评。今天看来，这样的批评还是有道理的。

公共慈善和慈善学校是一种启蒙时代的产物。慈善的行为在古代就已经有了，但是在 18 世纪启蒙时代，慈善不再只是对个人的帮助，而且成为一种社会福利的概念。正是在启蒙运动时代，志愿协会和富裕捐赠者的共同行动开始让公共慈善成为一种新的文明观念和文化习俗。由于这种新文明和新文化，英格兰的社团，绅士俱乐部和互助社团进一步蓬勃发展，上层阶级越来越多地重视对弱势群体的公共慈善。这是一种新的社会行动主义，成为慈善组织的信念，那就是：对贫困者只有同情是不够的，还必须有所行动。从 18 世纪中叶到今天，秉持这一信念的慈善一直在积极影响人们的公益观念。

1　DOI: https://doi.org/10.23941/ejpe.v9i1.215.

在英国，慈善学校只是公共慈善事业的一部分，慈善事业还包括收养孤儿、建立医院、帮助就业、改造妓女等不同方面的工作。慈善学校在英国的教育史上占有重要地位，它是由普通民众自愿捐助的，用于教导贫困儿童的读写和其他基本教育。慈善学校设立在教区里，通常由宗教组织来管理，对学生是免费的，或只需缴纳少许费用。有的学校甚至在基础教育之外，还把一些学生送进大学。

曼德维尔猛烈攻击慈善学校，在《论慈善与慈善学校》一文里，他除了指责办慈善学校的人都是出于伪善和为了博取好名声，还提出反对慈善学校的直接理由。其中最主要的一条是，穷人子弟上了学之后，就会变得不再愿意安分守己地当一个对国家"有用的穷人"。曼德维尔认为，国家要富强，要具备与邻国的经济竞争力，就必须要有人数众多的穷人，因为愚昧又勤劳的穷人是劳动生产的主力军，是"国家的财富"。

曼德维尔认为，为贫穷儿童免费提供食品、衣服和教育的慈善学校是一个失败，因为这会助长不劳而获的欲念，使尝到甜头的穷人学生不再继续心甘情愿地扮演"愚昧又勤劳"的穷人角色。他们有的变得叛逆，有的未富先懒，不乐意干那些又苦又累、报酬又很低的工作，成为社会中的不安定因素。

曼德维尔从慈善人士的办学动机来否定慈善学校的社会意义，他认为慈善的动机无非就是自私的哗众取宠和沽名钓誉。这种对慈善事业的诛心之论的批判也曾经发生在中国，1949年后对武训和武训办学的批判就是这样。当时批判的理由是武训办学动机不纯，代表的是地主阶级的利益，所以他为穷人办义学不是好事而是坏事。

其实，历史上的武训是个很了不起的人，在今天的社会里找不到这样的人了，更糟糕的是，几乎没有人会相信，世界上居然会有这样的好人。这是很悲哀的，就在人们怀疑和否定武训的时候，他们成了曼德维尔的子孙。这种道德虚幻主义和犬儒主义并不是今天社会才有的，从 1951 年大张旗鼓地批判武训开始，这种道德虚无论的疾病就开始在中国蔓延开来。

武训在历史上是实有其人的，他为了一心一意兴办义学，甚至坚持一生不娶妻室。武训一生劳苦，对自己又十分节俭，所有的收入都用来为穷人办学。他去世后，万人以上群众，包括附近三个县全体官绅，都参加了武训的葬礼。武训的义举一直受到人们普遍高度的评价。山东巡抚张曜（1832—1891）下令免征学田钱粮和徭役，并捐银洋 200 两。光绪皇帝封武训为"义学学正"，赏穿黄袍马褂，又敕建"乐善好施"牌坊。20 世纪 30 年代，在中国投身于普及教育运动的一批教育家，也将武训作为运动的先导以及他们效法的楷模，如陶行知在他的《武训颂》中这样写道："朝朝暮暮，快快乐乐。一生到老，四处奔波。为了苦孩，甘为骆驼。与人有益，牛马也做。公无靠背，朋友无多。未受教育，状元盖过。当众跪求，顽石转舵。不置家产，不娶老婆。为着一件大事来，兴学，兴学，兴学。"

就是这样一位慈善人士，他的故事电影《武训传》于 20 世纪 50 年代初遭到政治批判。1951 年 7 月 23 日，报纸刊登《武训历史调查记》一文，说武训是一个"大流氓、大债主和大地主"。在"文革"中，武训更是被扣上"劳动人民的叛徒、大流氓、大债主、大地主"等帽子。

对武训办学义举的批判和人格糟蹋是以"阶级和阶级斗争"的理论为指导的。仅仅是用动机猜测和阶级立场分析，就把武训那种明明有利于他人的行为攻击为莫大的恶行。

以某种抽象理论来对具体慈善行为发起教条式批判，剖析其罪恶动机，这种"坏动机做好事也还是坏事"的逻辑反过来可以帮助我们理解为什么曼德维尔对慈善学校的攻击在当时的英国引发一片哗然，认为它在道德和政治上都是不可取的。

曼德维尔对慈善的观点在英国是个异类，但却与一些法国哲人的观点相当一致。这是因为"同情"和"仁爱"在法国启蒙思想里的重要性远不及英国（也许卢梭是个例外）。

美国历史学家格特鲁德·希梅尔法布在《通往现代性之路》一书中指出，法国启蒙的理性主义考虑得更多的是慈善的负面后果。[1]既是改革家又是启蒙哲人的杜尔哥（Anne Robert Jacques Turgot，1727—1781）在《百科全书》中写道，穷人"对富人的丰裕有无可争辩的权利"，慈善基金旨在缓解穷人的苦难。然而，这种努力的结果是不行的，因为那些慈善事业最兴旺的国家也是那些不幸分布最广的地方。原因很简单："让很大一大群人免费地生活，这是鼓励懒惰和随之而来的混乱。这是使懒汉的境况比那些劳动的人更好……勤奋公民组成的族群被无法无天地从事着各种罪行的流浪乞讨者组成的卑鄙人群取代。"

狄德罗也认为，救济院（hopitaux）会成为职业乞丐的避难所。救济院外面的境况也好不了多少，因为有大批这样的人群："年轻而精力旺盛的懒汉，他们发现，比起他们通过工作能得到的，在我们构想拙劣的慈善机构里有更容易得到、更丰富的食物，这些人充满我们的街道、我们的教堂、我们的林荫大道、我们的市场集镇、我们的城市和我们的乡村"；他们是不尊重真正的人的国家所创造的"害虫"。

若古（Chevalier Louis de Jaucourt，1704—1779）强调要区分"乞讨者"和"勤奋的穷人"，这在《百科全书》派哲人中是少见的。他也认为，无原则的慈善只会助长"乞讨者"的"职业流浪"习惯，"他们申请救济金，以此来过闲散和懒惰的生活，而不是通过工作来赚取他们的生活所需"，这样的懒汉寄生虫不同于"那些勤奋工

1　G. Himmelfarb, *The Roads to Modernity*, Vintage, 2005, 179-180.

作但由于疾病或年老而生活贫困的人"。

　　一直到今天，在西方福利国家里仍然存在着关于"济贫"目的和途径的争论，以不同的形式出现在不同领导人的竞选纲领中。但是，现在已经很少有人怀疑社会慈善本身的价值，人们更多的是把慈善与慈善可能的不良效果区分开始，而且也把慈善和慈善可能的动机区分开来。挖掘慈善背后的自私、不体面甚至阴暗的动机，这看上去很聪明，但对于我们理解慈善的意义和肯定慈善对社会的作用却不见得真的有任何帮助。一个人或团体在社会上做好事，帮助弱势群体，实际效果要比动机更为重要。孟子是主张效果论的，这是从他的"性善论"出发的。孟子认为，在人的内心中有天赋的善端和良心，所以人人都可能成为善人。从理论上说，人人的动机都应该是善的，因此，人做好事，就没有必要去考虑动机的问题，而只需要看人行为的效果。有意思的是，主张人性恶、人性自私论的法家，在这个问题上与孟子有着惊人的一致。法家认为人人都是自私自利的，在利益面前必然损人利己，动机也必然都是恶的，如果做"好事"，同样没有必要去考虑动机的问题，只要看人做事的实际效果即可。毕竟人性善还是恶都只是假设，人性中有善的部分也有恶的部分。如果一个人对他人做好事，我们更有理由说，那是显现他人性善而不是人性恶的部分，因为我们确实还从来没有见识过那种越邪恶越愿意做好事的人。

十四　亚当·斯密《道德情操论》

1.同情与恻隐

亚当·斯密（Adam Smith，1723—1790）是苏格兰哲学家和经济学家，27岁时便开始在苏格兰格拉斯哥大学担任教授，开始的时候教逻辑和修辞学。他不光教书，还要担任一些行政工作，管的都是些杂务，如管理图书馆和学校收藏的一些古罗马时代的遗物——现藏亨特利安博物馆（Hunterrian Museum），还要给青年发明家——其中就有蒸汽机发明者瓦特——安排住宿和实验的地方。斯密的工作非常辛苦，一年只有圣诞节才放一天假。

斯密教书非常认真，他是学校的道德哲学教授，开设多种不同课程，如伦理学、修辞学、法理学（jurisprudence）、政治经济学、治安和税收，甚至还教授过"文学写作"（belles-lettres），今天很难设想能有这样多面手的教授。他在教学中不断修正自己的观点，后来形成他在《道德情操论》（*The Theory of Moral Sentiments*）的主要思想。这部著作是1759年4月出版的，第一版印了1000本，6先令一本。20先令是1英镑。那个时候，一个男仆的收入一年不过两三英镑（外加吃住和衣服），养家糊口一年需要40镑，不到100

磅日子就能过得相当舒适，500镑就算是富人了。

《道德情操论》让斯密一举成名。但他已经感到筋疲力尽。学校的工作加上写书的辛劳让他难以支撑。就在这个时候，一位公爵聘请斯密给他的儿子当教师，付给他可观的终身酬金，300英镑一年。这彻底改变斯密的生活。他陪同这位公子到法国、瑞士游学，结识一些法国的启蒙哲人和经济改革人士，积累的知识和思想便成为他后来《国富论》(The Wealth of Nations, 1776)的基本材料。

斯密是苏格兰启蒙的核心人物之一。苏格兰启蒙的一个特点是以现实为本，注重对现实世界的观察和分析，崇尚理性、辩论、证据，反对任何不能用事实来证明其合理性的权威。苏格兰启蒙讲究用靠得住的方法来获取有用的知识，对人的可见行为进行观察、分析、综合，进而形成一般化的理论。例如，斯密从观察自家门口市场上的"交换"和"交易"开始，他看到交易行为包含"信任"。你拿一块钱换取别人的东西，这里面有"说服"的机制在起作用。你被说服了，就觉得值；不被说服，就觉得不值。斯密认为，可以从经济的值与不值发展出道德的好与不好，二者都与"公正"这个道德价值观有关。因此，一个好社会必须是公正的，一定少不了"信任"和"道德"。

苏格兰启蒙的另一个特点是，不只是关注物质繁荣，而且还关注人的道德品质。它关心的问题是，人天生就是自私的吗？还是人性中本来就有同情和恻隐之心？这样的问题是无法凭臆断决定的，必须通过对周围世界的观察来推断。在斯密的道德哲学里，同情是一个核心概念。同情可以大致理解为"同理心"，不是简单的"将心比心"或"己所不欲，勿施于人"，而是斯密所说的"中立的旁观者"或"不偏不倚的旁观者"。斯密认为，中立的旁观就是人在长期的生活中学习到的是非、对错、善恶区别，最后成为道德判断的依据。我们努力检查自己的行为，就如同我们想象一个公正的、

254

不偏不倚的旁观者在看这个行为。当他看到这个行为时，会这么看待我？

这样的自我道德反思是理性的而不是情绪性的，对自己是严格的而不是姑息的。对此，斯密写道："我们会以最公正的旁观者那种严格的眼光来看待我们自己的处境……我们也会以同一种严格的见解来看待我们自己的行为。……然而，即使在这场合，我们的判断也并非十分坦率正直。我们对自己的品格所抱持的意见，完全取决于我们对自己过去所作所为的是非判断。认为自己不好，是如此令我们不愉快，以至于我们时常会故意背过脸去，装作没看到也许会使我们的判断变成不利于我们自己的那些情况。"以一个中立的旁边者来看待自己的行为，就是要克服自欺，勇敢地看到，如果我们现在"固执于不公不义，纯粹只因为我们曾经不公正，只因为我们羞于见到也害怕见到我们曾经的不公正"。[1]

用旁人的眼光看待你自己，也就是用社会道德的标准来看待你自己。这只能适用于一个正派的社会，如果在一个道德堕落的社会里，那就会变成随波逐流、是非不分、善恶不分。这也是苏格兰启蒙的社会价值所在，它强调的是道德个体与道德社会相辅相成的关系，提升个人道德必须与优化社会规范和建立良序社会同步进行。

在斯密那里，人的经济行为与道德行为是自然而然地交织和混合在一起的，不像今天这样，要么"在商言商"，要么"论道不论钱"，经济和道德被人为地隔离开来。今天，经济学家谈的是房地产、股票、GDP、工资收入、纳税、工业产值，都是与钱有关的事情，不关道德的事情。伦理学家要么研究干巴巴的伦理哲学，要么就是用大众心理学制造心灵鸡汤，尽量撇开与经济利益的关系。斯密的思想格局要比这样的经济学和伦理学大得多，也丰富得多。

---

1 亚当·斯密著，谢宗林译，《道德情操论》，第 190 页。

　　斯密把经济行为与道德行为联系起来，不是用"钱"来联系，而是把这二者都提高到一个关乎"利益"的哲学高度。从这个高度来看，利益是多种多样的，挣钱致富是利益，做官是利益，争当学界大佬是利益，但社会进步也是利益，高尚做人也是利益，追求精神的满足和个人目标的幸福也都是利益。在今天这个金钱至上、金钱万能的时代，我们又如何去理解这样多元的利益观念呢？那就好好读一读《道德情操论》吧。

　　《道德情操论》里的利益不只是关乎金钱，因为金钱并不是唯一对人有价值的东西。还有其他值得珍视的东西，例如，比起金钱，我们更希望别人心里的情绪与自己相一致。最让我们愉快的事，莫过于发现他人的感觉与我们自己心里全部的情绪相一致。也就是说，当我们注意到他人的情绪与自己一样时，我们会因为那种共鸣而感到心情愉快，所以朋友和别人的认同要比金钱来得重要。我们为了友谊、名声，宁肯舍弃金钱，在这两者之间权衡得失，这也是一种关乎利益的经济行为，这种经济行为包含道德的考量和选择，因此也是一种道德行为。

　　顾名思义，这部著作讨论的是人的"道德情操"，那么什么是"道德情操"呢？斯密原来用的是"moral sentiments"的说法，字面上看是道德情感，但实际上指的不是人一时的情绪或感情，比如你在路上看到一个乞丐或需要帮助的残疾人，你心生怜悯，但只要眼睛一离开对象，一分钟之后就忘得干干净净。

　　斯密指的是与行动有关的情感和感受，主要是同情心，有两个意思。

　　第一，你看见乞丐，是同情他，还是讨厌他，都是一时的情绪。作为一个人，你不可能完全没有同情心，你讨厌他，是因为你压制了你天然的同情心，厌恶成为一种心理补偿。

　　第二，你看到一个乞丐，可以帮助他，也可以绕道而行，好让自己的良心安稳一点。如果你有恻隐而无行动，那算不上是真正的同情。情感与理想的最大不同在于，情感比理性更能促成行动。行动是理解道德情操的关键。

《道德情操论》的第一章就是"论行为的合宜性"，斯密讲的不是情感的合宜性，而是行为的合宜性，不是你对乞丐是同情还是鄙视，而是你同情了有没有相应的行为。在我们的政治生活里，你看到有人被诬陷，被恶意告发，因此无辜受害，你同情他，为他的命运唏嘘不已，但是你袖手旁观，甚至在别人对你进行利诱和威逼的时候，对他落井下石；你是一个有道德情操的人吗？这是一个我们经常不敢问自己的问题。

斯密把人与人之间尤其非亲人之间的同情视为道德情操的基础，他在全书开篇处，开宗明义地说："人，不管被认为是多么的自私，在他人性中显然还有一些原理，促使他关心他人的命运，使他人的幸福成为他幸福必备的条件，尽管除了看到他人幸福他自己也觉得快乐，他从他人的幸福中得不到任何其他好处。属于这一类的原理，是怜悯或同情，是当我们看到他人的不幸或当我们深刻怀想他人的不幸时，我们所感觉到的那种情绪。我们时常因为看到他人悲伤而自己也觉得悲伤。"[1]

斯密解释说，同情（sympathy）不同于怜悯（pity）与悲悯（compassion）。怜悯或悲悯"一般用来表示我们因为他人的悲伤而产生的相同的情感"。同情"虽然原义也许是相同的，不过，现在如果用来表示我们与任何一种情感同感共鸣，或对它产生相同的情感"，更接近于人们所说的"同理心"（empathy）。[2]

这似乎有些类似于"人同此心"的说法，不过斯密更强调的是为他人设身处地的本能和愿望，所以不仅仅是一种天性，而且也是

1　亚当·斯密著，谢宗林译，《道德情操论》，第2页。
2　同上，第4页。

一种道德倾向和理性选择，他对此写道："同情感，与其说是因为我们看到某种感情所引起的，不如说是因为我们看到引起那种感情的处境所引起的。有时候，我们会为他人的行为感觉到一股他自己似乎完全不可能感觉到的感情。因为，当我们设想自身处在他的处境时，我们的想象会在我们的胸臆中燃起那股感情，尽管在他的胸臆中那处境并没有引起那样的感情。我们为他人的厚颜无耻与粗野无礼而感到面红耳赤，尽管他自己似乎不觉得他自己的行为有什么不合宜之处。"这也是为什么一个好人在看到一个坏人满不在乎地作恶时会说"我替你害臊"，因为那个坏人自己并不觉得害臊。这样的道德感情便不是在同情那个坏人，而是用"同情"作为一种感受和评判道德对错和是非的方式，是一种理性的认知，而不纯粹是情感的反应。也就是斯密说的道德想象的结果，"必定完全来自他想到，当自己沦落到同样不幸的情境，以他目前的理智与判断会有的感觉"。[1]

可以说，作为道德情操的"同情"是人天生就有的能力，不管你是好人还是恶徒，都一样。这就是人性。人性是不变的，但会依据情境表现自身。由于这些情境的变化是不可预测的，所以没有人必然是好人或坏人。行为的道德性质取决于一个人的品质是否能与不断变化的环境要求相符合。《道德情操论》写于200多年前，当时的环境和当今世界差别相当大，包括政治形态、科技发展、信息传播等各方面。亚当·斯密根本不可能想象得到我们今天的生活形态。那么，他关于是人就不能没有同情心的论断今天还适用吗？

如果斯密活过来，你问他这个问题，他也许会说，是的。这是因为，虽然他的年代和我们现代人的生活状态相差甚远，但有一样重要的东西没有变：那就是我们的人性。作为人类，我们的喜怒哀

1　亚当·斯密著，谢宗林译，《道德情操论》，第 8 页。

乐、欲望追求以及自身的弱点，没有发生任何变化。但是，我们也可以有不同的看法：既然情境和环境会有变化，而且是出人意料的变化，那么人性必然是在其中得到不断的未必相同的揭示。

斯密对人的社会行为从经济学和伦理学的不同角度进行分析，有时候看上去是矛盾的，这就形成了阅读斯密的特殊问题：是不是有两个斯密？如何来看待他们之间的关系？

2. 两个斯密

斯密的《道德情操论》是一部在当时具有广泛影响的重要著作。今天，人们提起斯密，往往首先或者只是想到他的《国富论》。其实，在他那个时代，无论是在英国还是在国外，他都是以《道德情操论》的作者而闻名的。这部书出版于 1759 年，在《国富论》于 1776 年出版之前，就已经出过四版，后来又出过一版。他把这部书看得比《国富论》更重要，去世前年修改和扩充的就是这部书。如果说《道德情操论》的作者是一位道德学家，那么《国富论》的作者就是一位经济学家。作者还是同一个人，但他在这两部著作里的主要观点在不少人看来却是有矛盾的，像是两个不同的作者写的。

为什么这么说呢？这是因为，《道德情操论》的核心观念是人与人之间的"同情"（sympathy），这是一种道德观念。但《国富论》的核心观念是自由市场的"看不见的手"，他最有名的一句话就是，"我们每天所需要的食料和饮料，不是出自屠户、酿酒家或烙面师的恩惠，而是出于他们自利的打算"。[1] 看不见的手看上去是与同情的道德观念无关的"私利"。前一个是利他的，后一个是利己的。

---

1 Adam Smith, *An Inquiry into the Nature of the Wealth of Nations*, ed. Edwin Cannan, Modern library edition, 1937, 14.

那么，这两部著作是不是代表两个不同的斯密呢？

我们只要了解这两部著作的关系，就会发现这两个斯密是同一个人。我们可以从两个途径来理解斯密思想的统一。

第一个途径是强调的"经济人"。斯密在《道德情操论》中论证"经济人"的出发点和《国富论》是相同和一致的，都是从人的利己主义的本性出发的。例如，他在《道德情操论》中认为，每个人生来首先和主要是关心自己，把改善自身生活条件看作人生的伟大目标。这种论述在《国富论》中发展成为表述自利行为动机的名言：生意人为我们提供物品，不是因为爱我们，而是因为对他们自己有利。

《道德情操论》和《国富论》这两部著作，在论述的语气、论及范围的宽狭、细目的制定和着重点上虽有不同，如对利己主义行为的控制上，《道德情操论》寄重托于同情心和正义感，而在《国富论》中则寄希望于竞争机制。但是，两部著作对自利行为动机的论述在本质上却是一致的。

在《道德情操论》中，斯密是把"同情"作为道德判断核心的，而其作为行为的动机则完全是另一回事。他承认有种种行为动机，不仅有一般的行为动机，而且有善良的行为动机。这些动机包括自爱，这也就是《国富论》开头所说的自利，而不是"自私"。他是在轻蔑的意义上使用"自私"这个词的，他把"自私"和"贪婪"相提并论，但是赞扬人们那种并不损害他人的对自己个人幸福和利益的关心。

在斯密生活的那个时代，"道德情操"这一短语是用来说明人（被设想为在本能上是自私的动物）的一种特殊能力，即能判断是非、克制私利的能力。斯密特别要证明的是：具有利己本性的个人（主要是指追逐利润的资本家）可以在市场关系和社会关系中控制自己的自私感情和行为，从而建立一个良序社会的行为规则。斯密在《国富论》中倡导的那种不违背道德规则的自由市场，其前提就是他在《道德情操论》中论述的道德信念：人能克服自己的自私。

第二个途径是强调"自然自由的制度"（the system of natural liberty）。这是斯密提出的一个重要概念。斯密说，自然自由是在解除了一切君主（或政府）限制后自然形成的简单制度，唯有这个制度能使利己主义（自私自利）有助于社会的普遍利益。他认为，自私自利虽然不善良高尚，但在自由的市场中，它只是更讲究实际和可以信任的，并在这个意义上是更道德的。这也就是他所说的"看不见的手"的实质含义。这只手只有在自然自由的制度里才能起作用：每个个人都"受着一只看不见的手的引导，促使他达到一个出乎他目的的结果"。个人追求他自身的利益，"比起他真正想得到的结果，他经常更有效地使社会达到其目的"。[1]

自然自由的制度是真正能够自由、平等竞争的制度。它有两个天敌：一个是政府的计划经济，斯密称之为自上而下"规划者"（man of system）；另一个就是垄断。这里特别要说的就是垄断。

在斯密的经济学里，市场不是一个因为道德真空而让商人可以自由自在、为牟利而不择手段的"在商言商"之地。斯密在提到商人和制造商时经常使用带有道德评判的字词，商人为了提高利润，盘剥"贫困和贫乏的人"，他们身上有许多毛病：哗众取宠、花言巧语、傲慢的嫉妒、卑鄙的巧取豪夺、卑鄙恶毒的不择手段、狡猾的伎俩（sneaking arts）、自私的鬼祟和虚假。

这些坏生意人为了牟取暴利，总是想垄断市场。商会也排斥外人，不让外人参加自由竞争，这也是一种垄断。政府也经常把专利许给一些公司，让它们为自己服务。这样的公司简直就成了政府的"国企"。斯密猛烈抨击的英国东印度公司就是一个最恶劣的例子。

1　Adam Smith, *An Inquiry into the Nature of the Wealth of Nations*, ed. Edwin Cannan, 423.

东印度公司存在了将近250年，独霸整个亚洲的贸易。斯密活着的时候，东印度公司有自己的陆军和海军，有将近7万人的规模，它统治整个印度，在印度铸造自己的钱币，俨然是一个国中之国。一个公司居然成了一个政府，这绝对是一个垄断。这个公司的官员和管理者个个大发横财，但公司的利润却一直很低。这也非常像吃政府饭的"国企"。

这个不挣钱的公司成了英国的负资产，它太大了，一旦垮掉就会影响整个英国的经济，所以政府不能让它垮掉，只能贴钱维持这个公司。为了挽救这个危机重重的东印度公司，英国国会通过1773年的"茶叶法案"（Tea Act），把对这家公司的茶叶税降得比美洲殖民地的茶税要低，这样它就能用不公正的贸易优势来占领美洲殖民地市场。后果怎么样呢？那就是波士顿茶党的反抗，他们把东印度公司的茶叶扔进波士顿湾里，成为美国革命的前奏。

斯密批评道，像东印度公司这样的贸易完全违反自由市场贸易的原则，对英国一点好处都没有。英国想用这种贸易手段在美洲攫取财富，结果是搬起石头砸自己的脚，完全得不偿失。眼看美洲战争就要爆发，英国不得不速派数千名士兵前往美洲战场，那是一场耗资巨大的战争。斯密在议会旁听关于美洲问题的辩论，他甚至亲自参与游说，希望英国政府改变在美洲的政策，与殖民地和平相处，开展自由贸易。

那时候，军费是英国政府最大的一项开销，英国必须维持一支强大的舰队。大型军舰配有100尊大炮，造价相当于今天7500万美元，英国皇家舰队有500艘随时准备参战的军舰，有14万水兵，再加上维护、保养、修理舰船的人员。斯密给政府算了一笔细账——他是算账的好手——他说，以英国这样庞大的代价，他实在看不出在美洲殖民地有任何利益可图。但是，斯密的意见没有被采纳。

1776 年，就在美洲战争爆发前几个月，斯密的《国富论》出版了。这部著作立刻受到许多国家政府的重视，他的经济观点很快传播开来，不仅仅是美国的建国之父们，许多其他国家的国王、女王、议员、政要也都阅读了这部著作，他们意识到，手上拿着的是一幅国家富强的革命蓝图。

斯密强调，"无形之手"的市场应该促进整个社会的福祉，而不是让少数人在那里大发横财，而商人阶级的利益经常是与公共利益不合的，他们为了提高利润，压低工人的工资、见利忘义、投机取巧、唯利是图。斯密愤怒地写道："商人和制造者，对于高工资提高物价从而减少国内外销路的恶果，大发牢骚；但对于高利润的恶果，他们却只字不谈。关于由自己得利而产生的恶果，他们保持沉默。他们只对由他人得利而产生的恶果，大喊大叫。"[1]

斯密所说的"无形之手"是在一个"自然自由的制度"中起作用的，经典的自由市场也是这种制度中的自由市场。失去这样的制度条件，"无形之手"的比喻旋即失效，自由市场也就不再是经典意义上的自由市场。斯密的自由市场核心是自由，不是市场。许多人捍卫商业文明，不是出于爱自由，而是出于爱钱。但在斯密那里，爱自由是首位的，他为爱自由而捍卫资本主义，不只是商业自由，而且是宗教自由和公民自由。

今天，"无形之手"或"市场的自然自由制度"在中国是被当作一项来自 18 世纪经济启蒙主义的遗产来加以宣扬的，但它完全脱离 18 世纪苏格兰启蒙的"同情"与"仁爱"社会道德价值观。由于有选择地接受一个斯密，而完全无视或抛弃另一个斯密，斯密所呼吁的那个 18 世纪的"仁爱时代"已经被我们这个 21 世纪的现实"残酷时代"所代替。

1　Adam Smith, *An Inquiry into the Nature of the Wealth of Nations*, ed. Edwin Cannan, 98.

　　2021 年开年第一件受到社会广泛关注的事情就是一位 22 岁的年轻女孩猝死在加班的路上，她是一位拼多多员工，凌晨 1 点半死在下班的路上。这个悲惨的事件再一次引发人们在 2020 年关于"996"超常工作时间的讨论。在一个只讲经济效益、缺乏道德情感的社会里，斯密所说的同情不仅是一件奢侈品，而且是一种被公然鄙视和抛弃的人类情感。

　　贪婪和冷酷盘算是由财大气粗的豪富们说了算的。996 事件以一批互联网大佬公开发声告终。阿里巴巴创始人马云表示，今天中国 BAT 这些公司能够 996，我认为是"我们这些人修来的福报"。京东创始人刘强东直言："混日子的人不是我的兄弟。"有赞创始人白鸦强调说，996 工作制和公司的其他制度都是"Enjoy"为代表的企业文化的一部分。面对搜狗"统计加班时长裁员"的消息，搜狗 CEO 王小川一边否认一边强调：不认同搜狗价值观，不愿意和搜狗一起迎接挑战的人，我们不姑息。

　　没有适当的社会环境，斯密所说的那种以同情和仁爱为本的道德文化是不可能存在并发生作用的。实际上，在 18 世纪的英国，不只是有斯密这样的苏格兰启蒙人士在倡导同情和仁爱，而且整个社会里有大量的慈善协会和富有活力的民间社团。这些民间社团为各种有人道价值的目的而存在：宣传基督教知识、改善穷人的处境并让他们更舒适、改造风俗、取消奴隶制、照顾众多不幸的人，包括弃婴、病人及伤残海员、孤儿、妓女、扫烟囱者、在押犯人、释放的犯人和潜在的犯人（可能被引诱过上犯罪生活的穷人男孩）、聋哑者和残疾人等。在任何一个社会里，知识人士的道德倡导必须在适当的大环境里才能得到响应，并产生影响。

　　斯密在运用"看不见的手"这个比喻时，不是在将市场去道德化，而恰恰是在强调市场和社会的自由和人道价值，他是以道德哲学来写《国富论》的。所以斯密的经济学又被称为"政治兼道德经济学"（political-cum-moral economy）。也就是说，斯密的政治经济学应该也当作道德经济学来阅读，而其核心价值就是自由、理性和道德的人。

斯密对穷人的同情是他同情学说中最值得我们重视的，改善穷人的生存环境是提升社会整体繁荣的关键部分，这也是苏格兰启蒙的一种重要思想。

3. 善待穷人和良序社会的道德现实主义

写作《道德情操论》和《国富论》的斯密是统一的，在这两部著作里贯穿着他一贯的价值信念，那就是自由、理性和道德。在他去世前的几年里，他所做的主要工作就是全面修订《道德情操论》，并在书的第一篇"论行为的合宜性"里添加了第 5 节"论可亲与可敬的美德"。他写道："人性尽善尽美，就在于多为他人着想而少为自己着想，就在于克制我们的自私心，同时放纵我们的仁慈心；而且只有这样，才能够在人与人之间产生情感上的和谐共鸣，也才有情感的优雅合宜可言。"[1] 而仁慈心的对象就是穷人。

斯密对穷人的同情，不仅包括对贫穷的劳工，而且也包括一般的生活匮乏者（indigent）。英国是世界上最早有全国性、非宗教的公共福利（穷人救济）制度的国家，在很长一段时期内，也是世界上唯一有这种制度的国家。斯密赞同这样的制度，但也批评其中的某些规定。例如，它有限制穷人迁移的户口规定。斯密认为，这事实上限制了穷人寻找改善生活机会的自由，剥夺了他们与其他英国人平等的自由权利。也正是因为对穷人的同情，他支持按比例制

---

1 亚当·斯密著，谢宗林译，《道德情操论》，第 23 页。

纳税（Proportional Tax）和对奢侈品而不是生活必需品征税，这样"富人的懒惰和虚荣也能很容易为救济穷人做出贡献"。[1]

斯密是第一个看到提高工人工资有助于全社会福祉的经济学家，这也是基于他对人类善良的乐观想法：好工人配得上高工资，也会回报给予他们的合理报酬。他写道："充足的劳动报酬，鼓励普通人民增殖，因而鼓励他们勤勉。劳动工资，是勤勉的奖励。勤勉像人类其他品质一样，越受奖励越发勤奋。丰富的生活资料，使劳动者体力增进，而生活改善和晚景优裕的愉快希望，使他们愈加努力。所以，高工资地方的劳动者，总是比低工资地方的劳动者活泼、勤勉和敏捷。例如，英格兰劳动者比苏格兰劳动者强。大都会附近的劳动者比僻远农村的劳动者强。"[2]

斯密认为，充足的劳动报酬，既是财富增加的结果，又是人口增加的原因。雇主对充足的劳动报酬发出怨言，就是对最大公共繁荣的必然结果与原因发出悲叹。斯密倡导的不只是自由经济，而且是共同繁荣的进步自由经济，在这个经济制度中，穷苦工人提高工资是国富的结果和标志。不能做到这一点的国家财富，称不上是真正的国富，因为它无助于最大的公共繁荣。

在斯密那里，对穷人的同情与社会正义是联系在一起的，他写道，"单单缺乏财富，或只不过是贫穷，不会引来多少同情"。穷人抱怨，发牢骚，只会让人看不起，而不是同情，"我们瞧不起乞丐，虽然他死皮赖脸的哀求也许可以从我们这里敲诈到一些施舍，但他绝对很少是我们真正怜悯的对象"。只有当穷人是社会非正义的受害者时，我们才会对他给予真正的、有意义的怜悯。[3]

斯密对穷人的态度反映了苏格兰启蒙的一个重要特色，那就是，

1　亚当·斯密著，谢宗林、李华夏译，《国富论》，中央编译出版社，2010年，第683页。
2　同上，第81页。
3　亚当·斯密著，谢宗林译，《道德情操论》，第171页。

苏格兰启蒙的道德哲学家们重视"同情""仁慈""怜悯""同伴之情",他们把这些道德意识或道德情操视为良序社会的伦理基础,广泛而充分的讨论形成了18世纪英伦启蒙的哲学和道德话语特色。

18世纪的苏格兰启蒙与法国和美国的启蒙都有所不同,美国历史学家格特鲁德·希梅尔法布(Gertrude Himmelfarb)在《现代性之路》(*The Roads to Modernity*)一书里论述了这三种启蒙的不同,她把苏格兰启蒙称为"德性社会学"(the sociology of virtue),与法国启蒙的"理性意识形态"(the ideology of reason)和美国启蒙的"自由政治"(the politics of liberty)相区别。她指出,"不列颠道德哲学家们是社会学家,不是哲学家;他们关心的是人与社会的关系,关注一个健康和人道的社会应该以怎样的社会德行来做基础"。"德性社会学"的基本信念是,社会是一种自然发展的秩序,启蒙是为了对社会秩序的人性条件、经济制度和政治因素——同情、宽容、公民社会、自由市场、文明政体——有更好的理性认识,只有这个基础才能保证社会政策和集体行动更有效地达成社会良序和优化的目标。

在《道德情操论》里,斯密阐述的是一种以人的同情为核心的社会和道德秩序。同情是看到别人有某种情感,能"设想在相同处境下我们自己会有什么感觉"。同情是人性中的一种原始情感,"绝非仅限于仁慈的人才感觉得到,虽然他们的这种感觉也许比其他任何人都更为敏锐强烈,即使是最残忍的恶棍、最麻木不仁的匪徒,也不至于完全没有感觉"。[1]斯密把"同情"从一种情绪或情感变为一种哲学原理,并用这个原理来阐释正义、仁慈、克己等一切道德情操产生的根源,以此铺设良序社会的基础。他也用同情来说明道德评价的性质、原则以及各种美德的特征,从而最终揭示人类良序

---

1 亚当·斯密著,谢宗林译,《道德情操论》,第2页。

社会赖以生存发展的基础，以及人的行为应该遵循的一般道德准则。

我们是否与他人的情感一致，是我们赞成或反对他们的行为（或我们自己的行为）的依据。斯密说："行为的功与过，或行为应该得到奖赏，抑或应该受到惩罚，全在于引发行为的情感所欲产生或倾向产生的后果，性质上是有益的，抑或是有害的。"[1] 斯密淡化同情原本包含的怜悯和恻隐，而将之扩展为与他人共同拥有的情感和与之联系的美德。

一般来说，与同情相联系的是仁慈、慈爱、慷慨，这些是人们普遍赞赏的美德。但是，斯密又独具慧眼地看到，对于提高社会的品质，这些并不是必需的。最低程度的社会要求是"正义"，也就是清楚而牢靠地让人知道，不按规则办事，随意伤害他人，会引起众人的非议，是要受到惩罚的。斯密说："仁慈总是自由随意的，无法强求，仅仅有欠仁慈，不致受罚。"[2]

一个道德社会会对个人有"适当仁慈"的道德要求，"我们总是必须小心谨慎，将只是该受责备或该受到非议的以及可以强制惩罚或阻止的区分开来。经验告诉我们可以期待每一个人的那种平常程度的适当仁慈，如果有人没做到，那他似乎便该受责备；相反，如果有人超过那种适当的仁慈，那他似乎便该受赞扬"。[3] 可见，斯密的道德情操论秉持的是道德现实主义的立场，他并不认为每个人都有损己利人的义务，如果每个人都有这样的义务，那么超过适当的仁慈也就没有什么值得赞扬的。

现实主义的道德情操所论及的道德是分层次的，道德的上限可以是损己利人、舍己为人、助人为乐，而道德的下限则是利己利人、将心比心、己所不欲、勿施于人。过于道德的超常行为并非是斯密

1 亚当·斯密著，谢宗林译，《道德情操论》，第77页。
2 同上，第94页。
3 同上，第96页。

所称道的和追求的，因为超常的道德行为并不具备现实可行性和现实价值。作为道德哲学家，斯密倡导社会德行，不是为了造就圣人，也不是为了显示自己能独善其身，而是面对像你我这样的普通人，即使不能移风易俗，也可提升你我的道德自觉，因此是一种我们今天仍然需要的社会启蒙。

苏格兰启蒙人士认为，每个个人都有道德感和常识，赋予所有人共同的人性和道德与意识，18 世纪的时候，这样的道德议论在英国之外的影响并不显著。法国启蒙哲人很少谈到这种人"天生"的同情。参与《百科全书》写作的法国启蒙哲人德·霍尔巴赫（Baron d'Holbach，1723 —1789）在《普遍道德》（*Universal Morality*）里更是直接对此持怀疑的态度，他认为，苏格兰道德家所谓的"同情"只是一种想象的行为，显然这是在批评亚当·斯密和一般的道德哲学家。他评论道，对于一些人，怜悯的感情简直是不存在的，或者存在于一种非常无力的状态中。确实，大部分人对于他人的痛苦无动于衷——君主对他们的臣民的不幸无动于衷，父亲对他们的妻子和孩子们的抱怨无动于衷，贪婪者对因他们的损害而陷入悲惨境遇的人无动于衷。他们非但不对那些不幸的人施以援手，还设法避开不幸的场合。更糟的是，他们特意增加别人的伤痛。更有甚者，还有以落井下石、墙倒众人推为乐的人，若非如此，幸灾乐祸也就不是人性最卑鄙的一部分了。[1]

关于幸灾乐祸，法国启蒙哲人拉美特利（Julien Offroy de La Mettrie，1709—1751）在"论幸福"（Discourse on Happiness）中说，普通人的幸福实际上就是由使其他人不幸福构成的。"普通人看起来是一种不诚实、危险、背信弃义的动物；他们依照冲动和激情行事，而不是依照他们孩提时代所接受的、作为自然法则与自责

1　Lester G. Crocker, ed., *The Age of Enlightenment*, Harper & Row, 1969, 66-68.

的基础的观念行事。"[1]

我们今天一般理解的同情（或同理心）是一种比苏格兰道德哲学的同情远为有限的人际交往价值，而不是人的本质天性。如果将"同情"视为人性最本质的部分，而忽视与之对立和矛盾的人性其他部分（自私、暴力、残忍、幸灾乐祸），那就不仅太简单化、太狭隘，而且还会过度理想化和浪漫化，以至于把与同情相关的"关爱""亲密"当作一种想当然的善。更为有害的是，这会使我们在情感操纵面前完全失去识别和抵抗的能力，关爱和亲密经常被用作一种伤害、控制和操纵他人的非正义手段，而这种伤害和操控正是在非常贴近或过分贴近的身体和情感关系中发生的。

正如奥威尔在《1984》中揭示的那样，从精神和情感上控制一个人，经常就是从与他先建立"亲密无间"的关系开始的：谈心、恳谈、交心、套近乎、请吃饭或喝茶。苏格兰道德学家在倡导同情的同时，提出在情感关系上有时候需要保持距离。他们当然没有使用过电话或手机，但他们对情感距离的认识却很能说明，为什么许多人觉得，手机让他们有了无须有事必须面对面交谈的方便，让他们在面对面和不面对面之间有了必要的选择。

事实上，斯密也看到，虽然同情是美好的品质，但人却是"不完美的同情者"。我们同情自己人胜过同情陌生人，受这种偏见的影响，我们在同情的时候，判断也会被偏见所扭曲。这个道理对"同理心"也是同样适用的。斯密认为，由于我们的同情并非完美，更由于我们知道并重视而不是无视和回避这种不完美，我们才特别需要对自己的行为做一个"中立的旁观者"（the impartial spectator）。[2]

如果一个人与发生的事情关系很密切，他的情绪就会非常强烈

1　Lester G. Crocker, ed., *The Age of Enlightenment*, 145.

2　亚当·斯密著，谢宗林译，《道德情操论》，第 43 页。

和冲动，这会扭曲他的判断，也会使人在与他人交流情感的时候夸大其词、失去掌控。要判断某种情感或行为是否合适，就需要与发生的事情保持距离。同情需要在保持距离的情况下才能起到合适的作用，至少经常需要如此。理解一个人，对人和事做出适当的判断，要让同理心发挥合适的作用，经常也会需要保持距离。在斯密那里，情感与理性必须结合在一起，他既不提倡纯粹的理性主义，也不赞同简单的情感至上，因而形成一种合情合理的对自私人性和正义制度的深入认识。这个观点影响了他的同代人，也对后世产生有益的影响。

十五　休谟《人性论》

1. 人性和道德情感

　　大卫·休谟（David Hume，1711—1776）是一位重要的苏格兰哲学家、经济学家和历史学家，他是苏格兰启蒙运动和西方哲学历史中最重要的人物之一。苏格兰启蒙也可以视为 17、18 世纪英国启蒙的一部分。休谟和他的朋友亚当·斯密一样，认同的是"北方英国人"（North Britons），而非土生土长的"苏格兰人"（Scots）。他们从来不以苏格兰的地方主义为荣。亚当·斯密在英格兰的牛津大学 8 年学习期间，成功地改掉自己的苏格兰口音。和许多苏格兰学者一样，他的著作是在伦敦出版的，《国富论》的大部分也是在伦敦完成的。休谟把自己的苏格兰姓氏 Home 改成了英格兰化的"Hume"，他虽然没能完全改变自己的苏格兰口音，但在著作中总是小心避免使用苏格兰英语的用法。

　　休谟把人性确定为人文研究的圆心，不管圆有多大，圆点不变。《人性论》（*A Treatise of Human Nature*）是一部出版于 1739 年的著作，当时他只有 26 岁。虽然现代的学者们大多将《人性论》一书视为休谟最重要的一部著作也是哲学史上最重要的著作之一，但此书刚出版时并没有获得多少重视。休谟在谈到此书遭受的冷遇时说："媒体对这本书的反应是一片死寂，甚至连对那些狂热的读者群都没有半点交代。不过我本来就养成乐观而开朗的个性，很快就从这样的挫折里站了起来，并继续在乡下努力进行研究。"

这部著作的价值主要在于哲学史上的意义，休谟对后世影响最大的是他哲学中的怀疑主义和对理性主义的挑战，在这部著作中已经体现出来。他认为，理性不能证明道德真理，也不能证明普遍道德是由自然法规定的。理性并不能为某些主张（如宗教）提供支持。理性甚至不能证明理性本身是理解世界的真实或准确途径。应该看到，怀疑理性不是反对或否定理性。休谟怀疑和探究理性的实质，它本身就是一种理性思考，是一种体现批判精神的理性。

《人性论》由三个部分构成：第一卷探究人类本性的认知能力，第二卷探究人类本性中的激情，第三卷主要是阐述人类本性中道德来自情感。我们在这里阅读这部著作，会把重点放在认知与道德的关系上，并在后面谈到几个与当下伦理和启蒙有关的问题，如知恩图报和忘恩负义、习惯中的道德和认知、情感教育和心智启蒙。

休谟在《人性论》里强调，必须以人性作为哲学思考的核心和根基。他把当时欧洲的哲学场景描述为"噪音和喧嚣"，哲学辩论专注于琐碎的问题，但从未解决任何重要的问题，因此产生"各种形而上学推理的普遍偏见"。他的指责是有所指的，他认为，笛卡尔、洛克和贝克莱等理性主义思想家显然已经成功地破坏了以宗教为代表的世界信念，但并未建立起代替它的思想体系。休谟是一位哲学怀疑论者，但他的怀疑不是为了破坏，而是为了建树，他要在用怀疑清除的基础上构建一个人的哲学。

休谟《人性论》的哲学抱负受到当时科学主义的影响，他尝试将推理的实验方法引入人性——也就是人的认知和道德——的研究。他说："一切科学对于人性总是或多或少地有些关系，任何学科不论似乎与人性离得多远，它们总是会通过这样或那样的途径回到人性。即使是数学、自然哲学和自然宗教，也都是在某种程度上依靠于人的科学。"[1]

就像圆有一个圆心、一个国家的中心是首都一样，"在我们的哲学研究中，我们可以希望借以获得成功的唯一途径，即是抛开我们一向所采用的那种可厌的迂回曲折的老方法，不再在边界上一会儿去攻取一个城堡，一会儿去占领一个村落，而是直捣这些科学的首都或心脏，即是人性本身；一旦人性被掌握了以后，我们在其他各方面就会有希望轻而易举地取得胜利。从这个岗位，我们可以扩展到征服那些和人生有较为密切关系的一切科学……任何重要问题的解决关键，无不包括在关于人的科学中间；在我们没有熟悉这门科学之前，任何问题都不能得到确实的解决"。[2]

休谟的人性论是从人类经验的基本要素"感知"开始的。他区分了人的两种不同认知。一种是"印象"（impressions），不仅是我们眼见耳闻所能触摸和嗅觉到的，而且是我们能够感觉到的欲望和喜怒哀乐。另一种是"观念"（ideas），用来指我们的感觉、情感和情绪在思维和推理中表现的意象，"指的是人理性地对现象进行思考而形成的浅度认识"。[3]观念建立在印象的基础上，但并不是印象的简单复制品，因为我们可以从印象所提供的材料中"想象"到我们从未经历过的事情，如会飞的骏马或用黄金地砖铺成的街道。

空间、时间、外部世界和自我的存在、因果关系等都是观念，这样的观念具有普遍性，对我们理解世界是必要的。观念是人们所普遍持有的，对于我们如何理解世界至关重要。休谟以其对因果关

1 休谟著，关文运译，郑之骧校，《人性论》，商务印书馆，1996年，《引论》，第6页。
2 同上，第7—8页。
3 休谟著，贺江译，《人性论》，海峡文艺出版社，2018年，第3页。

系的怀疑闻名，他认为，提供因果观念的不是理性，理性只能提供关于必要的思想关系的某些知识，就像推导数学真理一样。如果我们知道"二"和"加"的定义，那么理性可以告诉我们二加二等于四。但是，因果关系是一个经验加想象的结果，因此不受观念上的确定性约束。二加二等于四是因为我们每次这么做都是同样的结果，并且因为我们能够想象，下一次二加二还是等于四，不是因为理性规定二加二必须等于四。

所以，休谟特别强调人的"想象"的重要性，这是人与生俱来的一种能力。与理性相比，想象更接近情感，人可以想象理性不能接受的事物和关系。诗歌、小说和戏剧是理解人类情感和想象的无价之宝，休谟早年学习的是文学，他对想象的重视，很可能是源于此。

休谟对道德的关注方式也体现他的经验主义特征。许多道德哲学告诉人们的是，什么样的行为是道德的或不道德的，人为什么要有道德行为。这是一种规训式的道德哲学。休谟的道德哲学不是这样的，他认为人天生就有分辨对错的道德判断能力，只是看上去判断的结果不同而已。例如，张扣扣为母报仇杀死仇人，一些人认为他这么做是错的，另一些人认为是对的，他们的道德判断不同，但都运用他们的是非判断能力。休谟认为，人天生就能用好或坏、善或恶、对或错、义或不义这样的道德观念去看待事物，用不着道德哲学家来教。道德哲学的任务是探究人类究竟是如何运用这种道德能力的，而不是规定应该如何运用这种能力。

休谟提出，人并不是用感官去做道德判断的。他用杀人为例说明感官不能让人做出道德判断。如果你目睹或听说一个人杀了另一个人，你并不会因为你的感官知觉就形成道德判断。你对这件事情做出道德判断，是因为这件事情在你心里唤起某种情感，你是用情感去做道德判断的。

不要把情感和由情感得出的认知与事实混为一谈，这在公共说理中是一个重要原则，也就是要把"看法"与"事实"区分开来。看法是需要证明的，而事实则不需要。例如，有人说，经典阅读里的名著太多、太难。这是看法，不是事实。也可能是因为对阅读有神秘感和畏惧感，所以才产生误解和偏见，这是很常见的。人的情绪会影响人对事物的认知和判断，你认定《奥德赛》或《伯罗奔尼撒战争史》是难啃的"大部头"，不是因为它们有五百页还是六百页，而是因为你心里已经有了畏难情绪。要是你以前被人吓着了，说这本书有多难有多深奥，你的情绪就会影响你对这本书是大是小的判断。其实可能并不是这样的，你如果读懂了，有了浓厚兴趣，你也许又会说修昔底德怎么只写到公元前411年就不写了，你会希望他能够把书写完，不嫌他的书大，只嫌他言犹未尽。

休谟认为，人的道德情感也不是由理性来决定的。他说，理性只能决定真或伪，但不能决定发生何种情感。所以他有一句名言，理智是也只应该是激情的奴仆，理性从来是为激情服务，并顺从激情。一件事情让你生气（情感），你认为那是坏事（道德判断），于是理性就出来解释为什么这样的事情本来就不应该发生。例如两军交战，双方杀红了眼，一方抓了另一方的俘虏，管他什么日内瓦协议，杀了再说。杀俘虏的认为自己做得对，是为死去的战友报仇。按休谟的说法，杀俘虏的行为是由"仇恨"的激情触发的，为死去的战友报仇是理性为杀俘虏行为提供的理由，理性只是一个让激情达到目的的工具。

休谟强调情感对于道德判断的决定性作用，这不应该让我们得出一个相反的结论：理智不能或不该影响我们的道德判断。你有同情心，这会促使你为某地的灾民慷慨捐款，但是，你的情感只能应付事情（如灾情）的结果，而只有理性才能使你追究事情的原因。一旦追究，你也许会发现，那不只是天灾而且更是人祸。仔细分析一下，你也许更会发现，冲动的同情不但无济于事，而且有时候非但无益反而有害。

在休谟的道德哲学里，道德情感不是来自感官经验，也不是来自理性，那么道德情感是从哪里来的呢？休谟认为，人的道德情感来自人天生就具有的"同情"。

在休谟那里，"同情"是一个重要的概念。他认为，同情是人性中的一种本能，同情是一种人与他人沟通并分享情感的能力，其本质就是想象——你能够想象自己是另外一个人。所以，休谟所说的"同情"（sympathy）有时候也被称为"移情"（empathy）。同情虽然是人的一种天生特征，但表现的方式却是有变化的。人对亲近自己或与自己同类的他人的同情心较强，而对陌生或疏远的人投入的同情心就较弱，对自己的敌人就会毫无同情心，甚至幸灾乐祸。其实，即使对敌人没有同情心的人，也还是有同情心的。这就像哑巴也还是具有人的语言能力一样，只不过哑巴某些与语言相关的大脑部分出了故障或毛病。

休谟认为，同情对道德观念有引导作用，同情还是一个养成道德习惯不可或缺的社会机制。这里的同情不等于我们平时所说的"好心""仁爱"或"恻隐之心"，而是指用别人的眼光来看待自己。这是想象的作用，因为都是人，所以可以把我放在别人的位置上，用别人的眼光来看我自己。

同情对道德观念有引导作用，同情促进道德习惯的养成，那又是基于怎样的作用原理呢？

休谟使用了两对概念来说明这个原理，第一对是"快乐"和"痛苦"，第二对是"骄傲"和"自卑"。不难看出，这两对都是情感的概念。通过同情，你能想象别人对你的看法。如果别人因为你的某种行为尊敬你、抬举你、看得起你，你就会对自己感到骄傲，这能给你快乐，那你就会去做这件事，视其为"善行"或"道德行为"。如果你做一件事让别人看不起你、鄙视你，你的同情心就会让你感到痛苦，一般来说，你也就不会去做那样的事了，久而久之，你也就将之视为不道德的、邪恶的事情。

在休谟那里，没有固定不变的道德与不道德之分，凡是社会习俗中共同认可的就是道德的，否则就是不道德的。例如，在一个讲诚信、说真话的社会里，倘若你背信弃义、谎言诳人，就会被人看不起，为了避免这种痛苦，你也就会有比较诚实的行为。相反，如果一个社会里大家都弄虚作假、不讲诚信，把善于这一套的人当作"有头脑""会办事""情商高"，那么你这么做，不仅能成功地达到自己的目的，还会被人称赞是"头脑灵光""有策略"，你用这种他人的眼光来看自己，自然就不会以这样的行为为耻。你甚至还会很得意，享受着一种别人眼里的"成功人士"的快乐。

2. 习惯与道德：坏人变老了吗

习惯（habit）和习俗（custom）是休谟哲学思考的重要议题，这与他经验主义的认识论是密切相关的。习惯是经验性的，与习惯相关的道德和认知是经过一般化处理的观念。观念来自不断重复积累的印象，这是休谟认识论的基础。

休谟虽然是一位经验主义者，但他对习惯的看法并不局限于经验，而是既肯定习惯也看到习惯的局限性。在对习惯与道德的讨论中，他认为习惯减小了善行的难度，增加了善行的便利，从而形成人的道德观念。但是，另一方面，习惯应该在一定程度之内起作用，否则就可能变得机械、僵化，失去给人带来快乐的经验新鲜感而变得令人厌烦，这样反而带来痛苦，善行也就变成痛苦的事情。

休谟所说的习惯不是指每天要刷牙、饭前便后要洗手、勤换内衣、早饭喝牛奶还是稀饭这样的习惯，而是指道德观念和行为，例如讲真话、不说谎、仁爱待人、不粗暴、守信用等。这些都是人们观念中的美德和德行。人有德行未必对自己有好处，有恶行未必对自己没有好处。例如，说谎经常能对自己有好处。那么，人为什么不说谎呢？休谟的回答是，你说谎占了一点小便宜，结果让人看不起，你感觉到别人对你的鄙视，会为此感到自卑和痛苦，所以你也就会避免说谎。当然，这是对一个正派的或基本上是正派的人来说的。要是你生活在一个大家都不诚实都互相欺诈、易粪相食的人群中，那么情况又会是如何呢？恐怕正好相反。

休谟在《人性论》第二卷第三章第五节"论习惯的效果"里讨论了"习惯"对人的"行为"的影响。行为可以是道德行为，也可以是不道德行为，可以是善行，也可以是恶行。习惯与行为的根本关系在于，习惯可以减少行为的情绪障碍或阻力。休谟认为，人的任何行为说到底都是以情绪为动因的，都是由情绪推动的。这其中可能有理性的作用，但是情绪是目的，而理性只是达到目的的方法。道德基于情绪，这是休谟用以批判理想主义的一个根本观点。因此，休谟的道德学术被称为"基于情绪的道德"。

习惯影响人的情感，而情感又支配人的行为，这就是习惯行为的方式。休谟说："但是在增减我们情感、化乐为苦和化苦为乐这些方面，再没有东西比习惯和重复有更大的效果。习惯对于心灵有两种原始的效果，一种是使任何行为的完成或对任何对象的想象顺利无阻，一种是以后使它对于这种行为或对象有一种趋向或倾向；我们根据这些效果，就可以说明习惯的所有其他效果，不论它们是如何奇特的。"[1]

我们不妨举一个例子来说明休谟的意思。你每个月的收入是两

---

1 休谟著，关文运译，郑之骧校，《人性论》，第460—461页。

千元，你从每个月的工资里拿出一百元，捐赠给一个慈善机构。开始的时候，你会有怎样的情绪呢？按照常理常情，你一定是不情愿的。这是人的"自利"情绪在起作用，完全是自然的。你辛辛苦苦挣来的工资，凭什么每个月要拿出一百元去救济你根本不认识的穷人？你当然有不痛快的情绪，所以捐款这个行为是有障碍的。这也就是休谟所说的，"当灵魂致力去完成它所不熟悉的任何行为或想象它所不熟悉的任何对象时，各种官能就有某种倔强性，而且精神在新的方向中运动时，也有些困难"。[1]

捐款对你来说开始是有点为难，但却能给你一种新鲜的感觉。休谟说，虽然为难，但为难"刺激起精神，所以就成了惊异、惊讶和由新奇而产生的一切情绪的来源；而且它本身是很令人愉快的"。[2]一般人都是这样，掏钱虽然不爽，但一旦掏了钱，就会觉得自己挺高尚，做了一件光荣的事情，对自己刮目相看，挺得意。用休谟的话来说，就是，"而且它本身是很令人愉快的"。于是，你捐款的次数多了，也就习惯了，习惯使得你每个月拿到工资单，见少掉一百元时的那种不爽情绪障碍越来越降低，你也就不那么心疼了。你的行为被别人视为你的"美德"或"善行"，也就是说被抽象地道德化。你自己也认为自己是一个具有"慷慨""仁爱"美德的人。这就是休谟所说的"习惯变成道德"。

从这个例子你就可以看到，休谟是个了解人性的大师，他对人的复杂心理构成和变化有非常透彻的理解。

休谟对习惯与美德关系的理想还不止于此。更高明的是，他能看到另一种可能的变化。他说，习惯减小行为的障碍或阻力，只是在一定程度上才与美德有关，超过这个程度，完全没有障碍了，事情就会朝反面发生变化。这又是怎么一回事呢？

1　休谟著，关文运译，郑之骧校，《人性论》，第 461 页。
2　同上。

休谟说，习惯不断地重复，你凭习惯做事也就没有感觉、没有情绪，你的行为变得"无所谓"（indifferent），做或不做都一样。既然都无所谓，你可能会心生厌烦，因此就不去做。降低情绪障碍本来使得行为变得容易——休谟称之为"便利性"（facility）——但太容易，你也就厌烦了。如果说开始的新奇能让你快乐，那么后来的厌烦却能让你痛苦。休谟说，事情"在一而再再而三的重复下，使得我们心生厌烦"，习惯的"顺利程度太大，使心灵的活动变得微弱无力、不足以再使心灵继续感兴趣并提起精神来时，它就把快乐转变为痛苦了"。[1]

休谟所说的"习惯造成厌烦，厌烦带来痛苦，痛苦停止习惯性行为"只是一种可能性，而不是必然会同等程度地发生在每个人身上。这和他一贯的"因人而异"的情绪观是一致的。他最反感的就是理想主义的教条，所以他自己思考问题总是更多地依靠经验，务实地看到实际情况的复杂性和多样性。例如，他认为人天生都是有同情心的，但在不同的人们那里，同情心的程度是有差异的，而且由于对象的不同，同一个人的同情心也是不一样的。人们对跟自己亲近的人比对疏远的人更有同情心，对家人尤其如此。人们的嫉妒心也是一样，人们嫉妒的是跟自己差不多的他人，而不是与自己地位和身份悬殊的他人。人们会妒忌他们的邻居、同事、熟人，但并不会妒忌像是生活在另外一个世界里的国王或富豪。

前面说了习惯与善行和美德的关系，现在再让我们来看看习惯与恶行和恶德的关系。一个大家熟悉的例子就是当今中国社会里"坏人变老了"的现象。人们常说，现在的"坏老人"都是红卫兵一代的过来人，把"文革"的坏习惯带到今天的社会。从休谟对习惯和行为道德的论述来看，他的话有对的一面，也有可能

1　休谟著，关文运译，郑之骧校，《人性论》，第 461—462 页。

不对的一面。

先说休谟对的一面。媒体上常有这样的报道，大爷大妈行为粗野，不讲公德：一群一群的广场舞大妈，音乐放得震天响，全然不顾广场周围人家休息的需要，老头老太太为一点点小事就能破口大骂，甚至大打出手，在公交车上抢座位，在公共场所大声喧哗，一副"我是流氓我怕谁"的架势。

在他们的青少年时代，当他们刚开始有粗鲁行为的时候，他们也是有心理和情绪障碍的，他们也会觉得羞耻、难为情，甚至在心里瞧不起自己，把自己视为"坏小子"或"人渣"。但是，他们所受到的不良教育帮助他们克服了开始的情绪障碍，他们有一种休谟所说的"新奇感"，而这种新奇感本身是令人愉快的。由于反复地做这样的坏事，他们的情绪障碍很快降低甚至完全消失，这就是习惯在他们身上发生的作用。人们（至少是那些指使他们这么做的人）把他们的"人渣"行为道德化为"红卫兵小将"与"造反派"精神和革命行为，他们自己开始这么以为并习以为常，认为就该这么认为。这就是休谟所说的"习惯变成道德"。

一旦这样的恶行变成习惯，即使在没有情绪刺激的情况下，恶行也照样发生。变老了的坏人其实是习惯了做坏事，做坏事不再需要有道德理由的普通人。他们不再需要有红卫兵、造反派革命行动的自豪感，在没有这类情绪刺激的情况下，也照样粗鲁无礼、没有教养。

但是，必须看到并不是所有"文革"中的红卫兵、造反派或其他过来人都是这样的。有许多人确实是经历休谟所说的习惯的另一种变化过程：因为厌倦和讨厌，而停止这种"文革"行为。

因此，我们有理由相信，那些仍然有"文革"行为的老年人，他们的坏与"文革"的关系并不是必然的，而是可能另有原因。这就是我要说的休谟可能不对的一面。

在美国从来没有发生过"文革",但在美国社会里却也有人越老越坏的现象,所以比起"坏人变老了",这更像是一个"老人变坏了"的问题。有一位在美国做过看护老人工作的作者在《不是"坏人变老了",是再不"坏"就来不及了》的文章里介绍过他的亲身经验。他写道,"我在美国养老院工作时,时常发现老年人在日常生活中的恶劣行为,通常是为了维护自己的小集团利益。不管是在运动场上争吵,还是在坐式锻炼中争夺最佳位置,都是为了表明自己属于养老院占有优质资源的一分子。与年轻人相比,努力挤入小团体的做法并没有改变,但是欺凌的评价标准不再是相貌、财富,到了70岁之后,评价标准就只剩下年龄——越年轻越好。甚至在养老院里,80多岁的人也会对90岁的人冷漠。很多老年人过了90岁,头脑依旧清晰,但是邻居们一听说她/他的年龄,就不想坐在一起"。

这位作者还提到康奈尔大学2010年的一项研究,证明他的观察有经验的依据。卡尔·皮勒莫(Karl Pillemer)教授发现,养老院居民之间的欺凌以及"高频率冲突和暴力"非常普遍,甚至比学校还要严重。他的研究报告指出:在4周的时间里,20%的居民与其他居民至少发生过一次"负面和攻击性冲突";16%的居民被咒骂或发火;6%的居民被打、咬、踢;1%的人遭受性骚扰,"比如抚摸其他人,暴露生殖器,或者企图发生性关系";11%的居民碰到过其他人不请自来或者乱翻东西的恼人场面。

从表面上看,中美两国的"为老不尊"现象似乎有不少共性。但其实还是有区别的。美国一些老人的为老不尊是发生在养老院里,养老院是一个特殊的小环境,就像监狱是特殊小环境一样,人们常说,好人被关进监狱,也会变成坏人。而我们经常看到的中国老人的为老不尊,却是发生在一个本应该是正常的一般社会里。

休谟说,在一般社会里,"心灵的每一种有价值的性质,不论其属于想象，属于判断，属于记忆，或属于性情，如机智、见识、学问、勇敢、正义、正直，所有这些都是骄傲的原因，而其反面则是谦卑的原因。这些情感并不限于发生在心灵方面，而也将它们的观点扩展到身体方面。一个人也可以由于美貌、体力、敏捷、体态、熟练的舞术、骑术、剑术以及他在任何体力劳动和技艺方面的灵巧而感到骄傲。但是还不止这些。这些情感在往远处看时，还包括了一切与我们有丝毫联系或关系的任何对象。我们的国家、家庭、儿女、亲戚、财富、房屋、花园、犬马、衣服，任何一样都可以成为骄傲或谦卑的原因"。[1]

为什么中国那些为老不尊的坏老人对休谟所说的那些美德——机智、见识、学问、勇敢、正义、正直——所能带来的荣誉和骄傲没有感觉呢？我想，这也许是因为他们在青春年代里从来就没有这样的记忆吧？他们所能记忆的也许只是强梁、残暴、粗鲁、蛮不讲理曾经带给他们的那种光荣和自豪吧？但是，必须看到，并不是所有的老人都像他们那样，绝大部分的老人其实早已抛弃以前的那种道德观，而有了文明得多的行为。休谟所说的习惯不是一种环境决定论，而是可以通过改变环境而改变的。

3. 可疑的习惯性思维和智慧

前面我们讨论了休谟关于习惯和道德关系的论述，现在接着谈谈他关于习惯与认知关系的论述，以及可能与我们今天有关的一些现实问题。今天的话题涉及知识，先说说知识的四种来源。第一，自明的真理，如太阳每天升起，部分不可能大于整体；第二，我们

1　休谟著，关文运译，郑之骧校，《人性论》，第 313 页。

直接观察到的事情，如我有五个手指，你也有五个指头；第三，对曾经的直接观察的记忆，如我认识的人都有五个手指；第四，证词，也就是别人根据直接观察到的或记住的事情所作的报告，如有的人有六个手指，但绝大多数人都是五个手指。休谟关于习惯与认知的论述主要涉及的是第二和第三种知识来源。

习惯是休谟道德论的一个重点，在他的认识论里同样也是一个重点。他也同样是以一种正和反的双重思考来对待这一议题的。他对任何绝对理性或单一真理都持怀疑态度，正反思考符合这一怀疑精神。

在他的认识论里，知识（观念）是由经验（印象）形成的，经验并不是一下子就能形成知识，而是在不断重复的过程中，因为习惯这才形成概念或观念性的知识。他说："这种习惯的完整程度，可使同一观念附着于各个不同的名词，并可以用于种种不同的推理中，并不发生任何错误的危险。例如一个高度一寸的等边三角形观念，可以使我们谈论某一个形、一个直线形、一个有规则形、一个三角形和一个等边三角形。"[1]

在这里，休谟说的是知识的两个来源：经验和记忆。经验是我们直接观察发生的事情，也就休谟所说的"印象"，记忆的是我们曾经不止一次直接观察到的事情。没有记忆，也就没有"一再""重复""同一"的经验，习惯也不可能保持完整。

休谟又说："在那一类习惯还没有成为十分完善以前，心灵也许并不满足于只形成一个个体的观念，而会去轮流考察好几个观念，借使自己了解自己的意义，以及自己通过这个一般名词所要表示的那个集合体的范围。例如，为了确定'形'（figure）这个名词的意义，我们就会在心中轮流审察不同大小的、不同比例的种种圆形、

---

1 休谟著，关文运译，郑之骧校，《人性论》，第 34 页。

正方形、平行四边形、三角形等观念，而不肯停留在一个意象或观念上。"休谟所说的"名词"指的就是概念，如"形态""自由""民主"。观念则是对概念的陈述，如"形态是多样的""自由是宝贵的""民主是个好东西"。休谟解释说："不管怎样，有一件事情是确定的，就是：当我们应用任何一般名词时，我们所形成的是个体的观念；就是，我们很少或绝不会把这些个体全部审察穷尽；而那些余留下来的观念，只是通过那种习惯而被表象的，只要当前有任何需要时，我们就可以借这种习惯唤起这些观念来。"[1]

在这里他强调了习惯性知识是"有限的认知"，习惯所感知的可以通过习惯来唤回。我们通过扩大由感官得到的经验知识和由记忆得到的知识来形成具有普遍意义的认知。我们概括观察到的事物，并由此推断出没有观察的事物。我们注意到男人和女人相似，因此推断如果男人有 32 颗牙齿，那么女人也有 32 颗牙齿；如果中国人有 32 颗牙齿，那么美国人也有 32 颗牙齿。当然，也会做出不同的推理。例如，女人生孩子，男人不生孩子，所以男女的体力和智力特征有差别。可见，即便经验是可靠的，推理也未必正确。

因此，在经验因习惯而成为知识的过程中有一个类似于习惯与道德关系的困境，那就是在习惯与知识之间应该作何种转化？习惯能使人的善良行为变得更顺畅、更自然，但是习惯一旦变成不动脑子的机械行为，就会令人厌倦和怠惰，善良行为也就成为一种敷衍和做戏。同样，没有经验性的习惯，知识（概念或观念）就无法形成，但是一旦知识僵化成为习惯性的认知，也就成为一种教条、教义和当然正确的信念，这就超过适当的限度，也就成了休谟一直在批判的理性教条。

习惯性智慧经常使人们思想懒惰，变得短于思考，喜欢机械遵

---

[1] 休谟著，关文运译，郑之骧校，《人性论》，第 34—35 页。

从，以为凡是习惯的就是当然的真理。这种习惯性智慧的一个最明显的例子就是 L. S. 斯泰宾在《有效思维》中所说的"罐头思维"。罐头思维经常体现为成语、俗语、箴言这样的"常识智慧"。其实，几乎每一个这样的常识思维都可以找到另一个与之相反可以相互抵消的常识思维，这是因为不同的人的经验是不同的，所以从经验习惯中总结出来的一般性知识也是不同的。例如，"蚂蚁啃骨头"（或"愚公移山"）说的是只要锲而不舍，最后一定会成功。它虽然励志，但未必真实，其反面的说法是"蚍蜉撼大树，可笑不自量"或"癞蛤蟆想吃天鹅肉"。

看到常识的局限性不等于否定常识，总是怀疑常识的人不仅令人讨厌，而且也是自找麻烦。但是，有时候令人讨厌是必须的，那就是怀疑常识或习惯性智慧的时候。现在经常见到有人倡导常识，把常识当作宣传欺骗、谎言忽悠的对立面，这是可以理解的；但是，无条件地赞美常识也是有问题的。常识可能是错误的，比如，因为日出日落，所以以为太阳围绕着地球在转，这以前一直是人们的常识。

罐头思维的另一个常见的现象是公共语言中的套话、官话、空话和陈词滥调，这些是现成的"群体语言"（mass language）。商业的和政治的宣传就是利用这样的语言来操纵和控制群众的。在复杂、多变的事情面前，人们在现成的语言中找到方便的解答，感觉到把握形势的力量。久而久之，很容易养成习惯，接受一些可以免除他们思考之劳的简明论断和罐装信念。斯泰宾说："一种罐装的信念是方便的：说起来简单明了，有时还带三分俏皮，引人注意。"可是，我们不应当让我们的思维习惯堵塞我们的心灵，不应该倚靠一些口头禅来解除我们思考的劳苦。罐头思维表现为"被一群人采用的一句话"（口号）和各种"听见别人说就跟着说的字眼"，它让人思想懒惰，先是不肯自行思考，而终于完全丧失自行思考的能力。[1]

还有一种更不容易察觉的习惯性智慧，那就是认知心理学所说的"便捷思维"或"捷径思维"，捷径思维有个容易误解的名字，叫"启发性思维"（heuristics），许多从外国翻译来的教科书用的就是这个有误导性的说法。中文里的"启发"是一个褒义的教育用语，是一种受到提倡的积极学习方法，这种积极的联想并不符合认知心理学那个没有褒贬含义的"启发法"说法。

便捷思维的概念是由美国认知心理学家阿莫斯·特沃斯基（Amos Tversky）和丹尼尔·卡尼曼（Daniel Kahneman）从 20 世纪 60 年代末至 70 年代提出来的，随后在经济、法律、医学、政治科学等领域中都产生影响。在我们思考人为什么会习惯性思维时，可以受益于社会心理学对洗脑现象的研究，也可以受益于认知心理学对捷径—偏误的研究。社会心理学关注普通人被蛊惑、愚弄、煽动、欺骗洗脑和上当受骗等问题，认知心理学则揭示便捷思维及其引发的习惯性认知偏误。

便捷思维研究发现，人有两套推论和判断思维系统，一套是分析和批判的，另一套是经验和直觉的。人在信息不充分、不确定的情况下，或是由于没有时间细思慢想，所以必须快速决断。这时候，人经常只是运用经验和直觉的习惯捷径思维。有三种基本的捷径思维：可用性捷思、代表性捷思和锚定或调整性捷思。每一种捷思都可能造成一些认知偏误。

可用性捷思（availability）指的是，评估一件事情是否常见，全凭是否容易从记忆中回想。容易回想的就以为常见，不容易的就以为不常见。这样的捷思引导人们高估熟悉事物的意义和价值。例如，媒体常报道的事情会让人以为这样的事情真的经常发生。1966—

1　斯泰宾著，吕叔湘、李广荣译，《有效思维》，商务印书馆，2008 年，第 56—57 页。

1976 年，天天报道敌人一天天烂下去，我们一天天好起来。这样的信息在人们头脑中日积月累，一说到"我们"或"敌人"就能从记忆中自动提取。因此，许多人都本能地因为自己的生活"莺歌燕舞，形势一片大好"，以为全世界真有三分之二的受苦人等着他们去解放。这种宣传能奏效，利用的就是人们的可用性捷思。

代表性捷思（representative）指的是，在不确定的情况下评估一件事情的或然性，依赖于头脑里有代表性的事例。其实，人们心目中有代表性的事情不见得就更有可能发生，更不见得就是真实的。代表性捷思高估了个别事例的代表性，是一种经验性直觉，看似准确，其实不能用它来准确认识事物或预测未来的类似事件。例如，由于看到熟人买彩票或在股市里发了财，所以用这种代表性来估计自己买彩票或股票发财的机会。又比如，偶尔碰到一个好人或坏人，就以为社会里好人多或坏人多。这是一种很容易让人上当受骗的捷思，给你讲一个周扒皮或黄世仁的故事，就能让你以为所有的地主都是十恶不赦的恶魔。

锚定和调整性捷思（anchoring and adjustment）。锚定指的是过度依赖得到的第一个信息（锚），用它来作为出发点，并用与它的关系来调整对其他事物的判断或决定。锚的作用是形成偏见或刻板印象。"忆苦"就是这样的一个"锚"，有了以前的苦就可以调整出对当下"甜"的体会来，哪怕当下物质匮乏、缺衣少食，也是甜美和幸福的。精明的餐厅老板知道，一定要在菜单上设置一道很贵的菜，那么第二贵的菜肯定就是最畅销的，尽管第二贵的菜也不便宜，因为消费者已经把最贵的菜价设定成参照物。第一道很贵的菜就是摆噱头的"锚"，以此造成"锚定效应"。

宣传、洗脑、挑唆和蛊惑煽动，这类思想操控手段利用的就是人们的捷径习惯思维。这种思想操控会对他们的意识、观念和行为模式产生不良或有害的影响。社会心理学在研究社会环境里人被操控、被愚弄、被欺骗的具体现象时经常需要回到认知心理学的本源问题上。

捷径思维说提出后不久，美国社会心理学家理查德·尼斯贝特（Richard E. Nisbett）和李·罗斯（Lee Ross）就在《人的推理：社会判断的策略与不足》（*Human Inference: Strategies and Shortcomings in Social Judgment*）一书里指出，人们在日常社会生活里经常遭遇解决复杂问题的困难，为了应对这样的困难，不得不诉诸并非最佳的方法策略。这两位研究者和其他同行进行了一种社会心理学的"错误与偏见"（errors and biases）研究。他们的研究取向与特沃斯基和卡尼曼的不同。他们关注的是人在社会生活中进行非最佳思维的原因和后果，而不是基础的认知特征和原理。

例如，他们研究"基本归因错误"，把重点放在这种错误在具体群体里造成的冲突和歧视。基本归因是指，某个人做了一件事，可以归因于环境，也可以归因于他个人。尼斯贝特和罗斯发现，归因于个人（品格、素质、阶级本性）比归因于环境要来得容易也更常见。他们将此确定为一种基本的归因错误。

这种常见的习惯性思考方式会使人们在考察行为或后果的原因时，高估或一味强调个人内心的倾向性因素，低估或忽视外部环境的情境性原因。"基本归因错误"是社会群体中造成歧视、排斥、迫害的一个主要原因，在发生蛊惑或煽动的情况下，能让许许多多人上当受骗，做出荒唐和极端的事情。例如，阶级斗争时代把人分成三六九等，就是基本归因错误在作祟。人们习惯于以为，"好人"不管做什么都是好的，"坏人"不管做什么都是坏的；好事一定是好人做的，坏事一定是坏人做的；"好人打坏人，活该！坏人打好人，反动！"声讨、谴责和大批判用的都是恶狠狠的"非人"归因语言（砸烂"狗崽子""牛鬼蛇神"等），赞美和歌颂用的则是"神人"归因语言（"天才"等），造成狂热的个人崇拜和迷信。

我们今天会觉得这样习惯性思维和认知非常荒诞和滑稽，但在当年，这些可都是高度体现革命觉悟的认识和智慧。我们今天是否已经告别这种习惯性智慧呢？也许我们可以带着这个问题进入后面要讨论的问题：如何理解休谟道德哲学里的"感恩"？感恩就是我们许多人所习惯说的"吃人家的饭，不砸人家的锅"吗？

4. "不知感恩"是一种道德罪过吗

感恩是许多哲学家看重的美德，罗马哲学家塞内加（L. A. Seneca，约前4—65）在《论恩惠》（On Benefits）里把不知感恩视为一种比偷窃、强奸和通奸更低下的恶行。康德在《伦理讲稿》（Lectures on Ethics，1775—1780）里说，不知感恩跟嫉妒和恶意一样，是"耻辱和邪恶的本质"。对不知感恩，休谟与塞内加和康德是一致的。他在《人性论》里说："在人类可能犯的一切罪恶中，最骇人、最悖逆的是忘恩负义……"[1]

在休谟那里，感恩是美德，而忘恩负义则是恶习。但是，与其他美德一样，感恩是一种呈现于人的心灵中的知觉，不是某个行为本身的特质，这是休谟道德论的一个特色。以前皇上赐死谁，他都得感恩。但大声称颂，就算跪在地上谢恩，这样的行为也未必代表内心真的感恩。

休谟说："心灵中除了它的知觉以外，永远没有任何东西存在；视、听、判断、爱、恨、思想等一切活动都归在知觉的名称之下。心灵所能施展的任何活动，没有一种不可以归在知觉一名之下；因此，知觉这个名词就可以同样地应用于我们借以区别道德善恶的那

1　休谟著，关文运译，郑之骧校，《人性论》，第506页。

些判断上，一如它应用于心灵的其他各种活动上一样。赞许这一个人，谴责另一个人，都只是那么许多不同的知觉而已。"[1]

也就是说，人们把忘恩负义视为一种恶习，并不是因为忘恩负义本身是对是错，而是因为社会中的人们普遍在心灵之中感知那是一件坏事。休谟说，忘恩负义对恩人是一种致命的伤害，尤其是对父母恩人，"（忘恩负义）特别是当这种罪恶犯在父母的身上，表现在伤害和杀害的尤其罪恶昭彰的例子里面。一切人，不论哲学家和一般人，都承认这一点"。[2]但是，父母该不该为子女的忘恩负义感到极度痛苦，以至痛不欲生呢？

休谟的回答似乎是，一个社会里越讲究孝道，父母就越可能也越有理由为子女的不孝而感到极度痛苦和丢脸。而在一个不在乎孝道的社会里，子女忘恩负义也许并不是什么大逆不道的事情。休谟用了一个老树被小树杀死的例子。比如一棵老橡树："那棵树落下一颗种子，在它下面生出一棵树苗来，那棵树苗逐渐成长，终于长过了母株，将它毁灭；那么我就问，在这个例子中是否缺乏杀害父母或忘恩负义行为中所发现的任何一种关系呢？老树不是幼树的存在的原因么？幼树岂不是老树的毁灭的原因、正如一个儿子杀死他的父母一样吗？"[3]

休谟知道，有人肯定不同意他这个比喻，有人会说，"这里缺乏某种机会或意志"，也就是说，树苗渐渐杀死老树，并不是有心这么做的，而子女不孝，对父母忘恩负义却是一种意志行为，是有心如此。休谟是怎么反驳这种看法的呢？

他说，构成子女"不孝"的不是子女真的有"不孝"的念头，而是子女的行为在旁观者和父母的心灵中出现"不孝"的观念。"不

1　休谟著，关文运译，郑之骧校，《人性论》，第 496 页。
2　同上，第 506 页。
3　同上，第 507 页。

孝"这个道德观念是会改变的，说明它并不必然跟某些行为联系在一起。这在我们的现实生活里有许多例子。

例如，中国人对父母的感恩有一句话，叫"父母在，不远游"，还有一句话，叫"不孝有三，无后为大"。从这样的道德标准来看，在外打工谋生、创业求生、出国留学然后在国外落地生根的人都可以说是不孝的家伙。而保持独身，娶不上老婆，或结了婚却没有子女的人也都可以归入不孝之子这一类里。但是，今天，人们心灵中已经很少有这样的不孝观念，所以休谟说得不错，道德是存乎人们心灵中的观念，不是某件事情的本质所在。即便杀人这样的"罪恶"也是如此，武松杀嫂为兄报仇，人们不以此为恶，反而以此为义举，便是一个例子。

我们的老祖宗曾经把"远游""无后"与"不孝"等同起来，我们今天能够从中察觉到可笑和荒唐，为什么我们就不能同样也察觉"忘恩负义"之说中那种对"批评"的可笑指责呢？都什么年代了，说这话的人还总是那么自以为是、振振有词，好像道出一个不言自明的真理，这是多么荒唐的时代错乱。

问题不是出在个别人这么以为，而是许多人都这么以为，或者假装就应该这么以为。而且，他们有一个共同的特点，就是不能把他们的"感恩"之情安安静静地放在心中，而是一定要对"恩人"大声地、夸张地表白出来。

正如休谟所看到的那样，这样的所谓感恩其实是为了向恩主乞讨更多的恩惠，感恩成为一种谋利和求宠的手段，感恩的美德变成谄媚的恶行。

休谟说，美德之所以是美德，人之所以寻求美德，因为可以从中得到快乐。感恩能让人快乐，他在《道德原则研究》（*An Enquiry Concerning the Principle of Morals*）一书问道，感恩是人的心理的一种情感，还是只是一个没有意义也没有现实的空洞字眼？人感恩是因为能够从这种情感中得到快乐，感恩是一种善意（benevolence），与所有其他形式的善意一样，感恩就足够了，不需要提供感恩的证明，不需要做出感恩的样子，说出感激的话来。

在休谟的道德哲学里，善意是一种情感，只需存在于动机之中，动机是美德的处所。一个行为被称为"善"，是因为它的动机是善意的。动机是否被当作善或不善，取决于可以置身于事外的"旁观者"的看法。旁观者在某个人那里看到某个值得称赞的美德，往往是他们自己愿意拥有但经常缺乏的。人们经常因为称赞美德而误以为自己已经拥有了美德，休谟认为，这是一种自欺。但这并不一定就是坏事，因为习惯起的作用就是这样。他说："习惯对于心灵有两种原始的效果，一种是使任何行为的完成或对任何对象的想象顺利无阻，一种是以后使它对于这种行为或对象有一种趋向或倾向。"[1]

休谟的话有点绕，这是他的写作风格，但他话里的意思还算明白，那就是：如果什么事情大家都觉得是好事，那么就算你做起来不太情愿，你也会去做。"不想感恩，也要感恩"一旦被习俗接受，那么就算你不情愿，你也会假装在感恩。对于那些不情不愿地感恩的人，假装感恩也是感恩，久而久之便成为一种"常态"。塔西佗说，人们更多地喜欢报复而非报恩，因为报恩是负担，而报复则带来快感，可谓看透人性。

这就是人的道德情感由于被扭曲，反常变正常的状态。大多数的"反常"现象，因为经常发生，都会显得不那么反常，甚至相当"平常"。就报恩而言，有两种反常变正常的情况。第一个情况是，我得到他的帮助，反而使我恨他，我们今天称之为"恩将仇报"；第二个情况是，他伤害了我，我反而爱他，我们今天称此为"斯德

1　休谟著，关文运译，郑之骧校，《人性论》，第 460 页。

哥尔摩综合征"，民间的说法是"十三点""拎不清"。

17世纪法国道德学家德·拉罗什富科把这两种情况合在一起，他写道，人们"可能恨那些对他们非常友好的人，也可能不恨那些不公地对待过他们的人。对他们来说，回报善良和报复丑恶都是他们极不情愿面对的事情"。(《箴言集》，14) 我们经常把这样的人视为头脑有问题，人品有缺陷，或是心理不正常。但是，必须看到，正如社会心理学所揭示的那样，这种头脑的问题或心理的反常经常是在特定的社会机制中形成的，而不是天生的。强制感恩的洗脑和宣传，就是这样一种特定的社会机制。

对恩人的怨恨是一种强烈形式的恩将仇报，不同于一般的知恩不报。对恩人的怨恨，这种忘恩负义，并不仅仅是缺乏感恩的心怀，而且是一种积极的敌对情感。这种情感可以以两种方式出现，它们依赖于施恩者、受恩者之间的关系本质。

第一，施恩者、受恩者之间有一种平等的关系，比如你跟你的同事。你的钱包被偷了，你的同事塞给你20元钱，安慰你几句，就去忙他自己的事情了。你感受到一种受恩者的压抑，被置于一种让你很不爽的感恩义务感之下。你觉得承了他的人情，他的恩惠使得你与他的关系不自在也不自由。于是，你心生怨恨。

蒙田描述过自己的这种怨恨，他用维吉尔的话说，"我从不接受贵人的礼物"，他对欠人家的情是非常小心的，认为不然就很容易会落入别人的约束和掌控之中，"欠的情也许有还清之时，但欠情本身是消除不了的。对在各种意义上都酷爱行动自由的人来说，欠情乃是残酷的绞刑。我的熟人，无论比我地位高或低，都明白他们从未见过我把事情推给别人"。拒绝别人的施恩乃是保持独立的最佳方式，只有这样才能活得"悠然自得和无拘无束"，"因此，我憎恨一切为别人、依靠别人，而不为自己、依靠自己的做法。凡事无论轻重缓急，我在利用别人的好处之前，都一定先急急忙忙利用一切可能性，让自己不去利用别人的好处"。[1]

第二种情况是，施恩者、受恩者之间的关系是不平等的，而你又处在受恩者的一方，那么你怨恨的可能会更大。例如，如果一个土豪财主向你展示善意，无缘无故给你 20 元钱，就算他没有恶意，你也可能会为接受这样的施舍感到羞耻。你会干脆拒绝接受。如果你怀疑他有意在羞辱你，是拿你当他施舍的乞丐，是在矮化或羞辱你，或是向你炫耀，刺激处于贫困中的你，那你一定会加倍地怨恨，甚至把钱砸到他脸上。

那些地位远比你高的人施恩于你，动机更是可疑，他们不伤害你就已经是谢天谢地了。蒙田对此写道："王公不剥夺我什么，就算赠予我不少了；他们不伤害我，就算对我做了不少好事，这就是我要求他们的全部。……我多么迫切地恳请上帝发慈悲，让我永不欠谁一声最起码的'谢谢'！最幸福的自由已引导我走得如此之远，但愿它能大功告成！"[2] 甚至那些只是为你做个些许事情的人，也会时时要你表示感恩，感恩成了他们驾驭你的工具和控制你的手段。

对这种情况，拉罗什富科说："恩人的动机或许比忘恩的态度更该受到谴责。"（《箴言集》，96）在说到施恩与受恩的关系时，人们总是过分在意受恩不报或是恩将仇报，而忽视施恩的不良动机。例如，负责救贫扶困的上级领导，提两罐油一袋面粉去看望一个贫困老人，记者跟在后面忙着拍照。这穷老头也许会想，你来作秀，拿我当你的道具，根本没安什么好心。要是他这么想，他肯定会对上级领导的"慰问"不但不感恩，反而特别觉得恶心，感到愤怒，你认为他有没有正当的理由呢？当然，绝大部分在这个老头处境中的穷人会有感恩的心情，这就是人们平时说的"人穷志短""有奶

1　蒙田著，陆秉慧、刘方译，《蒙田随笔全集（下卷）》，译林出版社，1996 年，第 218—220 页。
2　同上，第 218 页。

便是娘"。相比之下，能够拒绝感恩的那位便是"人穷志不穷"。

更坏的情况是，根本无恩可言，却非要别人感恩，而这种情况一定是发生在施恩者与受恩者极不对称的关系之中，一定是施恩的一方特强，而受恩的一方则特弱。所以，什么是"恩"，别人该怎么"报恩"，完全是由强者决定的，弱者根本没有发言权。这种关系也就成了实际上的敲诈勒索。举个例子吧，欺行霸市的地痞流氓，霸占市场，把允许小摊贩在他们霸占的地盘做生意当作一种"恩惠"，强行索取小贩表示"感恩"的保护费。强收买路钱的山贼强盗也是一样，把放行旅客商家当作一种勒索回报的"恩惠"。

这其实是以强凌弱，敲诈勒索。你摆个小摊，如果不按恶霸或路匪的"知恩图报"原则办事，那就是"不知好歹"，你不感恩，就要你好看，轻则拳打脚踢，重则要你性命。你要是表示不服，到官府去举报，恶霸或路匪就会说你是吃他们的饭砸他们的锅。听他们这样说话，你能服气吗？被感恩的人没有自由表达真实心情的权利，被逼得不能不做出感恩的样子。这时候，怨恨就一定会十分强烈，就像地火一样在心里暗暗涌动。

对付恶霸或路匪还不是太难，你可以告到官府或者诉诸媒体，但如果对方是政府呢？那你能有什么办法呢？更加复杂的是，许多人因为长期生活在这样一种可以对人民以强凌弱的权力关系中，他们已经"习惯"被这样对待，也内化了强权加以他们的"感恩"思想。正因为如此，他们如果心里对这样的感恩有抵触，看到周围的人都在感恩，就会觉得错的一定是自己，所以自己也应该像周围的人们一样懂得"感恩"，不要"忘恩负义，不知感恩"。

18世纪的道德哲学家，包括休谟在内，都不可能考虑到我们今天现实中具体又复杂的问题。今天我们阅读18世纪的道德哲学也好，政治哲学也罢，都会发现就文本论文本是远远不够的，还必须根据我们自己的现实问题做出进一步的思考。对我们来说，有一项是非常重要的启蒙任务，那就是如何在人性的问题上进行情感教育和心灵启蒙。

5. 情感教育与心灵启蒙

休谟在哲学上的贡献在于推动启蒙运动后一些独特的思想发展：如怀疑主义、对迷信与激情的抵制、对理性主义的批判、对习惯与道德或与认知关系的解释，等等。这些独特的思想虽然在休谟活着的时候并没有形成思潮，但却对后世有启发性影响。休谟的独特思想都与他对人性的独到见解有关。而在他的人性认识中，占据核心位置的始终是人的情感和情绪。

休谟本人并没有提出系统的"情感"理论。以今天的认知心理学和道德心理学知识来看，18 世纪的休谟对情感的理解，既不准确也不周全。他的情感论是针对当时在欧洲思想界占绝对优势地位的理性主义提出来的，所以有矫枉过正的特征。

休谟使用的"情感"一词是 passions，今天会翻译成"激情"。以色列著名的心理学家本－埃泽夫在《情绪的微妙》一书中指出，休谟把人的情绪（emotions）分为平和（calm）和强烈（strong）的两种，他讨论的是强烈的那种。休谟在《人性论》第二卷里主要讨论了骄傲和自卑、爱和恨共四种。本－埃泽夫指出："休谟认为，情绪极为重要，我们应该宁愿让情绪而不是理智来当我们的向导。"[1] 在这一点上休谟与亨利·柏格森（Henri Bergson，1859—1941）相似，柏格森"也驳斥西方哲学中关于理解真实、理性优先的观点。他主张直觉优于理性。柏格森所说的直觉有情绪的多种特征"。休谟和

1　Aaron Ben-Ze'ev, *The Subtlety of Emotions*, MIT Press, 2000, 176.

柏格森都因为强调情绪，而可能低估了理性的意义。

休谟强调情感是道德的主要动因，以今天的认识来看，是过于粗糙了。他认为，在人对事物作出判断时，理性是情感（激情）的奴仆，情感是目的，理智是达到目的的手段，纯粹是工具性的，这也是过于简单的看法。但是，他指出的方向却是正确的，那就是，我们必须更好地认识人的情绪、情感和欲望，包括激情。情绪对人的认知和道德行为有着不可替代的重要性和特殊影响力。要更好地认识人性，就必须更好地认识人的情感，没有这样的认识，就不可能有我们今天特别需要的情感教育和心智启蒙。

心智启蒙需要借助关于人的"情绪"的心理学知识，不只是关乎人的种种"情绪"本身，而且关乎这些情绪会指引和带动怎样的行动。心理学和哲学意义上的"情绪"，是对人的一系列主观认知经验的通称，是多种感觉、思想和行为综合产生的心理和生理状态。最普遍、通俗的情绪，有喜、怒、哀、惊、恐、爱等，也有一些复杂、微妙的情绪如嫉妒、惭愧、羞耻、自豪等。情绪会在人们不知觉的情况下促成判断，并引发行为，成为行为动机。

情绪可以分为与生俱来的"基本情绪"，如喜怒哀乐和后天学习或受影响的"复杂情绪"，复杂情绪又称"社会性情绪"。例如，休谟所讨论的骄傲和自卑都是因为别人怎么看待你而造成的，因此是社会情绪。休谟讨论的爱和恨，还有最为重要的"同情"也是社会性情绪，因为都旁涉社会中的他人。基本情绪和原始人类的生存本能息息相关，复杂情绪则必须经过人与人之间的交流、交往才能学习到，因此每个人所拥有的复杂情绪数量和对情绪的定义都不一样。

曾经在美国哥伦比亚大学讲授哲学和心理学的华尔特·皮特金（Walter B. Pitkin）在他的《人类愚蠢历史简论》一书中说，人类所有的情绪都同时包含着睿智与愚蠢，都指导人的行为，"情绪是行动的模式……如果把情绪与行动分离，那就永远不可能把握情感的作用"。[1] 任何一种基本情绪都不仅仅是感觉或心态，而是涌动的能量，引向某种行动。任何一种平常的情绪，在特定的情景下，都可能是对某个事件或外界环境的反应，包含着明显或微妙的政治意义。

在兰德尔·彼特沃克（Randall L. Bytwerk）的《弯曲的脊梁》（Bending Spines）中就有许多这样的例子。在纳粹统治时期，希特勒代表着德国美好未来的希望，许多德国人热爱希特勒、崇拜希特勒、信任希特勒。由于这样的情感，他们愿意无条件地服从希特勒，听从他的指挥，为他赴汤蹈火，死心塌地地去做任何希特勒告诉他们是正确的事情。

情绪是人性中最活跃的部分，狂躁激烈的情绪能使人干出匪夷所思的恶事，就是在情绪平稳的时候，阴暗的情绪也限制了人的善行。我们可以从哪些方面去了解情绪对我们的认知和道德的巨大影响力呢？我想在这里提出三点，当然不止这三点。这三点不过是一些例子，说明休谟情感论可以由我们自己来加以当下经验的补充。

第一，情感为何重要。最简单地说，情感很重要，因为如果没有情感，也就没有什么别的重要东西。一个人没了情感，如同行尸走肉，活在世界上只是一具僵尸，也就没有理由活着。这样的人连结束自己僵尸生命的可能都没有，如果没有情绪的推动，连自杀都不可能。因此可以说，情感是生命的基本要素。

你可以通过选择来应对情绪对你的影响。虽然我们不能选择自己的情感，但选择却会以多种方式影响情感的体验。选择的策略之一就是，你可以多了解能够引起消极情感的情境，并有所相应的行动。例如，愤怒是一种消极的感情，有的人把座右铭"制怒"挂在墙上，提醒自己。你无法让自己变成一个对愤怒没有感觉的人，但

1　Walter B. Pitkin, *A Short Introduction to the History of Human Stupidity*, Simon and Schuster, 1932.

你可以避免可能导致愤怒的场合，例如不要在微信圈里与人起争执，或者干脆退群。又例如，男女情人或夫妻可以相互起誓不偷看对方的日记，当然也就不会看到生气的内容了。在体育比赛的时候，你也可以叫自己不要对某一方胜利有太高的期待，这样也可以避免失望和生气，至少可以降低这类情绪的强烈程度。

第二，理解情感与认知的关系。情感与认知之间的关系或许是情感研究的核心问题，认知可能诱发情感，也可能受情感的影响。因此不能把认知与情感割裂开来考虑。现代人类的大多数情感反应都可能不是直觉的，而是基于某种社会性价值或规则认知。如果你被一个人撞了一下，那个人向你道歉，你就可能不那么生气。要是他故意撞你，不但不道歉，还对你恶言相向，那么你就肯定会生气。另一方面，如果一个人撞了你，你生气了，就会认为他是不怀好意，故意跟你过不去。斯多葛主义哲学家爱比克泰德（Epictetus）的教诲是："伤害我们的并不是事情本身，而是我们对事情的看法。事情本身不会伤害我们，他人也不会。……困扰我们的正是我们对事情的态度和反应。"[1]

情感会影响认知，这是休谟一直在强调的，现实生活中有太多可以证实这一看法的例子。阴谋论就是其中之一，你讨厌或仇恨的对象，小到一个人，大到一个国家，看到不顺眼的事情，便疑人偷斧，直觉本能地就会往坏处想，把对方"认知"为坏蛋。亚里士多德早就注意到这个现象，将此视为情感的消极影响。相反，你对某个对象有好感，对他盲目称赞，情人眼里出西施，这便是情感对认知的积极影响。消极影响也好，积极影响也罢，都会导致认知的偏见和谬误。

情绪性谬误有许多不同的表现，这里只能举几个常见的例子，

---

1 马可·奥勒留著，何怀宏译，《沉思录》，中央编译出版社，2009 年，第 7 页。

这些例子在公共说理中都经常能碰到。欺骗、洗脑、强词夺理、说歪理，就是经常利用听众的情绪和感情弱点。

例如，借用众人（"多数人"）的偏见（ad populum），如果许多人都这么认为，那一定是对的。又例如，诉诸无知和非理性的害怕，这是一种以未知的可怕将来作为恫吓手段的宣传。再比如，利用普通人的愚昧和盲目的情感冲动，进行煽动和宣传，用一些高调、抽象等普通人无法用经验证实或证伪的概念和口号忽悠他们。

第三，我们如何了解自己所认知的情感？简单的回答是，可以通过已有的经验性科学实验和研究成果，同时结合自己在生活中的观察和自我观察，并有所思考和验证。

人类情感是非常微妙而又非常强烈的现象。科学家试图通过动物实验来获得关于情感的知识。例如，研究人员在实验中训练两只卷尾猴做同一件事情，以换取报酬。一只猴子得到它最爱的葡萄，而另一只猴子则得到它不爱的青瓜。得到青瓜的猴子表现出愤怒的情绪，甚至会拒绝继续参与实验。动物都会对不公平待遇有强烈的反应，更何况人类？大多数人对少数人所享受的特权和特别待遇，能不觉得反感和痛恨吗？

还有一个著名的"习得性无助"的实验，是美国心理学家塞利格曼（Martin Seligman）1967 年在研究动物时先偶然发现后设计的。研究人员把狗关在笼子里，在响起蜂音器时，给狗做非常痛苦的电击。笼子里的狗逃避不了电击，一遭点击，开始会在笼子里狂奔，屎滚尿流，惊恐哀叫。多次实验后，蜂音器一响，狗就趴在地上，惊恐哀叫，但不再狂奔。后来，实验者在电击前把笼门打开，此时狗并不逃跑，而是不等电击出现就倒地呻吟和颤抖。它本来可以主动逃避，但却绝望地等待痛苦的来临，这就是习得性无助。

这样的实验当然不能在人身上进行，但是心理学家在对人类的观察实验中，也有与狗习得性无助类似的发现。正如实验中那条绝望的狗一样，如果一个人遭到不公不义的对待，一次次上访，但求告无门，还被视为不安定因素，他最后就会放弃努力。甚至还会因此对自身产生怀疑，觉得自己"这也不行，那也不行"，彻底无望。

这样的实验虽然能让我们了解某些情绪的机制原理，但由于人比动物更复杂，而且人生活在不同性质的政治和社会制度中，所以动物实验不能代替每个人在现实生活中的观察和批判性思维。

现在已经有多种关于人性弱点的实验和理论。我们不妨多多了解它们，以增强我们对现实中人们情感的表现及其与行为的关系。这里举两个互有联系的例子。

第一个例子是"沉默的螺旋"，这是由德国大众传媒学家诺埃勒-诺依曼（Elisabeth Noelle-Neumann，1916—2010）首先提出的。它指的是，人们在表达自己的想法和观点时，如果看到许多别人也有与自己一致的观点就会公开说出来，意见一致的参与者越多，他们就越会大胆地在社会中发声并扩散自己的意见。相反，人们如果发现某一观点无人或很少有人理会甚至被群起而攻之，那么即使他们赞成这个观点，也会选择保持沉默。弱势一方的沉默反过来会更加增强另一方的压倒性发声势头，如此循环往复，便形成一方的声音越来越强，而另一方的声音越来越弱，这是一个螺旋发展的过程。要打破集体沉默的螺旋上升，单靠少数人的呐喊是办不到的，必须要有许许多多的人一起共同参与。

第二个例子是"沉默的双重墙壁"。沉默经常不只是个人行为，而是集体的合谋行为。这种沉默不仅是一种社会现象，而且它本身就是一种暴力政权的统治效应。美国罗格斯大学（Rutgers University）的社会学教授伊维塔·泽鲁巴维尔（Eviatar Zerubavel）在《房间里的大象》（The Elephant in the Room）一书里称之为"沉默的双重墙壁"——通过集体性的不看和不做、不听和不说，整个社会营造一种如"双重墙壁"般厚重的沉默。20 世纪 70 年代末到

80 年代初的阿根廷的军人专制政府用集体噤声来"作为征服的武器……对他人声音进行扼杀"，秘密警察让许多人神秘消失，任何目击这种"被失踪"现象后人们的议论都被当局严令禁止。双重墙壁是对否认进行否认，对沉默保持沉默，是一种对真相的双重把守，视真如仇、守谎如城。"沉默的沉默"为我们思考特定环境下的集体沉默提出一系列值得深入思考的问题。

休谟是一个注重经验的哲学家，现代社会心理学的研究和对人性的观察也是在普通人的日常认知和日常生活的经验范围内进行的，所以我们每个人都能从这些研究成果中看到自己的影子。明末清初大学者顾炎武说："尝谓今人纂辑之书，正如今人之铸钱。古人采铜于山，今人则买旧钱，名之曰废铜，以充铸而已。"套用顾炎武的这个说法，毋庸置疑，休谟的《人性论》是一部采铜于山的著作。如果说在已经开拓的思想或学术领域里做学问相当于用旧铜钱融铜铸新钱，那么休谟在《人性论》这部著作中所做的就是从山里采铜的工作，他开拓了理性和智性之外的人性领域：情绪、情感、直觉、本能、习惯、欲望等。正是用他开采的人性知识之矿，后代的研究者和启蒙者才积累了今天我们情感教育和心灵启蒙所需要的知识财富。

十六　埃德蒙·柏克《反思法国大革命》

1. 两个柏克

埃德蒙·柏克（Edmund Burke，1729—1797）是爱尔兰裔的英国政治家、作家、演说家、政治理论家和哲学家，他曾在英国下议院担任多年的辉格党议员。辉格党在英国政治史上始终扮演着从王权那里取得自由的角色，而辉格党传统可以说是自由主义传统的同义词。柏克最为后人所知的事迹包括他反对英王乔治三世企图扩权、批评英国政府的美洲政策、支持美国殖民地的自由要求，尤其是他后来对法国大革命的严厉批判。反对法国大革命，这使得柏克成为18、19 世纪保守主义的主要人物。他那种以捍卫自由为诉求的保守主义与今天的"保守主义"是不同的。今天的"保守主义"在西方不同国家或不同时期表现在对政府政策的不同具体诉求上，因此无法从一个国家简单地移植到另一个国家，更不可能从自由民主传统的制度环境中移植到从未能改变专制传统的制度环境之中。

以美国 2020 年大选中共和党和民主党的政策对立为例，共和党是"保守主义"的，是相对于民主党的"自由主义"和"激进主义"而言的。保守主义包括"保守"（继续坚持），也包括"反对"。

它继续坚持传统的家庭价值，反对"自由主义"的堕胎政策（不仅赞同堕胎，而且主张用纳税人的钱来免费堕胎）；它继续坚持社会的传统道德观，反对对毒品（大麻）自由化；它继续坚持美国的政治传统和宪法权威，反对以任何理由或借口颠倒美国的历史（如摧毁历史人物的塑像，改变军事基地的名称等），也反对改变宪法规定的权力架构（如改变最高法院的大法官人数规定）；它继续坚持小政府、大社会，反对扩大联邦政府的权限，反对政府增税，反对政府让 1100 万非法移民身份合法化。保守主义将它反对的那些自由主义激进政策称为"社会主义"。

之所以要阅读柏克的《反思法国大革命》(*Reflections on the Revolution in France*，1790)，与当今一些中国知识分子的"柏克保守主义热"有关。在讨论这个问题之前，我们需要讨论柏克本人和他对法国革命乃至革命本身的攻击，这是还原和了解"柏克保守主义"的关键。

今天我要讲的是两个柏克：一个是坚持自由的柏克，一个是维护权威和秩序的柏克。18 世纪是一个专制君主制的时代，但也是专制制度受到新政治观念挑战的时代，卢梭的思想便是最杰出的代表。18 世纪之所以被称为启蒙时代，正是因为动摇专制制度的政治、社会、文化观念开始得到空前的酝酿和传播。法国革命是 18 世纪启蒙的政治产物，柏克因为反对法国革命，被一些研究者（如以赛亚·伯林）划进反启蒙人士的阵营。但是，也有研究者认为，柏克并不反对启蒙，相反，他在政治问题上的所言所行正是 18 世纪自由启蒙的一部分。美国历史学家伯恩斯（James M. Burns，1918—2014）在《火与光：启蒙运动如何改变世界》一书里指出："虽然柏克把自己打扮成启蒙最具破坏力的批判者，但他的观念——他的语言——全都建立在他所鄙视的那个运动的基础之上。自然状态、社会契约、人的原始权利、人能够优秀起来、变革的必要——这些观念构成柏克的思想。"[1] 他只是把"启蒙潜在的自由主义理念用来为他的保守主义服务罢了"。在反对启蒙还是支持启蒙的分歧中，一个柏克被分裂为两个柏克。

埃德蒙·柏克是亚当·斯密的学生，有一次师生两人讨论经济学问题。事后，斯密说，"柏克是唯一能与我心心相印，不用多说就能心领神会互相沟通的人"。柏克自己晚年时说，他年轻时就已经开始学习政治经济学，那时候政治经济学在英国刚刚起步，而欧陆国家的那些"思辨家"还根本没有在意呢。

柏克把自己当成斯密的学生，许多其他人也这么认为。至少他一辈子都像他的老师那样在倡导自由贸易和自由市场经济。在美洲殖民地问题上，柏克跟斯密一样认为要和解不要高压。但是，柏克远不只是一位经济学家，与许多英伦启蒙者不同，他不是学院里的教授，而是一位重要的英国议员，他积极介入许多公共事件的批评，拒绝袖手旁观。他说："恶人得胜的唯一条件就是好人袖手旁观。"因为不袖手旁观，用今天的话来说，他成为 18 世纪的一位公共知识分子。

斯密是一位公认的英伦启蒙重量级人物，但是，作为他学生的柏克却经常被排除出启蒙的行列，甚至推向启蒙反面的所谓"反启蒙"阵营。这主要是因为，人们把年轻时的自由主义柏克，与后来那个写《反思法国大革命》、反对法国革命的保守主义者柏克对立起来，而且将后一个柏克视为"真正"的柏克。

那么，《反思法国大革命》到底是一部怎样的著作呢？

这本书原先是柏克写给一位世交朋友让-弗朗西斯·德邦（Jean-François Depont）的一封信，发表于 1790 年。柏克的政治人脉很广，又是有名的政治理论家，这位朋友想听听柏克关于法国大革命

---

1 James M. Burns, *Fire and Light: How the Enlightenment Transformed Our World*, Thomas Dunne Books, 2013, 141.

的看法，所以柏克便做了答复。在这个答复中，他也连带驳斥了伦敦一些支持法国革命的团体的政治主张。也可能是因为原来是以信函的方式写作，所以相对杂乱，论述结构不严谨，情绪化和以修辞代替说理的特点相当明显。

这本书发表几个月后，英国女作家玛丽·沃斯通克拉夫特即发表《人权辩护》予以驳斥。第二年，美国作家潘恩也发表《人的权利》，不仅驳斥柏克对法国革命的种种指责，而且嘲笑他那种浪漫煽情的夸张修辞。我们在后面还会有机会专门了解这两位与柏克针锋相对的作家。

《反思法国大革命》是柏克第一次就法国革命发表他的意见，他多方面谈到法国大革命的发展，特别是法国国民会议，谈到法国君主路易十六（Louis XVI，1754—1793）和他的妻子玛丽·安托瓦内特（Marie Antoinette，1755—1793）被拘留，还有教会和贵族财产以及其他随后在法国发生的激进变化。

以书信的形式来阐述自己的观点，这在西方是一个写作传统。柏克的收信人当然是他朋友，但很明显，柏克并不只是在对他朋友一个人大发议论，他的对象是英国政治家和公众。在整封信中，柏克大致叙述了法国国民大会所采取的行动。但是他不断提醒读者，他对法国的了解是有限的，他的想法也未必就已经成熟和完善。在书信体论述的传统里，议论经常是想到哪里就说到哪里，语言也不是很正式的。事实上，他对法国革命的一些史实把握得并不准确。

他在这部著作中表明的主要观点可以归纳为四点，分别是：第一，反对"社会契约"论，否定法国的"国民议会"，否定人民有选择政府的权利；第二，强调"传统"的绝对重要性，把传统当作一种世世代代的"契约"，因而否定公民政治的契约意义；第三，反对法国革命初期制定的《人权宣言》，否定普遍意义上的"公民权利"和"人权"；第四，坚持认为英国式的君主制是最优秀的，由此推断在法国君主制是比共和更好的选择。当然，在此之外，还在宗教、财政、立法等方面有一些其他主张，在此略过。

柏克对法国革命的反应是情绪性的，他害怕发生在法国的事件也会在英国发生，他的《反思法国大革命》就是为了防止发生这样的事情，不是为了建立什么保守主义理论。他清楚地表明自己不是以形而上学的抽象理论来看待事物，而是因为对法国的事态感到不安。"邻居的住宅起了火"，千万不能让火延烧到英国来。[1]

柏克的忧虑不是没有根据的，因为当时在英国也有要求革命的声音，柏克批评了英国支持法国的俱乐部"革命协会"，其主要人物是理查德·普莱斯（Richard Price，1723—1791）。柏克反对普莱斯关于人民主权和人民选择政府的理论，柏克认为这样的理论是对英国君主立宪制的严重的政治威胁。

柏克攻击法国革命的一个更现实、更重要的目的，就是为了对英国的政治和政体传统做辩护。他对英国政治传统及其"惯例法"的自豪感随时都在他对法国革命实践的鄙视中流露出来，这种情绪影响了他对法国形势的客观判断。他以一副老派英国绅士的骄傲姿态说："在我们的议会里，对一块菜园的租赁权、对一间茅舍一年的利润、对一座小酒馆或面包店的信用、对侵犯所有权的最微不足道的迹象，都比你们（法国）那里对属于那些最可尊敬的人物的最古老、最有价值的地产，或对你们国家整个商业金融界的处理都要郑重得多。我们对立法权的权威怀有高度的尊重，但我们从未梦想过议会可以有任何权利去侵犯财产权、去压倒惯例法。"[2]

柏克根本没有考虑到，反对他的人会说，正是因为法国人没有英国人那种"惯例法"，所以他们才要用"社会契约"的理论，通

---

1 柏克著，何兆武译，《法国革命论》，商务印书馆，1998年，第12页。这个译名与直译有所不同。
2 同上，第199页。

过"国民议会"立法，制定他们认为是符合正义原则的法律，那又有什么错呢？

柏克承认"社会确实是一项契约"，[1] 但他所认可的"契约"是祖祖辈辈和子孙后代都会认可的契约，不是夹在中间的"我们"这一辈可以决定的。这个契约其实就是"传统"，它把死人和还没有出生的人都算上，那么活着的人还谈什么契约不契约呢？

所以，柏克的"契约观"看上去把目光放得很远，其实是架空契约的当下和现实意义，进而否定"社会契约"的理论。他说自己坚持的是一种"极为深刻的契约"，"国家……并不是以单指服从属于暂时性的、过眼云烟的赤裸裸的动物生存那类事物为目的的一种合伙关系。它乃是一切科学的一种合伙关系、一切艺术的一种合伙关系、一切道德的和一切完美型的一种合伙关系。由于这样一种合伙关系的目的无法在许多代人中间达到，所以国家就变成了不仅仅是活着的人之间的合伙关系，而且也是在活着的人、已经死了的人和将会出世的人之间的一种合伙关系。每一个特定国家的每一项契约，都只是永恒社会的伟大初始契约中的一款，它联系着低等的自然界和高等的自然界，连接着可见的世界与不可见的世界"。[2]

如果一项契约能"连接着可见的世界与不可见的世界"，那只能是上帝与上帝选民的"契约"，人间政治不可能有这样的契约。柏克试图把这样的"契约"转变为祖祖辈辈、子孙万代的"传统"，不仅太理想化，也太空洞。他其实是想用这个来否定法国革命契约论的基础，那就是民主。

柏克因此断言，"完美的民主制就是世界上最无耻的东西。因

1　柏克著，何兆武译，《法国革命论》，第129页。
2　同上。

为它是最无耻的，所以它也就是最肆无忌惮的"。¹他还说，"一种绝对的民主制，就像是绝对的君主制一样，都不能算作是政府的合法形式。……公民中的多数便能够对少数施加最残酷的压迫"。²在这里，他表现出对"多数人的暴政"的担忧，这本没有错。事实上，在法国革命之前发生的美国革命的建国之父们也对多数人的暴政怀有戒心，后来的美国宪法要防止的主要就是多数人暴政的那种民主。但是，把多数人的暴政与"完美的民主"等同起来，是没有道理的。

柏克把法国革命初期的"国民议会"视为"完美民主"的胡闹，他认为，议会的三级间接选举制导致代表毫无意义，有无选举没什么两样。最终的结果是"冒险把整个国家的命运都交给了那些对它最没有知识又对它最没有兴趣的人。这是一种永恒的两难困境，他们被他们所选择的邪恶、软弱而又互相矛盾的原则抛入其中。除非人民打破并铲平这种分级，否则他们显然在实质上根本就没有对［国民］议会的选举权；事实上他们在表上和在实际上一样几乎没有选举过"。³

与18世纪启蒙时代的绝大多数思想家一样，柏克不相信没有受过教育、没有文化的民众会有能力带领一个国家度过危机时刻。他强烈批评法国由第三等级主导的国民大会，他认为，法国革命排斥贵族和僧侣阶层，把他们当作革命的对象，是一个严重错误。柏克坚持认为，路易十六是一位温和的国王，一心想要改革，只是缺乏决断，拿不定主意。暴民杀掉这样的国王，还有王后和不少贵族，是恶意的报复，不是合情合理的做事道理，暴力一旦开了头，也就越演越烈，无法收拾。

1 柏克著，何兆武译，《法国革命论》，第125页。
2 同上，第165页。
3 同上，第244页。

2. 柏克的政治保守主义

我们已经谈了柏克政治保守主义的前两个方面，否定国民议会和把"社会契约论"改换为"唯传统论"。现在，我们继续讨论另外两个方面：否定《人权宣言》和主张君主制。

柏克的《反思法国大革命》其实是对启蒙时代一些正在蓬勃发展的新潮政治理论提出质疑，卢梭的政治学说——尤其是他的"社会契约论"——是这些理论中最响亮、最激动人心的声音。新潮政治理论反对君主制和教会体制，指责其腐败和压迫。在新潮人士眼里，柏克的保守主义简直是在逆时代潮流而行。柏克的观点不可避免要与启蒙运动和同情法国大革命的人士发生冲突。

柏克主张谨慎行事，认为这比任何激进行为都强也更明智。他在书里屡屡谴责当时伦敦的雅各宾派和革命协会俱乐部，这些俱乐部成员都反对君主制，反对权力在家族内继承、反对教会涉政。他们代表当时的政治激进力量。柏克否定的正是他们所要捍卫的核心政治理论，那就是法国的《人权宣言》。柏克成为他们的对手，也成为他们的众矢之的。他们当中包括托马斯·潘恩和玛丽·沃斯通克拉夫特，都是那个时代新思想的旗手。

在《反思法国大革命》里，柏克致力于揭露那些与法国革命有关的政治迷误，从而阐述这场特殊革命的愚蠢。他提醒说，任何国家都不要忘记自己的传统，不要随便毁掉那些代表自己国家传统的东西：王位、礼仪、贵族体制，不要轻易用新的一套来取而代之。倘若硬是要推倒重来，那么国家和个人的素质都必定会受损。这是柏克保守主义的一个特色。

他的政治保守主义集中体现在他对法国《人权宣言》的抨击上。他认为，只是用权利来界定和保护自己的个人，其实是孤零零的个体。在一个只讲权利没有传统的社会里，维护人际关系和保护个人的"文明教养"（civility）会被瓦解，不再起作用。一旦维系社会的文明教养被瓦解，个人和整个社会也就必然堕落，并陷入混乱。柏克认为，法国革命正是用空洞的权利代替并破坏了传统的文明教养，危害了个人，也危害了国家。这便是为什么法国革命会从高尚的道德理想蜕变为血腥的屠杀和暴力。柏克还认为，法国的《人权宣言》是一时一地的政治产物，完全没有政治传统的基础，因此乃是空中楼阁，根本没法与英国1689年的《权利宣言》相提并论。

其实，《人权宣言》并不是在提出一套抽象的人权理论，而是在为革命行动提供政治伦理的依据。人民拥有不容政府权力剥夺的人权和公民权，因此，在政府违背正义原则而民众群起反抗的时候，人民有权利更换政府。人民以革命的形式更换政府，这才是《人权宣言》的关键。对此，柏克是坚决反对的。

柏克把人民有权选择政府、选择统治者嘲笑为"吉卜赛式"的肆意胡为。他说，1689年英国的《权利宣言》宣示英国国王威廉按照王室世系的统治权，"继承对于本国的和平、安宁和安全乃是绝对必要的……而不是做出了什么'有权选择我们的统治者'那类荒诞的吉卜赛式的宣言"。[1]他指责道，"'革命协会'的先生们在1688年的革命中就只看到对宪法的背离，而他们却把这一对原则的背离当成了原则"。[2]

在柏克看来，只有国王的世袭统治权才能保证国家的和平、安全和统一，而法国革命则是有一个对国王自然统治权和世袭秩序的暴力和非理性的破坏。他强调，就算国王行为不端也不能随便颠覆政府，但他和洛克一样，也没有完全堵死革命的可能，他说，"一场革命将是有思想的和善良的人们的最后不得已的办法"。[3]

---

1 柏克著，何兆武译，《法国革命论》，第22—23页。
2 同上，第30页。
3 同上，第40页。

　　然而，一个关键的问题是，这个"最后不得已"的时刻是由谁来决定的呢？由政客或理论家来决定，由政府自己来决定，还是由人民来决定？法国人民已经决定了那是他们所能忍受的"最后时刻"，柏克还有什么理由说没有到最后的时刻呢？以我们今天的政治认知来看，就算局外人再"有思想"再"善良"，也没有理由或权威来替身处其境的人民做关于"最后时刻"是否已经到来的决定。

　　但是，18 世纪的柏克却认为他比法国人民更有思想、更善良，所以更能做出更好的决定。当然，他本人并不是这么说的，他认为法国人"为自己建立政府"是缺乏依据的，是因为他相信"一切改革都是根据对于古代的尊崇这一原则进行的"。[1]他还认为，英国的经验对法国同样有效。

　　他宣称，秉承 1215 年"大宪章"（Magna Charta）的传统，1628 年国会向英王查理一世（1600—1649）提出《权利请愿书》共 11 条，主要内容是：要求国王非经国会同意不得向人民募债或征税；非依国家法律或法庭判决，不得逮捕任何人或剥夺其财产；不得依据戒严令随意逮捕公民；不得强占民房驻兵等。查理一世出于财政需要被迫接受，但不久即解散国会，继续加强君主专制统治："声称他们的公民权并不是基于'作为人的权利'的抽象原则，而是作为英国人的权利，并且是作为得自他们先人的遗产。"[2]"我们的自由乃是我们得自我们祖辈的一项遗产。"[3]柏克以这个理由攻击法国人的"创新"，其实是无的放矢，因为他无视这样一个关键问题：法国人也有他们的"祖辈遗产"，那他们又是为什么要革命呢？

　　因此，柏克能够给出的唯一理由就是革命者"动机不纯"，"创新的精神一般都是一种自私的气质和局限的眼光的结果。凡是从不

1　柏克著，何兆武译，《法国革命论》，第 41 页。
2　同上，第 42 页。
3　同上，第 43 页。

向后回顾自己祖先的人，也不会向前瞻望子孙后代"。[1]《反思法国大革命》里有许多这样的诛心之论和阴谋论说法，在今天的读者看来，是非常糟糕的说理方式。例如，柏克用一种阴谋论描述了法国的金融势力和作家们捣毁宗教势力和财产。"对教会的掠夺变成他们一切财政运作的唯一来源。"[2]

《反思法国大革命》中最具所谓"保守主义"原则或纲领的说法似乎是："一个好的爱国者和一个真正的政治家则总是在思考他将怎样才能最好地利用他的国家的现实物质状况。保护现存事物的意向再加上改进它的能力，这就是我对于一个政治家提出的标准。此外的一切，在理论上都是庸俗的，在实践上都是危险的。"[3] "最好地利用他的国家的现实物质状况"，这体现为他著名的"破屋理论"，也正是这个理论让他的反对法国革命立场得到后世保守主义者善意和同情的理解。

他们认为，柏克在批评法国革命的《反思法国大革命》中提出的，其实不是要不要革命，而是要怎样的革命的问题。这个"革命问题"形成因他而闻名的"破屋比喻"（就像自由市场形成因斯密而闻名的"无形之手"的比喻）。倘若一个老房子屋漏墙裂，已经不宜住人，那么是推倒重盖呢，还是设法修复呢？推倒重盖，这当然不是按原来的结构或用原来的材料来修复破旧的老屋，而是完全另起炉灶，彻底推倒重来。从结构设计到建筑材料，全部都要新的，坚决不能与旧的一样。在高科技的今天，这也许能行得通。但在 18 世纪，这简直就是异想天开、想入非非。没有经过验证的结构设计和建筑材料，谁又能保证一定会比旧的更好呢？"破屋"因此成为一个 18 世纪关于社会更新和构建方式的比喻。

1　柏克著，何兆武译，《法国革命论》，第 44 页。
2　同上，第 161 页。
3　同上，第 205 页。

柏克问道："法国旧政府是不是真的无法改造或不值得改造，以至于绝对需要立刻把整个组织推翻，并为取代它而建立一个理论和实验的大厦扫清地盘。"[1] 他的回答是否定的。他认为，法国的君主制还不坏，"君主制本身带有许多弊端，也有一些好的东西；法国的君主制毕竟曾从宗教中、从法律中、从习俗中、从舆论中得到过对自己祸害的某些改正，这就使得它成为一个不如说是表面上的而非实质上的专制政体（尽管它绝非是一个自由的、因而也绝非是一个良好的政体）"。[2]

在柏克看来，法国的君主制就像是一个还可以翻修的老房子，而要在法国以共和取而代之，则是一件充满未知危险的事情。关于建设或者革新共和国的科学，就和其他实验科学一样，是不能先验地教授的。同时，短暂的经验并不能在实践科学上提供指导：因为各种道德原因所带来的真实后果并不总会立即显明。相反，最初有害的东西在遥远的将来行动中可能变得非常有益。而且，它的益处可能甚至就来自它最初产生的有害结构。与此相反的情况也会发生：看似非常可行的规划，有着令人非常愉快的开端，但却经常导致可耻、可悲的结局。

柏克以他一贯的阴谋论，把共和思想的传播归咎于"哲学体制的煽动家们"所为，他们"扯起喉咙，声明反对法国旧的君主政府。当把那个已经被废除的政府抹黑够了之后，他们就进而论证说，仿佛是凡不赞成他们这种新的滥用权力的人，便必定是旧的滥用权力的人的同党"。[3] 而且，"这场革命的卫护士们不满足于夸大他们的旧政体的弊病，他们还把几乎所有可以吸引外国人注意的东西……都

<hr />

1　柏克著，何兆武译，《法国革命论》，第 167 页。
2　同上，第 170 页。
3　同上，第 163 页。

作为恐怖的东西，用以打击他们自己国家的声誉"。[1] 然而，光凭少数人的煽动，就能掀起法国革命的风浪来吗？以"坏人煽动"的原因来看待革命的发生，当然不可能对法国革命有公正、客观的看法。

相比之下，托克维尔在《旧制度与大革命》中对法国革命的原因就要客观得多，他明确指出："它（大革命）绝不是一次偶然事件。的确，它使世界措手不及，然而它仅仅是一件长期工作的完成，是十代人劳作的突然和猛烈的终结。即使它没有发生，古老的社会建筑也同样会坍塌……只是它将一块一块地塌落，不会在一瞬间崩溃。大革命通过一番痉挛式的痛苦努力，直截了当、大刀阔斧、毫无顾忌地突然间便完成了需要自身一点一滴地、长时间才能成就的事业。这就是大革命的业绩。"[2] 这段话可以说是表达了托克维尔解释的核心思想：大革命乃是旧制度下社会演进的结果。

尽管柏克对法国革命的理解无法取信于今天的读者，但他的"破屋比喻"却还是能令人想起中国清末关于帝制与共和的争论。李鸿章自比是大清王朝的裱糊匠，对大厦将倾的清王朝只能做些修修补补的事。梁启超则一度主张开明专制，也是一种修补破屋的办法。孙中山主张共和革命，虽然中国的共和革命看上去成功了，但并没有改变专制政治在中国的现状，所以至今仍然有人以为，如果当初保留清王室的帝制，是不是会比一次次革命要好。这恐怕也是柏克的保守主义在中国被一些人看好的一个原因。

柏克对法国大革命看法只是一个方面，另一个方面，大革命背后的政治问题也是他深思熟虑的一个问题，那就是人类构建的最佳社会可以是什么样子？对这个问题，可以用信念或信仰来回答，如法国《人权宣言》主张的，每个人都有尊严，都有追求幸福的权利。但也可以用成功的实践来回答，如政府如何实际上保证公民的尊严

1　柏克著，何兆武译，《法国革命论》，第 176 页。
2　托克维尔著，冯棠译，《旧制度与大革命》，商务印书馆，1992 年，第 52 页。

和权利。柏克清楚表明，他认为传统的实践回答比信念的理论回答要来得可靠。

中国的一部分经验似乎印证了柏克的论断。从新文化运动到五四运动再到十年内乱和后来的信仰危机，接着又是回归传统文化（新儒学、《弟子规》），让我们深切地感觉到，柏克"破屋比喻"的社会构建命题似乎一点也不陌生，一点也不遥远。"革命"和"革命者"的许多行动带来太多意料之外的后果，而以前被断然抛弃的"有害"东西，却又以"有益"的面目被重新接纳和收编。然而，不幸的是，为什么抛弃和为什么重新接纳"旧的好东西"的道德理由则是完全不同，甚至互相矛盾。

3. 如何理解保守主义

今天，柏克因为他的《反思法国大革命》而被公认为一位政治理论家和现代保守主义之父。这几年，也有人在提倡所谓的"政治保守主义"，经常从柏克那里寻找他们的理论资源。那么，该怎么理解和评价柏克的保守主义呢？

首先，"保守主义"这个说法让人听起来就有些可疑，这是因为"保守"经常被理解为"守旧"，再加上一个"主义"，那岂不成了"顽固不化"？但是，这样的理解是不正确的。

其实，"保守主义"在英语里来自 conserve 一词，也就是"保持"和"不丢弃"的意思。这是一个中性词，并没有褒贬的意思。作为一个政治术语，它的意思是，反对激进，不要冒进，更准确地说，不要冒进，以免失去什么。这里的关键是那个害怕失去的"什么"，它可以是柏克所特别珍视的自由，也可以是某些人把持着不肯放手的特权或专制权力。由于害怕失去的东西不同，不同的保守主义含义会完全不同。

保守也可以是一个日常生活中的说法。老人们常说，要保持吃苦耐劳、勤俭持家、艰苦朴素的好传统，这也是一种保守的意思。但是，年轻人会说，什么吃苦耐劳、勤俭持家、艰苦朴素，还不就是两个字"穷"和"苦"，我们不喜欢穷，也不觉得苦有什么好。他们认为，人活在这个世界上，一辈子苦哈哈的没什么意义，所以人活着就是要有享受就享受，人生苦短，及时行乐比什么都强。

年轻人拒绝保持老人的那些传统思想，是因为他们认为那个传统根本就没有什么值得保持的。所以，他们与老人的分歧其实并不在于要不要保持，而是在于老人要保持的东西有没有价值。换句话说，保持不保持或者保守不保守，与守旧不守旧无关，而与价值判断有关。

柏克要保持或保守的是英国人的那种来自他们古老政治文化传统的自由，英国的宪制和自由政治文化传统给了英国人民比任何其他国家人民都要更多的自由，所以柏克要保持它、守护它，保持和守护就是保守。柏克的保守有积极的政治理论意义，全在于他要守护的是自由价值，不在于保守本身。

在柏克那里，无论是他反对什么、倡导什么，他都有一个明确的、一贯的道德理由，那就是自由。和他的老师斯密一样，他主张自由贸易和自由市场经济，这可能与他的爱尔兰背景有关，因为这样的自由符合爱尔兰的利益。但是，他所珍视的自由并不只是对爱尔兰人有益的自由。1780 年，也就是在斯密的《国富论》出版四年之后，柏克在议会发表"经济改革"的演说，他主张国会压缩给王室的拨款，以限制王室在政治上的影响力，因为王室可以用赞助、年薪或其他恩赏的方式来扩大自己的政治影响。这与现代民主政治需要限制"党产"是同一个道理。他还要求降低公共开支，减少公共债务，因为过高的公共开支和债务会损害公众的利益。和斯密一样，他认为，倘若政府不干预，商贸和市场会更自律、更繁荣，政府的所有管制，从本质上说，都是对自由的限制。

柏克在"威尔克斯事件"中的立场也是出于他对自由的珍爱。1764年，英国激进的记者和政治家约翰·威尔克斯（John Wilkes，1725—1797）因被指控"污蔑国王"和写"下流"诗而被国会开除。这之后，他选区的选民们又三次推举他为议员，但国会拒绝给予他席位。柏克为他做了强烈的辩护，否认对他的指责并批评国会无视选民的意愿。他提出，威尔克斯遭到排斥和迫害是因为他反对"宫廷小集团"（court cabal）。他赞扬威尔克斯"对压迫的坚决抗争和不懈抵抗"，是一种光荣而不是耻辱。柏克还认为，威尔克斯事件不是孤立的，而是凸显了国会的腐败，国会看起来是人民的代表，其实是国王的橡皮图章，只是讨好国王，而不是为人民或国家的利益服务。国会变成了一个利益小集团（cabal）。

柏克所坚持和保守的自由不是理想式的自由，而是存在于英国传统宪制中的因而是有制度保障的自由。在这个宪制中，君主权力受到限制，但君主仍然是国家政治和社会稳定的重要因素，失去了稳定，人民的自由就会受到危害。柏克认为法国废除君主的革命是倡导理想式的自由，这样的自由只会带来不可预测的灾难，英国不需要这样的自由，英国应该保守自己自1688年光荣革命以来的传统资源。

光荣革命是一场保守的革命，一方面反对专制，一方面维护权威和秩序，因为这样的权威和秩序有助于人民的自由。柏克通过光荣革命的经验，认为对自由的追求应在秩序和权威下进行。他说自己爱一种高尚的、有道德、有规矩的自由。他认为英国人不应该祝贺法国人的那种所谓"新自由"，因为英国人还不知道"新自由"会如何与政府结合在一起，也不知道"新自由"会成为怎样的公共力量、怎样的军队纪律、怎样有效而分配良好的征税制度、怎样的道德和宗教，是否有助于财产的稳定、和平的秩序以及好的政治和社会的风尚。一句话，如果自由与这些好东西无关，那么就算有了自由，也不是什么好事，并且大概是不会长久的。

柏克强调，人要享有自由，必须先要限制自由，自由不仅仅要受秩序限制，还要受到秩序的保护。这是一种有限的自由，没有限制的自由必然要导致一种无序和放纵。他认为，法国革命的狂暴、血腥和巨大破坏，根子就在于放纵这种无限制的自由。

无限制的自由的确是危险的，危险来自人性本身。人性中有兽性的成分，人的兽性冲动必须受到传统文明、权威和秩序的约束。柏克在法国革命中看到的正是一种活脱脱的人类兽性，这种兽性以"理性"面目出现，鄙视并破坏维护传统道德的宗教、习俗、秩序和规范。反宗教的世俗主义给断头台搭建了高台，理性主义就是那断头台上砍头的刀子。血腥和恐怖成为新的秩序，每个人不要说是自由，就连性命都岌岌可危、朝不保夕。这样的革命不只是发生在1793年的法国，也发生在后来的一些其他国家。就此而言，柏克的保守主义是有道理的。

柏克在攻击法国革命的同时，同情美洲殖民地人们对自由的要求。他认为，美国革命在本质上，是殖民地人民要从一个滥权的国王手里，夺回他们作为英国人所应该拥有的传统权利，尤其是自由权利。与法国激情冲动的革命相比，美国人的自由要求则是理性的，它是一场追求地方自治的革命。柏克清楚地表明，在美国革命中，坏蛋是国王，而造反的殖民地公民则是英雄。但是，柏克并不支持美洲殖民地人民建立共和，以及与英国君主制彻底隔断关系的革命。这个我们在谈潘恩对柏克的批评时还要详细讨论。

柏克并不主张民主。他主张的是人民，至少是拥有财产的那个阶层的人民，有权用武力保卫自己，保卫自己不受滥权的国王和权威的欺凌和威胁。这是洛克式的政治理论。柏克认为，真正有智慧的不是国王不是大臣，而是有产者，有产者是推动变革的动力。但他更关心的是变革的方式，他认为改革应该是渐进的、负责任的、谨慎有序的和瞻前顾后的。这使得他成为 18 世纪新共和主义时代的保守主义代表。这适合于英国，甚于任何其他国家。

柏克强调，激烈的毁灭式的革命有许多不确定的危险因素，它只会使民众依赖和盲从于有魅力的政治领袖，而这样的政治领袖又都是极其善于蛊惑和掌控民众的。他们利用民众的愚昧和急于求成心理，牵住他们的鼻子，把他们玩弄于股掌之中，使他们成为狂暴的极具破坏力的群氓。这是法国革命和所有以此为模式的革命的共同特征。然而，在没有英国自由政治传统的其他国家里，法国革命模式不幸经常成为唯一的选择。

柏克指出，在法国大革命中，尽管有高调的自由和平等，但是在事实上，个人的财产权却得不到保障，甚至连生存权都随时可能被剥夺。柏克秉承洛克对财产权的重视，认为财产权是国家必须保护的公民基本权利，保护个人的财产甚至是国家合法性的重要衡量标准。在法国大革命中，暴徒以革命的名义可以随意没收任何人的财产，教会的、贵族的或是其他被当作反革命的普通人。这成为后来其他暴力革命的行为摹本。

柏克的政治保守主义特别强调财产权与公民自由的关系。在一个充满风险和不确定性的社会中，财产无疑是给人信心和安全的保障。有了财产权，个人的生命和自由也就有了保障，这是人类最为基本的人性需求，只有这个需求得到满足，个人才能独立，才不会因为依靠别人而成为别人的附庸或奴才。这样的英国政治智慧是英国本土传统得天独厚的，并不是什么理论预先设计好的。

洛克在《政府论（下篇）》中已经阐述财产权对于人的自由的重大意义。他认为财产是个人人格的延伸。外在的财产拥有让个人能够获得内心的满足，这种喜悦感和成就感确认他的自我。保护财产权利，不只是保护他的钱财，而且更是保护他的独立和尊严的人格。每个人都可以按照自己的意愿去处理自己的财产，这就为自由的实现提供物质保障，因此财产必须是个人化的而非社会化的。在这一点上，柏克继承了洛克关于财产的认识。

总而言之，柏克的保守主义有两个要点：第一是保持和守护对自由有益的传统、秩序、权威和制度，第二是改革必须采用渐进、节制和有限度的方式。这两个要点都是针对激进革命提出的。激进意味着彻底推倒、砸烂一切，重新缔造新世界，而反对这种激进的便获得"保守"的意义和名称。

今天，有些提倡新儒学的或别的人士，也打出"保守主义"的旗号，问题是，他们要在中国的政治文化传统里保持什么守护什么？是自由，还是专制？是普通人对自己权利的认知和坚持，还是奴性和愚昧？不能回答这个问题，主张保守主义，尤其是用柏克来主张保守主义，是没有意义的，根本就是无的放矢。

更错误的是，有人用柏克反对法国革命来笼统打造"告别革命"的理论。柏克并非对所有的革命都反对，他以1688年英国的"光荣革命"为傲。人们反对目标不明确的暴力革命，呼吁革命不可轻言，这固然不错。但如果不能看到，革命之所以挥之不去，根本在于激化矛盾冲突的绝对权力，而不只是野心家的推波助澜，那么轻言放弃革命只会让绝对权力的绝对暴政更加有恃无恐，变本加厉。

柏克的政治保守主义固然可以帮助我们理解暴力革命的行动逻辑和实际危害，但它并不能为我们提供一个可以直接运用于我们政治和社会改革需要的现成模式。我们不能因为吃够暴力革命的苦，便做起保守主义的美梦。要仿效柏克的保守主义就不能不先问一问，是否有英国的光荣革命和公民自由传统，如果传统中没有这样的东西，而是皇权专制和官贵民贱，那么保守主义又能保持和守护什么呢？

　　柏克保守主义影响对思想家造成的混乱更是严重，不少拾人牙慧的理论家把法国革命以及后来的暴力归咎于启蒙运动崇尚的理性、自由、平等、人权。和柏克一样，他们视而不见的是，法国革命中民众爆发出来的愤怒激情以及他们对自由和平等的渴望，不需要启蒙哲人给他们灌输，革命乃是对旧制度触目惊心的不公不义的剧烈反弹。王室、贵族和天主教会控制着大部分社会财富，税赋负担却落到普通市民和贫民身上。除非人心死灭了，爆发革命是迟早的事情。柏克的政治保守主义成为20世纪下半叶反启蒙的一个重要组成部分，各路哲学家和理论家争相把帝国主义、殖民主义、法西斯主义、纳粹主义、资本主义的罪恶都算到启蒙运动头上。反启蒙的逆流应该成为我们今天阅读柏克的一个现实思想背景。

十七　沃斯通克拉夫特《人权辩护》《女权辩护》

1. 激进启蒙和革命时代

　　玛丽·沃斯通克拉夫特（Mary Wollstonecraft，1759—1797）是18世纪的一位英国作家、哲学家和女权主义者。她在短暂的写作生涯中，完成多篇小说和论文、一本旅行书简、一本法国大革命史、一本行为手册以及一本童书，还有两本"辩护"（indication）：《人权辩护》（1790）和《女权辩护》（1792），这两本辩护之作是玛丽最知名的作品，也是我们在这里要阅读的。

　　玛丽的《女权辩护》本身并不难理解，现今一般的阅读法是把它当一部女权主义的著作，从中抽取一些启蒙时代的重要女权思想，如女性和男性一样是理性的动物、女性应该享有与男性一样的教育机会、女性在家庭政治中所争取的权利就像男性在国家政治中争取的权利一样，都是人的权利，等等。这样从文本到文本的阅读，不是我在这里所要介绍的阅读方式。

　　我们更需要的是一种有时代背景的阅读，因为玛丽的《女权辩护》是18世纪启蒙晚期（1770—1790）的一场关于革命、共和、人权的思想论辩的直接产物。这场辩论的焦点是玛丽（还有潘恩）与柏克在法国革命问题上的对立观点。如果不了解那个革命时代的这场思想辩论，而只是从文字到文字地阅读作品本身，是根本无法把握其内在实质性意义。

　　而且，玛丽这部著作中的"辩护"，在英语里是有特定意义的，指的是洗刷和清除污蔑和不实的指控。玛丽的两本"辩护"之书，首先要洗刷和清除的就是柏克对法国革命和法国《人权宣言》的恶意污蔑和不实指责。要不是为了这个目的，大概也就不会有玛丽的"辩护"了。所以必须把玛丽的两个"辩护"首先放回到与革命、共和、人权问题的联系中去，然后才是女权，因为在玛丽那里没有人权就没有女权。

　　玛丽的《女权辩护》是 1792 年出版的，那时候，美国革命已经发生。在这之前，玛丽已于 1790 年先出版她的《人权辩护》，其中许多基本思想在《女权辩护》中延续并进一步发展，形成这两本书内在的"辩护"联系。倘若她后来没有写《女权辩护》，那么很可能我们今天在这里阅读的就是她的《人权辩护》。她的《人权辩护》和潘恩 1791 年出版的《人的权利》，成为启蒙晚期关于法国革命思想辩论中相互呼应的两部重要激进著作。在人类的人权观念发展史上，这两部著作都是人权观念第二个阶段发展的重要成果。

　　人类历史上的人权观念经历四个阶段。联合国 1948 年通过的《世界人权宣言》共有 30 个条款。美国丹佛大学的人权研究专家伊谢教授（Micheline R. Ishay）在《人权的历史》（*The History of Human Rights : From Ancient Times to the Globalization Era*）一书中，将联合国《世界人权宣言》比喻为一个由四根圆柱支撑而起的"柱廊"（portico）。柱廊一般是建筑物的入口，由圆柱支撑起一个屋顶，是古希腊对后世很有影响的一种公共建筑样式。用柱廊来比喻《世界人权宣言》，令人联想起它的高尚而宏大的公共意义。

　　伊谢是在对人权的历史研究中形成关于《世界人权宣言》的形

象比喻的。她把世界普遍人权的发展分为四个时期：第一是人类早期对人的生命价值的伦理思考；第二是18世纪启蒙运动时期的自由主义人权理念；第三是19世纪工业革命时期社会主义者提出的人权要求；第四是20世纪经过两次世界大战而得以加强的群体自治人权观念。

伊谢形象地将《世界人权宣言》描绘为由四根廊柱和一个廊顶构成的世界正义大厦。宣言的前27条依照"尊严、自由、平等、兄弟关系"这四个基本价值形成四个部分，像四根柱子般撑起宣言的廊顶。

这廊顶就是《世界人权宣言》的最后3条（28—30条）。这三条说的是实现人权所需要的国家社会和国际条件、与民主社会的关系，以及"本宣言的任何条文，不得解释为默许任何国家、集团或个人有权进行任何旨在破坏本宣言所载的任何权利和自由的活动或行为"（第30条）。也就是说，任何国家、集团、个人都不得对人权做出违背《世界人权宣言》的解释，也不得有违反人权的行为。

1790、1791年先后出版的玛丽的《人权辩护》和潘恩的《人的权利》代表启蒙时代的人权观念，是今天我们人权观念第二部分的重要构件。这是它们重要的历史价值所在，也是我们今天阅读玛丽著作时要了解的观念历史背景。

在1770—1790这个激进启蒙辩论时代之前，欧洲启蒙运动并没有直接涉及公民权利和人权，而只是局限在一般的政治理论范围内，如安全、稳定的社会（霍布斯、洛克）、宽容（Bayle）、理性和去愚昧（伏尔泰）、国家学说和法学理论（孟德斯鸠、贝卡利亚）、自由思想（几乎所有的启蒙人士）。这样的启蒙思想提出用知识来改革社会的可能性，但与革命的人权诉求相距甚远。

1770年之前的一些启蒙哲人对君主专制的"开明改革"寄予厚望（如伏尔泰和开始时的狄德罗）。但是，开明专制在政治上的改革是非常有限的。欧洲开明改革的标志性人物，普鲁士国王腓特烈大帝说他能够给他的臣民更多宽容和一些新闻自由，已经是启蒙和改革的成就。但是，从玛丽的《人权辩护》和潘恩的《人的权利》可以看到，激进启蒙人士要求的远远不只是开明君主的些许德政恩赐，他们的要求是共和制度、人的自然权利（当时理解的人权）和公民权利，这样的政治要求比起主张女性受尊重、女性与男性应该有同等的教育机会等要激得多。

18 世纪最后的 30 年间，就像美国革命和法国革命所实际宣告的那样，世界已经进入一个革命的时代。在人们对社会变化的思考中，"进步"已经代替启蒙初期的"神的安排"的观念。改良的时代虽然还没有过去，但仅仅改良已经远远不够。

从 18 世纪 70 年代到 90 年代，革命意味着什么呢？最根本的就是用共和代替君主制。在当时，共和主义是激进的，连许多先前的启蒙人士和自由思想人士都是接受不了的。这个时代的思想辩论正是在革命激进启蒙思想者和改良型自由派人士之间展开的。玛丽和潘恩是激进派人士，而柏克则是改良派人士。不幸的是，在激进和改良之间形成敌对的对抗。在当时的新形势下，激进启蒙的敌人已经不再只是一直反对启蒙的教会、贵族势力，而且加入不久前还与启蒙站在一边的一些自由派人士，代表与"激进"对抗的"保守"立场，柏克就是其中最著名的。

不同政治主张的启蒙人士以前虽然在自由、理性、道德情感孰轻孰重的问题上有分歧，但还可以折中和妥协，因为他们还不是政治上的敌人。18 世纪 70 年代到 90 年代，在他们当中分化出"激进"和"保守"的时候，用历史学家乔纳森·伊斯雷尔（Jonathan Israel）在论激进启蒙的《心灵的革命》（*A Revolution of the Mind*）一书里的话来说，这两派已经彻底对立，完全没有妥协的可能，因为争论的焦点已经不再是思想和观念，而是实实在在的革命。

玛丽和潘恩是激进人士中的代表，而柏克则是保守人士中的代表。他们之间的争论焦点是法国大革命。玛丽和潘恩坚持的是共和主义的立场，而柏克所捍卫的则是英国式的"混合君主制"（mixed monarchy），而就法国而言那就是君主制。

在讲柏克《反思法国大革命》的时候，我们已经一再强调他的自由信念。正是这位自由的坚定捍卫者，在革命问题上坚定无比地站在激进启蒙的对立面。

当今中国流行一种误导性的说法：柏克支持美国革命，但反对法国革命，因为他认为，法国革命的"理性"——尤其表现在 1789 年 8 月 26 日颁布的《人权和公民权宣言》（简称《人权宣言》）——必然导致革命的暴力、残酷和血腥镇压。柏克 1790 年写《反思法国大革命》时，法国革命的暴力并不厉害，是三年后也就 1793 年的雅各宾专制使得柏克被许多人视为预言法国暴力和血腥的先知。

我们要记住，玛丽的《人权辩护》和潘恩的《人的权利》是在 1793 年之前写作的，是对柏克反对法国革命言论的即刻反应，争论的焦点是柏克反对法国 1789 年的《人权宣言》，不是后来 1793 年的革命暴力。

柏克在中国的拥护者说，柏克预见启蒙运动所强调的"理性"必然导致革命的残酷和暴力。我本人不同意这个看法，我在《与时俱进的启蒙》一书里有专门的讨论，这里不展开。

与我们眼下更直接有关的问题是，柏克支持美国革命吗？如果柏克支持美国革命，那么他反对法国革命就可能是因为他预见到法国革命因其理性主义会朝一个与美国革命不同的方向发展。可是，如果他不支持美国革命，甚至反对美国革命，那么他反对法国革命便是出于他反对革命的一贯立场，而与他从启蒙理性来预言法国革命的未来发展没有关系。也就是说，不管法国革命开始三年后是朝暴力还是非暴力的方向发展，柏克都是反对它的，因为他在政治上是一个保守主义者，革命与他的政治信念是格格不入的。

历史的事实是，柏克同情北美人独立的自由要求，但他并不支持美国革命。13 个美洲殖民地从英国独立出来，这并不是美国革命最实质的部分，更不是美国革命的全部意义所在。美国革命的意义在于它创立一个前所未有的共和国，而这个美洲共和国与柏克所竭力要维护的英国混合君主制是完全不同的，与柏克同样要维护的法国君主制更是南辕北辙。

对于我们阅读和理解玛丽的《人权辩护》与潘恩的《人的权利》来说，怎么看待柏克在"革命"问题上的保守主义都是非常关键的。如果你赞同柏克维护君主制，反对革命的立场，赞同他的这个所谓"保守主义"的立场，那么你就不可能以一种同情的理解去阅读玛丽的《人权辩护》或潘恩的《人的权利》，因为这两部著作都是反对君主制，主张共和，因此同情和支持法国革命。如果你赞同柏克的保守，你就可能只是用否定或反对的眼光对待玛丽和潘恩的共和主义立场以及他们对柏克的批判。同情或反对，会产生两种截然不同的阅读。

在今天的特定形势下，对《人权辩护》和《人的权利》的否定性阅读几乎就等于是对人权本身的否定。我不认为这是我们应该采取的阅读方式。《人权辩护》和《人的权利》里有许多对我们有用的政治见解，与今天世界上大多数人对共和、民主、宪制、人权和公民权利的认同是一致的。这也是我们需要了解 18 世纪 70 年代到 90 年代的激进启蒙，不要盲目迷信柏克的根本原因。

正如伊斯雷尔在《心灵的革命》一书里所说的，我们今天对共和以及民主的理解和价值观都可以追溯到激进启蒙这个源头。他对此写道："激进启蒙是由一些基本的原则构成的，可以简述为民主，即思想、言论和新闻的充分自由，从立法和教育机构中清除宗教权威；政教充分分离。"伊斯雷尔接着写道，国家的目的是世俗的，是为了提升大多数人的世俗利益，防止有私利的少数人掌控立法程序。激进启蒙的原则是，所有人类都有同样的需要、权利和身份地位，无论人们有什么信仰，属于哪种宗教、经济或种族群体，他们都应该受到同等的对待。激进启蒙的这种普世主义认为，所有人类享有相同的权利，都有权追求自己的想法，而政府的责任就是保护国内所有公民的这些权利。[1]

我们今天肯定 18 世纪晚期的激进启蒙，也正是因为上面总结的这些政治和人权价值仍然是人类绝大多数人的共识和追求目标。

玛丽和柏克在革命与人权问题上的立场和看法可以说是针锋相对的，她在出版《人权辩护》不久后马上就接着写《女权辩护》，则是为了在柏克看不起女性的问题上推进与柏克的争论。

2. 政治经验与政治实验

前面介绍了一些与玛丽《女权辩护》有关的从 18 世纪 70 年代到 90 年代的历史背景情况，谈到作为《女权辩护》前篇的《人权辩护》。《人权辩护》是一本政论小册子，更确切地说，是一本时论小册子，是对当时发生的事情作出的即刻反应，是针对柏克的《反思法国大革命》（1790）而写的，发表在柏克那本书之后几个月。她写几页，出版商就拿几页手稿去排印，就是这么盯着赶出来的。

玛丽在这个小册子攻击贵族政治并倡导共和主义，与柏克捍卫君主立宪制和世袭特权贵族制是针锋相对的。在他们之间形成的对立，其实是两种政治实践观念的对立，是 18 世纪末君主制政治经验与共和政治实验的对立。

1　Jonathan Israel, *A Revolution of the Mind*, Princeton University Press, 2009, vii-viii.

前面还说到，柏克对美国革命和法国革命的态度有所不同。这一直是评判他主张君主立宪制是否合理的一个主要依据。当下中国学界的一种流行看法是，柏克支持美国革命，反对法国革命。我认为这种看法是不正确的，因为事实上柏克虽然同情北美人的自由要求，但他并不支持美国革命的共和主义，无论是对美国革命，还是法国革命，他反对共和革命的立场是一以贯之的。

柏克对美国革命的真实态度是判断他政治立场的一个关键，也是我们理解玛丽与柏克政治对立实质的关键。

柏克是一位自由的坚定捍卫者，但由于他对英国混合式君主制情有独钟而成为一个反共和主义者。他攻击法国人废除君主并代之以共和的革命，其直接原因就是害怕法国革命会扩散到英国，动摇他心目中那个近于神圣的英国君主制度。

柏克为自由所做的努力和种种事迹会被后代人们铭记。他在议会里强调政党在保持反对派势力上的重要性，以免君王或是某政府派系有机会滥用政治权力。他同情美国殖民地人民在乔治三世及其代理政府治下暴发的不满情绪，认为他们也该享有与英国国王所有其他臣民相同的权利。他也积极反对在爱尔兰迫害天主教的活动，并且谴责腐败、滥权的东印度公司。这些都让他成为一个公认的自由主义者。

柏克反对法国革命，这让他的辉格党同事们觉得意外。他们认为是柏克改变了先前同情美洲殖民地人民的立场，是一个突转，从辉格党的激进自由立场转向保守主义，是政治上的向右转。这个看法一直让许多人疑惑是不是有两个柏克。

其实，我们可以从柏克自己的话来了解他到底是否真的发生政治立场上的转变。柏克本人否认任何关于他所谓立场转变的看法。他在 1791 年的《新辉格向旧辉格的呼吁》（Appeal from the New to the Old Whigs）一文中以第三人称这样说他自己："如果可以对（柏克）的任何事情有所评价，那么他认为最有价值的就是立场一以贯之。"他断然否定自己对美国革命和法国革命有不一贯的、前后矛盾的立场。也就是说，他对美国和法国这两个革命的立场上是一致的。那么，这个一致性体现在什么上呢？

初看起来，柏克对美国革命和法国革命的态度是有区别的，而且是不一致的。他对法国革命从一开始就抱有敌意，这是清清楚楚、明明白白的。但是，对于美国革命，他的态度就远没有那么清楚明白。他谴责他认为对殖民地造成危机的英国政策，反对英国政府对北美人采取强行胁迫的政策。他建议英国政府应向殖民地让步，尊重其所继承的英国"自由精神"。柏克甚至认为，美国当时跟英格兰之间的关系，实可类比于英格兰与詹姆斯二世在光荣革命时的关系。他认为，与流行于法国大革命的"雅各宾主义"截然不同，英国光荣革命的特殊性在于，那并不是一场为了颠覆既有秩序而"发动"的革命，而是一场为了"避免"既有秩序受到颠覆而出现的革命。

但是，英国皇家学院（King's College）历史教授马歇尔（P. J. Marshall）在《什么时候革命不是革命？柏克和新美洲》（When is a Revolution not a revolution? Edmund Burke and the new America）一文中提出这样一个问题，柏克同情美洲殖民地人民的自由诉求，"这是不是就意味着柏克支持美国革命呢"？马歇尔教授的回答是否定的。

他写道："如果将美国独立战争定义为脱离英国的独立，那么柏克——他希望美洲殖民地人民在战胜英国的无端侵略之后，仍然会与英国维持一种持续的联合形式——可以被视为它的支持者。但是，美国革命并不仅仅是为了独立。美洲的政治和社会变革运动产生一种与英国统治的旧殖民秩序截然不同的东西。柏克对这种变化深有保留。"那个与旧秩序不同的"新东西"就是共和。

　　这是一个非常重要的论断，也就是说，美国革命不仅要将美国从英国独立出去，而且还要创建一个与英国君主制截然不同的新政体——共和。美国革命对世界历史的意义不在于其争取独立——许多国家都是独立出来的，而独立后的国家建立的可能是一个专制独裁的政权——而在于它在人类历史上第一次成功地创立一个民主共和的国家，为世界提供宝贵的先例经验。潘恩在《人的权利》中热情洋溢地说："美国是政治世界中唯一可以开始提出普世改革计划的地方。美国是诞生像华盛顿这样新政治人物的民主之母国家。"华盛顿不是一个美洲君主制国家的国王，他是一个共和国的领袖。美国成功地用共和代替君主制。坚持共和，反对专制，而不只是独立，这才是美国革命对后来世界上每个国家所做的贡献！[1]

　　正如美国《独立宣言》里明确宣布的，美国要独立是因为美洲殖民地的人们不愿意接受英王乔治三世的专制暴政。在这个问题上，他们与柏克的立场是不同的，也是针锋相对的。柏克的立场是，虽然乔治三世的政策有问题，但英国的混合君主制没有问题，应该无条件地予以维护。但北美人不这样看，他们认为这不仅是乔治三世的问题，而且是英国君主制的问题，他们拒绝这个君主制。他们要摆脱的不只是英国这个宗主国，而且更是它的君主制，不管它是混合的还是不混合的，他们都不接受。他们要的是共和，这是英国统治者所绝对不能给北美人的。北美人不需要一个好国王，因为他们根本就不需要国王。潘恩《常识》说的就是这个，北美人愿意听潘恩的，而不愿意听柏克的，所以发生美国革命。

　　柏克最担心的是，美国人会脱离英国的君主立宪传统。他以为，美国人反对乔治三世侵犯他们的自由权利，只是为了维护英国的君主立宪传统。开始的时候也许有不少北美人确实也是如此。但是，

1　潘恩著，马清槐等译，《潘恩选集》，商务印书馆，2004 年，第 111 页。

这并不是北美人的全部政治诉求，他们的政治诉求很快就超越所谓的"维护英国君主立宪传统"。1776 年后，13 个美洲殖民地颁布的一些早期各州宪法就已经证明，柏克最担心的事情还是发生了。因此，1777 年 1 月，柏克警告美国人，不要使用"未经尝试的政府形式"。真正的自由只能通过"在当前有限的君主制下"与英国联合来维持。美国人没有听他的，他们要建立的正是令柏克感到不安甚至害怕的一种"未经尝试的政府形式"，那就是共和。这正是激进的启蒙者玛丽和潘恩所积极支持的。他们与柏克的根本分歧也正在于此。

柏克对独立战争之后的美国共和抱有怎样的看法，其实并不清楚。他开始的时候认为，英国政府应该像对待以前 13 个美洲殖民地一样对待这个刚诞生的共和国，让它与英国保持自由贸易的关系。但是，据马歇尔教授说，有一次柏克在与一位美国人交谈时，并不掩饰英国人对美国人居高临下的宗主国态度。这位美国人说，美国已经不再是英国的殖民地，所以英国在贸易上应该对美国有所让步，柏克对这位美国人斥责道："大英帝国可以不需要美国，以前就是这样。大英帝国从来没有被征服过，不应该受到这种无理的对待。"

美国《联邦宪法》1788 年得到认可，1789 年开始实施，这部宪法的条款似乎转变了一些柏克对美国独立的看法。1791 年 5 月 6 日，他说美国人"在建立共和国时已经尽可能在接近我们的宪法原则……他们通过权力部门的相互制衡来维护宪法，模仿（英国的）上议院和下议院，也就是他们的众议院和参议院"。言下之意是，美国的共和制度不过是对英国混合君主制的萧规曹随而已。美国的共和政体能够稳定下来，得益于英国混合君主制的传承。

这样解释美国的共和政体，肯定是有争议的。但是，对柏克来说，这个解释至少可以让他自己相信，在接受美国共和与维护混合君主制这个问题上，他是"一以贯之"的。这也使他反对法国革命有了更为现实的理由，因为法国革命确实没有能建立起一个可以与美国相比的稳定政体。

由此可见，无论是对美国革命还是法国革命，柏克的政治立场都是以维护英国的混合君主制为原则的。在柏克那里，相比起英国的混合君主制与共和的对立和区别来，英国的或法国的不同君主制之间的差异则已经不那么重要。

明白了这一点，我们就能对玛丽《人权辩护》与柏克《反思法国大革命》之间的冲突和对立有更清晰的认识。在玛丽（还有潘恩）看来，这是共和与君主专制的对立；在柏克看来，这是经过考验的传统政体与"未经尝试的政府形式"之间的对立，也就是"政治经验"和"政治冒险"之间的对立。今天，我们应该比 18 世纪 70 年代到 90 年代的人们看得更清楚，对我们来说，更值得选择的恰恰是共和而不是君主专制，恰恰是实验的而不是经验的政府形式。

玛丽在《人权辩护》中不仅攻击柏克的政治观念，而且还攻击柏克所使用的那种语言。柏克在指责法国革命和随后建立的政府时，情绪化地运用女性的身体和性来作暗喻，将革命描述为一场"纵情狂欢"，将新政府描述为一个"有病的妓女"。

玛丽在回应柏克时，直接批评他对女性形象和身体形象的运用——这后来成为女性批评对男性语言的一种主要议题。玛丽在《人权辩护》中运用理性的自由主义语言，这个小册子没有用她自己的女性名字署名，所以读者开始以为是一位男性作者的作品。

那时候的欧洲读者有一种成见，认为男性是理性的，而女性则是情绪化的。玛丽的《人权辩护》正好颠覆这一成见，她运用的是一种理性的说理语言，而她所批评的柏克则恰恰表现出一种修辞化和情绪化的风格。柏克对优美、高昂的抒情修辞情有独钟，这从他《论崇高与优美》（*A Philosophical Enquiry into the Origin of Our*

Ideas of the Sublime and Beautiful, 1756）一书的主张中就可以看出。

玛丽在为共和美德争辩时的男性口气不仅表现在语言的逻辑与节制上，而且还体现在她倡导的观念上。她倡导新兴的中产阶级精神，反对那种恶习缠身的贵族礼节守则。这种口气也是男性的，与成见中的女性温柔和顺从搭不上关系。她用这种无显著女性特征的语言嘲笑柏克对传统和习俗的依依不舍之情。

玛丽的《人权辩护》取得巨大的成功：当时所有的主要期刊都对这个小册子发表书评。《人权辩护》第一版是匿名出版的，不到三星期就销售一空。但是，在第二版也就是以玛丽·沃斯通克拉夫特这个名字署名的第一版出版时，评论的风向大转。评论人士不再把它看成是一个政治的时论小册子，而是看作一部"女性作品"。他们重弹男女有别、男性比女性理性的老调，反而把沃斯通克拉夫特的"激情"与柏克的"理性"进行对比，以居高临下的姿态对玛丽"理性不足"表示原谅和理解。

《人权辩护》所受到的这种先热后冷的剧烈变化对玛丽是一个巨大的冲击，让她更深刻地感觉到男女不平等，不仅是社会地位，而且还有人们眼里男女"智力"和"智能"的高下优劣。这是她接着又写《女性辩护》的一个重要动因。

3. 女权即人权

今天，玛丽的《女权辩护》被视为18世纪启蒙时期最重要的女权著作。这部著作在"女性权利"问题上的看法早在她写《人权辩护》的过程中已经大致形成。美国普林斯顿大学教授克劳迪娅·L.约翰逊在《多义的存在：1790年代的政治、性别和情感》一书中指出，玛丽"在写《人权辩护》的后半部分时，就已经形成她以后写作生涯将一直会继续的论题"。[1] 这两部"辩护"在论题和人文关怀上是有联系的，而连接的纽带就是：女权是一种人权，没有人权就没有女权或任何其他社会权利，没有女权的人权是空洞、偏见和虚伪的。

玛丽把男女间的权利不平等追溯到人类的始主，从亚当以来人权一直只限于人类的男性后裔，好像女人天经地义就是为了男人的需要才被创造出来的。她指出，这造成一种人云亦云的偏见。她尖锐地指出，人们是附和而不是用理性驳斥这样的偏见。她写道："人们已经习染许多偏见，至于这些偏见是怎样染上的，连他们自己也无从追溯。一般地说，他们不但不用他们的理性去消除这些偏见，反而为它们辩护。凡是能坚决地判定他自己原则的人，一定是意志坚强的人；因为有一种胆怯思想在盛行，使许多人在消除偏见的任务面前退缩不前，或是半途而废。然而这样所得到的偏颇不全的结论，却常常使人觉得表面上很有道理。"[2]

玛丽不是要否认男女在身体上的差别，也不是要鼓吹女性去仇恨男性，更不是非理性地宣称"男人没有一个好东西"。她坦白地承认："我爱我的男性伙伴"，但她主张女性要自重，不要迷恋男性表面上的殷勤。她说："我对于妇女因接受琐屑的殷勤而一步一步地堕落下去，实在感到痛心。因为男人认为这种殷勤最适合于他们献给女性，而这种殷勤举动事实上是带有侮辱别人意味的，它支撑男人自己的优越地位。对于一个地位低于自己的人表示敬意，并不是恩赐。当我看到一个男人热心地和认真关切地站起来替妇女拾起手帕或关门时（这些事情只要那位女士挪上一两步自己就可以办到），这些礼节在我看来是如此滑稽可笑，以至于使我几乎忍俊

1　Claudia L. Johnson, *Equivocal Beings: Politics, Gender, and Sentimentality in the 1790s*, Chicago University Press, 1995, 26.

2　玛丽·沃斯通克拉夫特著，王蓁译，《女权辩护》，商务印书馆，1996 年，第 15 页。

不禁。"[1]

她否定君权神授和天赋王权，并以此为理由反对天赋夫权，她的共和公民政治观与她的女性政治观是一致的。国王的天赋王权已被废除，为什么天赋夫权就非维持不可？她认为自己有充分的理由认为天赋夫权不该保留，不妨在此将她的理由归纳为三个方面：第一，女性与男性的理智能力并没有差别；第二，女性软弱的社会特征完全是因为教育不当所造成；第三，女性即人权，好妻子也是好公民。

第一个方面是女性被贬低的理性能力。男性长于理性，女性长于情感，这样的成见根本就是一种偏见和神话。她在《人权辩护》里就已经批驳过这种说法，斥之为"煽情套话"。她一针见血地指出柏克对优美（平滑、温柔与娇弱）和崇高（粗糙、威严与高深莫测）所做的美学区分的政治意义。柏克把政治美德与崇高连在一起，把家庭美德与优美连在一起，就给男女有别的道德论提供论证。柏克主张："大自然把妇女造成娇小、滑腻、精致和漂亮的造物，绝没有打算让她们运用自己的理性去获得那种会产生相反的乃至相悖的情感的美德。"女性只不过是无须理性的娇美尤物。这是玛丽不能接受的。[2]

在《女权辩护》中，玛丽进一步反驳"女性在本性上较为情绪化或者在智力上较为低下"的观点。她的论点是，女性缺乏智力发展应当归咎于两性在教育机会上的差异。在男人接受文化教育的同时，女性只得到来自社会的教育，这导致她们偏向于发展情绪化的女性性格。

她认为，女性"不如男人的知识有条理"，但是不等于女性天性如此，而是因为，"她们这点知识多半是从单纯对实际生活的观

---

1 玛丽·沃斯通克拉夫特著，王蓁译，《女权辩护》，第 71 页。

2 Wollstonecraft, *A Vindication of the Rights of Men and a Vindication of the Rights of Woman and Hints*, Cambridge University Press, 1995, 30, 47-49.

察中得到的，她们很少能把个人观察到的东西同通过思考和概括经验所得出来的结果做一番比较。她们多半是由于从属的地位和处理家务才和人们交往，因此她们所学到的可以说都是零碎得来的点滴知识；一般地说，学习只是她们次要的事，所以她们也就不能以百折不挠的热情去钻研任何一门学问，而这种热情是使人才智焕发、头脑清醒的不可缺少的要素"。[1]

霍布斯和卢梭都将自然状态下的人性描述为基本平等。与他们非常相像的是，玛丽断言，人性之中有某种根本的、超越性别差异的共同性。所有人类，而不仅仅是男性，都有推理能力、美德和知识，但不是所有人都有机会表现这些品质，是表现的机会造就表现的能力和品质。

这个见解对我们今天仍然是多么重要。"王侯将相宁有种乎！"相信这句话大家都不陌生。这句话也可以解释为，你被放在王侯将相的位置上，你就能表现出王侯将相的能力和品质。相反，你如果被放在草民蚁民的位置上，你也就只会表现得像个草民蚁民。

玛丽认为，是男女所处的等级有别社会地位和与此有关的不同机会，还有他们在社会文化中扮演的不同性别角色，造成二者之间表面上的在人们感觉上的差异。那种"感觉错误"（sensual error）强化对女性不利的印象：以为女性天生就在行为举止上不仅与男性不同，而且还劣于男性。这事实上也是在否定男女都是有灵魂的上帝造物。

第二个方面是女性的不当教育。玛丽在《女权辩护》的导言和致欧坦主教（the Bishop of Autun）的献词中提出，妇女的娇弱是由多种原因造成的，但是她们当前的行为举止则是由一套虚假的教育体系造成的，这个体系更急于将她们变成迷人的情妇，而不

---

[1] 玛丽·沃斯通克拉夫特著，王蓁译，《女权辩护》，第 28 页。

是变成深情的妻子和有理性的母亲，这个教育体系试图通过让妇女更加无知来维持她们的清白。因此，妇女所表现出来的任何弱点都是她们的理解力缺乏发展的产物。这迫使妇女根据社会的偏见来生活，其结果并不反映妇女的真正本质，而是反映出现有文明的腐蚀性影响。

对此，她写道："一般的妇女和富有的男女一样，获得文明社会的一切愚蠢和邪恶……因此，文明社会的妇女由于错误的教养而变得如此软弱，以至于在道德方面，她们的情况还远不如听其自然所能达到的程度。"[1] 这个对教育的见解也是非常深刻的，那就是，坏教育还不如没有教育。古代罗马的教师在收学生时首先要知道这个学生先前已经接受过怎样的教育，如果接受了不良的教育，那么收取的学费就要加倍，因为不去除旧教育，就没法有新教育。其实，最坏的情况是，有的学校教育还不如不教育。

玛丽认为，妇女的性格是人为造成的，是社会为她们规定的角色造成的结果。妇女喜欢服饰与闲话，是无助、情绪化、虚弱的人，像儿童一样行动，这并不是因为她们的本性，而是因为她们被教育或者训练成这个样子。虽然男性在本性上有着更强的体力，但男性并不满足于此，相反，他们想使妇女在其他方面也处于劣势，这才更显示出男性的优越。在男性主导的社会里，教育将女性调教成崇拜男性，离开男性便惶惶不可终日的迷人尤物。女性的社会地位非常低，以至于玛丽认为她们已经沦落到低于理性动物的水平之下。由于无知，女性热衷于得到男人的注意，并因此而自甘堕落。

玛丽承认女性的现状令人担忧，她说："一般的女性，感官受到刺激，智力遭到忽视，结果她们成为她们感官的俘虏，并且美其名曰敏感；每逢偶然的感情激动，就可以使她们不由自主。……她

1　玛丽·沃斯通克拉夫特著，王蓁译，《女权辩护》，第 76 页。

们永远是那么心神不定、坐立不安，她们过度的敏感不但使她们自己不舒服，而且也使别人——说得轻一点——感到讨厌。当她们应该运用理智的时候，她们整个思想都集中到那些能够刺激起感情的事物上去。她们的行为是不坚定的，她们的意见是摇摆不定的——不是从慎重考虑或进步观点产生的摇摆不定，而是从矛盾的感情产生的摇摆不定。她们由于一时高兴和冲动，对许多事情都具有热情；然而这种热情绝不会集中成为坚忍不拔的力量，很快就会冷下来；等到热情自行消散，或遇到其他在理性上绝不予以重视的、一瞥即逝的感情时，就产生无所谓的态度。培养一个人的心灵只在于激起感情，肯定是一种真正的不幸！激起感情和使感情坚强之间应该有区别。这样放纵感情而不养成判断力，还能期望有什么结果呢？毫无疑问，结果是一种疯狂和愚蠢的混合物！"[1]

玛丽说完这番话后，又加上一句特别有意思的话："这种看法不应只限于对女性适用，不过在目前，我只把它用在女人身上而已。"[2]把她这番话用在今天的网民愚众身上也是同样合适，这些网民愚众的愚蠢、偏执、暴戾、无理性也不是因为天性低劣，而是因为接受了错误的教育！

第三个方面是女权就是人权。女性不仅有受教育的权利，而且还应该受到与人权理念一致的教育。这个思想放到今天也是一个了不起的思想，教育不只是 6 岁或 8 岁进学校，小学、中学、大学，乃至读到硕士、博士，最后拿到一个学位。不让人从小在学校里受到一个自由人的教育，一个拥有人权和公民权的个体所应该接受的那种教育，就是在最实质的意义上剥夺他的教育。玛丽在《女性辩护》里坚持女性应该受到"合适"的教育，说的就是这个道理。合适的教育就是与人权理念一致的教育。

1　玛丽·沃斯通克拉夫特著，王蓁译，《女权辩护》，第 76 页。
2　同上。

她说，女性接受合适的教育对于她的丈夫和社会都是一件好事，因此应该受到积极的支持。在这里她运用的是一种"诉诸利益"的说理方式。这是她在试图说服对方的时候向对方释放善意，而不只是发泄女性的怨气。这是一种相当理性的说服策略。玛丽这样列举出丈夫和社会能从培养更多有教养妇女中得到的益处："男人只要肯慷慨地打断我们的枷锁，并且满意于和一个有理性的伙伴共处，而不是奴性的服从，那么他们就一定会发现我们是更规矩的女儿，更热情的姐妹，更忠实的妻子，更明白道理的母亲——总之一句话，更好的公民。"[1]

玛丽认为，少数精英的教育不符合公民教育的原则。她写道："以牺牲多数来培养出少数几个优秀的人才并非为了社会的利益。……各种名目的公立教育都应当以造就公民为目的，但是假如你希望造就出好公民，你就必须首先训练做儿子的感情和做弟兄的感情。这是开阔心胸的唯一方法；因为对公众的感情和公德心必然永远产生于个人品格，否则它们不过是横向穿过黑暗天空的流星，当人们在注视和赞叹的时候，它们已经消失。我相信，对人类有深厚感情的人，很少有不首先爱他们的父母、兄弟、姊妹甚至他们从前一起玩耍过的家畜。"[2]出卖和告发无辜的父母，不爱自己父母的孩子，长大后也不会成为一个爱国的好公民。

她反对那种把"女性关闭在一起"的教育，因为这只会让女性养成不良的习惯，把男性关在一起的教育同样有害。她认为："要使两性都有所提高，他们不仅应该在个人家庭中受教育，而且也应该一起在公立学校里受教育。如果婚姻对社会起巩固作用，人类就应当按照同一方式受教育，否则两性间的交往永远不配称为伴侣；并且在妇女成为有知识的公民以前，在她们能够自谋生活不

1 玛丽·沃斯通克拉夫特著，王蓁译，《女权辩护》，第193页。
2 同上，第210页。

依靠男人从而得到解放以前……她们也永远不会完成女性特有的责任。"[1]只有在一起平等接受相同的教育，才能"准备做男性的伴侣而不是做他们的情妇，否则结婚永远不会被看作是一件神圣的事情。……只有两性品德建立在理智上，只有两性所共有的爱情由于履行相互的责任而得到它们应有的力量，美德才永远会在社会中盛行"。[2]这也正是一个好公民在私人生活中应有的美德。

一个女性对于家庭和夫妻关系的贡献也会体现在她的公民作用上。让女性有平等的教育会重新塑造她们的家庭生活品位，使她们成为更好的女儿、妻子和公民。教育不良的女性不能成为最好的妻子。由于丈夫和妻子所受的教育不同，他们很少有共同语言。女性的良好教育和女性受到的社会尊重将使她们成为更有爱心、更为忠实的妻子。管理家庭需要有受过教育的女性，为了成为孩子们的好母亲，妇女必须拥有美好的心灵。孩子的教育是一项非常重要的任务，只有好的女性、好的母亲，才能养育、教育和培养更好的下一代公民。这正是女性最重要的社会职能。

1　玛丽·沃斯通克拉夫特著，王蓁译，《女权辩护》，第213—214页。
2　同上，第214页。

十八　孟德斯鸠《波斯人信札》

1. 开明旁观和后房专制

孟德斯鸠（Baron de La Brède et de Montesquieu，1689—1755）是 18 世纪法国启蒙运动时期的重要思想家，他出生在贵族家庭，1716 年 27 岁时袭男爵封号，曾任律师、波尔多议会议长、波尔多法院庭长。

孟德斯鸠见证一个绝对专制已经衰落但还没有灭亡迹象的时代。绝对专制的法国国王路易十四去世后，从 1715 至 1723 年的八年里，由于路易十五国王（他是路易十四的孙子）是未成年人，法国的国家大权掌握在路易十四的侄子，摄政王菲利普亲王（Philippe d'Orléans）手里，这是法国一个在政治和道德上都极为腐败的时期。

专制是一个依靠强人统治的制度，统治者越强悍有力，专制制度越稳固。路易十四就是一个特强悍的专制者，路易十四时代就是一个专制制度特稳固的时代。强悍的专制者都是因为消灭了其他的强悍对手才得以成为专制独裁君王的。这样的君王一死，往往难以有另一个强悍的继承者来维护他那稳固的制度，继而在政治、经济、道德上也都出现种种不确定和充满困扰的危机。与危机伴生的往往是腐败和对腐败的迁就与妥协。在法国，路易十四死后摄政王当权时期就是这样一个腐败的时代。

孟德斯鸠的《波斯人信札》(*Persian Letters*，1721) 正是这样一个反映腐败时代的作品。美国历史学家安科在《启蒙的传统》一书里就此写道："纵欲和贪婪无处不在，见不得人的商业交易和强梁的非正义司空见惯，丑闻和阴谋更是家常便饭。摄政王自己就不拿路易十四的遗嘱当一回事。他篡位夺权，在越演越烈的腐败中是拔头筹的。《波斯人信札》的伟大正是在于，它抓住这个专制社会刚开始解体的迹象，察觉到它对人们生活和性格变化的本质影响。《波斯人信札》的一个反复出现的主题就是政治和社会制度造成的人性堕落。"[1]

《波斯人信札》发表于 1721 年，比笛福 1722 年的《瘟疫年纪事》早一年，比笛福 1719 年的《鲁滨逊漂游记》晚三年。今天，我们把《波斯人信札》当小说来阅读，但是孟德斯鸠写这本书的时候，并没有把它当小说来写。想来他知道，比起《鲁滨逊漂游记》这样的作品来，《波斯人信札》是多么不像一部小说。

孟德斯鸠没有太在意自己到底会写出一部怎样的作品，他只是想写一本书，既可以在书里随心所欲地纵横驰骋，不受书写形式的任何羁绊，又能让人读了开心，从中得到乐趣。他选择虚拟的书信集，因为这种体裁非常灵活，既可以讲故事，又可以发议论。所以我们有了书信体的《波斯人信札》。

《波斯人信札》出版 30 年之后，孟德斯鸠才认定这是一部小说，他就此写道：人们，当然还包括他自己，"意外地在《波斯人信札》中发现一种小说，这正是此书的主要成就。小说的开篇、发展、结局，书中一应俱全"。这是他在《随想录》里说的。他在《关

十八　孟德斯鸠《波斯人信札》

1　Robert Anchor, *The Enlightenment Tradition*, University of California Press, 1979, 36-37.

于〈波斯人信札〉的几点感想》（Quelques remarques sur les Lettres persanes）中有类似的说法："没想到，《波斯人信札》居然被意外地发现是一种小说，真让人喜出望外。"

作为小说，《波斯人信札》并非我们今天所熟悉的普通小说，而是一部书信体小说（Epistolary novel），或者更确切地说是一种书信体叙述（Epistolary narrative）。书信体小说这种文学形式并非始于孟德斯鸠，在《波斯人信札》之前，法国至少出版过六部书信体小说，其中影响最大的是《土耳其谍影》（L'Espion Turc）。此书出版于 1684 年，深得读者嘉许，也为孟德斯鸠提供了借鉴和启示。

《波斯人信札》汲取前人书信体小说的优点，在此基础上又有所发展。《土耳其谍影》中的写信人只有一位，《波斯人信札》中的写信人多达 18 位；信件的内容和形式多种多样：有两个可以单独成篇的完整故事，以及几个比较单薄的小故事，有对话、独白、颂辞、议论乃至药方，此外还有信中信，即写信人转交和转述的第三者的信件。

书信体小说创作的便利在于，它允许有一个松散的叙述结构，给读者一种逼真的感觉，又富有戏剧性。孟德斯鸠对此有所体会，他就此在《关于〈波斯人信札〉的几点感想》里写道："在书信体小说中，人物并未经过精心挑选，涉及的话题不受任何意图和计划的约束，作者因此而获益，他可以把哲学、政治和伦理道德写进小说，悄悄地用一根不易察觉的、在某种意义上不为人所知的链条，把这一切连接起来。"但是，《波斯人信札》里的许多信并没有被串接在故事的叙事链条上，所以许多批评家认为，从文学艺术的角度来看，《波斯人信札》并不是完美之作，也不是一部具有完整结构和连贯内容的书信体小说。

《波斯人信札》的内容可以分为有故事的部分和没有故事的部分。没有故事的部分内容庞杂，更像是政论、游记和随笔。这部分里有许多是"外国人"对法国的观察和感想，并探讨某些理论或现实问题，内容也不连贯，需要读者对孟德斯鸠那个时代的政治、社会、经济等问题有相当了解，才能领会他的用意，其中的道德评论、人口理论以及沙皇访问法国、瑞典女王禅位等不久之前的新闻事件有一些历史价值。

议论部分最有趣的是造访法国的波斯国王郁斯贝克所发的各种观感和看法，这个人物用东方人的眼光，好奇地打量一个完全陌生的世界，他的许多议论类似于《格列佛游记》中的所见所闻。郁斯贝克是一位目光敏锐、观察细致的旁观者。他以"奇怪的方式"打量身边的一切。波斯并不只是我们今天所知道的伊朗，而是泛指东方，是世界上那个不是西方的地方。西方不只是法国，也是欧洲。郁斯贝克就是来自那个遥远的东方，而孟德斯鸠则是在欧洲和波斯这两个不同的地方之间来回穿梭。那个被称为"波斯"的地方是他讽刺法国的道具。

18世纪，游历远方的作品在欧洲非常风行，孟德斯鸠本人也很喜欢游历，到过许多地方。游历是一种获得陌生经验和了解陌生生活样式的探索方式。对启蒙哲人来说，人们在游历中发现的新地方、新风俗人情、新文化都是重要的人类学知识，打开他们的眼界，让他们有比较人类不同文化的最早机会。波斯人就是这样一个游历者，孟德斯鸠就是用郁斯贝克的眼睛来看法国的。

郁斯贝克先是观察周围的新鲜事物，想要弄懂它们，进而将观察所见上升为对法国社会的一般性认识。这是一种结合经验、归纳和演绎推理的思维，也是孟德斯鸠写作《论法的精神》（De l'esprit des lois）时运用的方法，富有18世纪启蒙时代的思想特征。

郁斯贝克和另一位波斯人黎伽（Rica）对他们见到的事情有许多评论，方方面面都有所涉及。例如，教皇是一个魔术师，教会私心极重，主教们编织信仰用欺骗的方式把信仰传播出去，战争是为了扩张领土和争面子而不是为了保家卫国或者帮助盟国，政治是训练君主详细教他们如何背信弃义又不用付出代价。欧洲人的头脑都有毛病，"法国人……就把若干疯子关在一所大宅中，以示宅外的人都不是疯子"。[1]

这样的观察和评论相当有趣，读者可以细心体会。我这里把阅读讨论集中在有故事的部分，主要是波斯人的后房故事。后房故事的场景相对固定，情节有一定的连贯性，有几个人物出场次数较多，性格鲜明。更重要的是，这部分的故事有一个我们感兴趣的主题：专制主义。孟德斯鸠政治理论最主要的贡献就是对"专制"的认知和阐述。他特别关心的就是专制靠什么来维持，以及专制对人性的摧残。

梁启超在《新民说·论私德》里认为，孟德斯鸠对专制权力的独到见解有助于理解中国传统专制所造成的普遍"私德堕落"。他认为，中国人的私德堕落有多个原因，其中有两条与政治制度有关。

一条是"专制政体之陶铸"。专制制度对人民的道德败坏是一种政体对国民人格的普遍摧残，古今如此，中外皆然。他引用孟德斯鸠的话说：专制的国家里，有时候会有贤明的君主，但有道德的臣民却非常少，专制者周围的近臣，大多数"庸劣卑屈、嫉妒阴险之人，此古今东西之所同也"。在上者多行不义，在下者就腐败猥琐，"专制之国，无论上下贵贱，一皆以变诈倾巧相遇，盖有迫之使不得不然者矣"。举国生活在缺德的污泥之中，个人难以保持道德的清洁。

另一条是"由于近代霸者之摧锄"，也就是"英明"君主和领袖在"太平盛世"对人民思想所作的有效钳制。梁启超说，百姓生活在害怕之中，不明是非，不辨忠奸。他又说，"生息于专制空气

1　孟德斯鸠著，罗大冈译，《波斯人信札》，人民文学出版社，1958年，信78，第139页。

之下，苟欲进取，必以诈伪；苟欲自全，必以卑屈"，要么善于拍马屁，要么善于装孙子。

在《波斯人信札》里，政治的专制被戏剧化为波斯君王后宫里的情欲专制。专制的运作和反人性效应特征是我们理解《波斯人信札》里君主后房故事的重点。后房也就是后宫，中国读者一般对皇帝的"后宫故事"特别感兴趣。这个三千粉黛只争皇帝一人恩宠的地方笼罩着一层神秘的帷幕。孟德斯鸠要做的正是掀开这层帷幕，让我们看到在背后运作的专制伎俩和对人性的残害。

2. 专制统治的阉奴政治

孟德斯鸠《波斯人信札》里的波斯后宫故事是一个对专制统治的隐喻，隐喻是一种比喻，是用一件事情来说另一件事情。这两件事情并不相同，但却有着足够的类似，这样才能在它们之间形成思考的联系，这也是人文阅读需要的联想。

隐喻是两件事情之间的一种相互联系方式。波斯后宫故事只是比喻的一部分，因为它是在故事里讲述的，所以是"来源"；比喻的另一部分需要由读者自己领会和理解，方能显现出来，它是比喻的"目标"。孟德斯鸠在讲后宫故事的时候，有意识地把后宫故事引向一个特定的思考目标，那就是政治和社会里的专制。

后宫是波斯国王的"私人世界"，宫外是"公共世界"，一个是家，另一个是国。孟德斯鸠要打通这两个世界，揭示它们之间类似的权力关系，让读者看到，这两个世界具有同样的权力统治特征，专制统治伎俩和反人性功效也是一样的。

在这里，起关键作用的就是波斯国王郁斯贝克这个人物。他是一个需要从正反两面来理解的人物。一方面，他是一位开明的颇有人性的君主，但是，另一方面，他又是一个冷酷无情的专制独裁者。他到西方游历，对所见所闻无不自由地发表评论，作出批评，但是他绝不允许自己国家的老百姓有任何独立主见，也不允许他们有批评的自由。

孟德斯鸠在《关于〈波斯人信札〉的几点感想》中说，他在《波斯人信札》里要把哲学、政治和伦理道德写进小说，"悄悄地用一根不易察觉的、在某种意义上不为人所知的链条，把这一切连接起来"。郁斯贝克这个人物一正一反的对比，让我们看到，哲学、政治和伦理之间的关系并不和谐，也并不统一。它们相互关联，甚至相互依赖，但充满矛盾，是一个非常复杂的关系。这样的矛盾在郁斯贝克的后宫故事里表现得淋漓尽致。

郁斯贝克 1711 年出游欧洲，至少在欧洲逗留到 1720 年故事结束的时候。他在外这么多年，后宫逐渐失控，出现危机。他的妻子们不断给他写信，说是多么思念他这个丈夫。替郁斯贝克管理后宫的阉奴们也不断给他写信诉苦，说娘娘们越来越难以管理。

郁斯贝克与他的娘娘们之间有一种"情欲政治"的关系，郁斯贝克唤起和激发娘娘们的情欲，她们的满足从此依赖于这位君王。君王不在的时候，娘娘们寂寞难耐。君王把娘娘们托付给没有自然情欲的阉奴管理。阉奴们的自然情欲已经被阉割掉，君王可以放心地用他们来管理那些虽然有自然情欲但却必须压抑自然情欲的娘娘。

君王用满足自然情欲来控制他的娘娘们，他不在的时候，阉奴们当不了君王的替身，后宫失去平静和稳定。娘娘们变得蠢蠢欲动，设法用别的办法满足她们的自然情欲。要管理这些娘娘，阉奴的唯一手段便是运用暴力和残酷的惩罚。

与大多数 18 世纪的启蒙思想家一样，孟德斯鸠认为，健康的人性是自然的人性，人的天性与自然是一致的，应该保持和谐。娘娘们的自然天性遭到专制情欲政治的扭曲和摧残。当君主这个男人不在的时候，娘娘们仍然必须为他守贞，甚至连看其他男人一眼，也是犯罪的行为。受压制的情欲转化为暴力倾向，娘娘们开始内斗，越演越烈，最后完全没了纲纪。

内宫纲纪是专制情欲政治规矩的一部分，这个规矩是由阉奴头领负责维持的，他随时向郁斯贝克报告后宫的情况。有一天，他突然死了。接位的阉奴居然阳奉阴违，站在娘娘们的一边。郁斯贝克闻讯立刻撤销他的职务，换上一名对他忠心耿耿的阉奴索林姆，他给索林姆写的是这样一封信："我把武器放在你手中。我将我目前在世界上最珍贵的东西托付给你，那就是要你替我报仇。担起你的新职务吧，但是不要附带任何温情与怜悯。……我的幸福与安宁，不得不依靠你。将我的后房，像我离别时一样还给我；但是你必先着手清洗。消灭负罪的人，并且使那些有犯罪意图的人，吓得哆嗦。你担任如此重要的服役……你想提高身份，或获得你所希冀的一切酬赏，能否如愿，就在你自己。"[1]

孟德斯鸠让我们看到的是专制最常使用的手段：第一是残酷无情，手段毒辣；第二是让奴才心生恐惧，战战兢兢；第三是用金钱和地位的利益来交换打手的忠诚。波斯君王的阉奴打手就像极权统治的纳粹党卫军等。他们必须是自然人性已经扭曲和败坏的家伙。这是任用他们的先决条件，普通的人是不能胜任他们那份肮脏工作的。

美国政治学家保罗·霍兰德（Paul Hollander）在《政治意愿和个人信仰》一书里对像阉奴这样的变态作恶者有专门的描述。他们包括那些匿名的看守、拷问者和审讯者，"他们享受着对受害者施加的痛苦"。霍兰德指出，这种虐待者的素描经常出现在受害者的

1　孟德斯鸠著，罗大冈译，《波斯人信札》，信152，第267页。

回忆录中。一位受害者回忆道："侦探们……都扑到我身上，把我扔在地上……把我踢得遍体鳞伤。他们……的行为就像一群喝醉了酒的人，被愤怒冲昏了头脑。他们的愤怒也没有一刻是模拟出来的。"这样的施恶者很多都是特意从有暴力和胁迫倾向的歹徒中挑选出来的。霍兰德在研究中发现，早期挑选秘密警察并不容易，"唯一愿意并顽强地投身于这项'内部防卫'任务的是那些以怀疑、愤懑、苛刻和虐待狂为特征的人。长期的社会自卑情结和对沙皇监狱中的羞辱和痛苦记忆使他们难以忍受……秘密警察不可避免地由这类变态者组成，他们倾向于到处看到阴谋"。[1] 不难看到他们与孟德斯鸠笔下的阉奴有多么相似。

这类变态恶徒也引起政治学研究者的兴趣，他们对其施暴行为提出"专制人格"（authoritarian personality）的概念，这个概念显然适用于纳粹主义和其他激进运动的许多支持者。美国政治学家弗雷德·格林斯坦（Fred Greenstein）对此写道："这样的人在那些位于他之上的，或他认为有权力的人面前卑躬屈膝，而对那些看起来软弱的、从属的或低下的人则颐指气使。……他们从权力的角度思考问题……对谁支配谁的关系非常敏感。对下属的支配、对上级的崇敬、对权力关系的敏感，这些专制特征……集中在一起，使他们以高度等级化和极端僵化的方式看待世界。"[2]

阉奴索林姆就是一个变态恶徒式的人物，他忠实、圆满地完成主子交付于他的任务。娘娘莎嬉在给郁斯贝克的来信中诉苦说，她害怕阉奴特务的"卑贱与粗俚的灵魂"，"他的目光、言语，种种的不幸，压得我喘不过气来"。另一位娘娘洛克莎娜则在信里这样控诉阉奴的暴行："丑恶、黑夜和恐怖，统治着后房；可憎可怖的悲哀

1　Paul Hollander, *Political Will and Personal Belief: The Decline and Fall of Soviet Communism*, Yale University Press, 1999, pp. 215-216.

2　Fred Greenstein, *Personality and Politics*, Chicago: Markham, 1969, pp. 103-114.

气氛，包围着后房。一条猛虎，时刻在此地发泄他的暴怒。他将酷刑加在两个白种阉奴身上，除了他们的清白无罪以外，逼不出别的供状。他把我们的婢女卖掉了一部分，剩下的几个，逼我们互相交换。莎嬉和塞丽丝在她们房中，在夜的黑影里，受到亵渎的待遇：那玷污者居然敢将他的卑贱的手，触犯她们两人。"[1]

洛克莎娜是国王最宠爱、最信任的一位娘娘，最后连她也忍受不了。她被发现和一个男人在一起，那个男人被处死。洛克莎娜在给国王写下最后一封信之后也自杀了。她自杀前的最后一封信是这样写的："我要死了：毒药将在我血管中流转。……你如何会这样想：我是这么轻信，以为我活在世上仅仅为了尊敬你的苛求？以为你自己可以放任恣肆，但你却有权利戕贼我的欲望？不！我虽一直生活在奴役中，但是我一直是自由的：我将你的法律按自然的规律加以改造，而我的精神，一直保持着独立。"[2]

洛克莎娜要宣告的是，她是一个自由的人，国王可以控制她的身体，但不能控制她的精神和灵魂。她还告诉这位专制君王说，她虽然一直生活在恐惧之中，但恐惧不会消除憎恨，相反恐惧只会使憎恨加倍地强烈，这位娘娘给国王最后的遗言是："你在我身上丝毫没有找到爱情的狂欢极乐，因此曾经感到诧异。如果你曾经很好地认识我，可能在我身上发现了猛烈的憎恨。"[3]

后房故事和《波斯人信札》全书就在这样的憎恨宣告中戛然而止。

洛克莎娜的自杀极具讽刺性，郁斯贝克会怎么看待洛克莎娜的自杀呢？专制者总是把反抗的自杀定罪为"畏罪自杀""负隅顽抗"。专制不允许人民以任何形式表示不满和不服从，哪怕是死也不行。

1　孟德斯鸠著，罗大冈译，《波斯人信札》，信155，第269—270页。
2　同上，信160，第273—274页。
3　同上，信160，第274页。

郁斯贝克不会容忍洛克莎娜的自杀。

但是，他又是一位开明的专制者，在法国他可不是这么看待自杀的。他在给友人伊邦的信里写道："在欧洲，对于自杀的人，法律制裁非常严厉，可以说是再一次将他们处死。人们毫不顾全自杀者的体面……我觉得这种法律是很不公道的。我受到痛苦、贫困、蔑视等沉重的压迫的时候，为什么别人不让我结束我的苦难，而残忍地剥夺我自己手中的救药？……假如我得不到丝毫作为庶民的利益，难道君主仍要我做他的庶民？本国的公民，难道能要求这种不公平的处置：只顾他们有用，不管我灰心绝望？上帝，和一般的舍恩施惠者有所不同，他难道要罚我接受对于我已成了不堪的重压的恩惠？我生活在法律之下，不得不顺从法律。但是，我已不在法律管束下生活，法律还能束缚我吗？"[1]

这就是所谓"开明君主"的双重标准：别人的专制可能是错的，但我的专制永远是对的。

3. 专制邪恶，绝对的专制绝对邪恶

我们知道，波斯君王郁斯贝克在外国谴责外国的专制，但是在他自己的国家里，他却绝不能容忍任何人不接受他的专制，更不用说反对。

你一定熟悉"专制"这个词，但未必知道它与孟德斯鸠有什么特殊的关系。我想提醒的是，把"专制"变成今天这个政治术语的，正是孟德斯鸠。

当然，在孟德斯鸠之前就已经有"专制"这个说法，不过它的

---

1 孟德斯鸠著，罗大冈译，《波斯人信札》，信76，第133页。

意义与今天不同。在古希腊人那里，专制是一种管理家务的方式。专制者就是"一家之主"，他管理家里的仆人、女人、奴隶，因为他们不配享有自由，所以必须服从一家之主的管制。一家之主是正当地运用他的专制权力。

古代政治上的"不当运用权力"叫"暴政"（tyranny）。亚里士多德有时将专制与暴政混用，但暴政是通用的说法。17 世纪政治思想家霍布斯用专制来指对被征服国家人民的统治，被征服者也就成了奴隶，对奴隶专制是因为奴隶不配享有自由。所以，专制一开始是描述性的中性词，不具有它今天的贬义。

孟德斯鸠是第一个把专制确定为"邪恶制度"的政治理论家。从此，专制就成为一个谴责的用词：专制是邪恶的，绝对的专制是绝对邪恶的。专制为什么是邪恶呢？正如你在《波斯人信札》里看到的，专制扼杀人与生俱来的自由和自由权利，专制扭曲和败坏人性，除了把人杀死，还有比扼杀人性更邪恶的吗？

哈佛大学历史学家里克特（Melvin Richter）在给大型参考书《观念史词典》（*Dictionary of the History of Ideas: Studies of Selected Pivotal Ideas*）撰写的"专制主义"文章中指出，"专制主义"是政治术语家属中的一员，它变得特别重要，乃是现代 17、18 世纪的事情，它是作为"自由"的对立概念而出现的，因此成为政治比较或比较政治学的一个分析工具。

作为一个概念，专制取代暴政，是因为专制特指与自由为敌的实行全面宰制的政治权力。专制"很少单独用于无倾向性的纯粹分析"，基本上都是用来否定和谴责某种"与政治自由相对立或不符合的政治制度"。启蒙运动时期，孟德斯鸠从贵族政治的自由观念出发，将专制提升为三种基本政府形式之一。今天，人们从民主自由的观念出发，把专制确定为"独裁"或"极权"。

反对专制，是孟德斯鸠政治学说的核心。他的政治学说倡导权力分离和相互制衡。他在 1748 年《论法的精神》一书里认为，人民获得自由的唯一办法就是分离政府的权力。倘若立法和司法权集中在一人之手，人民便没有自由。这个思想直接影响了美国宪法的订立。应该看到，权力分离和相互制衡的根本目的就在于防止发生专制。

他在《论法的精神》第十一章"规定政治自由的法律和政制的关系"第 6 节里写道："对于公民来讲，政治上的自由是一种心理上的抚慰，这种心理抚慰是基于人人都认为自身是安全的观点而产生的。为了获得这种自由，就得有这样的政府，在它的治理下，公民相互之间没有惧怕感。如果司法权和行政权集中在同一个人之手或同一机构之中，就不会有自由存在。因为人们会害怕这个国王或议会制定暴虐的法律并强制执行这些法律。如果司法权不与立法权和行政权分立，自由同样也就不复存在。如果司法权与立法权合并，公民的生命和自由则将任人宰割，因为法官就有压制别人的权力。如果同一个人或者由显要人物、贵族和平民组成的同样的机构行使以上所说的三种权力，即立法权、司法权和行政权，后果则不堪设想。"

孟德斯鸠最感忧虑的就是政治专制，他接着写道："同一个机构，既是法律的执行者，又拥有立法的一切权力。它可以用其一般的意愿来破坏国家，又可以用它的特殊意愿去摧残每个公民。在那里一切权力汇集一起，尽管看不到专制君主的豪华奢侈的场面，但人们却时刻感觉到君主专制的存在。因此，所有旨在实行专制的君主，总是从独揽各种要职开始。"

那么，什么是孟德斯鸠政治学说中的专制呢？

孟德斯鸠把"政体"，也就是我们所说的政治制度分为三种，分别是共和、君主和专制。"共和政体"是全体人民或一部分人民握有最高权力的政体；"君主政体"是由单独一人执政，共和和君主制都是遵守法律的政体，可以是传统的法律，也可以是订立的法律。

唯独"专制政体"既无法律又无规章，用孟德斯鸠的话来说，专制是由单独一人按其意志与反复无常的性情领导一切。专制国家只有用来限制老百姓的规章条文，专制者把这个叫作"法律"。这个法律是管不了统治者的，统治者可以任意改变他不喜欢的法律。这样的法律不是真正的法律。

孟德斯鸠还把这三种政治制度与政体运作的人类情感和品质联系起来。例如，共和政体的原则是公民美德，君主政体的原则是荣誉感，而专制政体的原则则是恐惧。专制制度下的人们是腐败的，道德堕落的，他们没有荣誉感，为了苟活，什么不要脸的事情都做得出来。他们生活在恐惧之中，因为害怕权力的惩罚，只能老老实实地当缩头乌龟，绝不敢抱怨或反抗。这是一幅多么可怕的奴性景象！

《波斯人信札》让我们看到，这样的专制统治是依靠已经被阉割的阉奴来统治的，这当然是一种比喻的描述。在现实世界里，不可能建立起像波斯后宫那样的绝对专制，因为任何专制都会有漏洞。但是，就算是有漏洞的专制也足以对全体人民起到败坏和腐化的作用，专制使老百姓万民如一，一样愚蠢、一样顺从、一样奴性十足。

孟德斯鸠说，专制的唯一目的就是把持权力，它会竭尽全力维持稳定，不准任何人发出不满的声音。专制强迫人民保持一致的沉默。《波斯人信札》里的一位阉奴在给郁斯贝克的信里陈述自己如何从"带头的阉奴"那里学会严厉管教娘娘们的高压手段。他写道，"带头的阉奴，我生平所见的最严厉的人，他以绝对的权威统治着这里。里边毫无任何分裂与争吵，到处充满着沉寂和宁静，在同一时间所有妇女就寝，春夏秋冬都一一如此，并且在同一时间起床；她们轮流入浴；她们立刻从浴池中出来，只要我们稍一示意；其余的时间，她们成天几乎关在房间里。为了遵守规则，即使她们保持高度的清洁，我们注意到某些无法言传的方面，只要有一点违令，就受到残酷的惩罚。带头的阉奴说：'的确，我是奴隶；但要看主人是谁。我的主人同时也是你们的主人，我使用的是他赋予我对付你们的权力。因为是他惩罚你们，不是我，我只是把手借给他用而已'"。[1] 这种严格的军事化管理是专制和极权惯用的统治手段。

孟德斯鸠让我们看到，充满讽刺的是，只有两种制度可以让人们充分平等，一种是共和，另一种就是专制。共和制度中，公民在法律面前人人平等。专制制度下，所有的臣民都像后宫里的女人或阉奴们一样匍匐在君主的脚下，这也是人人平等。在共和制度中，所有的公民都是有价值的；在专制制度下，所有的臣民都没有价值。一个是公民的平等，另一个是奴隶的平等。孟德斯鸠在《论法的精神》里写道：在共和制度中，人人平等，是因为人就是一切；在专制制度下，人人平等，是因为人什么都不是。

在《波斯人信札》里孟德斯鸠用后宫故事来表现他在《论法的精神》中关于专制的论述。18 世纪启蒙运动时期的许多思想家都同时进行文学创作和政治、社会论述，孟德斯鸠是这样，卢梭、狄德罗、伏尔泰也都是这样。这是一个崇尚自由精神的时代，狄德罗说，每一个时代都有其典型精神，而他那个启蒙时代的精神就是自由的精神。从本质上说，启蒙理性体现的是人的自由认知。启蒙运动与文艺复兴的不同在于，它是一个面向未来而不是过去的新知识时代。这两个历史性的文化转型之间存在着内在的精神联系。文艺复兴是向过去要自由的正当性，启蒙运动则是向未来要自由的正当性。孟德斯鸠的专制思考是对我们这个时代开放的，这也是为什么我们今天读孟德斯鸠有一种很亲切的感觉。

1　孟德斯鸠著，罗大冈译，《波斯人信札》，信64，第108页。

孟德斯鸠把专制视为有百弊而无一利的邪恶制度，主要是因为专制的非人化毒害和败坏作用。专制统治下，谁也不能指望达到人类应该达到的高尚境界，谁都无法避免道德的沉沦。人们只能过一种庸庸碌碌、得过且过、半死不活的生活。孟德斯鸠在《波斯人信札》里写道，"人就像是植物，不好好培育就不能长好"，在专制统治下，人不仅生长不好，而且还会"退化"。[1]

他在《论法的精神》中也表达同样的想法，他说，专制制度下谁也不渴望荣誉或高尚，因为恐惧杀死人们所有的希望和抱负，他们所有的努力都不过是为了求生而已。恐惧使人精神萎靡，连些许的抱负都会给掐死。专制独裁者跟他的臣民一样愚蠢无知，一样没有思考能力。过度的服从一定需要服从者足够愚蠢才行，下达命令的人也需要愚蠢，他绝不多想、不怀疑、不思考理由。只有这样，专制君王才能想怎么命令就怎么命令。

生活在专制制度中，人们习惯顺从，他们既不会有大成功，也不会有大失败。好事做不大，坏事也做不大，作奸犯科也只是干一些适合于"胆小鬼"（feeble souls）的坏事。

孟德斯鸠对专制的谴责基于他对软弱和幽暗人性的评估，人们甘愿生活在残暴的专制制度下，再恐惧、害怕也不反抗，因为人虽然有自由的天性，但都怕死，都不是英雄。在《波斯人信札》里，几乎所有的人物都是被专制扭曲和败坏的，他们既不能从善如流，又没有自知之明。书里的所有欧洲人几乎都是滑稽可笑的，那些不显得可笑的人物几乎都是孟德斯鸠自己的代言人或传声筒。波斯人黎伽（Rica）是个讨人喜欢的好人，这主要是因为他没有需要担负的责任，他的美德是没有经过考验的，算不上是真正的美德。

故事的主角郁斯贝克看上去睿智、开明、通情达理，但却凶狠、

1　孟德斯鸠著，罗大冈译，《波斯人信札》，信122，第211页。

残酷地对待自己的女人和人民，他的凶狠和残酷并不能给他带来快乐和幸福，他不爱他的女人，但也绝不允许别人得到她们。那些娘娘也不是什么善类，她们当面对郁斯贝克大表忠心，背地里却要他的好看。最丑恶的当然是那些阉奴，他们既是走狗，也是豺狼，他们的人格和角色本身就是专制的杰作。

十九　伏尔泰《老实人》

1. 自然神论和理性宗教

今天我们要开始阅读伏尔泰（Voltaire，1694—1778）的《老实人》(*Candide*)。这是一部讽刺小说，伏尔泰是一位讽刺高手。有一次，亚当·斯密和一位朋友谈论伏尔泰，他兴致勃勃地称赞伏尔泰，说他的"嘲笑和讽刺使人类的心智为真理之光做好了准备"。给人的心智带来真理之光，这也就是启蒙。

跟伏尔泰的其他著作一样，要理解、阅读《老实人》这本书，需要了解伏尔泰与18世纪启蒙运动的关系，了解伏尔泰为什么要写这个故事，了解这个故事传达了他的哪些启蒙思想和观点。这就需要我们从伏尔泰这个人说起。

伏尔泰是18世纪法国启蒙的领军人物。他于1694年出生于巴黎，他的父亲希望他成为一名律师，但他自己要想成为一名作家。伏尔泰确实是一位了不起的作家，光作品的产量就已经足以令人惊讶不已，更不用说这些作品所产生的思想和公众影响。他写戏剧、诗歌、小册子、历史、小说、论战论著，还翻译外国的作品，加起来有70多卷。从1778到1835年，出版过34种作品的全集，还有其他非全集的集子。他的著作曾经在 7 年之内，销售了 150 万册。伏尔泰是他那个时代最受人崇敬也最令人害怕的作家。

虽然伏尔泰是一位多产的作家，但今天他的影响已经远不如他在 18 世纪打笔仗的时候。他打的那些思想笔仗都打胜了，对手或对头都已经败下阵。这位胜利者自己也就难逃"飞鸟尽、良弓藏"的命运，在今天成了一个名气虽大却不常有人阅读的作家。

伏尔泰曾经跟教会的宗教不宽容和非理性作战、跟封建特权作战。他争取个人自由、法律面前人人平等、思想和言论的自由，在他活着的时候，这些都是许多人向往的事情。但是，在我们今天的时代，理性、宗教宽容、思想自由、法律平等已经成为理所当然的价值观。就像每天呼吸新鲜空气的人们很少感觉空气的存在一样，生活在自由环境中的人们很少思考这些价值观在历史上是怎么争取得来的。

伏尔泰是一位冲锋陷阵、摧枯拉朽、克敌制胜的思想斗士。不像另外两位法国启蒙哲人孟德斯鸠和卢梭那样，他并没有什么哲学或理论上的建树。他是一位战士，仗打完了，胜负已定，他也就渐渐淡出人们的视线。

伏尔泰当年的战斗威力是有口皆碑、为人称道的，法国著名学者和批评家居斯塔夫·朗松（Gustav Lanson，1857—1934）把伏尔泰的《英国书简》（*Letters on the English*）称为"投向旧制度的第一枚炸弹"。这是伏尔泰根据自己在英国流亡期间（1726—1728）的观察所写成的一部著作。在这之前，他曾被投进巴士底大牢，关了将近一年。有的说法是因为他威胁要一位贵族仇人的命，有的说法是因为他写的一个小册子，指责摄政王与他自己的女儿乱伦。不管怎么，他被释放的时候有一个条件，就是到外国去流亡。他去了英国，后来就写下《英国书简》。

在这部书里，英国成了伏尔泰用来打法国的棍子，也就是用赞扬英国来唱衰法国。今天，有的人会用赞扬美国来唱衰另一个国家，用赞扬民国知识分子来鞭笞当代知识分子，这种赞扬都是用来打人的棍子。

伏尔泰对英国赞不绝口，他热情地写道："上帝啊，我真的热爱英国人。如果我不能爱他们更甚于法国人，愿上帝惩罚我。"他甚至发出这样的问题，为什么世界不能都更像英国？

伏尔泰赞扬培根是现代科学的先驱，赞扬牛顿证明了宇宙的无限、有序和内在法则，赞扬洛克揭示人是理性动物和追求知识应该以人的幸福为目的。他特别欣赏洛克对笛卡尔唯心主义知识观的有力驳斥。伏尔泰认为，牛顿的科学加上洛克的哲学合成一股遏制消极怀疑主义的力量，让怀疑脱离只有怀疑、没有主见的困境，把怀疑变成一种思考社会、宗教和伦理问题的积极进路。

伏尔泰赞扬这些英国思想和观念，都是为了倡导理性。伏尔泰认为，这是一种能把人从法国旧制度及其价值观中解放出来的理性。这也是一种能够将宗教在最大程度上合理化的理想。英国思想对伏尔泰最大的帮助是，让他对"自然神论"有了更明确的信念。

无论是对于理解伏尔泰，还是对于理解 18 世纪法国启蒙思想，自然神论都是不可不知的。自然神论的信条是这样的：人是宇宙的一部分，人的思想、行为以及与人有关的制度和秩序都应该与自然一致。若能与自然一致，便符合普遍又理性的法则。伏尔泰认为，如果说上帝在其中发挥作用，那么上帝的作用是有限的。上帝只是创造了宇宙自然，并创造了能够理解宇宙自然如何运作的人类。上帝并不亲自管理宇宙自然中发生的每一件事情，也不为每一件事情负责。上帝就像君主立宪制中的君主，君主制定法律，但并不亲自督导法律的运行，君主自己也服从和遵循这个法律。自然既然吸纳上帝的属性，也就可以视为宗教的权威基础，所以诉诸自然就是诉诸上帝。

伏尔泰希望这样的理性解释可以使正统的基督教转变为自然神论所说的"自然的宗教"。他说道,"按照我的理解,自然的宗教适用于全人类的道德原则"。自然神论是一种以理性为基础的宗教与自然秩序的结合。牛顿宇宙的那种理性秩序,它的存在就意味着,这个秩序一定有一个创造者,这就像钟表的存在意味着一定有一个制造钟表的工匠。

自然神论保持对神的信仰,但不再相信奇迹、原罪、启示和神恩,因为这些不符合人的经验理性。可是,当时的正统基督教是离不开奇迹、原罪、启示和神恩的,因此自然神论实际上成为启蒙哲人用来对抗正统基督教的思想。伏尔泰是站在对抗第一线的主帅,他强调,人信仰上帝,只是因为,也正是因为,上帝可以从人经验的自然中推导出来。人只能在自然中理性地接近上帝,信上帝是一种理性的行为,不是迷信和盲信的行为。

伏尔泰的自然神论被许多18世纪的启蒙人士接受,因为这样的宗教观念满足他们对理性的需要。他们所容易忽视的是,理性只是人的一种而不是唯一需要,对其他人类来说,别的需要如精神抚慰和心灵治疗也许会比理性更加重要。

今天,传教士在世界上不同地区传播基督教,运用的是不同的策略,因为对象不同,他们的需要也不相同。在北美这样的文化和经济发达地区,传教士一般不提或不强调《圣经》里的奇迹,例如,耶稣把水变成美酒,只用了几块饼几条鱼就能让几千人吃饱。耶稣"治好民众的各种疾病、各种弱症",包括失明、失聪、麻风、癫痫等,还使跛脚的、有残疾的、伤残的都恢复健全。没有疾病是耶稣治不好的。

但是,在南美或非洲的一些落后地区,传教士还是会用《圣经》里的奇迹故事来传教。这是因为,基督教本来就是一种有"治疗"效能的宗教,给穷苦和困顿的人群带来精神的抚慰和心灵的希望。

心灵治疗同样也是人的一种正常需要，它不是伏尔泰说的那种"理性"所能满足或解释的。

这就像今天中国到庙里拜拜的芸芸众生。他们并不需要知道宗教的道理，对他们来说"拜拜"不过是一种无奈的寄托或哀告。他们有膜拜和哀告的心理需要，至于拜的是什么神什么佛，其实并不重要。世道越乱，拜拜就越兴盛，寺庙的香火就越旺、香火钱就越多。人有病才会投医，寺庙原本就是病笃乱投医的地方，病在心里，拜拜就是为了治病。治得了治不了，不知道，但要去治，这是一种本能的需要。

知识人士在宗教上的启蒙策略或途径，经常是与民众的实际需要或能力脱节的。就算启蒙哲人在理论上成功地打破宗教的神话，还是无法改变许多民众继续需要依靠神话来生活。

伏尔泰对此也是有所知觉的。他在临终前表示，他所处的时代是一个文化衰败的时代。另外一些启蒙哲人则认为，他们本来是民众的恩人，但民众却一直在抵制他们，这让他们感到心寒。德国科学家利希滕贝格（Christoph G. Lichtenberg）在他的《格言，1793—1799》里写道："人们大谈启蒙运动，还要求有更多的光。但是，我的老天，如果人们不长眼睛，如果有眼睛却死死闭着，再多的光又有什么用啊？"狄德罗有一次情绪低落，他对哲学家休谟抱怨道："哦，我亲爱的哲学家！让我们为哲学的命运哭泣吧。我们对聋子讲智慧，我们确实离理性的时代还很遥远。"休谟认为，在启蒙运动及有教养的支持者的世界之外，有一大片黑暗的荒漠，那里的人们都麻木不仁，到处是文盲和迷信，是一片愚蠢和无知的王国。[1]

与伏尔泰的其他著作一样，《老实人》是一部写给知识人士

1　彼得·盖伊著，刘北成译，《启蒙时代（上）》，第 17 页。

而不是普通民众的作品。但是，作为一个启蒙作家，伏尔泰厌恶学究式的写作，他将机智、轻松和教诲融合在他的作品里，所以即使对于普通的读者，《老实人》也是一个非常有趣的故事。故事讲的是一个年轻的老实人，他天真纯朴，爱上男爵的女儿居内贡（Cunegond）小姐。男爵大人把老实人从城堡里赶出去。然后老实人经历一系列奇异的冒险。老实人深信城堡家庭教师邦葛罗斯（Pangloss）盲目乐观的形而上学教诲：世上的一切都是为了最可能完美的世界而存在的。小说结尾处，老实人赢得居内贡，但放弃了乐观主义。那种乐观主义的说法是，所有的一切都是为了一个完美的世界而存在的。他的冒险经历教他看破这种说法。老实人的经历显得离奇而悲惨，但都不乏现实的依据，在现实中年轻人被诱骗参军，在所谓的"军事训练"中受到各种体罚。在社会上，老实人总是吃亏，被贪婪的商人诈骗钱财、被无耻的妓女诬陷、被下流的文人恶意诽谤，总之，不仅受到大自然冷漠无情的摆布，而且饱尝人间的残忍遭遇和世态炎凉。

但是，伏尔泰的目的并不是讲一个现实主义的故事，而是写一部观念小说，一个道德寓言。为此，故事里"失真"之处比比皆是，老实人遭遇的天灾人祸、种种磨难，都是突然发生、突然消失。各种人物或上绞架，或被刺杀，或开膛破肚，都是突如其来，若要快速治愈或恢复，也都不在话下。读者来不及感到恐惧，也来不及产生深切的同情。这样的故事特点，说不上是瑕疵，而是刻意为之，因为伏尔泰有更重要的信息要传递给他的读者。

《老实人》说得非常精彩的故事只是一个手段，为的是传达一个关于"恶"的观念。伏尔泰对恶的态度是，这个世界上存在着恶，我们既无法回避恶，也无法扫除恶，但必须认清和谴责恶。这是做人的责任，也就是伏尔泰所说的"人之为人，勿忘尊严"。对于见证 20 世纪极权之恶的我们而言，这个对恶的认识具有特别的意义。

2. 正义的上帝和苦难的世界

《老实人》是一部观念小说和道德寓言，这个观念或寓言就是恶在人世间。经历 20 世纪的极权之后，我们更加需要关注"恶"的问题，因为恶对我们的生活世界所造成的危害和摧毁实在是太严重。但是，就像《老实人》里的家庭教师邦葛罗斯一样，许多人把现实生活中的恶视为一种天经地义的事情，不管恶造成怎样的灾祸，他们都会盲目地相信，所有的一切坏事都是为了证明他们生活于其中的是一个最美好的制度。一切坏事都是因为有坏人在破坏，只有最美好的制度才能最终将坏人全部干净彻底地消灭。这其实是一种"乐观主义"玄学。

伏尔泰设计老实人的故事，就是要打破这样的迷信。不管邦葛罗斯是否在场，老实人一直在与邦葛罗斯进行辩论。每一次新的恐怖经历都在反驳"凡事都是为了最好而存在"的教条。老实人会惊呼："哦，邦葛罗斯，你要在这里就好了。"有时，光明也会刺破他的眼障："如果这就是所有可能世界中最好的世界，那其他的世界又会怎样呢？"伏尔泰把老实人的经历写成一部"教育小说"。他最终抛弃所谓"乐观主义"玄学，这倒不是因为找到另外一种相反的玄学体系，而是因为生活教育了他。他离开那种贪婪、轻率、幼稚的快乐原则，转而接受现实。他脑子虽然比较迟钝，但他的亲身经历最终还是让他放弃"坏事变好事"的玄学和辩证法。这就是经验对人的教育作用，个人的自我启蒙也经常是这样，人变得明白起来，思考也能更接近真实和事实。聪明的人从别人的经验学习，迟钝的人从自己的苦难和血泪经验学习。当然也有无论如何也改变不了的。

《老实人》的故事并不是简单的个人如何在经验或经历中成长，而是学会如何看待恶和在一个始终存在恶的世界里安身立命。这使它成为一部关于恶的主题的哲理小说。在《老实人》里，恶的危害体现在命运对故事主要人物所造成的摧残、伤害和折磨，包括深陷于"坏事变好事"固定思维而不能自拔。伏尔泰在小说里不只是要展示恶所造成的祸害，而更是要追问人世间的恶与神的正义究竟有什么关系。

伏尔泰直接要挑战的，便是德国数学家和哲学家莱布尼兹（Gottfried W. Leibniz，1646—1716）提出"这是所有世界中最好的世界"的"前定论"（predestination）。前定论是一种理性主义决定论。莱布尼兹相信，上帝创造的世界是和谐的。作为全知、全能和至善的创造主，上帝一次性地将最高的理性原则赋予所有的单子，然后让每个单子按照自己的内在原则自由发展。

伏尔泰也用《老实人》来批判英国诗人亚历山大·蒲柏（Alexander Pope，1688—1744）的"神义论"，蒲柏称，"存在的，就是正确的"（Whatever is, is right）。用今天的话来说就是，坏事其实不是坏事，而是你所不能理解的好事，一切都是最好的安排。倘若你遭遇不幸，不要难过，你要相信，冥冥之中定有合理的安排，从"大局"来看，不管你有什么不幸，一定是最好的安排。蒲柏是个严重的驼背，伏尔泰曾经挖苦地写道："我亲爱的蒲柏，我可怜的驼背，谁告诉你上帝必须把你造成一个驼背？"

《老实人》的故事通过多个人物的离奇遭遇，让神义论不攻自破。主人公老实人的老师邦葛罗斯是神义论的坚定拥护者，但他却莫名其妙地得了天花，成了残疾，还一度沦为苦力。老实人心仪的女神，尊贵美丽的男爵之女居内贡，在老实人被赶出男爵府邸后不久，她就目睹自己亲人惨遭屠戮的场景。之后，她一路颠沛流离，成了码头的洗衣女工。她的美貌也因长年累月的辛劳而消失殆尽，从贵族小姐沦落为市井贱人。

倘若个人的苦难还不足以推翻神义论，那就看看老实人乘坐的客船吧，除了少数几位幸存者之外，其他船员、乘客都沉入海中，命丧黄泉。里斯本大地震更是一场飞来横祸，地震引发火灾，火光冲天，宛若地狱。全城居民死了近三分之一，6万里斯本人不分善恶、信仰、老幼，都死于非命。天庭之上，是否存在一个正义、善良的上帝呢？这又是不是一个"一切世界中最好的世界"呢？

老实人逃离男爵的城堡后，见不到心爱的居内贡，顿时觉得生命没了意义。他当时觉得，倘若能迎娶她，和她一起生活，就别无所求了。在历经种种磨难之后，他终于在遥远的君士坦丁堡又遇见居内贡，也算是如愿以偿。但这时候的居内贡不仅相貌丑陋，而且根本就是一个市井悍妇。在《老实人》的世界里，事情已经糟糕透顶，他身边的每一个人也在这个"好得不能再好"的世界里既不幸福也不快乐。就这样，老实人和居内贡成婚，做了夫妻。他们决定再不要去管外面的事情，一心一意过好自己的小日子就行。用书里最后的话来说就是，"现在该打理我们的花园了"，管好"我们"自己的事吧！

《老实人》的故事一波三折、跌宕起伏，情节大起大落，极具戏剧性。你甚至可以说太戏剧化，以至于显得稀奇古怪。但也正因为如此，小说有强烈的讽刺效应。

这个故事里有钱、权、色、暴力、谋杀等一切名利场上对人有诱惑力的东西。故事有点像通俗的章回小说，一章一章引人入胜，你想停下来都停不下来。伏尔泰的形象化说故事本领是有名的。例如，他从牛顿的侄女那里听来苹果从树上掉下来的故事，用这一句话就把牛顿的万有引力深深地刻进你的脑子。《老实人》故事讲到最后，"现在该打理我们的花园了"同样是一句令人难忘的形象化结束语。法语中的jardin既可以指种瓜果蔬菜的果园，也可以指繁花似锦的花园。但伏尔泰所说的花园大概不是长西红柿和胡萝卜的花园，而是作为修身养性隐喻的那种花园。与其一味地像哲学家老师邦葛罗斯——这个名字的意思就是"能说"——那样做哲学思辨，还不如找到自己的花园，做自己认为要紧的事情。伏尔泰是个有名的"花园迷"，他喜爱的是那种精心打理的在全欧洲都风靡一时的英国式花园，他晚年在隐居之地费尔奈就有自己的花园。

《老实人》是一部难以归类的小说，可以说它是"恶汉流浪小说"（Picaresque novel），这是一种诡计多端者独闯天下的连续故事。然而，老实人虽然东跑西颠，但一点也不像是诡计多端的恶汉，所以甚至可以说《老实人》是一部反恶汉流浪小说。《老实人》看起来有点像是"青年成长小说"（bildungsroman），这种小说描绘的是一个青年如何在一连串遭遇和挫折中变得成熟和聪明起来。但伏尔泰并不是要描绘老实人的成长。

伏尔泰把不同的小说元素混合和杂糅到一起，主要目的是攻击他认为十分愚蠢的宗教神义论，这在 18 世纪是有启蒙教育意义的。今天，宗教神义论已经化为世俗神义论。今天的启蒙也同样需要帮助人们识别世俗神义论及其愚昧效应。

今天，世俗神义论仍然在支配许多人的头脑，甚至成为一种愚蠢的思维习惯。许多人不相信上帝，但他们相信像上帝一样永远伟大和正确的元首、天才、首领或全才。世俗神义论代替了宗教神义论，世俗的神意也代替了宗教的神意。

世俗神意是元首、政党、政府等为群众提供的美妙而光明的宏大远景和理想。他们许愿和承诺的都是一种"好得不能再好的"现有秩序或未来愿景。在这个宏大理想的框架中，发生的任何灾难都有积极的意义，要么是为未来的发展付一点"学费"、走一点"弯路"，要么就是坏事变好事；要不然就是揭穿敌人的破坏，暴露敌人的恶毒阴谋。个人遇到什么坏事算不了什么，因为有高人在下一盘大棋。

与宗教神义论不同的是，"世俗神义论"为之辩护的不是像里斯本地震那样的天灾，而是一次又一次的人祸。在宗教神义论里，上帝全知全能，用它的智慧与爱管理着万物。世上的大小事情，都是上帝的安排，小恶小苦里往往有大善。但是，上帝至少还得为小恶小苦担负责任。

在无神论的世俗国家里，已经没有上帝，"自然"取代上帝，人为灾难都把责任推给自然，要么是自然灾害，要么是几十年或百年不遇的天灾。人的恶果变成自然的恶果，谁也无须担负责任。

无论在宗教的还是世俗的神意世界里，人都只能听天由命，接受命运的摆布，全无自由意志可言。《老实人》里情节剧烈变化、跌宕起伏、诡异莫测。人物命运旦夕祸福，随时会厄运临头，但也随时会峰回路转，遇上好运。老实人惊呼"真是奇迹"！这是在他遇上好事的时候。奇迹顾名思义就是出人意料的好事。出人意料的坏事不会被看成是奇迹，只会被当作"厄运"。

《老实人》里的人物似乎注定只能盲目地接受命运的安排。他们的命运完全不操纵在自己手里，他们的自由意志也完全不起作用。这又可能导致一种对人生命运的悲观主义。小说主人公的两位导师——邦葛罗斯和马丁——所代表的正是乐观主义和悲观主义的两个极端。乐观主义和悲观主义的分歧也是"决定论"与"偶然论"的分歧，那就是，人生到底是"冥冥之中，皆有定数"（决定论），还是"一切皆为偶然"（非决定论）。这两种都是绝对"理性主义"的人生态度，都是理性主义的命中注定。它们看起来互相对立，其实都同样以为，人类可以本能地掌握一个基本原则，随后依据这个原则推导出其余的所有知识。

《老实人》让我们看到，这两种极端理性主义的人生哲学都不可取，这正是伏尔泰这位理性主义者对命定理性主义的批判。光有批判是不够的，如果说盲目乐观和一味悲观都是不可取的，那么更好的可能或选择又是什么呢？

　　《老实人》里有一个有决断、至少能在相当程度上把握自己命运的人物。他比邦葛罗斯和马丁这两个人物都更真实、温暖、可信。他叫卡冈勃（Cacambo）。他是一个来自欧洲理性主义世界之外的"局外人"。他是老实人从南美洲卡提市带来的一个随身听差，"这类人在西班牙沿海以及美洲殖民地一带是常有得碰到的。他是一个四分之一的西班牙人，父亲是图库曼的一个混血儿；他做过歌童，当过庙里香火，上过海船，住过庙，挑过杂货担，当兵打过仗，最末了当听差"。由于他务实机智、灵活处世、善于把握机会，他没有像其他人物那样频繁地遭受厄运，当然也就不像他们那样需要好运的奇迹。对卡冈勃这样的人，人生也许确实充满偶然和不确定，祸福无常又难以预测，但他的自由意志，他的判断、选择和行动帮助他把握自己，不至于完全成为被命运、神意或是社会和政治环境力量所支配、控制的玩物。

3. 恶在人世间，人如何安身立命

　　《老实人》里有一个自我欺骗的乐观主义者，他就是老实人的老师邦葛罗斯，他是一位哲学家，坚信一切皆善，认为"在此最完善的世界上，万物皆有归宿，此归宿自然是最完美的归宿"。他染上梅毒烂了半截鼻子，但认为梅毒对欧洲人来说，是一种物超所值的疾病。梅毒病是哥伦布发现美洲新大陆之后带到欧洲来的，虽然会让一些患者断子绝孙，但哥伦布也从美洲带回西红柿、辣椒和巧克力，没有这些欧洲人简直就活不了，或者就算活着也没有什么意思。所以，梅毒也是上帝最佳安排的一部分。

　　邦葛罗斯成了残疾，还一度沦为苦力，最后总算和老实人他们一起在君士坦丁堡安定下来，这个不错的结局更让他有理由对老实

人说，世界仍是完美的，若不是你之前的种种遭遇，你今天也不会在这里吃花生和糖渍佛手。但是，老实人面对着人世间的丑恶与不幸，最后还是清醒了，他对邦葛罗斯叫道："得啦，得啦，我不再相信你的乐天主义了。地球上满目疮痍，到处都是灾难啊。"

我们读《老实人》这个故事，当然心里明白，邦葛罗斯的种种不幸遭遇，就像其他人物的种种不幸遭遇一样，并不是上帝的安排，而是由人类自己造成的，都与自然的人性有关，并在这个意义上是人祸。

在故事里有许多灾祸，但没有从地狱里冒出来魔鬼，没有在大海波涛里发威的蛇发女怪，没有《西游记》里的那种妖魔鬼怪。推动故事发展的灾难和变故，全都藏身于自然之中，人性之恶也是一种自然。有些事情难以解释，例如地震，但也并非超自然。另外一些事情可以直接在社会制度或人性中找到解释。里斯本大地震后，无辜者被火刑烧死，原因是狂热的迷信使人们做出愚蠢的推理并任意发泄他们的仇恨。居内贡小姐父亲在威斯特伐利亚的城堡被攻陷拆毁，里面的居民遭到蹂躏和屠戮，这是因为人们在交战时会兽性大发。一个骗子骗走老实人的所有黄金，这是因为一般人特别是商人在贪欲发作时会丧失所有的道德顾忌。

这一切之所以发生，既不是因为人该受天谴，也不是因为上帝冷酷无情，而是因为人性恶存在于这个世界，坏事或祸事便会不断发生。祈祷、朝圣、求助于超自然的世界，全都无济于事。人唯一能做的只有承认和管理好自己的人性局限：这也使全书最后一句话有了另一层寓意：让我们每个人都打理好自己的花园吧。

今天，我们对"人性之祸"有了比18世纪启蒙哲人更多的认识。今天我们认识的恶，不只是个人的人性之恶，而且更是人性恶在制度恶的放大作用下犯下的重大罪行，这才是人世间最可怕的恶。这种恶使得千百万人不得不忍受饥饿的煎熬甚至饿死，这种恶使千千万万的人变成"敌人",遭受惨不忍睹的肉体和精神折磨甚至丧失生命。这种恶使得社会信仰丧失和道德堕落,造就了懦怯、沉默、狡黠、犬儒的假面国民。这种恶把愚昧当作觉悟,把诏媚当作忠诚,把无知当作知识,是非不分,善恶不辨,造就一代又一代的奴民和臣民。

阿伦特在《极权主义的起源》一书里说,这样的恶是一个"严酷现实",而不是一个抽象概念,我们要把握这个现实,但传统的道德和政治学说已经不能为我们提供必要的智识和规范资源。

传统的善恶观认为,恶与社会规范绝对相悖,恶起源于"邪毒"的欲念。今天,我们对恶有了与之不同的观念,对恶有了现实问题的意识。我们知道,恶之所以能存在,并造成纳粹屠杀犹太人或者古拉格劳改营这样的人道灾难,是因为极权制度营造了一种新的社会规范,而绝大多数遵纪守法、安分守己的"好公民"对之泰然处之、自愿服从。

希特勒等造成的是极端的恶,而日常生活中的恶则是指本可避免的人为祸事,如儿童因为注射毒疫苗而残废或丧命。不幸的是,当这样的灾祸被揭露的时候,还有人会像邦葛罗斯那样为之辩护。

毒疫苗是世界各国政府和人民最关注的灾祸之一,因为它对人民的健康造成直接的伤害,对疫苗抱着救命希望的普通人更是对此感受深刻。

毒疫苗是一种恶,这应该是所有人都有的认识,但就连这样明明白白的恶,也有人会想出"理由"来化解和漂白。一位资深媒体人就是这么干的,他在公众号里写道,"质量不合格的疫苗,并不像这次被许多人拿来打比方的三聚氰胺牛奶,它的问题在于低效,甚至可能无效,而不是对身体有害"。其辩护逻辑是,一件事情无论多坏,只要还有比它更坏的事情,就不能算是坏事。

淡化毒疫苗之恶,其实是漂白后面一个更大的恶,那就是徒有其名的监管机制。监管机构的存在给人们制造虚假的安全感，家长们放松对毒疫苗的警惕，毒疫苗的恶于是变得更加猖狂。

如果说，永远正义的上帝让邦葛罗斯有了虚妄不实的信任，那么并没有起到应有作用的食品和药品监督机制也同样误导了虚妄不实的信任。怎么看待名存实亡的食品和药品监督呢？怎么看待它与毒疫苗、毒奶粉、毒大米等的关系呢？对此有两种不同的态度，一种悲观，一种乐观。

第一种是悲观的，就像《老实人》故事里的悲观主义者马丁那样，许多人认为，这类问题存在已久，该曝光的都已经曝光，说来说去，越说越严重，反正是好不了，别指望监管机构真的能有什么作为。

第二种是乐观的，与《老实人》故事里的邦葛罗斯相似，它相信事情总是会好起来的，坏事可以变好事，有毒的食品和药品一定会引起重视，一定会有重要指示来解决这些问题。

你持哪一种态度呢？伏尔泰写《老实人》这个故事，他所持的又是什么态度呢？

在《老实人》中，伏尔泰对恶的态度是无奈而又暧昧的。他认为，我们不能躲避恶，也消灭不了恶。人如果一生都能认清恶、拒绝恶、不与恶共谋或合作，就算是有了一个够好的人生。

人不能认清恶，在恶的问题上既愚昧又糊涂，下一步自然也就是接受恶，甚至把接受恶当作一种美德。这会培养出一种自欺欺人的乐观主义。

美国小说家埃莉诺·霍奇曼·波特（Eleanor H. Porter）的小说《波莉安娜》（Pollyanna）里有一个叫波莉安娜的主角，她是一个不幸的小女孩。因为失去双亲，被送到西部的亲戚处寄养。她从小没了母亲，父亲临终前嘱咐她要怀抱希望，好好生活，并教了她一个"快乐游戏"。那就是，不管碰到什么糟心的事情，先想想它好的一面。父亲一死，波莉安娜立即就有了一个玩"快乐游戏"的机会。她想，父亲死了，去天堂与母亲相见了，死得真好，于是她心里充满快乐和感激，不再觉得悲伤。

美国心理学家玛格丽特·马特林（Margaret Matlin）和大卫·斯唐（David Stang）后来用这个人物原型，把自欺欺人的乐观主义称为"波莉安娜行为"（Pollyannaism）。

有波莉安娜行为的并非只是无知的小女孩，而且还有高级知识分子。由于他们精通"辩证法"，所以对此尤其驾轻就熟。他们有着天真小孩所没有的势利和世故，粉饰太平是他们的强项。例如，某知识人士说，"我把堵车看成是一个城市繁荣的标志，是一件值得欣喜的事情，如果一个城市没有堵车，那它的经济也可能凋零衰败。……特大水灾刺激需要，拉动增长，光水毁房屋就几百万间，所以水灾拉动中国经济"。有网友对此回复道："您赶紧去死吧，这样，可以拉动中国的殡葬业！"这位知识人士是文学人物波莉安娜或邦葛罗斯的中国现实翻版。

伏尔泰写《老实人》的时候已经60多岁了。这部小说1759年出版，伏尔泰正好65岁。老年伏尔泰已经与青壮年时期不同。40多岁到50出头的时候，是他一生中的创作鼎盛期，也是他一生中最快乐、得意的时候。50多岁后，他的生活世界发生变化，他的情妇夏特莱侯爵夫人（Marquiste du Chatelet）的不贞和死亡对他打击很大，他先前对普鲁士的腓特烈大帝抱有很高的期待，指望这位普鲁士君王能成为他心目中的开明君主。他50岁出头的时候在普鲁士宫廷行走，结果让他非常失望。接下来就是里斯本大地震（1755），更让他倍感人是如此渺小无助。凡此种种，让他越来越觉得命运无常，世事磨人。

伏尔泰对人和人生的失望清楚地表露在他的《老实人》这本书里。面对世界的荒谬和不可预测，他有一种对恶的无力感，但他仍然拒绝任何为恶隐瞒和辩护的理由。他只是不像以前那么坚信，人的理性一定可以给人带来幸福和满足，虽然他仍然相信，没有理性人的幸福和满足肯定是不可能的。

他仍然相信，人世间的好生活需要有完整的人来创造，这样的人有理性，但也有行动。虽然晚年的伏尔泰对幸福的一般前景持怀疑态度，但他从来没有否认，在这个世界上，好生活对人是非常重要的。他认为，恶的问题是人无法解决的。人无法消灭恶，恶是这世界的一部分，每个人都必须靠自己的理性力量在有恶的世界里安身立命，为自己找到一条生活的道路。

伏尔泰去世前 10 年，1768 年 2 月 13 日，他在给朋友德·勒林豪普（De Leninhaupt）男爵的一封信里这样写道："我将带着三种美德死去，这是我的安慰。第一是对理性的信念，理性让世界进步。第二是希望能勇敢又智慧地摧毁荒唐和危险的习俗。第三是仁慈，为邻人的不幸哀伤，为他受束缚而抱恨，为他得解放而高兴。信念、希望和仁慈，由于它们，我将作为一名好基督徒结束我的一生。"这确实可以是伏尔泰一生的概括，也是他在有恶的世界里为自己走出的人生之路。

二十　狄德罗《拉摩的侄儿》

1. 既需要又怀疑"天才"的启蒙时代

今天要说的是狄德罗的对话体小说《拉摩的侄儿》。狄德罗（Denis Diderot，1713—1784）是一位 18 世纪重要的启蒙思想家，他的名字大家一定不会陌生。说起狄德罗，人们马上会想到的就是他组织编写并亲自写下其中许多词条文章的《百科全书》，由于当时法国的思想审查，他遇到过许多麻烦和危险，终于完成这部人类启蒙史上的巨著。关于这些情况，我在《人文的互联网》和《与时俱进的启蒙》这两本书里都有专门的讨论，这里就不多说了。

说起狄德罗，不少人还会想到另外一件事，那就是所谓的"狄德罗效应"（Diderot Effect）。狄德罗本人并没有提出这个说法，是加拿大人类学家和消费模式研究者格兰特·麦克拉肯（Grant McCracken）于 1988 年首先提出来的。狄德罗效应又称"配套效应"，专指人们在拥有一件新的物品后，不断配置与其相适应的物品，以达到心理上平衡的现象。

狄德罗几乎一生都生活在贫困之中，但到 1765 年，一切都改变了。这一年他已经 52 岁，他的女儿即将结婚，但他负担不起嫁妆。尽管狄德罗很穷，但名气还是有的，因为他是《百科全书》（*Encyclopédie*）的联合创始人和作家，《百科全书》是当时最全面的百科全书之一。

俄国女皇凯瑟琳大帝听说了狄德罗的财务问题，她向狄德罗提议，以 1000 英镑的价格购买他的私人藏书，并委托他保管这批藏书。按 2015 年的美元汇率计算，大约是 50000 美元。突然间，狄德罗发现自己有了余钱。他给自己购买了一件新的长袍，因此有了一连串新的烦恼。长袍很漂亮，他也很满意。事实上，长袍的美丽使他立即注意到，长袍与他家里的其他财产是多么不相配。用他在《与旧睡袍别离之后的烦恼》（Regrets on Parting with My Old Dressing Gown）一文里的话说，他的长袍与其余物品之间"不再协调，不再团结，不再美丽"。这位哲学家很快就感受到一种冲动，为了配得上这件漂亮的长袍，他必须添置新的家用物品。

于是，他用大马士革的新地毯代替旧地毯，用漂亮的雕塑和更好的厨房桌子来装饰自己的家。他买了一面新镜子放在地毯上，又购置了新的皮椅，搬走以前用的草椅。

这些被动购买已被称为"狄德罗效应"。这个效应表明，获得新物件通常会导致消费螺旋式上升，造就一连串对更多新物件的需要。结果，新物件带来的烦恼超过快乐，成为得不偿失的自我折磨。法国画家路易·米歇尔·范·卢（Louis-Michel van Loo）有一张狄德罗坐在书桌前的画像，恐怕是狄德罗最著名的画像，据说画像里的狄德罗身上穿的就是那件著名的长袍。

其实，"狄德罗效应"算不上是与启蒙哲学特别有关的想法。中国民间一直有一句话，叫"拾个缎带，坏个家私"。说的是一个人在路上捡到一条漂亮的缎带，正好可以做腰带。他高兴极了，但一看自己的衣服太寒碜，配不上这条缎带，所以就去买了一件漂亮的衣服。但一看裤子，又配不上了，不得不又去买裤子。如此一来，鞋袜、帽子乃至其他物件都得一一提高档次，结果弄得家财荡尽。要是在理论上拔高一下，说不定也会成为人们津津乐道的"缎带效应"。

我们在狄德罗《拉摩的侄儿》这个长篇对话里将看到并讨论的，不是"狄德罗效应"或是"缎带效应"这种显白的普通人心理和日常行为，而是一些似乎只是与少数人有关的哲理问题思考：什么是天才？谁是天才？落魄的天才为何比平常人更容易陷入道德虚无主义？他们又会有怎样的犬儒人生？在人生舞台上，成功的和落魄的天才分别呈现出怎样的正反英雄？令我们惊奇的是，在一部像《拉摩的侄儿》这样的中篇小说里，这些问题居然如此生动、如此集中地被提出来。

《拉摩的侄儿》是狄德罗在 1761 至 1774 年写成的，那时候他已经快 50 岁了。他已经即将完成《百科全书》的工作，所以开始有闲暇从事私人的秘密写作。他生前并没有发表这部著作，据说是因为里面提到好几位法国文化名人，而且说的都不是什么好话，如莫里哀、伏尔泰、孟德斯鸠，当然还有法国人非常喜爱的伟大作曲家让-菲利普·拉摩（Jean-Philippe Rameau，1683—1764）。音乐家拉摩是法国伟大的巴洛克作曲家、音乐理论家。他是继卢利（Jean-Baptiste Lully，1632—1687）之后最伟大的法国歌剧作曲家，不但是当时法国乐坛的领军人物，还是和声理论的重要奠基人。据说狄德罗跟他有私人过节。在狄德罗的时代，作家一旦被告上"诽谤罪"，就难逃法律的惩罚，更何况狄德罗已经是黑名单上的人物，所以他行事也就特别小心。《拉摩的侄儿》最初出版是 1805 年的德文本，翻译者是大名鼎鼎的歌德，歌德的译本于 1821 年以法语出版。狄德罗的原始手稿到 1891 年才出版。

这部对话体小说是以对话形式写的。它的两个主角分别是叙述者"哲学家"（狄德罗本人）和让-菲利普·拉摩的侄子。在对话中一方是"我"，另一方是"他"。我在这里分别用"哲学家"和"侄儿"来称呼他们。

这个长篇对话可分为三个部分，每个部分有它自己的主题。第一个部分的主题是与"天才"有关的问题，第二个部分是与"美德"有关的问题，第三个部分是与教育子女有关的问题。由于对话是连续的，中间没有间断，我把这三个部分之间的过渡先交代一下。

我用的是商务印书馆出版的《狄德罗哲学选集》。《拉摩的侄儿》是其中的最后一篇，第一和第二部分之间的转换发生在第238页上，哲学家对侄儿说："让我们谈别的吧。不幸的人，你是生下来到或是堕落到何等下贱的地步。"

第二和第三部分的话题转换发生在第286—287页。侄儿刚绘声绘色地讲了一个"叛教者"出卖犹太人的故事。哲学家实在听不下去，于是说："我不晓得应该留下来还是应该逃走，应该笑还是应该发怒；我留下来，目的是使谈话转到某一问题，以便把占据我心里的恐怖驱除出去。这样一个人，他谈论着一件可怕的行为，一件可恶的大罪，犹如一个绘画或诗的鉴家在品评一件艺术品的美点一般，或者犹如一个道德家或历史家把一件英雄事迹的详细情节追寻出来或生动地表述出来一般，这个人在我的面前开始使我觉得难以容忍。我不由自主地阴郁起来。"[1]

在这三个部分中最特别的，是讨论"天才"问题的第一部分，也是我要讨论的重点。它涉及启蒙的一个内在矛盾：一方面，启蒙需要天才的原创力（originality），相信开明的制度不会迫害天才（如苏格拉底）；另一方面，正如小说里哲学家所说，天才可能是一个冷酷无情的人、一个粗暴的和无人性的人，虽然那时候还没有办法

---

[1] 狄德罗著，江天骥、陈修斋、王太庆译，《狄德罗哲学选集》，商务印书馆，2018年，第287—288页。

设想"天才是和邪恶结合在一起的"。¹今天,邪恶的天才已经是我们熟悉的人物,我们也已经吃够这种天才的苦头。

今天,在一个人人渴望成功而大大小小的成功人士都被当作天才的年代,成功成为天才的唯一标志。在这样一个势利、浅薄、平庸的年代,如果我们还在谈"天才",是谈那些名人或"伟人传""伟业史"里的"成功人士"吗?事实上我们今天谈得更多的是"人才"而不是天才的问题。而启蒙时期的"天才悖论"——有才未必有德,不能以才行善,就会恃才作恶——已经转化为当下的"人才悖论"。我们对这样的悖论是否有了充分的思考?《拉摩的侄儿》引导我们思考的,正是这样的问题。

这位侄儿说,他觉得天才特别可贵,但"天才们只精通一件事,除了这件以外,便什么也不会。他们不晓得怎样做一个公民、父亲、母亲、兄弟、亲戚和朋友。我老实对你说,人们应该在一切方面都完全像他们;但绝不该希望他们这种人很普遍。人是必需的,但天才的人不是必需的。不,老实说,他们是根本不需要的。改变地球面貌的就是他们;而在最细微的事情中,愚蠢是这样地普遍和这样地强有力。……天才的理想一部分是建立起来了,一部分是仍旧原封不动。……天才是可憎恶的东西。如果一个婴儿在出世时,额头上就带有这个危险的天赋的标记,那就应该或者把他活活地闷死,或者把他投到水里去"。²

像这样的话听起来冷嘲热讽、愤世嫉俗,如果出自今天某位无知网红之口,我们大可不必理会。但是,与哲学家认真对话的这位侄儿是个头脑清醒、虽冲动但不乏理智、虽犬儒但不无智慧的角色,他的话我们就得好好琢磨琢磨了。

书里的这位哲学家非常认真地听取这位角色的看法,并与他进

---

1 狄德罗著,江天骥、陈修斋、王太庆译,《狄德罗哲学选集》,第224页。
2 同上,第222—223页。

行对话。在整个对话中，发生过两次话题的转换：第一次是从天才
到美德，第二次是从美德到子女教育。两次话题转换都是哲学家要
求的，因为随着他们交谈的话题越来越深入、复杂，并涉及人性中
非常阴暗、丑陋的部分，哲学家开始承受不住讨论所需要的智识考验
和心理压力。就对丑恶之事的心理承受力而言，侄儿是胜过哲学家的。

　　他们的对谈和讨论是坦率的，正是因为侄儿的坦率，哲学家才
得以在他身上看到人类最怪异、最不可思议的一个品种的样品——
不仅是一个失败的天才，而且也是一个让人难以捉摸的古怪人物。

　　哲学家一开始介绍他，就给人留下一个不凡的印象，"有时他
瘦削憔悴，像到了末期的痨病患者一样；你可以透过他的腮颊数得
清他有几颗牙齿。你会说他曾经饿了好几天，或者是刚从练心会修
道院里出来的。到了下一个月，他会长得肥胖丰满，好像不曾离开
过一位金融家的餐桌，或者曾经被关在圣伯尔纳丁的修道院里一样。
今天，他穿着脏衬衣、破裤子，衣衫褴褛，差不多光着脚，低垂着
头走路，避开人们：你会打算叫住他给他一点布施。明天，他扑着
粉，穿着鞋子，鬈着头发，穿着漂亮的衣服，抬起头来走路，神气
十足，你几乎会相信他是一位体面的绅士。他过一天算一天，忧愁
或快活，随境遇而定"。[1]

　　拉摩的侄儿是一个同时拥有好和坏两种品质的怪物：既不以自
己的优点为荣，也不以自己的恶劣为耻。他得过且过地混日子，今
天像个人，明天像个鬼。他是权贵富人的帮闲，但却在心里鄙视和
嘲笑他们。他低三下四，任人作贱，但这是他故意装傻，甚至戏弄
别人的手段。他坦率耿直，但又犬儒无耻。他鄙视有钱就是大爷的
上层社会，但又心甘情愿地当有钱人的寄生虫。在他身上，才智与
愚蠢、高雅与庸俗、疯狂与沉静、正确思想与错误思想、卑鄙低劣

1　狄德罗著，江天骥、陈修斋、王太庆译，《狄德罗哲学选集》，第 218 页。

与光明磊落奇怪地融为一体。用哲学家的话来说，像他这样的人，"因为他们的性格和别人的性格迥乎不同，他们打破我们的教育、我们的社会习俗、我们关于礼貌的惯常观念所造成的令人厌烦的常规。如果在一群人中出现这样一个人，他会像一颗酵母一样，开始发酵，使每个人都恢复他自然个性的一部分，他动摇着和鼓动着人们，他令人们对他表示赞许或斥责；他使真理显示出来，他使人认识谁是善良的人，他把恶棍的假面具揭穿；这时候有知识的人才倾听他并且学会辨别人们"。[1]

狄德罗讲的是侄儿这个特定人物的人性故事，不是普遍的人性故事。拉摩的侄儿代表的是某"一类人"。在法语原文里，这个"类"（espèce）也是对规则和例外关系的比喻说法。两位对谈者都对"语法"和"例外"很感兴趣，他们都同意，所有的语法规则都有例外，同样普遍的道德规则和普遍的人性也都会有例外。这是狄德罗对启蒙时代普世主义的批判思考。启蒙时代的思想家虽然也认识到人性中的幽暗部分（如自杀、贪婪），但基本上对人性抱有乐观的看法。狄德罗在这里比其他启蒙哲人都更多地看到人性的复杂和阴暗，但他认为在"某一类人"中尤其如此，拉摩的侄儿就是这类人中的一个样本。

狄德罗提出来一个很独特的人性观念，按照这样的人性观念，像希特勒、波尔布特、卡扎菲、侯赛因这样的人物，他们邪恶和残忍的人性，不是一般人性的变异，而是更应该归入"某一类"性格的人。他们的性格不能用一般人的性格去理解，他们打破一般人的道德、良知和行为的常规，他们把自己包裹在一层又一层的神话中，永远不可能有谁跟他们像哲学家和拉摩的侄儿那样交谈，因此，他们到底是怎样的一类人，至今仍然是一个黑暗的秘密。

1　狄德罗著，江天骥、陈修斋、王太庆译，《狄德罗哲学选集》，第219页。

2. 从"天才"看"人才"

在成功人士被当作天才之前，只有那些能以思想和精神产品开启人类心智、激荡人类心灵、拓展人类视野，让人类变得更优秀、更高尚、更美好的杰出人物才被称为天才。他们出类拔萃，智力超凡，极富创造力，成就斐然，说起他们，人们想到的是莫扎特、贝多芬、达·芬奇、米开朗琪罗、洛克、康德、叔本华、尼采、莎士比亚、托尔斯泰、陀思妥耶夫斯基、牛顿、爱迪生、爱因斯坦等。但是，他们并不是人类历史上"天才"的全部。如果只是考虑这些文艺复兴和启蒙运动人文主义兴起之后的天才，那么我们今天顶多只能有半部关于人类"天才"的历史，它会让我们看不清古代的"天才"到底是什么样子的。

今天人们心目中的天才并不是人类历史中始终被当作天才的天才，而只是"现代天才"。事实上，上千年的"天才问题"已经转变为我们今天的"人才问题"。无论是天才问题还是人才问题，关键都在于个人之"才"与道德和社会责任的关系问题。启蒙运动时期，人们对于天才的社会贡献抱有乐观的期待，狄德罗《拉摩的侄儿》是对这种期待的批判性思考。今天许多中国人对人才也抱有类似的乐观期待，但却缺乏相应的评判思考。因此，人才思考可以成为我们阅读《拉摩的侄儿》的一个主要收获。

现代意义上的天才观念是从人文主义兴起尤其是 18 世纪启蒙运动之后才形成的，不过才 300 年左右的历史。而在这之前的漫长历史中，人类，至少是西方人，并不是这样理解天才的。

当然，在有现代天才观之前，即便是在古代，也不是没有现代意义上的天才，但古代人并不这样看待当时的杰出人物。我们前面提到的荷马、柏拉图、亚里士多德、奥古斯丁、阿奎那等就可以说是这样的杰出人物。但是，如果只是用现代的天才观念来看待这样的古代人物，那就会是一个"时代错误"，因为在人文主义兴起之前，"是不存在我们现代意义上的天才的。在这之前，确实存在过杰出的艺术家、思想家、诗人和智者，这些在天才之前就有过的先驱人物对形成天才后来的形象和接受发挥过作用。但同样发挥过作用的还有一些不那么显眼的先驱者，他们是使徒、先知、圣人和卜卦人，现代天才超越和取代了他们。也还有各种神灵角色——妖魔、天使和精灵（genii，天才这个词最早就是由此而来），他们是受控于后一种先驱者的"。[1]

因此，现代天才有两类先驱者，一类是荷马、柏拉图那样的古代贤哲，另一类是使徒、先知这样的古代智者。他们分别是美国历史学家麦马翁（Darrin M. McMahon）在《天才的历史》一书里第一和第二章所讨论的"天才"，被称为"古代的天才"和"基督教的天才"。他们连同我们今天所认知的"现代的天才"构成三种不同的天才。

我们所说的这三种"天才"都与艺术、哲学、思想、科学有关。还有一种天才暂时不在我们这里的考量范围内，那就是政治、权力和意识形态的天才，最典型的就是像希特勒这样的天才，匍匐在他们脚下的不仅是崇拜者，而且更是绝对服从的臣民。诡异的是，这样的天才是法国革命前夕的后期启蒙运动创造出来的。这是天才政治化和英雄化的开始，也是英雄崇拜开始主导天才观念的重要转折时刻。从法国大革命把米拉波（Honoré-Gabriel Riqueti, comte de Mirabeau，1749—1791）、伏尔泰、卢梭请进"先贤祠"（Pantheon）的时候开始，政治伟人和天才的区别就变得非常模糊。

所以，我们今天所说的天才历史，其实不是一部关于天才的历史，而是一部关于天才观念的历史。正如我们在麦马翁的《天才的

1　Darrin M. McMahon, *Divine Fury: A History of Genius*, Basic Books, 2013, xxi.

历史》里看到的，虽然有许多"天才人物"出现在他这部著作里，但这部著作提供的并不是连续的天才传记或他们的伟业记录，而是什么样的观念把怎样的历史人物认知为"天才"。《拉摩的侄儿》里的"天才"是启蒙运动激进化和法国革命之前的观念产物，是像莫里哀、高乃伊、拉辛这样的戏剧家，像伏尔泰、孟德斯鸠、卢梭这样的哲学家，像让·菲利普·拉摩这样的音乐家。同样的历史人物可以在不同的观念中成为不同的天才，被请进先贤祠的伏尔泰和《拉摩的侄儿》里的伏尔泰是不同的天才，而一种观念中的天才则不一定是另一种观念中的天才。

　　希腊人那里是没有"天才"一说的，天才这个概念是罗马人的发明。麦马翁的《天才的历史》有一个比喻性的题目，叫"神圣的精灵"（The Divine Fury），特别把"天才"与"神性"（the divine）联系起来，这让我们可以通过"神性"来透视"天才"观念的历史出现和变化，以及如何影响今天人类的社会心理，尤其是意识形态和政治的领袖崇拜。

　　"Divine Fury"中的 fury 来自拉丁词 furia，原有的意思是"狂野的激情、狂怒、疯狂"。Furis 是从塔耳塔洛斯（Tartaros）放出来的精灵，塔耳塔洛斯则是人死后灵魂接受神圣裁决的地方。根据荷马的说法，塔耳塔洛斯是一个深不可测、永远透不进阳光的深渊，远远在地狱之下，永远铁门深锁。罗马人把从塔耳塔洛斯派出去的复仇精灵者们叫作 Furiæ，它们就是埃斯库罗斯（Aeschylus，前 525年—前 456）《善好者》（The Eumenides）和萨特《苍蝇》剧中的复仇精灵。

　　拉丁语有"诗的癫狂"（furor poeticus）这个说法，它代表的是一种古代的灵感状态。在希腊人的观念里，灵感意味着诗人或艺术家会进入狂烈兴奋的灵魂激荡，近于神圣的痴迷和诗意的疯狂。灵感是一种意识和技能（ingenium）之外的奇异能力和力量。赫西俄德（Hesiod）在创作史诗《工作与时日》时向缪斯请求赐予他灵感，其他许多诗人也是如此。

由于天才与神性激情的观念联系在一起，天才总是带着一丝疯狂和神秘，它对道德的罔顾和奇幻的远见暗示着一种几乎超凡脱俗的魔力。这是一种创造的力量，窥视神圣的宇宙秘密，甚至将宇宙毁灭。然而，在今天这个平庸而世俗的时代，天才的神性被稀释殆尽。如今，摇滚明星、足球教练和企业家都能被称为"天才"，天才一词已被滥用到无处不在的地步，以至于丧失它在历史中长期伴随着的那种特殊的超越和神性权威。

天才观念源于古代，与宗教祭祀有关。《旧约》里的早期先知是上帝与犹太人之间沟通的特殊媒介。他们善于预言、作法、观兆、替人祷告，并训诲子民，他们能观异象和前兆，能从普通的事情上看出不寻常的端倪，这些都是与神有特别联系的人才有能力做的事情。

古代人们认为具有惊人洞察力的人拥有神力或被神力附身。这不仅是西方文化中的古老天才观念，在东方文化中也不陌生。天才这个说法在西语中来自拉丁的 geni，本来就是精灵神怪的意思，中文"天才"中的"天"也是一种超然的、超越人类的意思。天赋之才是上天特别赐予的才能。在中国古代汉族神话传说中有"文曲星"的说法，他是主管文运的星宿，他的神力能使人获得文字天才，故而也可以说有文字天才的人体现了文曲星的神力。

古希腊人对天才有两种不同性质的解释，一种解释为神性（神人），一种解释为天生（异人）。苏格拉底在接受审判的时候否认自己有反对城邦的政治动机，他坦承他介入城邦和其他事务，是因为有 Daimonion（神灵）让他这么做。他说："我感觉到某种神圣的或神灵的东西，这在对我的指责中被歪曲了。我从童年开始，后来也是这样，就一直听到有一个声音对我说话。"[1]他的学生色诺芬解释说："苏格拉底自称有'神灵'在引导他，这是骇人听闻的。我想，指控他想把陌生的神引进城邦，是由此而起。"[2]苏格拉底所说的Daimonion可以理解为"魔"，魔和魔力可以是中性的，也可以是邪恶的，邪恶的就是妖，妖言惑众。像苏格拉底这样的异禀之人，能指使魔或妖，也能为魔或妖所指使。这就像我们在诸葛亮、刘伯温这类天才人物身上也会觉得有一股妖气一样。

但是，亚里士多德对天才有一种不同的解释，那就是，人身体内天生有不同体液（humours），这些体液之间的平衡关系影响到对神力的接受，特殊的体液平衡能让人容易接受神力并成就大事。今天的科学家一定会认为这是胡说八道。

神性和天生这两种古希腊对"不凡之人"的看法都融入罗马人对"天才"（genius）的观念之中。天才这个词是罗马人首先使用的。Genius一词指的是主掌个人命运的出生之神，有点像中国人的生辰八字。与此有语义联系的是ingenium，指的是一个人生来就有的素质和特性。

天才的观念中既有神性的部分，又有天生的部分。天才因此成为一种令人敬慕的品质和由此而来的精神权威，罗马第一位皇帝奥古斯都（Augustus）是罗马"天才"的最好体现。他原名盖乌斯·屋大维·图里努斯（Gaius Octavius Thurinus），是罗马帝国的开国君主。历史学家通常以他的头衔"奥古斯都"（神圣、至尊的意思）来称呼他，这个称号是他在公元前27年的时候获得的，那时他36岁。公元前14年8月，在他去世后，罗马元老院决定将他列入"神"的行列。他的出生有神性，而他的天才则是国家需要的，这二者可以分开，又可以完美结合，所以他的称号是"pater patriae"

1　Darrin M. McMahon，*Divine Fury : A History of Genius*, 7.

2　Ibid, 6.

（国家之父）。[1]

古希腊的神与人的关系，在基督教世界发生重大的变化。这主要是指精灵和守护神的变化，苏格拉底的守护神（daimonion）被重新理解为"恶神"，而神圣的控制则被重新解释为上帝（唯一的真神）的恩宠，它显现在先知、使徒、圣人的人生中。天使与妖魔并存，在它们之间有"许许多多没有说明的小'神'（little 'gods'）"。[2]文艺复兴从中世纪继承的便是一个"充斥着精灵的宇宙"。[3]莎士比亚的《暴风雨》一剧里的爱丽儿（Ariel）和卡利班（Caliban）就是在宗教意义上没有说明的"精灵"（或妖怪），都是为他们的主人普洛斯彼罗（Prospero）服务的。文艺复兴的新柏拉图主义恢复了前基督教的"神性癫狂"（furor divinus），"以（人的）美丽灵魂代替天使，接近上帝"。[4]新柏拉图主义把天才放置在人的灵魂之中，而不再当作是外在于人的精灵作品（无论是人控制精灵，还是被精灵所控制）。天才（genius）因此成为人可以拥有的东西，天才之人异于常人，是因为他"有天才"（ingenius）。这样的天才于是被确定为人的超凡原创能力。

文艺复兴时期的天才观念再次发生变化，这才有了现代天才的观念。文艺复兴的天才观是基督教的，也是人文主义的。天才是人的灵魂接近上帝的那种狂喜——"神性癫狂"。上帝直接感召人的灵魂，无须通过天使或精灵的中介。人文主义思想中出现的天使、圣徒和半神逐渐转变成现代天才的原型，天才成为那些蕴藏着超常灵魂力量的不凡人物，如米开朗琪罗、达·芬奇、但丁、彼得拉克。

1　Darrin M. McMahon，*Divine Fury : A History of Genius*, 29.
2　Ibid, 40.
3　Ibid, 49.
4　Ibid, 52.

　　然而，要到 18 世纪启蒙时期，现代天才才真正诞生。18 世纪"自然神论"（deism）中的上帝创造这世界之后便当起甩手掌柜，不再管谁是天才这种人间琐事。上帝也不需要那些精灵小神仙，这叫作"上帝的隐退"（the withdrawal of God）。[1] 现代天才既不占有天才，也不受控于天才，他就是天才，所以我们说"某人是天才"。这种天才观是对启蒙"人人权利平等"的一种平衡，人虽然在权利上是平等的，但天才顾名思义就是按异常来界定的——独特的异禀，深邃莫测。天才的大脑构造甚至也异于常人。[2] 直到今天，这仍然是我们对天才的基本认知。

　　文艺复兴把天才视为一种特殊个人的灵魂特性。在这之前，几个世纪以来，人们一直认为，只有天使和神灵、巫师和圣徒才有天才的能力，但是文艺复兴把天才转变为特殊个人的灵魂效能。这样的趋势发展到 18 世纪便形成现代的天才观念。这时候的天才已经是肉身之人，与精灵无关；是特别的个人，与神性无关。他们所具有的那种巨大的威力就是想象和原创的力量。这样的个人是"独具一格"（sui generis）的，在《拉摩的侄儿》里，天才就是具有不凡、独特原创力（originality）的奇异之人。

　　我们看到，哲学家和拉摩的侄儿在讨论"天才"的时候，对天才与凡人的矛盾和冲突有了相当深刻的认识，完全不是一种单纯的天才崇拜。那些被称为"天才"的人物总是走火入魔、超然于平凡的人世。他们激情荡漾、心灵通透，对凡人俗事心不在焉，魂不守舍，是凡人难以体会和理解的，因此会成为凡人既好奇又害怕、既崇拜又排斥、既巴结又远离、既热爱又仇恨的对象。拉摩的侄儿在谈论天才时，便是混合了这些矛盾的情感和心理因素。

1　Darrin M. McMahon，*Divine Fury : A History of Genius*, 75.

2　Ibid, 73.

3. 天才拯救不了启蒙

一直要到 18 世纪，现代的天才观念才真正诞生。天才被尊奉为人类最出类拔萃、不同凡俗的"超人"。在一个人类平等观念日益增长的时代，天才成为不受普通规则解释的、戏剧化的特殊例外。"天才"的观念是变化的，其中出现过的四种天才，他们分别是哲学家、先知、艺术家和伟人。《拉摩的侄儿》中讨论的是第三类的天才，艺术家。

艺术天才可以指：一、某种超凡的艺术才能；二、具有超凡才能的人。艺术的天才包括音乐、绘画、文学写作等方面。在这个意义上的"有天才"意味着什么呢？为什么拉摩的侄儿这么在意自己是不是天才（或者有天才）？为什么他对自己不是天才这么耿耿于怀呢？放到今天来说，这些并不是一般人甚至不是那些拿艺术或文学当职业的人会在意会当一回事的问题。这是因为我们生活在一个平庸的社会，即使出现天才，也不知道如何去珍惜天才，更不用说在意自己是不是天才。

对启蒙运动时期的许多思想家来说，天才是一个重要的问题，但也是一个难以回答的问题。许多启蒙思想家认为，天才是一种神秘现象，天才的唯一法则就是不能归入法则。要是可以用法则来解释天才，天才就既不例外也不超凡脱俗。

启蒙时代是一个对经验现象进行科学分类的时代，这已经成为当时西方知识的主导方式。分类意味着依靠规则来进行理解，但天才却是规则的例外，天才自然而然就是科学启蒙的难题。

科学对人的理解似乎注定要与天才的观念格格不入，在科学看来，人本身不过就是某种经验现象，但天才不是这样。天才是神秘的，代表的是一种看似超人的力量。天才莫名其妙地存在于特定的个体身上。然而，这又是启蒙思想所欢迎的，因为由于天才的存在，人可以更加有信心也能更欣慰地告诉自己，人类是宇宙间独特的存在，人类不仅仅是动物，人类还可以像神一样。

有了天才，人类便能通过天才与神建立某种世俗的联系，天才的存在绝非偶然，上帝死了之后，天才代表人类超越自己的梦想得以复活。《拉摩的侄儿》让我们看到，至少在狄德罗的时代，天才的身影和文化幻想尚未消失。然而，像拉摩的侄子之类的人物已经为批判超验的天才和天才观念铺平道路。

在文化理念上对天才有需要和迷恋，但在启蒙思考中对天才又有所怀疑和批判，这形成启蒙时代在天才问题上的困局，其复杂性和暧昧性在《拉摩的侄儿》中生动地表现出来。

拉摩的侄子对天才有着极为矛盾的态度。在与哲学家的整个谈话中，他先是鄙视对天才的一味崇拜，后来又对天才羡慕不已。天才拥有他所向往却又缺乏的那种天赋才能，让他饱受嫉妒恨的煎熬。他叔叔让－菲利普·拉摩是一位公认的音乐天才，虽然侄儿自己也是一位音乐人士，但与他叔叔相比，太相形见绌，不可同日而语。这让他更加强烈地痛感自己缺乏天才。尽管他从对话一开始就竭力贬低他叔叔的为人处世，但他知道他自己在别人的眼里不过是那位大作曲家拉摩的一个不起眼的侄子。这个"拉摩的侄儿"名号既像是一个名字，又不是一个名字，正如他自己所说的"被叫作拉摩，真是让人难为情"。[1]拉摩这个名字简直就是一个摆脱不了的尴尬、一个重负，压在这位侄儿身上，时时提醒他作为一个音乐人士的失败，他憎恨这种如影随形的失败感觉。

尊贵的身份或家族的姓氏可以通过血脉或血统传承，而天生的才能却不是如此。侄儿痛苦地说："才干与天赋并不是一回事。你要想跟你父亲一样出名，你就必须比他更聪明。你必须继承他的才

---

1 Darrin M. McMahon，*Divine Fury : A History of Genius*, 116.

能，而我却没有。"[1] 不管他怎么做，反正他缺乏这种原创的才能，所以这个侄子只能在社会上被当作叔叔的附属品——"侄子"就是这个附属品的称呼。面对他叔叔的伟大成就，侄子看起来如此平庸，甚至可能更糟糕，根本就是一个失败，正如他本人所说："我一直对平庸感到生气，是的，是的，我平庸，我生气。"[2] 简而言之，我们可以说，侄子愤愤不平，愤世嫉俗，不仅是因为他自己不是一个天才，而且是因为他有一位天才的叔叔。

如果说天才是无法归类的，那么他们可以被归入"不可归类"的那一类。与天才相比，所有不是天才的人都可以归入另一个类别，属于"可以归类"的那一类。

换句话说，如果谁可以被方便地归入现有的某一人群"类别"，那么不管他如何自视甚高，他都肯定是与天才无缘。拉摩的侄儿被这样的想法折磨：他自己最多不过是某"一类"中的一分子，他不会有任何独自的品格标记，因此无法让他与周围的男男女女区分开。侄子对这样的状况感到焦虑和恐惧。然而，这种焦虑和恐惧并不是人人都有的。18世纪也好，21世纪也罢，普通的芸芸众生才不会为这样的事情去自寻烦恼。所以，拉摩的侄儿关于缺乏天才的焦虑和恐惧，那本身就是少数人的特殊体验。与一般人相比，这些少数人也可以说是比较特殊的一些人。

如果有一个特质可以描述天才，那就是天才的"独创性"。这种独创性、与众不同和出类拔萃是天生的，用拉摩的侄儿的话来说，是父亲的血液分子都无法带来的，因为一种血液分子会被其他的分子杂化，杂种的可能性远高于纯种。你生活在一个庸人的社会里，你成为庸人是一件极大概率的事情，因为你周围的庸人随时都能将你杂化。

1　Darrin M. McMahon，*Divine Fury : A History of Genius*, 116.
2　Ibid, 43.

　　狄德罗时代的人们还没有我们今天的"基因"概念，他们把这种遗传力量解释为"分子"。拉摩的侄儿抱怨道，"我父亲和我叔叔的血液是同样的血液。我的血液和我父亲的血液是一样的。父方的分子是坚硬的、冥顽的，而这个可恶的原始分子却把其余的都同化了"，[1] 父方的分子既然同化了其他的原始分子，它自己也就不再纯粹，而是被杂质化。

　　天才是纯粹的，而不能成为天才是因为被杂质化。只有纯正的纯种，没有纯正的杂种，杂种顾名思义就是不纯正的，杂种就是杂种。也就是说，可能有纯正的天才，但不可能有纯正的俗人、庸人，也不可能有任何种类纯真的平庸者。他们都是一种非鱼非鸟的，什么都不是的杂种。拉摩的侄儿不甘心当这样的杂种，他认为，相比起一个什么都不是的平庸杂种来说，还不如做一个"伟大的王八蛋"（good-for-nothing）。

　　侄儿对于"凡""俗""庸"的焦虑使他走向道德虚无主义的极端。这也就是我们所熟悉的所谓"大丈夫不能流芳百世，也要遗臭万年"。遗臭万年也是一种出类拔萃、超凡脱俗。"不凡的罪犯"和"极致的邪恶"既是一个有魅力的文学主题，也是一个政治研究的重要课题。19 世纪的作家，从拜伦、巴尔扎克到陀思妥耶夫斯基都迷恋这个文学主题，而对希特勒等的研究则涉及他们担忧后人会如何评价的病态焦虑。他们强烈渴望后人按他们想要的样子记住他们，所以会不遗余力地拼命篡改和扭曲历史。

　　为了显示"不凡"，可以不惜成为罪犯和恶徒，拉摩的侄儿的这个想法让哲学家感到非常不安，他受不了了，他要反驳。但是他的反驳却显得非常软弱无力。让我们来看看下面这段对话，对话中的"我"是哲学家，"他"是拉摩的侄儿：

1　Darrin M. McMahon, *Divine Fury : A History of Genius*, 300.

我：你不怀疑我对于你的性格的评判吗？

他：丝毫也不。我在你的眼中是一个十分卑贱、十分可鄙的东西，有时在我的眼中也是这样，不过不常这样罢了。我因这些恶行而沾沾自喜比自怨自艾的时候还更多些，你却是更经常地保持你的轻蔑。

我：这是对的，但是为什么把你所有的卑鄙龌龊都暴露给我看呢？

他：首先，因为你已经晓得了好些，我觉得把其余的也对你坦白出来，所得的会比所失的更多些的。

我：怎么说呢？请告诉我吧！

他：如果在某些方面达到卓绝的造诣是很重要的，则为恶特别是如此。一个小偷被人唾骂，但对于一个大的罪犯是不能不表示某种佩服的，他的勇气使你惊讶，他的残忍使你战栗。保持性格的始终如一总是可贵的。

　　拉摩的侄儿的这番话和中国成语里说的"窃钩者诛，窃国者诸侯"是一个道理，也是同一个常见的经验现象。哲学家可以对此感到不安或反感，但那是他的情感，不能用来直接反证那个近乎"常识"的经验。换言之，哲学家没有办法证明这样的事情不该发生，他的道德谴责必定是勉强而无力的。在《拉摩的侄儿》里，读者会等待哲学家对"恶做大了，就是成就"的议论做出辩驳，然而令人失望的是，哲学家只是不痛不痒地问了一句："究竟你的作恶是出于天性抑或出于学力，而学力是否已令你前进到所能到达的最远境界？"[1]

　　在《拉摩的侄儿》里我们看到"天才"可能的内在危险：有

1　Darrin M. McMahon，*Divine Fury : A History of Genius*, 283.

才无德、才不正用、德不配位，甚至恃才作恶，成为大奸大恶。在中文里，无论是天才还是人才，"才"都是"出类拔萃"的人物，"萃"是好的意思，"出类拔萃"指的是品德和才能同样不凡和出众。"才"是与"善"联系在一起的，不会用来指那些极品的"大奸""大恶"。但是，我们也知道，出类拔萃的人并不自动等于是天生善良的人。在今天这个时代，才不正用、恃才作恶的人比任何时代都多，他们有一点才便待价而沽，只要有利可图，随时愿意卖身投靠，无所不为。

《拉摩的侄儿》里那位不无才能的侄儿就可以说是这样的一个人物，而与他争论的那位哲学家则代表一种未经检验的启蒙思想，那就是，伦理与优秀——在艺术天才的语境中，也就是美学的优秀——之间不应有任何矛盾。从一开始就很明显，哲学家希望天才能够结合伦理和美学，将之引向善道，这是一种教化意图，也是启蒙的人文主义目标，但却离功利主义的现实和人性有很大的距离。

尽管启蒙哲人知道，有的天才可能在家庭和社会生活中表现出邪恶的个人品格，但哲人们还是认为优秀的天才作品最终可以救赎这些不完美的天才，正如哲学家所说："很快或以后会竖立雕像，以纪念他们成为人类的恩人。"[1] 对于启蒙时期的人文主义信念来说，天才是最有能力将伟大艺术作品的美学与伦理思想统一起来的人，至少在理想情况下是这样。但是，《拉摩的侄儿》的对话几乎总是在理想与实际情况的差距和矛盾上展开的。戏剧家拉辛、作家伏尔泰，还有那位天才作曲家拉摩，他们都是道德上有严重缺陷的天才人物。

拉摩的侄子不断揭露某些天才人物在生活和处世中的道德问题，想以此颠覆哲学家的启蒙梦想。"启蒙"在法语里是"光明"

1　Darrin M. McMahon，*Divine Fury : A History of Genius*, 39.

（lumiere）的意思，暗示那些有特殊才能和见解的人将带领人类，脱离宗教信仰的黑暗，用理性来增强对事物认识的清晰度。由于宗教一直致力于建立社会的道德准则，所以启蒙运动面临的基本问题之一就是，如果没有上帝的指导，人类应该如何为自己有效地建立道德秩序。单纯的技能、艺术或知识天才是无法完成这个任务的，所以必须把天才的优秀与伦理的美德结合到一起。

理性是启蒙理念的灯塔，它照亮人们通往更优秀社会的道路。应该说，天才及其作品的社会责任是为那些希望自己和社会变得更好的人提供模仿和学习的机会。康德在《什么是启蒙》中把启蒙界定为人从不成熟（宗教信仰）成长为成熟（理性原则）的上升过程，启蒙为人类的这一成长提供必要的条件。《拉摩的侄儿》里的那位哲学家（他不一定就是狄德罗本人）显然信奉这样的启蒙理念，他期待天才能够重视他们的社会责任，贡献于这样的启蒙理念。但是，拉摩的侄儿告诉哲学家，那只是你的梦想，现实中的天才是一些最自私、最无情、最冷血的动物，除了他们的艺术专业，他们什么都不关心，为了他们的艺术事业，他们什么都可以牺牲掉。

对哲学家来说，这简直就是当头一棒。拉摩的侄儿说得有没有道理呢？他的这个想法与他自己的处世哲学又有怎样的关系呢？

4. 自暴自弃是一种怎样的自我作贱

拉摩的侄儿因为自己不是天才而对天才愤愤不平，由于这样的心理，我们可以用"嫉妒恨"来解释他攻击天才的动机。但是撇开这样的动机，他说的话并不是没有道理的。他说："天才们只精通一件事，除了这件事之外，便什么事都不会。他们不晓得怎样做一个公民、父亲、母亲、兄弟、亲戚和朋友。"不仅如此，"我将会证明给你看，这下界的不幸，常常是由某些天才带来的"。他举了一个大臣的例子，这位大臣是一位天才，"他能够像一加一等于二那样清楚地给我们证明：没有什么比谎话对人民更有用，没有什么比真话更有害"。[1] 对这位大臣，拉摩的侄儿得出这样一个结论："天才是可憎恶的东西。如果一个婴儿在出世时，额头上就带有这个危险的天赋的标记，那就应该或者把他活活地闷死，或者把他投到水里去。"[2]

今天我们知道，德国纳粹的宣传专家戈培尔就是这样一位能证明"谎话有用，真话有害"的天才，他专精的就是谎言宣传这件事，虽然不能说后无来者，但可以说绝对前无古人，在说谎和欺骗的艺术上，他绝对是有"原创力"的。这样的洗脑天才和谎言大师最好还是从来不曾出现在这个世界上，他们的存在便是人类的一大祸害。

但是，并不是所有的天才都是如此，所以拉摩的侄儿"活活闷死"天才婴儿的那番话顶多也就是气话而已。哲学家不同意拉摩的看法，他发表一番反驳的意见，表达启蒙时代对天才的乐观期待。狄德罗让哲学家为启蒙理念代言，可以说是为了让启蒙理念里的"天才"观念有一个被重新思考的机会。

哲学家认为，天才对他自己周围的人没有好处，甚至是个麻烦，但这并不等于他们对社会无益。人们是因为得益于天才的社会贡献，而不是因为天才对其家庭的贡献，才肯定天才的。这位哲学家说："没有大智不带着一点狂，可是他们却不能不令人惊异叹服……他们将是和他们在一块生活的那些民族的光荣；迟早人们会给他们建立纪念像，把他们看作造福人类的救星。"[3] 这番话让我们想起像乔布斯这样的天才，他是个让周围人都头疼的怪人。哲学家的意思很清

1　狄德罗著，江天骥、陈修斋、王太庆译，《狄德罗哲学选集》，第222—223页。
2　同上，第223页。
3　同上。

楚，那就是任何一个时代都需要天才，没有天才社会就没有原创力，就会丧失进步的活力。所以，我们应该容忍天才的"狂"和"怪"，因为没有这样的"狂"和"怪"，他们就会和你我一样平庸，成不了天才。

这位哲学家还认为，天才活着的时候，经常不能被社会认可他们的价值，但历史证明真理在天才一边。他用苏格拉底的例子来证明自己的观点："那个使一种普遍流行的错误失去势力的，或者令大家接受一种伟大的真理的天才，永远是值得我们崇敬的人物。也许这位人物会成为偏见和法律的牺牲品：可是有两种不同的法律：一种是绝对公正和普遍的，另一种是特别的，它们只由于人类的盲目和境遇的需要才得到批准。后一种法律只令违犯它们的人受到暂时的耻辱，时间会把这种耻辱反转过来，落在那些法官和国家的身上，永不消除。在今天看来，究竟是谁的耻辱，是苏格拉底的抑或是那位令他喝毒药的法官的耻辱呢？"[1]

哲学家的这番话没有能说服拉摩的侄儿，侄儿说："这个对于苏格拉底有什么好处呢？难道他因此就不是被判罪了吗？不是被处死了吗？"[2]天才对于一个因表现天才而被处死的人来说又有什么好处呢？

天才会有一种自欺欺人的想法，认为一个社会如果不识某个天才，那么损失的是社会，而不是那个天才。其实并非如此，如果天才在表现出自己天才的时候，或者因为表现出自己的天才死了，那对他自己来说完全是白死。这就像一种痴汉爱上一位风尘女子，因为被拒绝，被不当一回事就去轻生一样。现在有人说，屈原为不能赏识他的楚王或楚国而死，不值得，是白死。这个逻辑与拉摩的侄儿是一样的。你说他说的一点道理都没有吗？那也未必见得。

<hr>

[1] 狄德罗著，江天骥、陈修斋、王太庆译，《狄德罗哲学选集》，第224页。
[2] 同上。

拉摩的侄儿是个道德虚无主义者，他自我糟践，自暴自弃，但是他并不害人，所以读者对他并没有反感，这也使他的种种奇怪言论增添意想不到的说服力。哲学家劝他不要用完美之人的标准去要求天才，"一个愚人比一个聪明人更容易做坏事"，即便天才通常是"无礼貌的、难以相处的、乖戾的、不可容忍的……甚至是品质恶劣的"，[1] 但也还没有到"该把他们淹死"的程度。

但是，人们对于天才的要求标准似乎永远高于平常人，平常人中当然没有完美之人，但天才不同，人们习惯于将天才神化和理想化，将天才的标准如此拔高的是天才观念本身。至于拉摩的侄儿，他鄙视的正是这种被神话和理想化的"天才"。你说他是妒忌恨也好，目光短浅没有社会观念也罢，反正他认为普通人比天才对周围的人更有益。

侄儿承认自己是活在一个庸人和俗人的世界里，他衡量这个世界的标准就是能否对他自己有用。他坦言道："我以为事物的最好的秩序就是需要我在里边的一个秩序，如果我不在里边，即令最完美的世界，也是毫不足取的。我愿意存在，甚至做一个厚颜无耻的好辩者而存在，也比不存在的好。"[2] 他对哲学家说，你认为"天才很重要，你认为'一千年之后（天才）将仍然令人流泪：他将在世界上一切国家里引起人们的惊奇、感叹；他将鼓舞人们的同情心、怜心、慈爱'，但对我这样的人来说，这种一千年以后的事情还不如今天管我一顿饱饭，你认为世界应当进步、应当变好、应当和平、应当完美，而我认为世界变好关我屁事，反正在我活着的时候世界不可能变好，那我死了以后世界变好有什么用"？[3]

在这里我们看到启蒙理想与普通人日常需求和愿望之间的巨大

1 狄德罗著，江天骥、陈修斋、王太庆译，《狄德罗哲学选集》，第 224 页。
2 同上，第 228 页。
3 同上，第 226—227 页。

差距。拉摩的侄儿把这里面的荒诞明明白白地说了出来。启蒙理想本身并不荒诞，普通人日常需求也不荒诞，荒诞的是这二者的脱节，甚至南辕北辙。启蒙理想的理性和真实固然高尚，但在一个不说谎办不成事的社会现实中，讲理或者说真话给你带来的不仅是麻烦，还可能根本就是灾难。

普通人不关心天才人物告诉他们未来的美景和进步有多么美妙，但他们对天才人物却抱有一种如饥似渴的好奇和兴趣。他们对天才有兴趣，不是因为自己也想变成天才。他们知道自己不是那块料，他们爱打听关于天才的糗事和任何有关天才人物缺德的故事。反智是平庸大众的天性和标配，这倒不是因为他们自己比天才人物更高尚，更重视美德，他们自己就经常糗事多多，相当缺德，而是因为天才人物的糗事和缺德让普通人有机会能拉近自己与天才人物的距离，把天才拉到跟自己一样低下的水平。

拉摩的侄儿是个缺德的人，他攻击天才人物的缺德，以此作为一种乐趣，并非是要显示他自己多么高尚，而是不想给天才人物任何一个沽名钓誉、浪得虚名的机会。侄儿坦承自己是个混球，那些有钱人愿意款待他，正是因为可以拿他当一个作乐的混球。如果他不混，他们早就把他踢出去了。他对哲学家说："没有我来使他们发笑，他们会过得像狗一样无聊。"[1] 他为他们搞笑，他们赏他一顿饭吃。

他嘲笑那些有钱人，他也挖苦他自己，他这样淋漓尽致地描绘自己的滑稽处境："我和他们配合得真是妙极了。……只要我离开一会儿，他们就挂念着我。我是他们的小拉摩、他们的漂亮的拉摩，他们的滑稽的、厚脸皮的、无知识的、懒惰的、贪食的拉摩，他们的小丑，他们的大傻瓜拉摩。每一个这些亲昵的形容词都带来微笑

1　狄德罗著，江天骥、陈修斋、王太庆译，《狄德罗哲学选集》，第233页。

或是抚爱，肩膀上轻轻一拍，一个耳光，脚踏一下，在吃饭时把少许好吃的东西投到我的菜盘上，在饭后别人对我随便一点，我也毫不在乎地接受了：因为我是无所谓的。人们对于我，和我一起，或在我面前，可以为所欲为，我并不介意。"[1]

我们看到，拉摩的侄儿是一个自我糟践、自暴自弃的明白人，他不是不知道什么是荣、什么是耻，也不是不知道一个正常人与小丑或傻瓜之间的区别，他并不愚蠢，他全知道，也全明白，只是他不在乎。他的心态和行为颠覆启蒙理性的一个根本信条：人如果摆脱愚蠢，知道对错，就可以避免犯错。康德认为，人只要摆脱加于自己的愚昧就能成熟起来。狄德罗让我们看到，人不能成熟起来，有时候不是因为愚昧，而是因为"懒惰"，或者更恰切地说，是因为自暴自弃，自暴自弃是人的一种最可怕的自我糟践。

哲学家对拉摩的侄儿说，你选择过仰人鼻息、得过且过地混日子，虽然看上去快乐，但却是"最不安定和最不端正的生活"。拉摩的侄儿回答说，但对于我这样的人，一个懒汉、一个傻子和一个无赖的性格，却是最合适的。[2]

侄儿的逻辑是，与其强迫自己，让自己勉强道德起来，还不如听其自然，过一种随性而为的"不良"生活。他说："既然我能够通过为恶而得到快乐，而这恶习对于我是自然而然的，是不费劳力而获得的，是不用努力而巩固下来的，是和我们同胞的习俗相配合的；并且和我的保护人的趣味相投合的，比起讨厌的德行来，我的恶习和他们的琐屑更为一致的。德行会只从早到晚地向他们唠叨，令他们为难；既然如此，要是我为了把自己改变成另外一个人，为了获得一个对自己陌生的性格，就像个被判入地狱的人一样使自己

1 狄德罗著，江天骥、陈修斋、王太庆译，《狄德罗哲学选集》，第 232 页。
2 同上，第 231 页。

受苦刑，那就是最奇怪不过的了。"[1]

而且，他认为自己并不是唯一这样生活的人，他只是这样生活的人当中最诚实、最透彻的一个。他只是把别人不敢对自己承认的真情说出来而已，而其他人则是对这样的事情保持一种集体沉默。他说："人们歌颂德行，但人们却憎恨它、躲避它，它是冷冰冰的，而在这世上人们必须使自己安乐舒适，并且这样就必然会使我的脾气变坏。你晓得为什么我们常常看见虔诚的人这样冷酷，这样可厌和这样地难以亲近吗？因为他们勉强要实行一件违反天性的事，他们因此受苦。当一个人受苦的时候，他就会使他人也受苦。"[2] 所以，那些勉强他人行善为业的人，牧师、道德学家、思想辅导员等，经常有心理变态的问题，人们虽然在心里讨厌他们，但又不能不与他们敷衍，这是一件相当痛苦的事情。

拉摩的侄儿虽然说起话来像是个无赖，但他对人性之熟悉、思考之深入、对恶的艺术之精通、语言表达之透彻，怎么看都像是一位哲学家。美国南卫理公会大学（Southern Methodist University）教授乔·布朗斯在《论〈拉摩的侄儿〉的英雄和反英雄》一文中认为，[3] 故事里的哲学家和拉摩的侄儿之间并不是正角和反角的关系，而是像《堂吉诃德》里的堂吉诃德和桑丘那样的共存关系。

堂吉诃德想入非非，他在愿望上是一个英雄，但在行为上却是一个反英雄，他的愿望把他的行为带进荒诞之中。桑丘是堂吉诃德的随从，他是个头脑实际的人，但是他却要求堂吉诃德让他当一个小岛上的总督。堂吉诃德头脑清醒过来的时候，桑丘为了自己的总督梦，反而希望堂吉诃德继续头脑迷糊、神志不清。因此，这两个

1 狄德罗著，江天骥、陈修斋、王太庆译，《狄德罗哲学选集》，第 257 页。

2 同上，第 257—258 页。

3 Jo Brans, The Dialectic of Hero and Anti-Hero in Rameau's Nephew and Dangling Man, *Studies in the Novel*, Vol. 16, No. 4, 1984, 435-447.

角色看起来完全不同，但其实你中有我、我中有你。哲学家和拉摩的侄儿也是这种关系。哲学家看似像那个做着启蒙之梦的堂吉诃德，而拉摩的侄儿则看似像是梦外的桑丘，但他们在一起，展开的是一场关于启蒙之梦与现实关系的哲学交谈，而不是一场谁是谁非的道德辩论。"交谈"（dialogue）本来就是一种必须互有善意、相互理解才能继续下去的思想交流。我们需要把《拉摩的侄儿》当作这样的交流，而不是你对我错的辩论来阅读。

二十一 卢梭《论人类不平等的起源和基础》《社会契约论》

1. 文明与腐败

18 世纪是一个启蒙的时代，人们对科学和文明能改良人心与社会，充满信心和乐观。在那个时代，卢梭（Jean-Jacques Rousseau, 1712—1778）是一个异类。他的立场正好与主流观点相左，他提出一系列跟文明与腐败、社会与人心、腐蚀与修复、纯真与成长等有关的问题。

卢梭 1712 年出生在瑞士日内瓦，父亲是个钟表匠，算得上出生低微，中年出名，但晚年却是孤独的，始终受到当局的严密监视。虽然他与出入宫廷的伏尔泰和出生贵族的孟德斯鸠被后世同称为"启蒙三杰"，但他低下的非主流的边缘社会地位意识始终主导着他的思考和写作。

从一开始，卢梭就提出一个骇人听闻的观点，人的道德世界不是在变好而是在变坏。他认为人天生是美好和善良的，而使人道德堕落的正是几乎所有人都在赞美的艺术、科学、商业等所谓文明力量。这样的观点在《论人类不平等的起源和基础》（下简称《起源》）一书里得到淋漓尽致的发挥，我们看到的是纯真的人类祖先与颓废的现代欧洲人的鲜明对比。

在卢梭写作的时代，欧洲人对北美印第安人部落的困境充满好奇，16世纪的新大陆探寻者所描绘的土著人民生活是物质简单但精神丰富的。那是一种人际关系密切、平等而有宗教信仰的自然社会。但是，不过几十年的时间，欧洲人带来的文明却毁掉原初的土著社会，也毁掉自然状态下的善和好。欧洲人带来的枪支、酒精、珠子、镜子成为土著民竞相追逐、互相攀比的东西。原本和谐的社会变得四分五裂，嫉妒、仇恨、贪婪毒化他们的社会，酗酒、犯罪和自杀率节节攀升。这些都成为《起源》的思考素材。

卢梭对自然状态下的善和好情有独钟，这也激发他对儿童问题的兴趣，他于1762年写了一本关于儿童教育的书《爱弥儿：论教育》，成为一本育儿的经典著作。他提出，儿童天生是好的、善良的，培育儿童的关键在于使他们免受社会的腐蚀。教育应该以孩子而不是学校或外加的教育目标为中心。今天许多中国父母一定会觉得，卢梭道出儿童教育的真理，因为社会的影响实在是太坏。

有意思的是，卢梭还倡导母亲母乳喂养婴儿，他认为母乳喂养婴儿，能提升道德感受，自然的情感会在每一个人心里被唤醒，国家便会有新的一代。不管他的说法有没有科学根据，连一向鄙视母乳喂养的富人和贵族也都投入一波母乳喂养热；画家更是纷纷推出母乳喂养婴儿的画作。可见当时卢梭的影响力之大。

卢梭推崇自然状态下的人，他的小说倡导和赞美的当然也是人的自然激情和自由感受。他以这些为文学创作题材，而不是人们平时眼中的丰功伟绩或重大社会事件。他1761年的小说《朱莉，或新爱洛伊丝》里描述一位上流社会女子的情感危机，她热恋着自己情感丰沛的老师，却被社会的陈规陋习束缚在她所厌烦的贵族丈夫身边。卢梭的同时代人也许会认为朱莉是个愚蠢的女人，她的感情不过是一时冲动。但是，卢梭却是热情赞美这位女子，深情地描绘她那坦率、深沉、崇高的自然激情。卢梭在自传《忏悔录》里也是以这样一种坦率和激情回顾自己的以往，他把揭示人的内心情感，包括他自己的情感，当作他为人类服务和贡献的特殊方式。他说，我把一个跟他们一样的人写给人们看，为的是让他们也能认识自己。

卢梭于 1778 年去世之后声誉日隆，他是法国革命的英雄，他成为 19 世纪许多艺术家和作家的偶像，也被视为浪漫主义之父。浪漫主义不只是一种文学风格，更是一种看待历史、人类和社会价值的方式：原始优于文明、纯真优于世故、儿童优于成人、同情优于算计、激情的爱优于没有爱情的婚姻。今天，尽管我们生活在汽车、iPhone、互联网的科学时代，尽管我们变得越来越理性，越来越善于为自我利益精细盘算，为升官发财合理计划，但在我们心里，哪一个没有一片浪漫主义的绿洲，哪一个不是像卢梭那样对真、对善有所向往？好吧，现在就让我们怀着这样一份心情来阅读卢梭的《起源》吧。

《起源》是一部 18 世纪的"推测历史"（conjectural history），是一部具有哲学性质的历史，是对历史的哲学重构：尽管它不是过去真实发生过的事情，但可以推理它必定发生过。这样的历史对我们有一种特殊的重要意义，因为它具有一种非常清晰、扼要的不为现实细节干扰的思辨逻辑。

"推测历史"是 18 世纪 90 年代由苏格兰启蒙哲学家杜格尔德·斯图尔特（Dugald Stewart，1753—1828）提出的一个说法，它不同于我们熟悉的"叙事历史"。"推测历史"是通过假设来寻找某个历史过程的自然原因，以便对历史进程作出推测或理性的解释。所以不能拿它当叙事历史来阅读。

卢梭在《起源》里讨论自然人如何被文明和社会败坏和腐蚀，这不是真实的历史，而是他的一种理论推测。而在这一推测中，贯穿着卢梭对人性本善的观念。他认为，人天生是自由的，人性本善，

二十一　卢梭《论人类不平等的起源和基础》《社会契约论》

自然人是"高贵的野蛮人",是历史中演化的文明和社会败坏了人类。人类的恶性和恶德都是后天学习和培养的结果,人对自己在历史过程中的腐败和沦落应该反省克念,虽无须去尽人欲,但应该区分虚妄的和正当的欲望,也就是他说的"虚荣"(或"自爱")。了解人的正当欲望是为了回归人的自然本性,恢复人的自由,并由此形成较好的社会。

卢梭说的人性善有两个基本要素,一个是"自由",另一个是"同情"。自由可以转化为政治观念,而同情则可以转化为社会伦理。中国古人也有关于人性的理论,但在他们那里,你找不到像卢梭这样有价值的现代观念。

卢梭说,他提出人性本善,运用的是"科学方法"。但他在《起源》里有一句特别让人印象深刻的话,"首先让我们抛开事实不谈,因为它们与我们探讨的问题毫无关系"。卢梭所说的科学,它考查的居然不是事实,这一定会让许多人大吃一惊。

说起关于人的科学,有的人也许会想到像"统计学"这样的科学,但是,人性是善是恶,这个问题总不能靠数人头来回答吧。就算你点清理全世界的人头,也顶多得出这样一个结论,有的人善,有的人恶,这等于没有结论。

卢梭当然不会用这样的科学方法来回答人性善恶的问题,在他那里,认识人性善恶,意味着认识自然的人原来是什么样子。这才是他要发现的事实,这个事实不应当作历史事实,而仅仅是"假设的和有条件的推论"。换句话说,他试图揭示的历史是一种思想实验,就像一位根据现存的化石遗骨来推测动植物发展历程的地质学家。

卢梭将他采用的方法比作物理学家和天文学家思考宇宙起源时所用的方法。在世界起源的问题上,探究者没有任何经验或物理的证据。他只能在手头证据的基础上,提出某些假设和推想。他向读者宣告，他要告诉他们的人类故事是他从探究大自然中发现的：
"啊！人啊，不论你是什么地方的人，不论你的意见如何，请听吧！
这是你的历史，我自信曾经读过它；但不是在你的那些撒谎的同类
所写的书籍里读的，而是在永不撒谎的大自然里读的。"最初的人
类跟人们现在所知道的"人"是完全不同的，"我所要读的时代已
经远了，你已经改变了原来的状态，而且改变得多么大呀！我所要
给你描述的，可以说是你这一种类的生活。这种描写是根据你所禀
赋的性质，而这种性质可能已为你所受的教育和所沾染的习惯所败
坏，不过尚未完全毁掉而已。我得有这样一个时代，个人会愿意停
留在那里，你将会追寻你愿意整个人类在那里停留的那个时代。你
不满意你的现状……所以你或许愿意能够倒退。这种感情无异于对
你的始祖的颂扬，对你的同时代人的批评，而且也会使不幸生在你
以后的人感到震惊"。[1]

也就是说，现在我们看到的人都已经不是自然人，无法拿我们
现在看到的人来代替体现人性的自然人。而且，我们现在所知道的
只是败坏了的人，如果他们有自知之明，他们会宁愿倒退回到原初
的美好状态。所以，这里所说的"自然"不仅是一种初民的生存状
态，而是一种纯粹的没有被败坏的道德状态。《起源》开篇就引用
亚里士多德《政治学》里的一句话："凡属于自然的东西，我们就
不要在自然已经败坏的人的身上去寻找，而应当在行事合乎自然的
人身上去寻找。"尽管卢梭在许多观点上与亚里士多德反其道而行
之，但在这一点上他是同意亚里士多德的，那就是应该从人的自然
本性思考人的政治与道德。

因此，卢梭根据他的人性本善论，形成他独特的政治哲学理论。
卢梭所说的人性善也就是自然人性，它包含两个具体的内容，一个

1　卢梭著，李平沤译，《论人类不平等的起源和基础》，商务印书馆，1982年，第72—
73页。

是自由，另一个是同情（怜悯）。

第一，卢梭所说的自由也叫"自由能动"（free agency），人是一个自由的主体。他写道：人与动物有一个重要区别，"动物的行为完全受自然支配，而人却不然；人是一个自由的主体，他可以把受自然支配的行为与自己主动的行为结合起来"。

在卢梭之前，霍布斯和洛克也确认人的自由，他们所说的自由都是指选择的自由，是人运用自己的意愿而不受他人干涉的自由。卢梭同意这一点，但更进一步强调，人的自由是指人的可完善性（perfectibility）。"可完善性"是指人对变化可能所持的开放性，这是一种无限的开放性。人类不仅拥有选择要做什么的自由，还拥有选择人要成为什么的自由。人可以选择让人变得更好更优秀，这是一个很了不起的自由观念。

第二，卢梭认为，人类在自由之外还拥有同情。同情心是人的原初本性之一。卢梭发现一切物种都不愿意目睹同类的痛苦和疾患，人同样也会为陌生人的不幸而哭泣。哪怕观看明明是虚构故事的戏剧，人也会被剧中虚构人物的悲欢离合感动，为之快乐或感伤。理性告诉我们这些全是假的，但情感却让我们像真的一样激动。卢梭认为，尽管自然人温暖而富有同情，但许多人一旦迈入社会，这种美好的感情却很容易被其他更强的有害激情所压倒。这就是文明和社会对人的败坏和腐蚀，卢梭称之为"腐败"。

2. 自然人和自由人

卢梭把对人的探究称为哲学思考，在 18 世纪的启蒙哲人时代，这意味着，虽然他探索社会不平等的起源像是一项历史研究，但他的方法论是哲学推理而不是历史实证。对此，他写道："从一开始写这篇论文时起，我就怀着信心，以哲学家所推崇的权威学说之一为依据，因为这些学说是出自只有哲学家能够发现和感觉到的坚实和崇高的理性。"卢梭要思考的不是我们今天所熟悉的"人类进化史"，而是人类的败坏和堕落史，思考后一种历史，是为了更好地认识我们自己的人性。为此我们必须运用哲学，也就是我们的内部感觉，"只有这种感觉才能使我们返回到我们自己的真正尺度，使我们和身外的一切事物分开。如果我们愿意认识自己，正应该运用这种内部感觉，这是我们能够用来判断自己的唯一感觉"。[1]

自由和同情是卢梭认识人性的两项实质内容，也是他政治哲学的两个核心价值。他认为，体现在原初人类身上的人性是善的。人性之所以为善，是因为自然的人是自由的，而且自然的人有同情心。与自由和同情相违背的是奴性和残忍，奴性和残忍是恶的实质内容。卢梭把对自然和同情的背离称为"腐败"。这个腐败与我们今天所理解的腐败有相当的距离。

我们今天所说的腐败主要是指一种被委托以公共权力或权威的人有某种不诚实的行为，如公权私用、贪污受贿、侵吞公款、拉裙带关系、拥权自肥、知法犯法、滥用权力、收受贿赂，等等。这样的腐败有的是违法犯罪行为，有的是制度性的合法腐败。但是，腐败不只是涉及这类经济贪腐，而且还关乎政治和社会价值的全面败坏，卢梭称之为人的败坏。

制度的坏与人性的坏是有关联的。问题是，是制度败坏人性，还是人性腐蚀制度？这看起来是一个鸡生蛋还是蛋生鸡的问题。但是，既然卢梭认为人性本善，他也就认定是制度败坏人的自然本性。他是从漫长的人类演化史来看这个问题的，他说是那些诸如人的语言、劳动分工、宗教、习俗、社会等级、财产拥有方式等非常非常

卢梭著，李平沤译，《论人类不平等的起源和基础》，第 150—151 页。

久远的制度，其中也包括政治本身。他写道，"尽管有最贤明的立法者尽了一切努力，政治状态总是不完善的，因为它几乎是一种偶然的产物。而且因为它开始就不健全，时间虽能使人发现它的缺乏而提出一些挽救方法，但却永远不能补救组织本身的缺陷"。[1]

与卢梭不同，我们今天一般认为，是坏的政治（如专制），而不是政治本身才是对人性败坏的力量。与卢梭相比，18世纪启蒙时代的孟德斯鸠关注的也是暴政和专制制度对人性的败坏，对我们今天的启蒙具有比卢梭的制度—人性论更为直接的意义。孟德斯鸠所揭示的人性败坏——奴性、虚伪、狡黠、贪婪、欺软怕硬、厚颜无耻——是更为我们熟悉的人性败坏。阿伦特和其他极权主义研究者所关注的，也是这种与暴政和恐惧联系在一起的人性败坏。

卢梭和其他启蒙哲人关心人性的腐败问题，因为他们把人性当作"人的科学"，人的科学以人的心灵为圆心，画出到人类知识的整个圆周和全部领域。对人性的观察和思考，为启蒙运动的人学思想提供一个经验的基础。

卢梭认为，政治、经济、社会的种种腐败，都是因为人性先已腐败才发生的必然结果。建立好的制度可以遏制腐败，但如果人性没有改变，再好的制度也会变质。光靠制度是不能消除腐败的。在这里，他说的是晚近或当下的制度。

在卢梭看来，人性既然可以变坏，也就应该可以变好，改变败坏的人性是卢梭的一个政治哲学理想。许多论者认为，这是浪漫主义的。是的，在人性可以改变这一点上，卢梭展现出他广为人知的"浪漫主义之父"的一面。

卢梭的人性可以完善的观念，是他与霍布斯和洛克的一个重要区别。霍布斯和洛克的政治哲学也都是从某种对"自然人"的推测

1　卢梭著，李平沤译，《论人类不平等的起源和基础》，第131页。

开始的，霍布斯的自然人具有恶的本质，他们是丛林里的野兽，不可信赖。所以才需要缔造政府，防止人们互相残杀。洛克的自然人不具有固定的善或恶本质，人性是一块有待写上字的白板。人是自利的，但有道德感，有理性。理性通过经验得到发展。因此，个人基本上是可以信赖的。人缔造政府、信赖政府可以增加个人的利益，保护他们的自由、生命和财产。

霍布斯和洛克推测自然人状态和人性，是为了证明他们那个时代的政府行为是正当性。霍布斯要证明专制政府是正当的，洛克则要证明为保护个人生命和财产而存在的政府是正当的。卢梭描绘自然人的状态和人性，则是为了另一个不同的目的，那就是解释人类不义的起源，并谴责人的腐败现状。霍布斯和洛克是为现状提供正当性，卢梭则是对现状提出批评和谴责，这就是卢梭的批判性和革命性所在。他与激进的法国革命关系最密切，不是偶然的事情。

当然，我们今天能够意识到，卢梭所说的自然人状态是一种诗意的模型，他将人的堕落与否定正统宗教的世俗主义结合到一起。这个模型讲述人如何失去天堂（自然状态），并如何在未来可能通过社会契约恢复天堂。

与传统的基督教观点不同的是，卢梭所描绘的失去天堂和恢复天堂都发生在人间，而不是发生在伊甸园或上帝所在的天上。卢梭所期待的变化也不是依靠上帝的圣恩，而是通过人性的某种变化来实现。这与共产主义塑造新人的理想也颇为相似。

塑造新人，改造人性，这样的理想初看起来很高尚、很迷人，很有浪漫主义的吸引力。当年很多觉悟人士都是受这样的理想感召才投身革命队伍的。他们积极改造自己的思想，用教育或强制的方式改造别人的思想，相信他们自己是用特殊材料造成的新人，是他们打烂旧世界、建立新世纪的宏伟工程的工具和武器。这个工程有没有成功，社会和人是变得更好还是更坏，我留给你自己去思考。

让我们回到卢梭的人性观。霍布斯和洛克认为人性是永恒的，没有发生变化的可能。与他们不同，卢梭提出，人性经历若干各有特色的不同阶段在不断变化。但他认为，迄今为止的变化所导致的，是人性的衰退而不是进步。这种衰退，就是卢梭所说的人的腐败。它的社会表现就是人类社会的不平等。《起源》分为两个部分，第一个部分是重构自然人，第二个部分是讨论不平等是如何一步步发展起来，毁掉自然人。

卢梭的"自然人"没有语言、没有邪念，但也没有理智能力。他们有人天生的自由和同情，因此，他们虽然野蛮，但却高尚，是高尚的野蛮人。在历史的变化中，野蛮人变文明了，但却失去自由和高尚。卢梭认为，只有剥离人现在的腐败，才能看清自然人原来是什么样子，腐败不是一种固定的状态，而是一个过程，既是心灵的过程，也是政治的过程。

首先，腐败过程发生在人的心灵里，这是因为人的欲望受到不当的外来影响，有了新的"需要"，开始受制于"自恋"（amour proper）。自恋是卢梭创造的一个重要概念，用来区别自然人性中的"自爱"（amour de soi）。"自爱"是自然而正当的，人都是爱自己的，人要生存和繁衍后代，就必须满足一些基本的需要。人照顾自己的这些需要是自然的，并没有错。自然人爱自己，有哪些基本需要，他自己知道，用不着别人来告诉他，他也用不着拿别人的眼光来看待自己。

但是，"自恋"不同，自恋是一种虚荣、自负、虚伪。自恋是用别人的眼光来看自己和自己的需要，你本可以骑自行车去上班，并不需要汽车。但是，你看别人都有汽车，而且是豪华的好车。你就以为自己也需要这样的车子，不然就会低人一等。这是你的自负心在作祟，并不是你真的有那个需要。"自恋"会引发一系列不良心理，如骄傲、虚荣、势利、嫉妒、幸灾乐祸。卢梭在《起源》的

第二部分里说，现代人只不过是一种欺骗和轻浮的外表，没有美德的荣誉，没有智慧的理智，没有幸福的快乐。

其次，腐败也是一种政治现象。卢梭认为，现代社会的特点就是富人用各种诡计来愚弄和压迫穷人，所以富人越来越富、穷人越来越穷。人在自然状态和早期社会里是平等的，但现代社会使人越来越不平等。不平等会使人丧失自由，这种腐败是政治制度性质的，与官员的操守无关。

在财产问题上，卢梭与洛克形成鲜明的对比。洛克把财产与自由和生命一起视为人最宝贵的自然权利。洛克认为，一个人如果在自然存在的物体里加入自己的劳动，那么这个物体就成为他个人财产，别人不能侵犯。这个理论有两个前提：第一，人必须只取自己所需要的，而不是更多；第二，人必须对自己的财产负责，不能浪费。在洛克那里，财产不仅是生存的条件，也是自由的条件，有了财产的保障，你不需要仰人鼻息，别人就没有那么容易控制你，从而剥夺你的自由。

卢梭认为，财产的原罪在于财产创造社会和不平等。《起源》第二部分的第一句话就是"谁第一个把一块土地圈起来，硬说'这块土地是我的'，并找到一些头脑十分简单的人相信他所说的话，这个人就是公民社会的真正缔造者"。那些建立社会并首先创造财产的人欺骗了他人，他们的继承人以类似的方式行事，以便能够为自己获得长期的保障，保证他们以不平等方式来占有私有财产。

在卢梭那里，人群的集合是一个"文明"，而不是像洛克所说的政治过程。在某个并不明确的时候，原始生存开始逐渐转型，变成卢梭所说的文明。这种转变的最早标志是，虽然还没有社会，但人们开始聚集到一起。出于许多与生存需要相关的原因，孤立的原始人离开他们孤独、流浪的状态，形成核心家庭（nuclear families）。他们定居在简陋的小屋中，从而建立起土著社会。这样的社会被视为仍然是自然的。但是，这样的自然状态逐渐被劳动分工、语言、私有财产、不平等破坏。自然秩序被文明代替。

在文明秩序中，富人制定对他们自己有利的法律，他们不仅榨取穷人的劳动成果，而且拥有权力，迫使穷人去进行对富人有利的战争。嘴上说的是法律面前人人平等，其实是隐藏着许多的经济和社会不平等。例如，法律同样禁止富人和穷人沿街乞讨或者武力抢劫，但富人本没有必要这样做。所以，尽管法律被制定出来平等地适用于每一个人，但实际上更经常受到法律惩罚的则是穷人。

文明用财产权和法律将人们束缚在不平等的锁链上，从根本上改变人们最初的原始本性。但是，卢梭并不把这看成是人性的终结，他把这看成是一个过渡的人性。

那么，这是一种怎样的过渡，这种过渡最终会走向哪里呢？良性变化的道路又在哪里呢？

3. 如何交出自由，但仍然自由如初

卢梭把在文明历史中形成的腐败人性看成是一个过渡人性，人不再珍惜自由，不再相互以同情心相待。在卢梭看来，这些都是因为，一旦私有财产和劳动分工得到确立，对人的压迫和奴役也就不可避免。那么，这是不是人的宿命呢？人会甘愿在这样的悲惨状态下让历史终结吗？要是不甘愿于如此，是否要回到原初的自然人和自然状态中去呢？

卢梭对这些问题的回答都是否定的：腐败不是人的宿命，也不是历史的终结，但回归自然状态已是不可能的了。所以必须设想改善人性的条件和方式。

卢梭认为，被当下文明腐蚀的残缺人性是一个过渡性的人性，人性是在变化的，并没有被当下环境凝固起来。虽然文明对人性有腐蚀作用，但文明也有它积极的另一面。语言、科学、艺术、信息传播和其他文明产物可以用来奴役人，也可以用来解放和造福于人，语言可以帮助人思考，科学和艺术可以激励人的自由想象和自由意识，信息传播可以增强人的批评和论理能力——卢梭自己的思想就是这样传播的。

卢梭认为，这些文明的成果可以用来打开奴役自由人身上的枷锁，释放他们被囚禁的自由意识。倘若有的人不愿意被解放，那肯定是因为他们受到"僧人或国王"的愚弄和洗脑，但他们必须获得自由。如果他们不愿意，用卢梭的话来说，那就只有"强迫他们自由"。

卢梭认为回到自然状态已不再可能。人回不去自然状态，就像不可能把家养动物放归山林一样。动物被放生后一天都挨不过去，它们的自我保存本能早就因为对人的依赖而变得迟钝。回不去自然的人只有一种选择，那就是生活在社会之中。现时代人性早已遭到社会的败坏，已经发生根本改变，从原始人性变成过渡人性，恢复自然人性已不可能，小鸡一旦孵化出来，就不可能再回到鸡蛋里去。出路在于沿着通往真正自由的道路再次进行变革。自然人的自由已经终结，现代人只能有现代人的自由。

什么是现代人的自由呢？如何才能获得这种自由呢？这些是卢梭在《社会契约论》里所要阐述的。《社会契约论》与《起源》是互为联系的姊妹篇。《起源》中的自由和同情在《社会契约论》里获得更为现实的政治意义和社会表现。

第一是自由，剥开文明的层层外壳，找到人真正的自我，这将为人提供实现解放的哲学基础，也是人拒绝留在奴役状态下的理由。拒绝被拘留在奴役状态之中，这是人重新获得自由的第一步。

《社会契约论》开篇的第一句话就是："人是生而自由的，但却无往不在枷锁之中。自以为是其他一切的主人的人，反而比其他一切更是奴隶。"[1] 人一旦成为他人的奴隶，就很容易忘记自己原本是生为自由之人，"奴隶们在枷锁之下丧失一切，甚至丧失摆脱枷锁的愿望；他们爱他们自己的奴役状态……假如真有什么天然的奴隶的话，那只是因为已经先有违反天然的奴隶"。[2] 自由是卢梭政治哲学的核心。

第二是同情，同情心是所有其他美德和良善情感的源泉，美德和良善情感能将过渡期的人团结成为一个共同体。没有这些，人便不可能有和谐和正义的生存。虽然人的良好情感被反社会性的文明锁链所捆缚，但是只要这些情感得到释放，人就能用有利于社会性的文明来互相合作，因此也就有了良性变革的可能。

卢梭要求建立一种新形式的共同体。它是政治的共同体，以自由为目标；它同时又是社会的共同体，以同情为基本价值。这两者合在一起，便是以自由和同情为基础的政治社会共同体。

卢梭说，人民必须找到一种新形式的共和体，它既能提供文明所带来的种种物质好处，又能为所有人而不仅仅是少数人提供稳定的秩序，保护他们的生命、自由和财产。同时，它必须让所有的公民都能充分参与并只服从他们的自由意愿，而不是来自外部的强制力量。这将使人民变得像在自然状态中那样自由，同时又享有新共同体的益处。在这种完美的社会结构中，过渡期的那种不自由的残缺人性也就能得到克服和纠正。

与孟德斯鸠不同，卢梭关心的不是如何通过分配权力，权力制衡和保障个人权利来防止暴政侵犯个人自由，他关心的不是政府权力的安排，而是政府权力的正当性。卢梭并不十分重视政府的形式，而将之降格为一种治理技术的选择问题。他所关心的始终是政府对

---

1 《社会契约论》，第一卷，第一章。
2 同上，第一卷，第二章。

人民或主权者的从属性质，用今天的话来说就是，人民是政府的父母，政府不是人民的父母。在卢梭看来，关键在于创建出这样的一种体制，使它永远准备着为人民牺牲政府，而不是为政府牺牲人民。最好的政府，是使其自有的意志服从和同一于主权者（人民）的意志。卢梭所要做的，并非是揭示人民为何"确实"服从管理他们的政府，而是解释为何人民"应该"服从，并以自愿的服从来体现自己是真正的主权者。这就是卢梭的人民主权论。

人民不应该服从任何一个用强制力统治他们的政府，他们只应该服从他们有自由意愿服从的政府。孟德斯鸠对美国宪法的影响在于分权和权力制衡，而卢梭的影响则在于"社会契约"的理念，那就是塑造社会的立法权力属于人民。

那么，什么是卢梭所说的"社会契约"呢？

社会契约是一种自由的人们结成的，可以交出他们自由的契约关系。人尽管是生而自由的，但是为了获得政治社会生活的便利和效率，结合成政治社会。为了实现结合的目的，人们在创制国家和政治社会过程中，每个结合者及其自身的一切权利全部都转让给整个的集体。

这个观点既不同于洛克的权利部分转让说，又不同于霍布斯的全体臣民把自己的全部权利让渡给一个人掌握的说法。在社会契约论里，转让是毫无保留的，因为毫无保留，"所以联合体也就会尽可能地完美，而每个结合者也就不会再有什么要求。因为，假如个人保留某些权利的话，既然个人与公众之间不能够再有任何共同的上级来裁决，而每个人在某些事情上又是自己的裁判者，那么他很快就会要求事事都如此……而结合就必然地会变为暴政或者是空话"。[1]

---

1 《社会契约论》，第一卷，第六章。

社会契约结成的共同体是对每一个成员的无条件的保护，卢梭说："一旦人群这样地结成一个共同体之后，侵犯其中的任何一个成员就不能不是在攻击整个的共同体；而侵犯共同体就更不能不使它的成员同仇敌忾。这样，义务和利害关系就迫使缔约者双方同样地要彼此互助，而同时这些人也就应该力求在这种双重关系之下把一切有系于此的利益都结合在一起。"[1]

显然，卢梭的自由和共同体观念与今天美国自由民主的自由观是有差异的。自由民主所强调的"自由"指的是，我是受公民权利保护的，政府如果侵犯我的权利，我就有自由不听政府的。卢梭的自由观与此有所不同，它强调的是，如果政府的行为是正当的，那我就应当听政府的，我自愿这么做，因为这是我作为一个公民的自由。自由民主的自由强调的是据理拒绝政府，卢梭的自由强调的是自愿服从政府。正因为如此，在美国这样的自由民主社会里，卢梭的政治影响非常有限。

人民为什么应该自愿服从政府呢？这个问题不会发生在卢梭所设想的那种原始自然社会里。那个自然社会实际上只是一种家族。在自然社会里，子女仍然依附于他们的父亲，因为他们仍然需要父亲的保护。一旦他们不再需要依附父亲，他们便开始组织各自的家庭。在这个"原始模式的政治社会"中，父亲就是统治者，而人民就是他的子女，子女们可以按照自己的需要运用在家里的自由。历史学家詹姆斯·麦克姆林在《统治者还是父亲？早期现代日本思想中的一个案例问题》一文中以日本社会为例指出，把统治者当作父亲是东方文化的一个特色，因此往往成为许多人的一种下意识思维方式。[2]但是，家庭与国家之间有一个极大的差别，在家庭里，父亲

---

1 《社会契约论》，第一卷，第七章。

2 James McMullen, *Casuistical Problem in Early Modern Japanese Thought*, Past & Present No. 116, Aug., 1987, 56-97.

照顾子女，得到子女的孝敬，但在国家里，统治者不可能像父亲疼爱子女那样疼爱他的人民，因此他不应该像父亲一样得到人民的孝敬。谁当统治者都不是为了像疼爱子女那样疼爱人民，这事实上是不可能的。那些争着当统治者的无一不是因为权力能满足他们的支配欲，还能维护他们自己的利益。

卢梭所说的"自愿服从"又被称为服从公理。公理就是共同体成员一致认可、一致遵守的道理。公理的体现是法律，不是君主可以用来对臣民予取予求、肆意霸凌的法律，而是人民参与制定、同意服从的法律。

国家的统治者要求臣民服从，必须运用他的权力和权威，若无公理，便是强权。卢梭认为，强权并不就是公理。一般人会以为，"服从权力"的意思是"权力"让我们怎样做我们就怎样做。这是不对的。权力只有代表公理，才能对我们发出必须服从的命令。因此，我们服从的不是权力，而是公理。

卢梭举这样一个例子来说明这个道理："一个土匪在森林的边缘抢劫我，他迫使我将我的钱包交给他。这时候，假如我能想出一个保住钱包的办法，凭良心说，那我会服从他吗？"如果强权等于公理的话，那么，这个答案就是"是"，因为，"他握着的那支手枪就是强权"。但是强权并非公理，只要我们有自保和抵抗的能力，我们断然不会听从这个土匪的要求。[1]

卢梭所倡导的自由是有一种"交出"但不"失去"的自由。既然不可能为了守护自由而回到人类的原初状态，那么当务之急就是建立一种能保护自由的新社会秩序。卢梭说："问题在于，如何建立一个共同体，以整个共同体的力量维护每一个社员的生命和财产，使得每一个人既可与其余的人连成一气，又可以只服从他自己，仍

---

1 《社会契约论》，第一卷，第三章。

像以前一样自由。"为建立这个共同体，每个成员交出自由，共同体一旦建立，每个成员则自由如初。[1]

保卫自由是"社会契约论"的正当性和合理性所在。社会契约是自然社会中的人所不可能有的。人们需要社会契约，不是因为它本身好，而是因为它有效，无效的契约再好也等于零。契约必须受到绝对的尊重和遵守，如果谁对它随便动什么手脚，加以什么限制，或塞进什么潜规则，那么它就会失去效能，成为一种欺骗。

卢梭所说的那种以自由为原则的社会契约，它要求共同体的每一个成员将他所有的个人权利完全交给整个群体。他的理由是，首先，唯有每一个人都完全放弃自己的权利，每一个人的条件才会平等。每一个人条件只要完全平等，就没有人想要使这些条件成为别人的负担。其次，只要这种自由交予做得毫无保留，所有人的结合就会变得十分完美，每一个成员也就不再有任何私利要求。相反，假如某些个人仍然保留任何对自己有利的权利，那么由于没有一个共同的权威来做公和私的裁判，每个人也都会提出一己之私的要求。此种情况愈演愈烈，结果要么流于空谈，要么沦为专制。

社会契约的目标是保护自由和防止专制，社会契约构成一个统一政治体，存在一种超越各成员个人权利之上的绝对意志。为此，卢梭提出他著名的"公意"观念。那么，"公意"究竟是什么呢？

4. 公意、众意、保卫自由

《起源》和《社会契约论》应该看作前后呼应的姊妹篇：在《起源》里卢梭讨论的是从自然状态向文明社会的转变，转变是如何发

1　《社会契约论》，第一卷，第六章。

生的，对人和人性有怎样的影响和后果；在《社会契约论》里，他讨论的是人在文明社会里可以怎样摆脱制度的腐败，从而建立一种能够维护自由的契约秩序。

卢梭在《社会契约论》里讨论的文明对人和人性有消极作用又有积极作用。从消极的方面讲，文明可以是人的自利心和剥削的结果，被一小部分权贵人士用于私利，他们通过创建政府和法律来操纵大众。这些法律，也就是文明的规则，取代同情心而成为道德的基础。所谓"文明"的规则促进劳动分工和私有财产，让一小部分人可以凭借特权攫取巨量财富，让贫富悬殊合理合法。遇到战争，当炮灰的基本上都是穷人，因为富人有权力派穷人去进行对富人有利的战争。法律能够将经济和社会不平等隐藏在"平等"的烟幕背后。例如，法律同样禁止富人和穷人沿街乞讨或者武力抢劫，但是富人当然没有这样做的必要。所以，尽管法律被制定来平等地适用于每个人，但在实际上则是穷人更经常受到法律的惩罚。

文明以这些方式将人们束缚于不平等的锁链上，不平等一开始就改变人们最初原始的善良本性，文明加剧不平等，成为加剧败坏人性的力量。越是这样，人也就越是成为完全是由自利欲望驱使的奴隶。他们被政府排除于真正的决策之外，从而使他们的人性被削弱。无论少数统治者看起来多么仁慈、在表面上多么愿意讨论政策，其实绝大多数人根本没有这个机会。文明还使得闲暇和奢华支配着社会时尚和价值，加剧人们普遍的虚荣心、嫉妒和攀比、唯利是图和争权夺利；越是这样，社会不平等也就越是加剧和恶化。

虽然看到文明对社会的败坏作用，但卢梭也还是认为文明有它积极的另一面。产生压迫的力量也可以帮助人们摆脱压迫，寻求解放。文明社会里的科学发现、艺术创造和工业进步，连同有用信息的传播，能够造福所有人，帮助他们改进批评性的推理能力和他们的语言能力，改善他们的社会性，也许还会促使他们考虑摆脱文明的锁链。过渡期的人有潜力成为充分发展的社会性动物，这种能力是他们的原始祖先所缺乏的。

卢梭在评论从自然状态开始的转型时认为，在文明社会里，在人们的行为中，正义代替本能，行为也就被赋予前所未有的道德性，"只有当义务的呼声代替生理的冲动，权利代替嗜欲的时候，此前只懂得关怀一己的人类才发现自己不得不按照另外的原则行事，并且在听从自己的欲望之前，先得请教自己的理性。即便在这种状态中，他被剥夺他所得之于自然的许多便利，然而他却从这里重新获得巨大的收获！他的能力得到锻炼和发展，他的思想开放了，他的感情高尚了。他的灵魂整个提高了"。因此，"若不是对新处境的滥用使他往往堕落得比原来的出发点更糟的话，对于从此使得他永远脱离自然状态，使他一个愚昧的、局限的动物一变而为一个人的那个幸福的时刻，他一定会是感恩不尽的"。[1]

在《社会契约论》里，人类从自然向文明的转折已经完成，卢梭只是向读者简单地交代说："由自然状态进入社会状态，人类便发生一场最堪瞩目的变化；在他们的行为中正义就取代了本能，而他们的行动也就被赋予前所未有的道德性。"[2]

原初的人凭自觉行事，但文明社会里有了"正义"的观念，正义不一定是关于某具体事情的是非、对错、正邪裁决。正义是一种更高的普遍观念，即世界上的事情有对错、正邪之别，人们可以在对错或正邪区分标准上意见不一，但不会否认有区分的必要和可能，这就是"正义"。卢梭认为，文明社会里的人一旦有了正义的观念，自然人的直觉良心的作用也就退居其次。

正义和法联系在一起，正义以法为其体现形式。从人的直觉良心转变为法的正义，正义代替直觉，合法的权威代替自然法，人已

1 《社会契约论》，第一卷，第八章。
2 同上。

经完全不是原初的样子。于是，便有了这样一个问题，怎么评价这个转变呢？这是一个是好是坏、是幸运还是不幸的转变呢？这些就是卢梭关心的转变正当性的问题。

在《起源》里，卢梭说这是一个不幸的转变，因为在这个转变中，人腐败了。在《社会契约论》里，卢梭说历史中发生的已经发生，没有办法再回到原初的自然状态中去，但这个转变也并不是绝对不幸的，只要能建立公民的契约社会，这个转变就会成为一种幸运的转变。

卢梭的这个观点不同于另外两种常见的观点。第一种是教条保守的观点，它坚持自然法，以为那就应该是文明社会的权威。这是错误的，因为自然状态已经不存在，也不可能重新复制。第二种是虚无主义的观点，它认为，既然自然法已不起作用，那就只能用实力代替正义，以暴力代替权利。这也是错误的，因为这样一来，公共权威的正当性基础就整个土崩瓦解。

卢梭认为，人可以建立某种形式的盟约，也就是"社会契约"，用共同的力量来保护和守卫每个加盟者的个人自由和财物。每个人都与所有其他人团结在一起，但仍然能只服从他自己的意志，因此能自由如初。

卢梭说，社会契约的好处是，"每个人把自己贡献给所有人，也就等于不贡献给任何一个人。由于每个人都像他一样付出那么多，所以他付出的与他获得的便是等价的。而众人加在一起的力量则更加能够保证他所拥有的"。[1]

社会契约能使自然转向文明成为一种幸运的而非不幸的转向，在这一转变中，所有人都有收获，而没有人会有损失。在社会契约共同体中，唯一可靠和正当的权威是每个加盟者自愿服从的。这是

---

1 《社会契约论》，第一卷，第六章。

一个建立在自由基础上的权威。

无论卢梭论述的是自然状态还是公民社会（契约社会），他强调的都是人的自由以及自由对于人是自然正当的。任何一个人放弃自由，都是违背人性的，剥夺一个人的意志自由，就是切除他对自己行为的道德感，没有自由就不可能有道德感。完全没有自由的人是什么缺德事都能干出来的。

但是，公民社会里的自由与自然状态中是不同的。在公民社会里，为了保护自由，人必须诉诸正义而不是直觉。这里就有一个悖论，人为了保护自己的自然的自由，他必须借助非自然的或后于自然的手段。这就是现代文明的正义。正义不是自然的，但正义使人们能够保护自然的自由。正义体现为法。在现代的社会里，法与自由应该紧密联系。

为了保护自由，卢梭主张必须订立不可侵犯的法律。这样的法律不是从外部强加于个人的，而是每个人在与所有人在一起时，自己要求自己遵守和服从的。遵守法律不是被动的，不是因为别人逼着这么做，或者因为害怕被惩罚。守法是自由、主动的行为，我守法，是因为我自己知道这么做是对的、是好的。只有这么对待法律，自然人才能成为真正的社会人。这也是卢梭著名的"公意"观念的基础。

公意（general will）体现为法律体系和法治制度，法律之所以代表正义，是因为法律的正当性来自它的普遍价值观。公意是所有人而不只是大多数人所愿意服从的。公意不简单是多数人，甚至不是所有人意愿的相加。大多数人意愿的相加叫"舆论"，卢梭称之为"众意"（will of all）。公意不同于众意，就如同正义不同于个人的直觉良心。

"公意"经常被解释得抽象难解，甚至成为一种诡辩，一个整体主义的陷阱：也就是所谓的"小我必须服从大我"。公意被曲解为一种取消个人意志重要性的集体意志，一种只讲集中没有民主的制度。

但是，这并不是对公意唯一可能的解释。这是因为，在卢梭那里，自由和公意是统一的，没有自由的"公意"其实只是打着"集体"旗帜在实行专制和奴役。公意有三种功能，它订立契约，支持契约，并决定法律。这些法律将由所有公民组成在固定、定期的公开大会上制定并颁布。公意是一种高尚的公共精神，公意是自由公民的公意，不是专制统治下臣民被胁迫的"集体意志"。

我们每天都能在社会生活里感受到对公意的需要。例如，我们需要真实、人权、正义、宪政法治、人的尊严。即使是那些为了私利而反对这些公意原则的人，也不会公开说自己要虚假和奴役，也不会主张不正义和无法无天，也不会让人随便欺负或当奴才使唤。这就是公意。

当然，人们可以对什么是真实、人权、正义、法治、尊严等有不同的解释，但是卢梭指出，每个人群形成的共同看法只是"众意"不是公意。众意是一定人数意愿的相加，不管人数有多大，众意都不等于公意。众意是包含私利的，公意则是超越私利的。

人们关注自己的私利，许多相同的个体私利聚集到一起，那就是众意，也叫舆论。但是公意不同，公意是超越个体的共同利益。不管你的私利如何，公意都代表你的利益。例如，一个人推销假药、说谎，因为这些符合他的私利，但他并不会希望生活在一个没有真实只有虚假和谎言的社会里。真实是一种整个群体的利益，是包括说谎者在内的共同利益。

同样，法治也是一种公共利益、一种公意、一种公共精神。法治不是指对你或对我有利的法，而是孟德斯鸠所说的"法的精神"。即便具体的法不符合你的私利，你也不会说，好吧，让我们生活在一个没有是非、善恶不辨、无法无天的世界里吧。当然，如果你掌握巨大的权力，想干什么就能干什么，你也许会不把法律放在眼里。但是，在一个权力无法无天的国家里，你就没有落难、被人欺负、需要法律保护的那一天吗？一个国家的当权者平时不拿宪法当一回事，但他们自己在遭受残酷肉体折磨时，也会拿出一本宪法为自己的公民权利辩护。但是，在没有法的精神的国家里，那又有什么用呢？

公意的"公"在于它的正义目标具有普遍意义和普遍价值，是具有普世性的社会共善。真实、自由、平等、尊严、法治、人权都是这样的公共之善。就算有人出于私利加以反对，这样的公意也仍然是公共之善，因为反对这些公共之善的少数人并不会希望非正义的灾难发生在他们自己或他们的家人身上。

公意有两个特征。第一，公意就算是没有人在说，没有人倡导，或者甚至被暴力禁止，也还是存在的，公意不会因此消失。第二，只有当公意在一个社会里被普遍承认、被普遍认同的时候，它才能起作用、才能有操作性。所以，公意的实现需要有好的政府，也需要有公民的自我治理，这二者是相辅相成、缺一不可的。

卢梭把社会共善概括为自由和平等。自由是因为可以确信，国家政府不会对你使用暴力，平等是因为所有人都是与你一样的公民。特别重要的是，没有平等就没有真正的自由。真正的自由只有在经济相对平等的条件下才能实现，解放有财富的人并不等于解放所有的人，一个好社会必须对所有人都是好的，而不只是对拥有财富者才是好的。

这是卢梭对自由的一个了不起的认识。如果说，在一个政治自由有法律保障的国家里，巨大的贫富差距会剥夺贫困者的自由，那么在一个政治自由没有法律保障而贫富差距又更加巨大的国家里，贫困者又会生活在怎样的奴役状态中呢？社会的极端贫富不均，不仅让千千万万的贫困者失去做人的自由，而且更是撕裂整个社会的价值观。人们不再相信正义、公众、自由、平等、尊严是对他们有任何现实意义的公意和公共精神。这样的社会，用卢梭的话来说，是一个丧失共同目标的社会，一个被彻底腐败但又找不到出路的社会。你在这样的社会里会幸福吗？这是每个读者都需要自己去回答的问题。

二十二　康德《什么是启蒙》

1. 康德与卢梭，道德哲学

说起康德，你也许有一个畏难的想法：这么难懂的哲学家，读都读不下来，读他有什么用？畏难情绪对阅读和思考都会有负面影响，所以我想先从两个方面来打消这种畏难情绪。

第一是先说说康德这个人和他的道德观念，康德是和我们一样有血有肉的人，不是不食人间烟火的知识怪物。他的道德观念更是世俗的，与我们的生活世界息息相关。

第二是把康德和我们刚刚阅读过的卢梭放到一起，做一些相关的比较，有卢梭这个熟人来引介，康德也就不那么陌生了。卢梭是康德特别敬重的思想家，我们的阅读会集中在康德的伦理思想，伦理思考是我们今天特别需要的，也是康德明显受到卢梭影响的方面。

康德（Immanuel Kant，1724—1804）出生在 18 世纪的普鲁士，他父亲是一个制作鞍具的手艺人，家里日子并不富裕。康德自己一辈子没有挣过大钱，他生活简朴，但很快乐，一直到 50 多岁，才成为一个拿全薪的教授，过上体面的生活。

康德的父母都是非常虔诚的基督徒，康德自己对宗教并没有多大的热诚，但他对宗教帮助他父母克服生活中的种种烦恼，满足其精神需要，却是有着很深的体会。康德认识到，宗教对维持群体和提供凝聚力有很重要的作用。

康德从小身体羸弱，人又长得丑，但他特别喜欢交朋友和社交，有朋友批评他派对和聚会去得太勤。他参加朋友聚会，会提出一些关于交谈和交往的规则，如在聚会开始，朋友们应该互相讲故事，谈谈最近的见闻和感想，然后就其中的问题或议题展开讨论，这样彼此融洽，既是朋友又是学术同道。然后，大家要尽情快乐，欢欢喜喜地离别。

康德《答复这个问题："什么是启蒙运动？"》（以下简称《什么是启蒙》，1784）一文就是一篇答复学术同道的文章。他在这篇文章里倡导的是世俗的启蒙。他理解宗教的衰落不可避免，但也为此感到担忧。他对人性的看法是悲观的，认为人有为恶的"自然倾向"，人的天性中天生就有腐败和不善的东西。歌德对此甚为不满，挖苦道，康德已经"把口水滴在哲学家的长袍上"，在上面留下"根本之恶的可耻污点"。[1]

其实，康德对人性的评估是贴近现实的，人性中有不善的东西，但是人可以用自己的理性而不是祈求神恩来限制和改变这些不善的东西。他一生所思考的就是如何用理性去代替宗教。他的伦理哲学是理性的，不需要借助传统的神学。他认为，宗教虽然满足人的道德需要，对规范人们的道德行为发挥作用，但却是建立在错误的基础上，不能涵盖所有人的道德需要。不管信不信宗教，人都有道德需要。

基于人的普遍道德需要，康德提出他最为著名的"定然律令"，又称"道德律令"（categorical principles）。简而言之，道德律令也

---

1 彼得·盖伊著，王皖强译，《启蒙时代（下）》，第160页。

就是"己所不欲，勿施于人"的普遍原则，世界上的主要宗教都有类似的道德原则。道德律令适用于所有的人，与只是适用于某地某国之人的道德规范或习俗是不同的。普遍性也就是客观性。

"道德律令"是客观的，超越个人利益的价值，无论我们的欲望与目的何在，我们都必须去执行。康德说，要知道一个道德原则是不是具有普遍性，你把自己放在行为的受害者位置上试试就知道了。你跳出自己的利益来看待道德律令，这就是道德律令的客观性。康德更把这上升为一个哲学命题，人是目的，不要拿人当手段。任何一个人都有人存在的价值，不是别人手里的棋子，也不是供人使用的工具。每个人都应该得到公正和有尊严的对待。这也是对基督教"爱你的邻人"的世俗表述。

"定然律令"是每个人自己心里的声音，是自由人对自己的要求，显现的是每个人的理性自我。这是合情合理思考后，你内心所真正相信的，是人的理智为自己确定的规则。你不可以杀人，因为你不想被人所杀；你不可以欺骗，因为你不想被人欺骗；你不背信弃义，因为你不想别人对你背信弃义。

康德把"定然律令"从个人道德扩展到政治领域，他认为，政府的核心任务是保障所有人的自由。他指出，对自由有一种错误的理解，以为自由就是随心所欲、随"自然"的欲望或激情，不受节制、想怎么做就怎么做。他认为，自由是人能够而且知道为什么节制自然欲望，自由的意志就是服从道德法则的意志。所以自由社会并不意味着不要政府，让个人随性而为，而是要帮助每个人变得更理性。一个好的国家，代表我们所有人的理性部分。它以一种普遍正当的意志来治理，每个受治理的人都是自由的。所以，政府应该是人性最好的那一部分的外化和制度化的形式。

康德倡导启蒙，是他的道德、社会和政治自由观念的一部分，体现他整体的思想目标：让人性中那些好的、理性的部分得以增强，成为可靠的力量，帮助克服人性中生来具有的弱点和自私，也使得世俗启蒙有可能完成宗教教诲所无法完成的任务。

康德和卢梭一样把自由看得很重、很重。卢梭的公意和契约社会观都把共善归结为"自由和平等"。康德对文明社会中道德的理解，受到卢梭不小的影响，可以从三个方面来理解。

第一，自然与文明是分离的，不能同时存在。

卢梭认为，一旦契约社会得以建立，它就代替了初民的自然状态，成为现代公民的自然状态。在这个契约社会里，自由不是没有约束，而是公民之间的积极互动，人获得初民在自然状态中没有的社会性。

契约文明是对自然的舍弃，不是对自然的复制。这个伟大的思想影响了康德对道德的思考。在康德那里，"美德"（virtue）是文明的成就，既然是文明的，也就不再是自然的。因此，美德与自然是相对立的，美德弥补自然的不足。康德对美德的界定比卢梭更加严格，他把一切能满足人自然欲望的冲动都排除在美德之外。所以康德不会把追求幸福视为一种美德，在这一点上，他与卢梭有所不同。

康德在《道德形而上学》里写道，美德是人履行责任的原则力量。任何称得上"力量"的东西，一定是因为它要克服也能够克服的障碍，不然不成其为力量。美德克服的是人的自然倾向，因此人的自然倾向与美德是冲突的。人是自由的，美德是人把自己的自然倾向确定为要克服的障碍。美德是人对自己的强制，康德强调，"这是一种强制，遵照的是人内心的自由原则"。康德和卢梭一样认为，社会人是拒绝自然人的自然结果。[1]

第二，卢梭的"公意"和康德的"道德律令"都具有客观的普遍性。

1　*The Metaphysics of Morals*［1797］, Cambridge University Press, 1991, p. 106.

康德认为，人的善良意愿（good will）并不是来自自然，并不是由自然所铸成的。自然人凭直觉行事，他们没有思考的概念语言，所以并没有关于善恶、正邪的观念。善良意愿是人自由选择的心愿，它之所以善良，是因为理性认可它为一种普遍的、必要的道德原则。例如，你看到别人因为努力而取得成功，你祝贺他，为他高兴，这就是善良意愿。如果你嫉妒他，怀恨于他，巴不得他倒霉，那就不是善良心愿。祝贺他是你自由选择的心愿，并不是人天生就会有这样的心愿。心理学研究发现，嫉妒反而是更自然的反应。

你不嫉妒别人的辛劳成功，因为你不希望别人嫉妒你的辛劳成功，这种嫉妒有时会成为故意伤害你的动机，因为红眼病而害人是常有的事情。拒绝嫉妒就是康德所说的"道德律令"：你不喜欢的，不要加诸别人。这样的道德观是你为自己设立的道德法则，你自觉自愿遵守它，因为你是一个自由人。

康德的道德律令与卢梭所说的"公意"非常相似。公意不是来自自然，而是来自有自由选择能力的人。就像道理律令对所有的人都有保护作用一样，卢梭的公意也是对所有人有益的，包括一些对所有人都有保护作用的道德价值和原则，如真实、自由、平等、尊严、法治等。每一个这样的价值和原则都规定人在某个行动范围的道德规则。卢梭的公意是一种公共精神，康德的道德律令是一种公共的道德精神。卢梭强调的是社会好，个人道德也就会好；康德强调的是，个人道德好，社会也就会好。

第三，卢梭和康德都把造就自由而道德的人当作最严肃、最重要的教育任务，康德比卢梭更明确强调，这是一项启蒙的根本任务。他们强调人必须是自由又道德的，因为倘若人不能做到这一点，人与动物的区别就没有了，唯一可以用来界定人和人性的标准也就消失殆尽。

康德和卢梭一样把人的自由视为一种绝对必要的价值，他们都认为，在任何情况下，人的自由都是不可让渡的，即使有人自愿选择当奴隶，别人也不能剥夺他的自由。这样的自由观念成为康德启蒙思想最核心的部分。

2. 开明专制、公和私的不同理性

前面说到康德的"道德律令"与卢梭的"公意"之间的一些相似关系，主要是在道德的范围内说的。这些相似很自然也会从个人或社会道德扩展到政治领域。这两位都是社会和政治意识非常强烈的思想家，都强调道德伦理学说与社会、政治实践之间应有的密切关系。他们都倡导共和政治，认为建立共和政府是实现道德理想的必要条件。专制统治造就愚民和奴民，专制剥夺人的自由，因此，主张自由就必然会反对专制。

在反对专制的问题上，卢梭比康德更明确。康德在专制问题上与伏尔泰更接近，他们都对开明专制抱有幻想。康德在《什么是启蒙》的结尾处就称赞普鲁士腓特烈二世是成功的开明专制君主，是启蒙的典范，没有别的君主能够超越。康德说，腓特烈二世即使在立法方面，也"容许他的臣民公开运用他们自身的理性，公开向世上提出他们对于更好地编纂法律，甚至于是直言不讳地批评现行法律的各种见解，那也不会有危险的"。[1]

今天的读者当然会问，有这么好的专制吗？

康德曾断言：启蒙甚至对专制也有好处，所以最专制的君主也有兴趣支持人民的独立思想和言论自由，因为君主想要了解国内真实情况和国民意见，有真言才有真情。康德推理道，不论对哪个国

1　康德著，何兆武译，《历史理性批判文集》，商务印书馆，1990年，第30页。

家或哪种形式的政府，人民的信仰、思想、言论、著作与出版自由都是好事，会受到政府的保护。显然，他这是太乐观了。

今天的读者当然会质问，这是专制的现实吗？专制最凶恶最无所不用其极的不就是对信仰、思想、言论自由进行残酷钳制吗？许多专制统治者，哪怕对现状毫无所知，也不会轻易让人民自由地说出真情，也不会倾听老百姓的真实意见。如果专制统治者真想了解国内情况，完全可以采用别的方法。他们不害怕听不到真实的情况，害怕的是老百姓知道了实情。

康德对专制的估计受到他那个时代的限制，那时候全是君主专制，最现实的政治改革也就是开明专制。经历了 20 世纪的灾难，我们对专制的切身体会和认识是 18 世纪的康德所不可能有的。

对专制的认识虽然不直接影响康德启蒙观念的基本价值，但却也是我们今天在阅读《什么是启蒙》时不能完全忽视的一个方面。

1784 年，康德写下《什么是启蒙》这篇著名的文章，只比法国大革命的爆发早了 5 年。这并不是一篇欧洲启蒙的宣言，而是一个在欧洲启蒙已经接近尾声时的德国式启蒙总结。文章里提出的"敢于认识"的目标，不再是启蒙早期所期待的政治和社会变革，而是启蒙后期内化了的人的"独立思考"：一个是向外发展，一个是向内退缩。

康德这篇文章是对约翰·弗里德里希·佐尔纳（Johann Friedrich Zollner）在《柏林月刊》上一篇文章的回应。佐尔纳是 18 世纪的一个牧师，也是一位政治评论家，人们至今记得他，也许完全是因为康德的这篇文章。佐尔纳反对当时进步党的婚姻观，进步党持启蒙主义立场，认为婚姻是民事问题，而非宗教制约问题。佐尔纳则认为，只有宗教才可能为婚姻提供恰当的规范和基础，因此宗教应当在民事事务中发挥更大的作用。

佐尔纳在文章附带的一个脚注中嘲讽道，进步党老说启蒙、启蒙，但到底什么是启蒙呢？谁又能解释什么是"启蒙"？几个月后，康德发表文章，直接回答佐尔纳的问题。康德说，启蒙意味着你有勇气去自我思考，也就是那个著名的口号：敢于认识！（Sapere aude！）

康德心目中的启蒙当然不能代表 18 世纪其他启蒙者所理解或期许的启蒙，但它对我们理解康德一贯主张的"普世主义"却有着重要的意义。

有三个特别值得我们重视的方面。

第一，康德区别了"公开运用自己理性"和"私下运用自己的理性"，也就是公共理性和私人理性的不同。在对启蒙的认识中，公共理性是一个非常重要的新概念。

第二，区分公共理性与私人理性可以帮助区分"民间社会"（civil society）和"普世社会"（cosmopolitan society）。民间社会是现实存在的，在其中起作用的主要是私人理性；普世社会不是现实的，而是假设的，在其中起作用的必须是公共理性。

第三，必须假设有一个人类普遍社会，否则不可能有衡量现实民间社会是否正义和公正的参照标准。

康德的《什么是启蒙》是针对人类普遍社会，而不是某一个现实社会而言的。他用人类应该"脱离"什么而不是"达到"什么来定义启蒙。他说："启蒙就是人类脱离自己所加之于自己的不成熟状态，不成熟状态就是不经别人的引导，就对运用自己的理智无能为力。当其原因不在于缺乏理智，而在于不经别人的引导就缺乏勇气与决心去加以运用时，那么这种不成熟状态就是自己所加之于自己的。Sapere aude！要有勇气运用你自己的理智！这就是启蒙运动的口号。"

这样定义启蒙，也就是表明，启蒙的价值在于人类自我解放的努力，而不是解放会为普鲁士或其他国家带来什么确定的结果。启蒙的标准不是别的，是看它能否去除"对人公开运用自己理性"所设置的限制。

英国著名哲学家奥诺娜·欧尼尔在《构建理性》一书里认为，康德这么看待启蒙，意义深远。康德在这里强调的是"实践理性"（practical reasoning），人的实践理性是用来决定如何行动的，"脱离人自己所加之于自己的不成熟状态"就是一种需要由人自己决定的行动（他也可以决定不这样行动）。[1]

实践理性不同于"纯粹理性"，纯粹理性要探究的是诸如有没有上帝或者什么理论最能代表人类的未来这类问题。实践理性也不同于"理论理性"（theoretical reasoning），理论理性要决定的是诸如应该服从什么权威的问题，如神、强人领袖、民选代表、历史发展规律等。

启蒙是一种实践理性，它有所行动，但并不能充分预测行动的结果。实践理性是人类自己创造的，不是预先存在在那里，等待着人们去发现。康德在《纯粹理性批判》中强调，理性"不具有命令人们如何行事的权威，它的裁决经常只是公民们达成一致的意见"。[2]对启蒙来说，人的难题不在于你想成为什么样的人，而在于你有没有行动，并有怎样的行动。这些是实践理性的问题。

实践理性是在特定的公民社会（或称市民社会）里形成并被共同接受的。在特定时刻的特定环境里，是否需要启蒙是一种有待形成的共识。如果有许多人认为社会有危机，需要改革，那么他们就会倡导启蒙，并有所行动。相反，他们如果觉得自己生活在一个好得不能再好的盛世社会，那就不会选择启蒙和行动。

启蒙是一种公开的社会行动，不能只是藏在一个人心里。启蒙

1　Onora O'Neill, *Constructions of Reason: Explorations of Kant's Practical Philosophy*, Cambridge University Press, 1990, 28-50.

2　*Critique of Pure Reason*, trans, Norman Kemp Smith, 1929, 593.

必须是一种公共理性。康德在《什么是启蒙》中说,"必须永远有公开运用自己理性的自由,并且唯有它才能带来人类的启蒙。私下运用自己的理性往往会被限制得很狭隘,虽则不致因此而特别妨碍启蒙运动的进步。而我所理解的对自己理性的公开运用,则是指任何人作为学者在全部听众面前所能做的那种运用。一个人在其所受任的一定公职岗位或者职务上所能运用的自己的理性,我就称之为私下的运用"。

康德举例说:"一个牧师有义务按照他所服务的那个教会的教义向他的教义问答班上的学生们和他的会众们作报告,因为他是根据这一条件才被批准的。"这时候,"作为一个学者,他却有充分自由甚至于有责任,把他经过深思熟虑有关那种教义的缺点的全部善意的意见以及关于更好地组织宗教团体和教会团体的建议传达给公众"。这时候他运用的是一种比牧师理性更宽广的公民理性。

康德还举例说道:"一个服役的军官在接受他的上级交下某项命令时,竟抗声争辩这项命令的合目的性或者有用性,那就会非常坏事。"这是他被动的军人私人理性,但是,"他作为学者而对军事业务上的错误进行评论并把它提交给公众来作判断时,(军队)就不能公开地禁止他了"。

个人不只是某个特定公民社会的一部分,不只是一个德国人或中国人,而且还无时无刻不是人类普世社会的一部分,不是人类的一员。只有在作为人类普世社会的一员时,你才有理由说,其他人类拥有的自由和权利我也同样拥有。你为自己要求和争取其他人类拥有的自由和权利,运用的是这样的公共理性:其他人类可以不接受对言论、集会自由的限制,你也就可以拒绝这种限制;其他人类可以抵抗暴政,你也就可以抵抗暴政。

因此,康德"实践理性"的意义在于,这是一种可以普世化也必须普世化才能见出其合理性的理性,所有的人,如果认可这是理性，就都可以按照它来行事。任何一个要求人们服从无法证明之权威的原则都不是理性原则，任何一个被认可的理性原则都必须是他们有可能自由自愿遵循的。

3. 启蒙的行动和普世主义

前面说到康德在《什么是启蒙》中提出的实践理性观念，启蒙不只是为了获得新的认知，而且更是要有新的行动。光有知识没有行动的启蒙不是启蒙。这对我们今天来说，是一个非常重要的观念，例如，人们都知道自由、平等、宪政法治、公民权利、人权、民主的道理，但却没有相应的行动。是继续讲这些道理，还是要有所行动呢？

我们经常听到有人说，对于素质太差的民众，如果实行民主就会天下大乱。这个说法暗示，应该先对素质太差的民众提供教育和启蒙，完成了启蒙，才有试行民主的可能。这样的"启蒙"不是康德所说的那种以实践理性指导的启蒙，它甚至可以成为一种逃避行动和不行动的借口。

早在 1937 年，政治学家萧公权在《宪政的条件》一文中批评国民党专制政治时就指出，宪政的道理并不复杂，把宪政的道理告诉民众，民众是能够明白的，不需要无限期地对他们启蒙，并不是"非用多年的工夫去做准备，没有实行的可能"。萧先生说："宪政是一种政治的生活方式，并不是高远玄虚的理想……宪政是过程也是目标，而目标即是过程的一部分，'千里之行，始于足下'，要达到目标，只有从较幼稚的宪政做起。"不能因为还没有充分启蒙，就"先过几天黑暗的政治生活"，从来没有听说过，"未有学养子而后嫁者也"。[1]

康德所强调的正是公共生活对于自由意识培养作用的重要性。康德说，启蒙就是摆脱自己造成的不成熟，不成熟指的是不能独立思考和判断，因此凡事都依赖别人为他做主。康德用驯养的动物来比喻仰政府鼻息生活的愚昧民众。牛群什么都不敢自己尝试，同样，愚昧的民众被动地接受政府灌输的教条和偏见，变得越来越不成熟，就算政府把他们带入危险，他们也浑然不知。

康德指出，一个人要独自变得成熟起来，是极其困难的，但如果与很多人一起变得成熟，那就会容易得多。启蒙靠的不是智者的独自苦思冥想，出淤泥而不染。启蒙必须有适当的社会环境，这个环境提供了新思想、新观点、新行为的范例，这些都是启蒙学习的机会。如果一个社会是自由的，那它必然会变得开明；相反，如果一个社会不自由，那就会是一个奴性和愚昧的社会。即使少数人得以启蒙，也难以产生大的影响，"如果让公众自由，那么（启蒙）便是不可避免的了"。

启蒙不仅仅是观念的传播，而且更是启蒙行为的实际影响。因此，在公共生活中运用自由，对启蒙至关重要。康德说，一旦人们开始在公共论坛上公开表达自己的意见，他们的想法最终会影响权威人士的决策。在私人层面和公共层面上运用自由是不同的，公共层面的自由能产生启蒙的作用，而私人层面的自由则不能。

有人批评康德基于实践理性的启蒙理念，认为它强调的自由太普遍化，是带有"西方"偏见的普世主义。这类批评大多是"国情特殊论"者提出来的。他们坚持说，强调启蒙理性的普遍性和人类的共同性，会抹杀和否定特定社会的"中介结构"，如家庭、行会、职业或其他团体，也会无视一国特色文化传统的延续和影响。

1 《萧公权先生全集》，卷八，联经出版公司，1982年，第23页。

康德是个普世主义者，他所说的普世社会不是指这个或那个具体的社会，而是指人类可以用理性来一起构想一个有共同目标的最广大群体。康德论述的普遍性和普世性不仅不是启蒙的缺陷，而且还是它的力量所在。如果启蒙的理念留下太多的特殊性和条件性，既不能充分普遍化，也不具有普世性，那又怎么能争取到绝大多数人类的普遍认同呢？

普遍性和普世性是康德启蒙思想的一个亮丽特色。他在《什么是启蒙》里说，"启蒙运动就是人类脱离自己所加之于自己的不成熟状态"。这个"不成熟"的表述也是普遍化，并且适合任何一个有公民社会的国家。

每个国家的公民社会都会有它的成员最需要摆脱的具有国家特征的不成熟：宗教的、意识形态教条的、个人崇拜的、狭隘民族主义的，等等。这些不成熟在人类的普世社会里难以存在，也更明显地暴露出其不成熟来。

正是在这个意义上说，普世社会是一个批判性的参照点，它能帮助人们看清具体公民社会中特定的不成熟。在一个社会里说得通的"理"，必须在这个社会之外的人类社会里也说得通才行。这样才能称得上是真正的公共实践理性。因此，对于人类来说，自然要求人类解决的最大问题是，如何实现一种能实行人类普遍公正的人类社会。这个普世公正是适用于全体人类的，这个广大的人类社会不排除任何人。

这样的人类社会不是在自然界实际存在的，而是人类通过自己的道德文明为自己创造出来的。也就是说，我们要求和主张任何一个公正的国家公民社会都能坚持一些最基本的人道价值，这本身就包含着一种创造人类普世社会的愿望和意愿。普世社会虽然只是设想的，但却成为现实公民社会的观照背景，为检验任何一个公民社会是否确实公正提供了必要的标准条件。

在康德那里，普世主义是启蒙的一个核心观念。普世主义于 17 世纪形成于欧洲大陆，其摇篮是荷兰共和国，它既是宗教宽容的避难所，又是世界贸易的枢纽。当时的荷兰是一个商人世界，"普世主义"主要是指交易和利益的扩展。17 世纪还有一种普世主义，它是在半秘密的状态下发展起来，那就是鼓励跨界融合和推动人际关系解放的共济会。

18 世纪下半叶，普世主义摆脱商人和秘密团体的色彩，发展成为一种公开身份和共同生活方式，其典型便是法国文化中的"绅士"（gentilhomme）。康德的普世主义是一个重要的发展，他所强调的不是某种在世界上见多识广的资格，而是一种正派的普世伦理，包含对集体的责任、无私和相互帮助、自我克制，等等。这在普世主义观念的发展历史中是一个里程碑，至今仍有现实意义。

这样的普世伦理和普世价值经常被用作对抗专制和极权的武器，这也就是为什么专制和极权总是把普世价值视为眼中钉。

1943 年 7 月，德国慕尼黑大学哲学教授库特·胡伯（Kurt Huber），因在言论上反对希特勒统治于 1943 年被判以叛国极刑。他面对法庭审判官陈述道，他反对纳粹，康德的哲学给他精神鼓舞。他说："我呼吁反对政治上的胡作妄为，这不只是我的权利，也是我的道德责任……我曾以康德之道德律令观点反问我自己，如果我的这些主观准则成为普遍法则的话，将会发生什么事情……回答只有一个：将会有秩序、和平以及对我们政府的信任。每个对道德负责的人，都会发出反对只有强权没有公理的统治的呼声……我要求，把自由还给人民，使他们挣脱奴役的锁链。"[1]

以康德的自由启蒙观来看，K. 胡伯的道德勇气使他成为一个最高贵和真正意义上的自由人。可以说，直到他生命的最后一刻，虽

---

1 《哲学译丛》1981 年第 3 期，第 23 页。

然仍然被囚禁，但他一直还是自由的。他是作为自由人而被杀害的。自由是针对压迫、束缚、禁锢、奴役而言的，哪里有压迫哪里就会有对自由的要求。但是，不同生活领域中的自由要求既不相同，重要性也有差别。因此，人们需要一个关于人性的理论，用来说明哪些是对于人的"自主性"（autonomy）特别核心的自由。长久以来，人们谈到自由，脑子里想的首先是免于暴政的保障，公民权利的自由，尤其是言论自由。

康德更关注在这些之外的自由。他说，人要自由，需要找到自己在宇宙中的恰当位置，即人的"独特地位"，并抵制所有超越人或贬低人的真实水平的诱惑。康德把人看得低于天使，但高于禽兽，这表现出他作为一个哲学家的世俗自信和谦虚。他认为，只有人类才能防止和纠正自己容易犯下的错误，启蒙主要是自我启蒙。这并不是所有的人能够自动做到的，要做到这一点，人需要摆脱自己加予自己的愚昧，变得成熟起来。

人的自主性意识从不自由到自由，从未启蒙到启蒙，是一个逐步变化和进展的过程。1784 年，康德在写《什么是启蒙》的时候，他意识到，自己身处的那个世纪的启蒙正处于一种暧昧不明的状态。他说："如果现在有人问：我们目前是不是生活在一个启蒙了的时代？那么回答就是：不是。"不过，他马上补充说："我们生活在一个启蒙的时代。"康德所说的其实是"正在启蒙"的意思。200 多年过去了，我们今天仍然不能说已经生活在一个启蒙了的社会，我们的社会也还是正在启蒙之中。

今天，有志贡献于启蒙事业的人们是否也有相同的感触呢？他们是不是也觉得生活在瞎子和聋子众多的世界里呢？是不是也觉得面对一片黑暗的荒漠呢？是不是也像堂吉诃德那样，在与愚昧、迷信、麻木不仁作无望的战斗呢？但愿他们不要被这种沉重的感觉所压倒，无论他们的力量多么绵薄，那总是一份社会进步需要的力量。

如果启蒙是一个教育的问题的话，谁是教育的对象？在今天教育普及的时代，启蒙的事业应该有怎样一种与 18 世纪不同的景象？

4. 启蒙的教育与民众

彼得·盖伊在《启蒙时代》一书中指出，18 世纪启蒙是相互交叠而联系密切的三代人的共同成就。就我们在这里阅读或提及的启蒙作家而言，第一代以孟德斯鸠和伏尔泰为领袖，他们是 17、18 世纪之间承上启下的思想家，是在 17 世纪的牛顿和洛克的著作还备受争议时成长起来的一代，在 1750 年以前完成大部分成果。他们为后面的两代确定基调。第二代在 18 世纪中期进入成熟期，休谟生于 1711 年，卢梭生于 1712 年，狄德罗生于 1713 年，达朗贝尔生于 1717 年。正是这批作家把第一代的反教权主义和科学思想融合成一套自圆其说的现代世界观。在他们之后的第三代包括德国的康德（1724）和莱辛（1729），英国的亚当·斯密（1723）、柏克（1729）、玛丽·沃斯通克拉夫特（1759），美国的潘恩（1734）、杰斐逊（1743）和其他建国之父。[1]

启蒙运动呈现出一致性，也呈现出独特的演进过程，伴随着思考风格的延续和激进主义的成长，这在 18 世纪最后 20 年对待美国革命和法国革命的不同态度和争论中充分显示出来。康德虽然开始是开明专制的支持者，但后来在政治上同情法国革命以及共和政体，主张自由和平等。与此一致的是，他承认当时启蒙条件不足的现状，但对启蒙仍抱有一种近乎理想主义的信念和热忱。

1　彼得·盖伊著，刘北成译，《启蒙时代（上）》，第 14 页。

　　对启蒙的信念必然包括对普通民众能否接受教育的评估，因为启蒙的逻辑实质上是教育的逻辑，启蒙的观念实质上是对平民的认知。第一和第二代启蒙哲人虽然经常提及"民众"，但却无法想象民众的启蒙。他们认为，启蒙只是在少数人中间才有可能，至于芸芸众生，他们生活在无知和野蛮的绝望之中，总的来说显得无可救药。彼得·盖伊讨论了 18 世纪启蒙哲人"对平民的偏见"。[1]

　　这种"偏见"是指不信任和负面看法，而不是我们今天有些人所理解的歧视、轻蔑或势利——现在还是有一些人以"鄙视民众"的口实来反对 18 世纪启蒙，甚至启蒙本身。18 世纪启蒙哲人对民众的负面看法是基于他们对当时社会阶层实际状况的真实观察，并用一种不加掩饰和拒绝伪善的语言表达出来，有不少是启蒙哲人之间的私下议论。

　　有一次伏尔泰在他隐居的费尔奈（Ferney）款待启蒙哲人同道，他们坦率地谈到无神论，伏尔泰示意先别说话，他把仆人遣出房间，然后解释如此小心谨慎的原因："你们想今天晚上被割断喉咙不成？"他显然并不想让仆人听到他和朋友们的谈话，这样的谈话非但不会对仆人有启蒙的作用，反而会让他感到害怕，甚至到外面乱说，或是向什么人告密。这就是伏尔泰对民众的偏见。

　　17 和 18 世纪欧洲的任何一个地方，社会阶层向上变动的可能都是非常小的。不光阶层之间有分化，甚至在阶层内部也有清晰的界限和公认的分野。贵族与农民、富人与穷人之间横亘着巨大的鸿沟，其间的差距大得双方都难以置信。18 世纪，绝大多数人的生活与从前多少个世纪没有多少不同。伏尔泰满怀同情地指出，他们就像是驮畜、"两足动物"，"过着近乎自然状态的悲惨生活"。18 世纪的作家时常漫不经心地使用等级制度的隐喻，足见这种现象十分普

1　彼得·盖伊著，王皖强译，《启蒙时代（下）》，第 479—480 页。

遍、根深蒂固。

伏尔泰看不出民众有任何改进的可能。至于平民，他在给达朗贝尔的信上说"我根本不关心他们，平民就是平民，不值一提"。不难想见，伏尔泰倾向于认为启蒙应该局限于那些能够从中受益的阶层。至于靠体力劳动为生的人，可能永远"没有时间和能力教育自己，他们会在变成哲学家之前就饿死"。伏尔泰告诉达朗贝尔，"我们从未说过要教化鞋匠和仆人，那是使徒的工作"。这是伏尔泰早期的观点，到18世纪60年代，他依然不改初衷，"我把'败类'推荐给你"，他在给狄德罗的信中写道，"我们必须在体面的人当中消灭（迷信），把它留给大大小小的平民，那是为他们量身打造的"。

随着年岁的增长，后期的伏尔泰不再像过去那样看不起普通人，对他们能力的看法也有所改变。在一些国家，尤其是英国、荷兰和日内瓦，平民已经成为如饥似渴的读者和通情达理的政治人。伏尔泰的一位朋友提醒他，一旦人民发现自己能够思考，一切努力都要前功尽弃。伏尔泰不同意这位朋友的看法，他承认，那些胼手胝足之人无疑处于光明照耀不到的角落，"但在欧洲各地，技艺精湛的工匠因为工作的需要，不得不大量思考，提升自己的品位，增进自己的知识，他们已经开始阅读"。他对这位朋友说："让人民有机会认识到自己能够思考，并不会导致一切都丧失。正相反，如果把人民视为牛群才会失去一切，因为你迟早会被牛角所伤。"这封信写于1767年，当时，伏尔泰已经有所改变，了解到下层社会的潜力。如同狄德罗在18世纪70年代的观感一样，伏尔泰在18世纪60年代的观感是一个重要的起点，它开始认识到，要构建一种全面的自由政治理论，需要有相应的民众条件。

17、18世纪的教育观念与我们今天完全不同。洛克的教育理论尤其是儿童教育理论，今天仍被视为具有启发意义，但却并非为民众设计的。洛克毫不讳言地表示，只有极少数人受理性的指引，而绝大部分人接受的是激情和迷信的摆布。这就是教育家所面对的现实：平民百姓过去是、无疑也永远是激情和迷信的牺牲品，他们不受理性的支配。直到今天，我们只要看看网上的那些激烈、偏执、自以为是、因轻信而深信不疑的奇谈怪论，就会沮丧地发觉，洛克对未来的预言真的一点也没有言过其实。

　　18 世纪的启蒙哲人面对的现实民众并不比洛克时代更令人乐观，他们的经验观察与洛克也没有什么本质的变化。休谟认为，"人类的大多数"听命于"权威而非理性"，他不相信大多数人能够摆脱迷信。他问道："人民何时能够变得理性？"他深信在可以预见的未来，这一天也不会来到。卢梭在《爱弥儿》里直截了当地表示："穷人不必接受教育"，"这不是一项建议，而是承认一个事实"。作为卢梭的追随者，康德表示从卢梭那里学会了尊重平民，但这种尊敬显然是少之又少的，他写道："老百姓都是傻瓜。"狄德罗有着几乎如出一辙的论调，他的著作犹如令人沮丧的选集，主题是关于暴民是生活中不可避免的现实。狄德罗把穷人称作宗教问题上的傻瓜（imbecile）。虽然整个国家的迷信正在得到改善，但这种可喜的发展不会延伸到下层民众。普通老百姓都"太愚蠢、太贫穷、太忙碌"，因而无法摆脱迷信。狄德罗看不到任何希望，因为"平民的数量几乎一成不变"。大众需要一种充斥着仪式和可笑神话的宗教，而且他们永远离不开这种宗教。理性太过冷静，无法提供老百姓所向往的怪力乱神。"芸芸众生生来就既不会追随也不了解人类精神的奋进。"[1]这样的话放到今天，虽然政治不正确，却仍然是符合现实情况的大实话。

　　看到老百姓的现实状况，并不等于责怪他们天生愚蠢和无知。18 世纪的启蒙哲人也意识到，这是社会不公的环境所造成。狄德罗

1　彼得·盖伊著，王皖强译，《启蒙时代（下）》，第 477—478 页。

逐步认识到，虽然常常不过是片言只语，民众的无知并非无可避免，而是有权有势者刻意造成的。他对一位朋友说，该去看一看那些有权有势者的人"是多么害怕真理"，看一看"他们是如何一直竭力压制真理，让人民停留在无知与愚蠢的状态"。用今天的话来说，这就是愚民政策。

18世纪70年代，狄德罗为俄国叶卡捷琳娜二世制定一份适于俄国的教育方案。他告诉这位女沙皇，应当推行全民教育：从首相直到最底层的农民，会读、会写、会算对于任何一个人都是一桩好事。然而，问题不只是推行教育，而且是推行怎样的教育。在普通教育已经普及连高等教育也相当平常的今天，我们不是还在争取一种以人为本、解放而不禁锢思想的人文和公民教育吗？

让普通人知道自己是人，是享有权利的公民，这样的教育从来就不缺少反对者。就在狄德罗向叶卡捷琳娜二世建议民众教育的时候，贵族反对，因为他们认为这样的教育会让农民变得好打官司，用今天的话来说就是维护权利。特权人士和既得利益者反对，因为他们害怕这样的教育会使下层社会变得不安分。从反对者的角度来看，他们确实有理由反对，因为下层社会始终愚昧和无知符合特权阶层的利益。"民可使由之，不可使知之"，这样更加便于特权阶层的压迫和控制。当然，虽然所有的学校，包括大学在内，原则上唯才是举，对所有人开放，但规定课程的设置，开什么样的课，不开什么样的课，怎么个开法，都能决定民众在学校究竟学到什么，究竟有没有机会真的得到启蒙。

我们今天重申启蒙，应该是一种与时俱进的启蒙，是一种与民主和共和一致的公民素质与品格教育，让尽量多的民众在认知和情感上成熟起来。事实上，从梁启超的"新民说"到20世纪初的新文化运动，再到20世纪80年代的思想解放和"文化热"，继续到今天的人文教育、通识或普适教育、说理教育、批判性思维教育，中国的启蒙一直在断断续续地进行，虽然时断时续，步履艰难，但相比起一百多年前民众的那种普遍的愚昧、无知、迷信，毕竟已经有了不小的进步。虽然人们经常还是在用"义和团"来比喻当下的一些民众现象，但像义和团那样往自己身上泼屎泼尿以为可以刀枪不入的事情毕竟不可能真的再发生。民智已经开化，明白的人越来越多，而且明白的事情也越来越多，越来越深入。这些都是逐渐积累的思想成果。

过去的思想成果并不能决定它会在今天的具体环境中如何演化，也不能决定它今天是否会有可见的社会成效。但是，我们有理由相信，当思想的力量积累到一定程度之后，如果它是合理的和正当的，并能一以贯之，那么它所形成的观念共识必然朝一个确定方向引导民意的变化。自由、平等、人的尊严，这些启蒙观念的合理导向是朝向民主、宪制、法治，而不是专制、独裁、暴政。人们对启蒙越有好感，启蒙的导向作用就越明显。启蒙本身并不能直接改变现实，更不要说是引发突变。但是，只要启蒙的正当性被普遍认可，它就会继续下去。这样一种不可逆转的势头虽然可能在这个或那个方面一时受阻，但要回到它从来没有发生过的那种状态，已经是不可能。

二十三　莱辛《智者纳坦》

1. 智者纳坦要说什么

《智者纳坦》（*Nathan der Weise*）是莱辛（Gotthold Ephraim Lessing, 1729—1781）最后的一部戏剧，初稿完成于 1778 年，1779 年发表，1783 年 4 月 14 日在柏林剧院首次上演。莱辛于 1781 年 2 月去世，没能看到这部剧的上演。莱辛去世之后的第三年，1784 年，康德写下了《什么是启蒙》这篇著名的文章。

莱辛写作这个剧的时候，离他去世不过两三年的时间，这时候他穷困潦倒。他可以说是德国的第一位自由作家和自由知识分子。他靠写作谋生，在他那个时代，这本来就已经够辛苦的，而他还有喜好赌博的不良嗜好，所以就更穷了。《智者纳坦》里有许多对钱的议论，非常精彩，是莱辛的切身体会。

莱辛出生在新教牧师家庭，是一位涉猎广泛的戏剧家、思想家和批评家。在家乡和外地结束了拉丁语等基本教育后，他于 1746 年赴莱比锡大学就读神学专业。莱辛毕生致力于创作和游历，终成德国启蒙运动时期最重要的作家和文艺理论家之一，其剧作和论著对后世的德语文学发展产生极其重要的影响。

莱辛努力创作的是一种"市民戏剧",希冀唤起社会对普通人的重视,宣传市民阶级奋发向上的精神,并使之脱离贵族的管制。戏剧是他传播启蒙思想的重要手段。他批评法国戏剧,借鉴莎士比亚,支持亚里士多德的古典主义。后人依照他的思路,逐步发展出成熟的德国市民戏剧。他的《萨拉·萨姆逊小姐》(*Miss Sara Sampson*)和《爱米丽雅·迦洛蒂》(*Emilia Galotti*)是公认的最早的市民悲剧,《明娜·冯·巴恩赫姆》(*Minna von Barnhelm*)则成为德国古典主义戏剧的榜样。他的《智者纳坦》是首部探讨人类世界观的观念剧(*drama of ideas / Ideendrama*)。

什么是"观念剧"呢?一般戏剧都是讲故事,当然,好的戏剧但凡讲一个有意思的故事,总会有一些主题思想,如爱情自由、反封建、讽刺官僚主义、嘲笑势利和贪婪等,但讲故事仍然是主要的。观念剧则不同,它是一种"思想戏剧",它有推动剧情发展的些许情节,但思想讨论是主要的。倘若不是因为思想讨论,倘若不是因为它有能引起观众重视的观念,单凭情节,观众对它不会有太大的兴趣,它也不具有什么艺术价值。

在观念剧里,人物只是思想的载体,因为刻画丰富、复杂的人物本不是观念剧的目的。观念的展现和戏剧本质的冲突是通过不同人物的对立思想或对立象征达成的。《智者纳坦》是一部倡导宗教宽容的剧,倡导世界三大宗教要和平相处。剧中有三个分别代表犹太教、基督教和伊斯兰教的主要人物:他们分别是纳坦,一位富有的犹太人;隐居修士博纳费德(Brother Bonafides);伟大的苏丹萨拉丁。纳坦和萨拉丁是主要人物,博纳费德修士则是一个次要角色。这三个人都是好人,剧中唯一的坏人就是暗中调查纳坦私自领养蕾莎的那个害人的家伙,因为一旦罪名核实,纳坦就会被判死刑。这个罪名后来被萨拉丁赦免。

剧里另外两个有宗教背景的人物,一个是年轻的基督教圣殿骑士，另一个是犹太人纳坦的养女蕾莎。观众开始一定会以为他们一个是基督徒，另一个是犹太教徒。但是，随着剧情的发展就会发现，基督教圣殿骑士是萨拉丁弟弟跟一个基督徒女子所生的私生子，而犹太人女儿的蕾莎原来出生在一个基督徒的家庭，受过基督徒的洗礼，后来被犹太人纳坦所领养。剧中重要人物的身上都打着宗教符号的印记。莱辛在《智者纳坦》里的观念意图已经很清楚。

但是，这样的观念展示还不够，剧中最脍炙人口的一段出现在这个五场剧的第三场，也就是魔力指环的故事。这里就说说这个故事。

得先从《智者纳坦》一剧的时代背景说起。故事发生在 12 世纪的耶路撒冷，是第三次十字军东征时的故事。穆斯林武装力量在萨拉丁（1137—约 1193）的统帅下于 1187 年占领阿卡（Acre/Akko）古城和耶路撒冷。英国国王狮心王理查一世统领基督教大军于 1191 年又夺回阿卡古城。我们在讲中世纪犹太—阿拉伯哲学家迈蒙尼德（Moses ben Maimon，1135—1204）时已经提到，他是萨拉丁的私人医生。由于他举世知名的精湛医术，狮心王理查一世也想请他来当自己的私人医生。萨拉丁和理查一世都是历史上真实的人物。

你一定知道耶路撒冷，那么阿卡古城在哪里呢？阿卡是一座位于以色列北部加利利西部的城市，距离耶路撒冷约 152 公里。在十字军东征时期，阿卡已是一座海港城市，并开始扩大，成为十字军王国的主要贸易中心，可以说是兵家必争之地。

阿卡是持续有人类居住的最古老的城市之一，约有 4000 年历史，是以色列最古老的城市之一，也是以色列最重要的海港之一。狮心王理查带领基督教大军沿地中海岸一路前进。1192 年，他与穆斯林统帅萨拉丁签订停战协议，把耶路撒冷划归穆斯林，把地中海沿岸的城市划归基督教十字军。《智者纳坦》的故事就发生在这段停战时期，后来由于第四次十字军东征，战争再度爆发，从 1202 年打到 1204 年。

萨拉丁和狮心王理查之间的战争停止了，萨拉丁有了静下心来好好思考的时间，他问自己，打了这么多年的仗，死了几十万人，到底是为了什么？狮心王理查是不是也跟我一样在想这样的问题？我会不会错了呢？我们到底是在为神打仗，还是在为魔鬼出力呢？犹太教、伊斯兰教、基督教，到底哪一个是正确的呢？到底哪一个该独步天下呢？

萨拉丁想来想去，想不明白，于是想起一个人来，这个人就是集市上有名的犹太老头，人们叫他智者纳坦。他派人去把纳坦叫到皇宫里来。纳坦吓坏了，跟着苏丹萨拉丁的差人进了宫，见到了苏丹萨拉丁。萨拉丁对他说，你别害怕，我今天不是跟你借钱的，只是想问你一个问题。纳坦松了一口气说，陛下请说。萨拉丁说，伊斯兰教、犹太教，还有基督教，你认为哪个是正确的？你要老老实实对我说，不然，我就砍你的脑袋。

纳坦一听，心想糟了，这可是个要命的问题啊！我当然不能说是犹太教，也不能说是基督教，这样的回答萨拉丁肯定不爱听。那我能跟他说是伊斯兰教，说我今天正准备皈依伊斯兰教吗？说了他也不会相信啊，不老老实实地说，那也是要砍头的罪啊！

所以，纳坦便对萨拉丁说，陛下，我听说有这样一个故事。很久很久以前，有一个老人，他有三个儿子。萨拉丁一听就明白纳坦这是要说什么了，那时候，人们的宗教意识可比我们现在敏锐多了。

纳坦接着说道，老人很爱自己的三个儿子，也希望他们能够相亲相爱。但是，这三个儿子都不是什么善类，他们老是互相争吵、打架，谁也不肯让谁。老人忧心忡忡，因为他越来越老，到了撒手归天的那一天，那可如何是好。

老人有一枚戒指，那是一枚有魔力的戒指，谁带上它，谁就可以讨得神的欢心和恩赐。这是他家的传家宝，祖祖辈辈都是由父亲传给他最喜爱的那个儿子。在这个家庭里，得到这枚戒指的人便是一家之主，所有人都必须听他的。也就是说，这枚戒指是某种最高权力的信物。

这位现在拥有魔戒的老人同样地爱着他的三个儿子，而且曾经很不聪明地对每一个儿子都在私下里说过，要把戒指传给他。这下好了，儿子有三个，戒指只有一枚，怎么办呢？老人于是去找一位开首饰店的老朋友，请他打造两枚一模一样的戒指，并请他保守秘密。

戒指很快就打造好了，放在一起，这三枚戒指真的是一模一样，就连老人自己也分不清哪个是真哪个是假的。他在临死前，把三个儿子分别单独叫到跟前，叮嘱他要爱自己的兄弟，并给他一枚戒指，儿子接过戒指，满口答应照父亲的话去做。

老人死了，刚进棺材，三个儿子就闹了起来，都说自己手上有魔戒，是一家之主。但谁也没法证明手上的戒指是真的，就像谁也没有办法证明哪一种宗教是真正的宗教一样。

三兄弟于是找法官来评理。法官说，只要看看谁有戒指，又能得到上帝的恩宠和众人的爱戴，事情就可以见分晓。法官问每两个兄弟，谁更爱第三位兄弟，问了一个遍，没人说话。于是，法官宣布，真的戒指已经丢失，现有的三枚都是假的。

但是，法官向三兄弟提出一个建议，每个人都戴上他的戒指，就像那是真的，并且表现出与魔戒相配的高尚品质，过一种"谦和、仁爱、克制"的生活，"诚心诚意地听神来安排"。也就是说，如果三位兄弟都能做虔敬、正直的好人，那么他们就一样优秀，一样合格，不分上下。

智者纳坦的故事讲完，萨拉丁听明白了，很满意，就让纳坦回去。萨拉丁为什么满意纳坦的隐喻回答呢？也许是因为他同意，一个宗教如果有真理意义，比其他宗教更优秀，那是因为它更仁爱、更宽宏、更能让人在精神上变得高尚和虔敬。但是，萨拉丁的体会也许与你自己的体会不完全相同。你听明白这个故事了吗？

法官叫三个儿子各自戴上自己的指环，"就像那是真的"。这里的关键词是"就像那是真的"。这是什么意思呢？假戒指和真戒指的区别对你来说是不是重要呢？为什么呢？你觉得智者纳坦要用这个指环的故事来说什么呢？你从这个故事领悟出什么道理呢？

2. 为何要做一个"可以说是真的"好人

《智者纳坦》是一个观念剧，我们要知道，同一个观念剧在不同的时代对不同的观众传达的观念主题可以是不同的。这与具体的观众所关注的问题有关，当然他们所关注的观念应该是与剧中主题相关的。在 18 世纪启蒙时代，《智者纳坦》要传递的观念是理性主义、世界主义和人类情义。纳坦是莱辛自己的化身，启发和开导别人是他的使命。剧中其他三个主要人物分别是犹太人、穆斯林和基督徒。开始的时候，他们固执于自己的宗教信仰，思想偏狭。然而，通过对话和经历危机之后，这三人都学到疾病缠身并饱受迫害的纳坦早已学会的道理：人是不同的，应该保持不同，应该因互不相同而彼此欣赏。每一种宗教，就其好的一面而言，都是一个更大真理的不完整化身，那个真理就是，人类要彼此相爱。每个人都有权珍视自己父辈的房子，守住你自己的那份祖先遗产。但不要傲慢，不要蔑视邻人。但愿每个人都在自己邻人身上认出最本质的东西，那就是你我他共有的人性。理想社会不是单一声部的齐唱，而是多声部的和谐交响曲。苏丹撒拉丁听取纳坦的教诲后说道："我从来没有要求所有的树都有同样的树皮。"

今天，对我们来说这个教诲仍然是重要的：任何一个民族，任何一种文化或文明，都不要因为以为自己特别悠久、特别优秀，就妄自尊大，排斥其他的文化，甚至采取敌对的态度。这是我们可以和 18 世纪观众在《智者纳坦》一剧中分享的观念。但是，我们还可以有自己特别从这个剧里体会到的教谕。举一个例子来说，就是为何要做一个"可以说是真的"好人。

智者纳坦故事里的三兄弟找法官裁断，请法官评判他们当中谁有资格继承亡父的权威，成为新的一家之主。法官叫三个儿子各自取出自己的戒指，戴上指环，就当指环是真的魔戒，然后用仁爱和高尚的行动来显示并证明那就是一枚真的魔戒。法官的意思是，你戴上指环，就当它是真的，或就像它是真的，只要你能做到指环要求你所做的好事，那么指环就可以说是真的。

这时候，指环是不是真的已经不重要。或者说，指环的真实性已经无须怀疑。更进一步可以说，如果一个人的行为看上去是好人的行为，那么我们就应该认为他是一个好人。由于他要成为别人眼里的好人，所以他会避免去做坏事，对他人或社会来说，这已经是足够好的。个人是如此，政府也是如此。正如亚当·斯密所说，政府的责任不是做好事，而是不做坏事。如果一个政府不做坏事，我们就有足够的理由认为，那是一个好的政府。

这确实是一种很独特的、很了不起的公共伦理观念，对我们今天认识各种公共权威角色，以及美德与权威的关系，仍然具有重大的现实意义。例如，你看到一位警察，他身上的制服就相当于那三个儿子中每一个手上的那个指环，制服是一个正直、尽责、公正无私的符号或象征。

警察身上的制服代表他的职责：爱护人民、秉公办事、严格执法和不徇私利。他也许并不真的有这些美德，但是只要他穿上制服在社会上执行公务时，像是真的有这些美德，那么他就不会耀武扬威、鱼肉乡里，也不会与黑势力勾结，欺压百姓。这样的警察就已经很不错，甚至可以说是一位好警察。

任何一种权威的符号，制服、职位、身份、地位都与莱辛故事里的魔力指环相似。魔力指环有没有魔力不在于它本身，而在于戴指环的人有没有与指环相配的美德：仁厚、勇敢、诚实、谨慎、智慧等，是这些美德使指环获得受人敬重的权威和魅力。如果是一个缺德之人，那么就算是戴上真的指环，要想征服人心，也是枉然。

一个统治者，如果他能做到"像是真的"拥有美德，重承诺、诚实、仁爱、不专权、不腐败，那么就凭这些美德，他就是一位真的明君。这样的统治者也就是一位好的统治者，至于他那个犹如魔力指环般的称号是什么也就不重要，叫皇帝、总统、主席、元首、委员长，反正都一样，这就像一个有德行的人，戴什么指环都是一样的。

莱辛在《智者纳坦》里所说的故事包含的当然是宗教的寓意，我们也可以把这个寓意扩展到政治信仰，称之为某某主义、思想、路线、原则都可以。名称不过是一个道义的象征，并不一定具有实质的内容。与实不符的虚名，只会变成一个笑话、一个讽刺。

《智者纳坦》里的苏丹萨拉丁是一位伟大的伊斯兰统帅，他思考宗教的问题，感到困惑，所以请智者纳坦来为他解惑，纳坦用隐喻所做的解释能让他满意，说明他是一位有思想的开明君王。一个手握大权的君王是最容易冲昏头脑的，萨拉丁刚刚从狮心王理查那里保住中东最重要的城市耶路撒冷，又和十字军签订停战协议。但是，萨拉丁并没有沾沾自喜，也没有狂妄吹嘘。相反，他问自己，打了十几年仗，死了几十万人，这样的"圣战"真的有意思吗？是神的意志，还是魔鬼的诱惑呢？

苏丹萨拉丁的困惑让我们想起《圣经》里亚伯拉罕的故事。故事说，上帝命令亚伯拉罕要他献祭他的儿子以撒。亚伯拉罕爱上帝胜于爱自己的儿子，他举起匕首刚要刺向儿子的胸膛，上帝在最后时刻拒绝了牺牲，阻止匕首的刺下。后来是耶稣献祭了自己，从此人间的父亲不再需要献祭他们的儿子。

人类真的从此不再献祭自己的儿子了吗？两千多年来，事情并没有这么美好。一部分人类，有的人还在为各种各样的"神"用活人献祭，这个神不再是上帝，而是国家、民族、主义、政党等。献祭的方式不是杀一个人，而是让千千万万的年轻人走上战场去送命。亚伯拉罕听从上帝的命令，没有怀疑，也没有抱怨。但是萨拉丁不同，他是一位英雄，他不是战争中的懦夫，可是他想知道那些在战争中死去的年轻人，丢掉性命到底值不值得？是上帝高兴，还是魔鬼高兴？

莱辛的时代与今天不同，那时人们一般认为，启蒙的真正家园是英国而不是法国，英国是牛顿和洛克的故乡。莱辛对英国文学怀有极大的兴趣，他推崇莎士比亚，认为莎剧远胜过法国的新古典主义戏剧，更值得德国戏剧学习和借鉴。莱辛的第一部戏剧《萨拉·萨姆逊小姐》的背景就是设在英国。他还帮助在德国介绍夏夫兹博里（the Third Earl of Shaftesbury，1671—1713）等人的苏格兰启蒙观念：人自然就是社会性的动物，人有天生的道德意识，对同伴有一种天生的怜悯和同情。

"同情"的观念贯穿在莱辛的多种启蒙写作中。他在著名艺术评论《拉奥孔》中也强调，艺术品之所以能唤起我们的想象反应，同情心是一个关键。他的诗作经常表现人的喜群情感。他的《共济会员对话录》（Ernst und Falk, Gespräche für Freimaurer，1778）被认为是共济会史上的重要著作之一，他认为共济会的价值在于用人类共同的情感克服阶级和国家所造成的人际隔离。

强调人的喜群情感和社会性，也就会特别在意别人怎么看待自己。你在社会里做一个好人、一个好教师、一个好医生、一个好警察、一个好官员，在家里做一个好父亲、好母亲、好儿子、好女儿，在很大程度上取决于别人对你的看法。

当然，对这些"好"的角色会有不同的评价。有人认为这个好是正面的，体现了在文明传统和文化习俗中形成的责任和义务。但也有人认为这是负面的，习俗未必都是良俗，因此顺从习俗未必是一件好事。

今天，人在个人或公共生活中应该如何扮演自己的角色，以及什么才是好的角色，都是道德社会学和道德哲学讨论的热点，主要分为两种观点，每一种观点都是从"好表现"背后的动机来谈的。一种是负面的，集中在好行为后面的伪善动机；另一种是正面的，集中在行为后面的荣誉动机。

18世纪的启蒙思想家非常关注人的"自爱"（self-love）与行为的关系，伪善和荣誉都与对"自爱"的理解有关。我们在阅读曼德维尔和斯密著作的时候，都谈到"自爱"的问题。自爱一般被视为一种"私利"，莱辛的《智者纳坦》为我们理解自爱提供了一个新的角度。

一个"自爱"的人会尽量多做好事，有所为有所不为，爱惜羽毛、珍惜自己的名誉。这是爱护他自己，也有益于他人，就算他不够资格成为"真正的好人"——说实话，我不知道有没有这样的好人——但由于他处处都"就像是真的"好人，别人也有理由就把他视为一个可以说是真的好人。

对任何一个可以说是真的好人，我们不需要再去挖掘他的其他私利动机。把每一个可以说是真的好人都当作可能是隐蔽的坏人，这种怀疑主义和犬儒主义对优化社会风气并没有什么好处。如果你觉得自己是生活在一个人人要么是真坏蛋、要么是假好人的社会里，你还有什么理由或必要来要求自己做一个好人呢？

当然，这个世界上确实是有许多虚伪的人，小说《儒林外史》

里的严贡生就是一个例子。他是被学政因为"优贡"而提拔的，什么是优贡呢？清朝的科举，都是纯粹以文试士，考试优秀才能取得某种资格，但还有一个"优贡"的名目，是制度上唯一强调要凭所谓优良的品行来决定应举资格的。严贡生被学政大人选拔，可见他是个被一些人看成"真的像好人"的人。

但是，大多数人还是会认清，他并不真的像好人。他是一个虚假、吝啬、贪婪、六亲不认的小人，他大言不惭地表白自己公而忘私，为国而忘家，"你我为朝廷办事，就是不顾私亲，也还觉得于心无愧"。这是多么漂亮的道德招牌？

严贡生是人品低下、虚伪无耻的小人。但是，为什么严贡生们可以横行于世，甚至官运亨通、步步高升呢？像他们那样，多行不义，却毫无愧疚，怕也不仅仅是由于个人品行上的麻木与无耻，而且是体制上的道貌岸然已然遮蔽他们的私德败坏和心灵腐败。像他们这样的坏人，不仅地位是体制给的，而且体面与品行、地位与荣誉也都是体制给的。如果这样的人不是个别，而是一批批地产生，那么我们有理由认为，这已经不只是个人的败坏，而更是一个制度和社会彻底烂掉的结果。

3. 晚到的启蒙有后发优势吗

我们在中国倡导启蒙，离 18 世纪初期的启蒙运动已经将近 300年。"文革"之后，从 20 世纪 80 年代开始，中国当代启蒙断断续续延续至今，已经有 30 多年了，但成效远不如 20 世纪 80 年代人们期待的那么好。甚至连启蒙的观念，也被一些人糟蹋。然而，毕竟还有一些知识分子在继续倡导启蒙，但势单力薄，不成气候，宛如空谷足音。今天，我要谈谈中国当代启蒙可以从以莱辛为代表的德国启蒙得到一些怎样的启发。

与英国启蒙和法国启蒙相比，莱辛时代的德国启蒙是 18 世纪的后发启蒙，这个德国启蒙离中国"文革"后的当代启蒙也已经有 200 多年。可以说，中国当代启蒙是比德国后发启蒙更加后发的启蒙。

后发的启蒙可以从早发的启蒙那里学到不少有用的东西，正面的和反面的都有，因此似乎可以缩短自己摸索的时间，可以比较快地产生期待的启蒙效果，而且可以发展出更慎思、平衡、周全的启蒙观念。有的人称之为后发优势。

然而，晚到的启蒙有后发优势的说法，只是一种理论和逻辑的推导，未必与现实相符，正如我们可以从 18 世纪德国后发启蒙那里看到的。启蒙的关键条件是，必须有一个至少在某种程度上允许思想讨论和观念传播的宽松外部环境。在莱辛的德国，启蒙的这一条件远不如英国或法国，这也是造成德国启蒙后发的重要原因。倘若这个环境条件不能改变，后发的启蒙就根本没有什么优势可言。

德国的"启蒙"称为 Aufklärung，这个德语词并不是法语启蒙（Lumières）或英语启蒙（enlightenment）的"照亮"之意，而是有它特定的内涵。它指的是说明、澄清、教育。美国佛罗里达历史学教授 George S. Williamson 曾指出，"与狄德罗和伏尔泰的法国启蒙相比，Aufklärung 包含着对国家的过分信任和对制度化宗教太多的好感"。[1]

法国的启蒙运动以教会作为主要的攻击对象，法国启蒙哲人一般是反教会，不反宗教信仰。但是，反迷信、反盲从的启蒙必然对宗教本身造成冲击。所以，法国启蒙哲人要么是自然神论者，要么

---

1 George S. Williamson, "Protestants, Catholics, and Jews, 1760-1871: Enlightenment, Emancipation, New Forms of Piety", In Helmut Walser Smith, ed., *The Oxford Handbook of Modern German History*, Oxford University Press, 2011, 214.

就是公开的或暗藏的无神论者。德国启蒙与法国启蒙不同，它的一个中心主题是如何能一面逻辑、理性地思考，一面保持基督教信仰。

在德国启蒙面前，首当其冲的不是上帝，因为上帝已经被自然神论重新打造过。首当其冲的是《圣经》，因为《圣经》里的耶稣复活和耶稣奇迹都是过不了理性思考这一关的。启蒙思考下的《圣经》不再是一部圣典，而只是一部道德书籍。基于这样的理解，德国启蒙努力要把理性与宗教融合到一起，让理性可以接受宗教，宗教可以接受理性。对此，德国教会有不少贡献，因此教会被视为启蒙的推动者而不是障碍。这是德国启蒙的一个重要特点。

对国家过分信任，对制度化教会颇有好感，历史学和思想史研究者对这两个特征的评价有贬有褒，但他们都很重视这两个特征，将此作为反思德国启蒙及其思想传承的重点。

在中国，人们对德国启蒙有一种既熟悉又几乎完全陌生的感觉。一方面，提起或议论18世纪启蒙，都必然会引述康德的《什么是启蒙》，另一方面，却很少有提及其他德国启蒙人物或思想贡献的。由于言启蒙必谈康德，人们对德国启蒙常有一种错觉，以为德国启蒙与英、法两国启蒙不仅并驾齐驱，甚至更有代表意义。

其实，18世纪，在政治分裂、社会和经济发展远远落后于英国和法国的德国，由于中产阶级的疲弱和温顺，德国启蒙对王权专制和贵族阶级特权的政治抵抗几近于零。在一个得不到思想后援的落后社会里，德国知识分子的唯一选择就是调适自己的心态，努力适应思想压迫的环境。他们在这个环境中形成一种不自由的"自由"趋势，看似自由，其实是一些无可奈何的选择，虽然无可奈何，却又不乏独特的思考。这些趋势包括，以内心自由代替政治自由、以知道自己代替改变社会、把政治变革当作文化使命、以精神的升华来代替公民参与。康德就是一个代表人物。

历史学家罗伯特·安乔尔在《启蒙传统》一书里在评论18世纪

德国启蒙的趋势时说："所有这些趋势结果变成一种精致的经常是非常学究和奥涩的讨论方式，它们产生于一种半封建的政治和社会环境，精致和奥涩的讨论方式使得这样的环境变得合理。然而，与此同时，由于思想对这个社会不形成威胁，因此有机会以富有新意的方式，从哲学和文学入手来开拓对世界的探索，并寻找让启蒙在德国落地生根的方式。"[1] 为了政治上的安全，几乎所有的启蒙思想都作了精心的"学术"包装。

在不自由的状态下，学术必须巧妙地打扮自己，只有让自己在政治上显得无害，启蒙才有存在和发展的机会。例如，德国学人"巧妙"翻译苏格兰启蒙者亚当·福格森（Adam Ferguson，1723—1816）的著作，避开敏感话题，小心翼翼地将启蒙引入德国。德国译者在翻译其著作《公民社会史》（*History of Civil Society*）时，故意淡化他的公民人道主义和自由贸易思想，而是用这部著作来宣扬精神自由和审美内向。就这样，公民参与的议题被悄悄变换成个人审美力的培养和完善。在一个康德都在为开明专制辩护的国家里，公民社会当然是一个危险的议题，哪个翻译者敢不小心翼翼地躲避政治忌讳？他们不得不运用一些必要的自我保全策略。不幸的是，这是一种会有误导作用的策略。

我们可以大致从这四个方面来看 18 世纪的德国启蒙：一、环境条件的限制；二、知识分子的自我调适方式；三、知识和学术趋向；四、价值取向。

第一是环境条件的限制。18 世纪的普鲁士帝国军事优先，同时改革官僚制度，提高生产水平，但在思想上控制极严。相比起西欧社会来，德国社会的教育普遍落后，少数知识分子的启蒙得不到社会的响应和支援。

1　Robert Anchor, *The Enlightenment Tradition*, 119.

第二是知识分子在现行制度中的自我调适。18 世纪德国知识分子在逼仄的政治环境下，为了安全自保，退缩到比较安全的学术角落，如哲学、艺术哲学、纯理论的道德伦理学等，很少有直接对政治现状和意识形态进行批判的。

第三是知识分子的启蒙知识和学术选择。18 世纪德国学人大量借助西欧思想著作的翻译以此推动德国启蒙。

第四是启蒙话语的价值取向。18 世纪德国启蒙出现用爱国主义代替普世主义的"后起反弹"现象。为了抵抗英、法的文化影响，摆脱德国文化的劣势地位，德国知识分子开始打造"德国身份"，有的把"国"认作"帝国"（Reich），有的认作"王国"或"文化祖国"。德国爱国主义对外是针对英国或法国这样的"外国"，对内则是针对不把国家的利益放在最高位置的个人。用爱国主义来否定"个人本位"一直是德国国家主义排斥普世主义的一个基调，后来影响了纳粹运动的兴起。

从德国的经验来看，爱国主义被当作一种美德和崇高境界，这是德国式道德审美化和排外情绪的产物，与 18 世纪启蒙时代的人类美德和普世境界是反冲的。爱国主义和普世主义都是德国启蒙的特色议题，这两个互相矛盾的议题要等到康德用"公民社会"的道德规范理念来加以协调，才算在理论上统一起来。

二十四　潘恩《常识》《人的权利》

1. 自由的先知：常识和民主政治常识

　　1943 年，第二次世界大战还在进行，美国还正在从 1941 年底珍珠港事件的惨败中慢慢恢复过来。美国作家霍华德·法斯特（Howard Fast，1914—2003）出版了他的传记小说《公民潘恩》（*Citizen Tom Paine*）一书，同年 4 月 25 日的《纽约书评》发表了一篇题为《汤姆·潘恩：自由的先知》（Tom Paine, Prophet of Liberty）的书评。书评写道："在危机时刻，一个国家重新审视过去。昨天的失败和胜利中那些尘封的往事为今天的失败和希望，也为未来的胜利提供希望。这样看待过去，目前的严峻状况……也就成为通往未来的垫脚石。重新被唤起的古老战斗呼喊和被遗忘的口号充满新的含义。古老的英雄主义故事和为珍惜自由而进行艰苦奋斗的故事，以一种爱国自豪感被重述，并成为民族灵感的来源。最重要的是，过去那些伟大人物的往事和传奇——从遗忘中被重新唤回，并展现在闪亮的光环中，放大他们的身影，不再斤斤计较他们的点点瑕疵。"

　　对 1943 年的美国读者来说，霍华德·法斯特的潘恩传是一本及时的书，因为美国和全世界都面临着因为法西斯的荼毒而失去自由的危险。18 世纪的潘恩也就成为一个将 20 世纪人们从集体遗忘中重新唤醒的"自由的先知"。这个称号对潘恩来说，是再恰当不过的。

当自由有危机的时候，人们记起潘恩，记起他一生坚持的自由价值。然而，危机一过，人们又可能很快将他遗忘。人是善忘的动物，好了伤疤忘了疼是人的天性。人很难因为一时记起，就永远不忘。

潘恩就曾经被人们长期忘却。他将一生贡献给人类的自由事业，他是自由革命的呼唤者和积极参加者，先是美国革命，接着是法国革命，他的自由呐喊曾对 18 世纪无数的人们产生振聋发聩的作用，但是他的自由思想也被许多人看成危险的异端邪说。

潘恩是 18 世纪的革命先知和自由使者。古希伯来传统中的先知不是僧侣或苦修士，他们身处权力体制之外，但完全投身于所处时代的政治生活。先知有时支持君王及其政策，更多时候他们是对君王管理提出批评。他们传递的是耶和华的声音，为此可以贡献自己的一切。潘恩在《常识》中坚持，自由的宪章以"神法和《圣经》为依据"，他传递的是自由宪章的神圣声音。他不止一次在革命后的美国和法国政治体制中任职，但他不属于那些体制，并最后为它们所不容。就像先知有时支持君王及其政策，更多时候是对其提出批评一样，潘恩更多的时候是对革命后的政要和政策提出批评。他提出批评的原则从来只有一个，那就是捍卫公民自由。

潘恩生前饱受磨难。他被柏克诬蔑，又被罗伯斯庇尔逮捕入狱。最后，还饱受华盛顿忘恩负义、见死不救之害。他遭旧封建宫廷追捕，并不奇怪，可悲的是，他还被新执政党人打击，而那些新执政党人不久前都还是他的同志。他以世界公民自命，在英、法、美三国鼓动革命，结果却颠沛流离，不得其所。

在 18 世纪后期的激进启蒙和革命时代，很难找出一个像他参与那么多重大事件的革命者，也没有一个人的作品能像他赢得那么多的读者。然而，也没有一个人像他那样快就被同时代人遗忘，死后几乎无人送葬，最后连遗骸都下落不明，至今无人知晓。

潘恩 1737 年 1 月 29 日出生于英国诺福克郡塞特福德镇的一个贵格会教徒家庭，13 岁辍学后曾从事多种职业——水手、税务官、侍者、鞋匠等。他 35 岁那年，为呼吁增加税务官工资而写了他的第一本著作，并进行请愿。结果，他为此失去自己的妻子、工作和店铺。1774 年经本杰明·富兰克林介绍来到北美费城任家庭教师，后任《宾夕法尼亚杂志》主编。美洲独立战争爆发后，他积极投入反对英国的斗争中，1776 年因发表著名的《常识》一书而名噪一时。1776 年 7 月 4 日，独立战争刚开始一年，军事上节节败退的北美人勇敢地发表《独立宣言》，宣告脱离英国殖民统治。这正是潘恩在小册子《常识》里所大力宣传的主张。

这本小册子成为独立战争中对北美人民最具号召力的反英思想武器。此后潘恩又参加为宾夕法尼亚州制定一部自由宪法的工作，并加入华盛顿的大陆军。1787 年他回到欧洲，后卷入英国和法国的政治斗争中。1791 年他发表《人的权利》，一方面反驳柏克《反思法国大革命》对法国大革命的攻击；另一方面提出自己代议民主政体的政治思想。他因此受到英国当局的迫害，不得不于 1792 年 9 月逃亡法国。他随后被选为法国国会议员，并成为制定法兰西共和国宪法的九人委员会委员。1793 年，他因为极力反对雅各宾派处死法国国王而被捕。在狱中，他继续进行自然神论（deism）作品《理性时代》的写作（1794 年出版）。1794 年，在美国外交代表门罗（James Monroe）的斡旋下，潘恩获得释放。1796 年他又出版最激进的小册子《土地公平》。1802 年潘恩重返美国，由于他的政治观点与联邦党人不一致，他受到联邦党人的攻击，并拒绝让他参加政府工作。他的《理性时代》也受到来自教会势力的批判。1809 年他在纽约孤独地死去。

潘恩没有鸿篇巨帙，他的作品大都是结合革命斗争实际写成的一些政论文章。其中最著名、最有影响也最脍炙人口的，就是我们现在要来阅读的《常识》。无论是就其论述风格，还是就主题思想而言，那本只有 40 多页的《常识》都是潘恩的代表作。

潘恩在《常识》里说的常识不是指普通人生活经验中的常识，而是指自由公民应该有的政治常识，或者更准确地说，民主政治常识。经验常识与民主政治常识虽有联系，但并不是一回事。

眼下许多人倡导常识，并不是出于对常识与理性思维关系的周全理解，而是因为厌恶那些几乎每天出现在他们社会和政治生活中的胡说八道和欺骗忽悠。人们痛恨夸大不实的宣传、违反逻辑的诡辩、寡廉鲜耻的歪理，以及完全蔑视正常人认知和理性的睁眼说瞎话，于是他们把"常识"当作与这类恶行对抗的武器。常识确实可以在相当大的程度上起到戳穿谎言的作用，可是常识本身并不是百无一失的可靠思维方式，常识经常也会犯错误。

常识可以用来揭穿谎言，但也可以用来编造谎言；可以用来戳穿欺骗，但也可以用来制造欺骗。网上流传一个"民主是瞎扯""专制是天道"的视频，一位理论人士恶狠狠地说，民主根本就是自然界不存在的东西，专制是生存的自然法则。你看，狼群、猴群都只能有一个头领，蚂蚁、蜜蜂也都只有一个蚁王、蜂王。全自然界只有人这个动物异想天开要什么民主。一支军队必须听一个人的，哪有什么民主决策这种事情。公司也是一样，苹果公司都得听 CEO 一个人的。所以，这天底下只有专制是自然的，民主纯粹就是瞎扯！是胡说八道！

初听起来，这话似乎很符合常识。但细想一下，就会发现这是在用常识撒谎，用常识欺骗。就算狼、猴子、蚂蚁、蜜蜂都实行

"专制",人类就该专制吗?就该仇视民主吗?让人向狼、猴子、蚂蚁、蜜蜂看齐,那人岂不成了野兽、畜生,以及低等动物的蚂蚁和蜜蜂了吗?人还有人的尊严吗?人类的文明正是为了让人不再是野兽、畜生、蚂蚁才发展起来的。那些成为"蚁民""屌丝"的人,难道他们应该为自己活得像蚂蚁像猪狗而感到骄傲吗?

再看军队和公司,看起来也是常识,但同样是谬论和谎言。军队是用来对抗敌人的,军队的枪炮是用来杀人的。社会是军队吗?社会军事化,那是德国纳粹和日本军国主义的治国理念,结果怎么样呢?国家是公司吗?员工的理念与老板不合,老板可以开除他。但是,公民与政府的意见不合,政府要怎么开除公民呢?把他关进集中营,还是杀掉?那个说"民主是瞎扯"的人,自己愿意生活在这样的专制之下吗?

如果说这种"民主是瞎扯""专制是天道"是今天某些人的常识,那么潘恩的《常识》便是与之对抗的自由和民主的常识。显而易见,这两种常识是完全不同的,也是根本对立的。那么,怎么辨别哪个常识是真实的,哪个常识又是虚假的呢?

18世纪的启蒙告诉人们,识别常识需要运用人特有的理性而不只是直觉。理性告诉我们,人不是一般的动物,人具有动物所没有的自由、平等、尊严、正义的意识;人有灵魂,有精神,有良心,有人生目标。正是因为人类有这样的特性,人类才有理由为做人感到骄傲。这也就是苏格拉底所说的,一种是痛苦的人,一种是快乐的猪,宁做痛苦的人,不做快乐的猪。

理性还告诉我们,国家不是公司,政府不是老板。以美国为例,苹果公司的决策是一个公司的,而美国政府的决策则是一个国家的。一个公司的人员有自然的共同利益,那就是提高收入,增加利润,钱挣得越多,大家的好处也就越多。只要能挣钱,公司的决策就是对的、正确的。利润是政策对错、是非的唯一标准。但一个国家却不同，它的人民是由不同利益的人群所构成，他们的利益不仅不一致，而且还相互矛盾和冲突。许多事情，一些人群得益，而另一些人群则必然受损。美国国债上限激烈争论和难以达成妥协，便是因为不同人群利益的矛盾和冲突极度难以调和，而不同利益的人群通过自己的政治代表对政府决策都有发言权。

普通常识对哪种人才是普通的呢？从常识判断离不开理性判断来看，普通常识虽说"普通"，但并不是每个人都有的。普通常识与理智的关系多于情感或情绪。因此，普通常识属于那些遇事能用自己的头脑思考和判断、能追本穷源的人，并非人人都天生就拥有这种普通常识。常识让人能够根据自己的经验，并通过分享他人的经验，对环境做出最有效的反应。在同一个环境里的人群中，只是在善于理性思考的人当中常识才是普通的。

常识并不是某种自然而然或者已经存在于人们头脑中的可靠知识，而是一种获得有益和可靠知识的能力。首先，潘恩在《常识》里介绍民主常识，是因为当时美洲殖民地的许多人还没有这样的民主知识，潘恩认为民众需要这样的常识，所以他才说给他们听的。其次，潘恩相信，民众拥有理解和接受民主政治常识的基本能力。如果民众没有或者不运用这种常识能力，就算潘恩说破了嘴也是白搭，不会有任何效果。再者，潘恩所说的常识符合北美民众的利益，因此他们是听得进去的。只有人们听得进去的道理，才是能够说服他们的道理。

潘恩的民主知识能够广为传播，是因为当时美洲殖民地千千万万民众具有基本的常识能力，并渴望得到关于自由的知识。《常识》一出，人们争相传阅，先睹为快，不出三个月，发行12万册，总销售量达50万册以上。当时200万北美居民中几乎每一个成年男子都读过或者听别人谈过这本小册子。

《常识》流传之广，今天的读者难以想象。当时在许多乡村茅舍，如有幸拥有一本藏书，那自然是《圣经》，可是如果拥有第二本，那就是《常识》。在许多大陆军士兵的背囊中，都有一本读得皱巴巴的《常识》。一家英国报纸记载说：“《常识》无人不读。凡读过这本书的人都改变了态度，哪怕是一小时之前，他还是一个强烈反对独立思想的人。”

那么，潘恩到底是如何传播他的民主政治常识的呢？其中最关键的一条，就是根据当时美洲殖民地人民的基督教信仰，他对《圣经》作了为共和理念辩护的解读。

2. 人民拜偶像造就君主崇拜

《常识》是托马斯·潘恩于 1776 年 1 月出版的一本 40 多页的小册子，是他 1774 年从英国逃亡到美国两年后写下的。在这个小册子里，他激励北美洲 13 个英国殖民地向英国要求独立，为此他论述独立的合理性和必要性。对我们今天的阅读来说，最重要的是他对“论政权的起源和目的（以英国政体为着眼点）”和“论君主政体和世袭制”这前两个部分，而后两个部分“北美形势”和“北美条件”则主要是历史记录的价值。

美国 20 世纪哲学家悉尼·胡克（Sidney Hook，1902—1989）为《常识》再版的序文中曾言：“潘恩之所以全身心地投入这场美国革命，并不是作为一个美国人、局限在为美国的利益；而是作为一个自由人、一个世界公民，他坚信，他为美国所做的努力，就是为英国、法国以及所有被奴役的地方争自由的努力。”《常识》前两部分的价值正在于它具有长久且普遍意义的民主政治理念：打倒国王，为人民加冕。

潘恩要把这个理念当作“常识”来传播，诉诸的是 18 世纪人们普遍认同的"自然法",这个自然法符合当时人们的《圣经》阅读和对基督教的基本信念,那就是,人是上帝创造的,上帝创造的是自由、平等的人类。人类的等级,尤其是君王与普通人的绝对差别,违背上帝创造世界原初的正义意图。他说:"在宇宙万物的体系中,人类本来是平等的,这种平等只能为以后的某一桩事故所破坏:……那就是把人们分成'国王'和'臣民'的差别。"[1]

潘恩像 17、18 世纪一些思想家霍布斯、洛克、卢梭一样,他设想了一种人类原初"自然状态",并描绘人类脱离自然状态的后果。他在《常识》一开始就表明他的结论:"有些作者把社会和政府混为一谈,弄得它们彼此没有多少区别,甚或完全没有区别;而实际上它们不但不是一回事,而且有不同的起源。社会是由我们的欲望所产生的,政府是由我们的邪恶所产生的;前者使我们一体同心,从而积极地增进我们的幸福,后者制止我们的恶行,从而消极地增进我们的幸福。一个是鼓励交往,另一个是制造差别。前面的一个是奖励者,后面的一个是惩罚者。"[2]

他是这样解释的,社会在各种情况下都是受人欢迎的。可是政府即使在最好的情况下,也不过是一件免不了的祸害;在最坏的情况下,就成了不可容忍的祸害。这是因为,当我们受苦的时候,当我们从一个政府那里遭受只有在无政府的国家中才可能遭受的不幸时,我们就会想到,这个政府是我们自己种下的恶果,所以就会更加痛心。人民越是容忍和顺从一个政府的胡作非为,这个政府就越会是一个专制的政府。君主制的政府就是这样一种因人民的害怕、顺从和无力反抗,而一直在使人民受苦的专制政府。

和 18 世纪许多激进启蒙者一样,潘恩怀疑开明君主制可能转变为一种专权、使人民受苦的专制,因为君主制的本质就是专制。

---

1 潘恩著,马清槐等译,《潘恩选集》,第 9 页。
2 同上,第 3 页。

他是一个坚定的共和主义者，他呼吁美国独立，更重要的是在独立之后必须建立一个共和的制度。因此，他要求废除君主制和君主大位的世袭继承。这是《常识》的核心理论部分。且看他用何种论证方式，把君主制描述为一种基督教意义上的罪恶？

潘恩巧妙地用对《圣经》的再解读来说服他的读者：国王是崇拜偶像的结果，是和上帝"不得拜偶像"的教诲相违背的。他说，在世界上的古代社会，根据《圣经》的记载来看，并没有帝王。由于远古时代没有国王，也就没有什么战争；"而现在使人类陷入混乱的，乃是帝王的傲慢。荷兰没有国王，近百年来已经比欧洲任何君主政体的国家安享了更多的和平。古代的历史也可以证实这种说法，因为最初一批宗族首领所过的恬静的田园生活本身自有一种乐趣，这种乐趣当我们读到犹太王族史的时候便消失了"。[1]

潘恩对远古时代那种田园乐趣的说法当然是经不住推敲的，但是不要忘记，他的《常识》是一本鼓动民众的小册子。小册子有小册子的论证方法，其中之一便是用普通读者听得懂的话，把某个结论先简单化地确定下来，然后以此为前提推导出作者原先已经有的结论。这样的结论之所以能被普通人接受，是因为普通人没法或难以对它提出反证。

潘恩解释《圣经》里的犹太人历史，运用的就是这种论述方式。他断言："由国王掌握的政权形式最初是异教徒开始采用的，后来犹太人向他们模仿了这种惯例。这是魔鬼为了鼓励偶像崇拜而进行的最得意的杰作。异教徒把他们去世的国王视为神圣，向他们表示敬意，而基督教世界则进了一步，以同样的态度对待活着的国王。把神圣的'陛下'这一称号施诸耀武扬威而转瞬变为白骨的小人，该是多么亵渎！"[2]

1　潘恩著，马清槐等译，《潘恩选集》，第 10 页。
2　同上。

潘恩攻击君权神授的观念，以《圣经》为依据，可谓以其人之道还治其人之身。重要的是，《圣经》几乎是他那个时代普通民众唯一知道的经典和真理依据。潘恩用《圣经》来证明，上帝原本要的不是君主体制，而是共和体制，这确实是别出心裁的高明辩术。同样，这是一个普通人无法证伪的论断，几乎任何一个无法证伪的结论都可以被称为"常识"。

潘恩是这样呈现"上帝爱共和"的"常识"的。他写道："从摩西记载创世的时候起，到犹太人全体受骗而要求立一个国王的时候止，差不多过了三千年。在立国王以前，他们的政权形式（耶和华偶然插手干涉的特殊情况除外）是一种共和政体，由一位士师和各宗族的首领执掌。他们没有国王，他们认为，除万人之主的耶和华以外，要承认有谁享有君王的称号，乃是一种罪恶。当一个人严厉地谴责人们对君王之类的盲目崇拜时，他毋庸怀疑，耶和华既然永远要人相信他的光荣，是不会赞成那种悍然地侵犯上天特权的政体形式的。"[1] 潘恩接着说，君主政体在《圣经》中列为犹太人的罪恶之一，并预言这种罪恶将产生巨大的灾祸。

既然上帝这么厌恶君主制，那么君主制又是怎么出现在人间的呢？潘恩的回答是，是人自己造就的，人造就君主制，从此世世代代吃尽君主制的苦头，再也没有解脱的办法。这是人自己的罪孽带来的恶果，人一直在为这个罪孽不断付出代价。在我陈述潘恩的具体论述之前，让我先来说一个《伊索寓言》里的故事：

一个池塘里住着一群蛙，他们因为自己没有元首，很不高兴，派代表到宙斯那里去，请求给他们一个国王。宙斯看出来他们的蠢笨，将一枝木橛投到那池塘里去。那些蛙最初大为惊骇，都钻到池塘的底里去。可是后来因为木头一点不动，那蛙游到水面来，看见

1 潘恩著，马清槐等译，《潘恩选集》，第11页。

木樨不动，都看不起他。众蛙觉得有这样一个王很不体面，就请求宙斯给他们换一个国王。宙斯对他们生了气，便差一条水蛇往他们那里去，那些蛙就都被蛇抓来，吃了下去。

潘恩在《常识》里也说，上帝本来并没有给人类派来君王，君王是人类自己向上帝求来的，人类应该为自己的请求负责，并承担其后果。潘恩说了这样一个圣经故事。

以色列人受到米甸人（Midian）的压迫，古代希伯来人的士师基甸（Gideon）便带领一小支军队向他们进攻。在上帝的帮助下，以色列一方胜利。犹太人十分高兴，认为这是基甸雄才大略的功绩，因此提议推他为王。他们对这位英雄说，我们愿意让你和你的儿孙管理我们。

这确实是个很有诱惑力的请求，不但基甸可以坐上王位，而且他的子子孙孙都能坐在王位上。可是基甸对他们说，我不管理你们，我的儿子也不管理你们，唯有耶和华管理你们。

基甸的话说得不能再明白了，他并非拒绝人民拥戴他为王的这一份荣耀，而是不能接受他们给他这种荣耀的权力。他没有用客套话向人民表示感谢，而是用一个先知坚定的语气批评他们，你们不应叛离自己的君主，他就是上帝。

在这件事情之后大约过了130年，以色列人又犯了同样的错误。他们想要模仿异教徒崇拜偶像的风俗，所以就来找撒母耳（Samuel）。据《圣经》记载，撒母耳是以色列最后一位士师，也是以色列人立国后的第一位先知。以色列人对撒母耳说，你的两个儿子都不行，你也年纪大了，你给我们立一个王来统治我们吧。人民也许是出于可以理解的愿望，因为其他国家都有国王，所以以色列人也想要一个贤能的国王。撒母耳于是祷告耶和华，问该怎么办。

耶和华对撒母耳说，百姓向你说的一切话，你只管依从，因为他们不是厌弃你，乃是厌弃我，不要我作他们的王。自从我领他们出埃及到如今，他们常常离开我，事奉别神。他们一直就是这么任性胡来，今天对你提这样的要求，你不要奇怪，照他们的话去做就行了。但你要警告他们，有了王之后，王会怎样管辖他们。以色列人要求得到的王不会比人世间其他的王更好；任何一个王，他统治人民的惯用手段与人世间一切其他的王都是一样的。

耶和华的话已经说得相当明白，不要以为撒母耳虔诚和贤能，就一定能给以色列人立一个不同于世间一切国王的国王，你们看看别的国王怎么统治，就知道以色列的国王会怎么统治，因为他们行使的是同样令百姓痛苦的权力。

撒母耳于是将耶和华的话传给求他立王的百姓，撒母耳说，管辖你们的王一定会这样来对待你们，"他必派你们的儿子为他赶车，跟马，奔走在车前（这个描写同现今强人服役的人的行径相符合）。又派他们作千夫长、五十夫长，为他耕种田地，收割庄稼，打造兵器和车上的器械。必取你们的女儿为他制造香膏，作饭烤饼（这段话形容国王的奢侈、浪费和压制手段）。也必取你们最好的田地、葡萄园、橄榄园，赐给他的臣仆。你们的粮食和葡萄园所出的，也必取十分之一，给他的太监和臣仆（从这里我们可以看出，受贿、贪污和徇私乃是国王们的一贯的恶劣作风）。又必取你们的仆人婢女、健壮的少年人和你们的驴，供他的差役。你们的羊群他必取十分之一，你们也必作他的仆人。那时你们必因所选的王哀求耶和华，耶和华却不应允你们。这说明了君主政体继续存在的原因；自古以来寥寥无几的善良国王的品德，既不能使这一名号成为正当的东西，又不能抹掉最初产生国王的罪孽"。[1]

直到今天，统治这个世界上许多国家的国王，他们有的拥有国王的名号，有的没有，而是用了其他的名号，但他们都是用像对待

1 潘恩著，马清槐等译，《潘恩选集》，第12—13页。

仆人婢女的方式来统治百姓的。撒母耳终生守道不渝，是《圣经》极少没有罪行记载的贤能之人。撒母耳按照耶和华的指示，先后选择了扫罗和大卫两位国王，为后来以色列的壮大做出重要贡献。

潘恩说，《圣经》上对大卫颇多好评，并不在于他在职务上是个国王，而只在于他是一个迎合上帝心意的人。以色列人恳求得来的不只是一个像大卫这样的好国王，而且也是后来一代又一代的坏国王，因为这些坏国王，以色列的历史充满灾难。撒母耳无法违拗以色列人的热切的求王意愿，但对他们说，"你们求立王的事，是在耶和华面前犯大罪了"。

潘恩的故事结束了，意思是明明白白的，"《圣经》的这些部分都是清楚而肯定的。它们不容有任何模棱两可的解释。要么是上帝确曾在这里对君主政体提出抗议，要么是《圣经》是伪造的。我们有充分的理由可以相信，在信奉天主教的国家里，国王和神甫是费尽心机，竭力不让人民了解这些经文的"。[1] 由此可见，潘恩是如何把君主制视为一种违背上帝意志的罪恶。

3. 推翻国王，为宪章加冕

潘恩把君主制视为人们求偶像和拜偶像造成的恶果，而支撑君主制并让君主制成为人类永劫的便是它的世袭制度。所以，他对世袭制的批判是为他否定君主制服务的。对此，他写道："除君主政体的弊害以外，另外还有世袭的弊害；君主政体意味着我们自身的堕落和失势，同样的，被人当作权利来争夺的世袭，则是对我们子孙的侮辱和欺骗。因为，既然一切人生来是平等的，那么谁也不能

---

1 潘恩著，马清槐等译，《潘恩选集》，第 13 页。

由于出身而有权创立一个永远比其他家庭占优越地位的家庭，并且，虽然他本人也许值得同时代人相当程度的尊敬，他的后辈却可能绝对不配承袭这种荣誉。"[1]

反对世袭可以是出于"虎父也会有犬子"的理由。哪怕一个人因为自己的杰出才能、优秀的治理能力和出众的道德品质而成为受到尊敬的君主，他的儿子也不见得就能从遗传得到这些优秀的品质，而且还可能是一个截然相反的人物。一个思想开明、能为民众着想，因此深受民众敬重的父亲，他的儿子可以是一个以当独裁者为荣的野心家。虎父犬子的例子在历史上数不胜数。

罗马时代五贤君之一的奥勒留和他的儿子康茂德就是一个例子。吉本在《罗马帝国衰亡史》开头所描述的安东尼·庇护和奥勒留皇帝时期的盛世景象（至少外表如此），丰裕安全，法律被有效执行，许多恶行被抑制。到奥勒留为止，所有的罗马皇帝都是被前一任挑选并收为养子的，偏偏是奥勒留把皇位传给自己的儿子康茂德。拉塞尔·柯克在《美国秩序的根基》里写道，"马可·奥勒留的继承者及他的儿子康茂德外形强壮有力，却似乎定意要毁掉他父亲的所有道德和政治成就。他像尼禄一样剥夺声誉卓著的罗马人的公民权，亲自在角斗场与野兽和角斗士厮杀，还坚持要求民众把他当罗马的大力神赫拉克勒斯（Hercules）来敬拜。帝国宫廷中的人惧怕他们的主人。192 年，在皇帝身边人的鼓动下，一位角斗士将康茂德勒死"。[2]

潘恩不只是因为"虎父也会有犬子"才反对世袭，他反对世袭，是因为他坚信世袭制度本身就是违背自然准则的，因此在道德上是邪恶的。世袭不仅是统治者自己要搞终身制，而且子子孙孙都要搞

[1] 潘恩著，马清槐等译，《潘恩选集》，第 13 页。
[2] 拉塞尔·柯克著，张大军译，《美国秩序的根基》，江苏凤凰文艺出版社，2018 年，第 128 页。

终身制。潘恩反对世袭的理由是人道主义的理由：任何人都没有世袭的权利，任何人都有反对他人世袭的权利，世袭是人之为人所不能接受的，也是不能容忍的。

潘恩提出两个反对世袭制的根本理由。第一个理由是，人人生而平等，凭什么你有权创立一个世世代代都比别人优越的家庭或家族呢？潘恩承认，活在同一时代的人们，有的因为特别优秀，为群体做出特殊的贡献，因而受人尊敬，享受特别的荣誉，"但他的后辈却可能绝对不配承袭这种荣誉"。他说，"有一个十分有力的明显的证据，足以证明国王享有世袭权是荒谬的，那就是，天道并不赞成这种办法，否则它就不会常常把笨驴而不把雄狮给予人类，从而使得这项制度成为笑柄了"。[1]

第二个理由是，一代人的事情是一代人的事情，上一代人无权代表下一代人，无权为下一代人做主，事实上也决定不了下一代人的优劣高下。只有那些自以为是龙是凤的家伙，才会主张"龙生龙，凤生凤，老鼠的儿子会打洞"。只有别人世世代代承认自己是老鼠、是蚁民、是屌丝，他们才能理直气壮地把自己当龙、当凤。就算那些当老鼠、当蚁民的把荣誉给了龙或凤，如潘恩所说，"那些荣誉的授予者也没有权力来牺牲子孙的权利；虽然他们可以说'我们推你做我们的王'，他们却不能说'你们的子孙和你们子孙的子孙可以永远统治我们的子孙和我们子孙的子孙'"。因为这样就会侵犯自己后辈的权利。潘恩说，"这样一种愚蠢的、不公正的、不合人情的约许，很可能在下一个朝代就使他们受到恶棍或者傻瓜的统治。大多数贤明的人士在个人情绪上，向来总是以轻蔑的态度对待世袭权的；不过这是那种一经确立就不容易扫除的弊害之一；许多人因恐惧而服从，另一些人因迷信而服从，一部分比较有权有势的人则

1　潘恩著，马清槐等译，《潘恩选集》，第 13—14 页。

帮同国王对其余的人进行掠夺"。[1]

人们一般会误以为，开国之君都是真龙天子，或至少是人中豪杰。潘恩对这种想法嗤之以鼻，他毫不客气，甚至有点尖酸刻薄地写道，"人们一般认为现今世界上的那一群国王都有光荣的来历：而最可能的实际情况是，如果我们能够扯掉古代隐蔽的掩盖，追溯到他们发迹的根源，我们就会发现，他们的始祖只不过是某一伙不逞之徒中的作恶多端的魁首罢了，他那残忍的行径或出名的阴险手段为他赢得盗匪头领的称号：由于势力的增加和掠夺范围的扩大，他吓倒手无寸铁的善良人民，逼得他们时常贡献财物来换取他们的安全"。[2]

潘恩说，即使对这样的"人中豪杰"，推举他为"王"的人"也绝不会想到要把世袭权给他的后裔"。父权子承开始只是一种权宜之计，潘恩说，"这只能作为临时的或补充的办法，而不能作为理所当然的制度来推行：可是，由于那个时代几乎没有留下或根本没有留下记录，口头相传的历史充满虚构的故事，因此隔了几代之后，就很容易捏造一套当时可以顺利地散布的、像关于异教始祖传说般的、迷信的鬼话，三番四复地向民众宣传世袭权的概念"。[3]

古代的权力世袭只是在一个家庭或几个家族里维持，是显而易见的世袭。可是，现代的权力世袭是在一群同党当中延续，变得更加隐秘，也更加需要依靠这个政权的开创"神话"，也就是潘恩所说的"充满虚构的故事"。政权的权力世袭当然不能只是依靠这种虚构的故事和神话，而且更是必须依靠老百姓当惯了臣民、不当奴才不舒坦的"习惯"。潘恩在《常识》里毫不客气地指出，北美人习惯英国国王的统治，要从英国独立出来，他们首先忧虑的就是，

<hr>

1　潘恩著，马清槐等译，《潘恩选集》，第 14 页。
2　同上。
3　同上，第 14—15 页。

"北美的国王在哪里呢"？

对这个问题，潘恩说，"朋友，我要告诉你，（这个国王）在天上统治着，不像大不列颠皇家畜生那样地残害人类。但是，如果庄严地规定有一天要宣布宪章……（那就）让发表的宪章以神法和《圣经》为根据；让我们为宪章加冕，从而使世人知道我们是否赞成君主政体，知道北美的法律就是国王。因为，在专制政府中国王便是法律，同样地在自由国家中法律便应该成为国王，而且不应该有其他的情况。但为了预防以后发生滥用至高权威的流弊，那就不妨在典礼结束时推翻国王这一称号，把它分散给有权享受这种称号的人民"。[1]

这一段话不是我们一听就能明白的，所以需要分析一下，这里有四个可以分解开来理解的要点。

第一，人民赶跑国王，并不是要毁掉秩序。人民要让宪章，也就是法律，来当维护秩序的国王。宪章是由人民加冕的国王。

第二，人民是以神法和《圣经》为根据来为宪章加冕的。

第三，虽然宪章或法律是人民加冕的国王，但是人民选择不用"国王"去称呼宪章或法律，因为所谓的"法律国王"迟早又会为滥权和专制打开大门。

第四，人民要彻底推翻国王这个"人民的主子"，把"王"和"主"这样的称号"分散给有权享受这种称号的人民"。这也就是人们后来理解的民主。

在潘恩看来，王位的存在本身就是一个对人民自由的威胁，"任何政体越接近共和，需要国王做的事情就越少"。[2]人民不能像靠撞大运那样期待明君贤主，他愤怒地写道，"如果这种制度能保证提供一群善良而贤明的人士，那倒还可以算是获得神权的特许，但事

1　潘恩著，马清槐等译，《潘恩选集》，第35—36页。
2　同上，第18页。

实上它只是为愚人、恶人和下流人大开方便之门，因此它就带有苦难的性质。那些自视为天生的统治者和视人为天生奴才的人，不久便横行霸道起来。由于他们是从其余的人类中挑选出来的，他们的心理早就为妄自尊大所毒害"。[1]

要推翻和摆脱国王，人民首先要摆脱他们自己依赖国王的习惯心理，不幸的是，人民的这种习惯是根深蒂固的，革命前的北美人如此，今天世界上有的国家里的人民仍然如此。这也是为什么《常识》至今对我们仍有意义。

爱尔兰剧作家萨缪尔·贝克特（Samuel Beckett，1906—1989）在《普鲁斯特》中讨论作为人的生存处境的习惯。习惯是一种存在于人天性中的东西。他的《等待戈多》就是一个以"等待"的习惯为主题的荒诞剧。习惯于等待的人们即使在不知道自己到底是在等待什么的时候，也会在等待，因为等待已经成了他们的习惯。高行健的《车站》一剧运用类似的戏剧题材。一群人在一个公车车站前面苦苦等待一班永远不会开来的公车，虽然这个车站已经被废弃，不再有公车停靠，但他们还是习惯性地在车站排队等待。这也就是美国哲学家乔治·桑塔亚纳（George Santayana，1863—1952）说的"习惯比理性更强大"。

冯骥才有一个短篇小说，叫《高女人和矮男人》，故事里的一对夫妻厮守几十年，雨天外出总是丈夫打伞，因为妻子个子高，所以丈夫总是把伞举得高高的。后来妻子死了，丈夫雨天独自出门，还是习惯性地把伞打得高高的。这是一个让人心酸又耐人寻思的故事。

贝克特在《普鲁斯特》一文里写道，"习惯是一根重石，用铁链把狗拴在它的呕吐物旁。呼吸是习惯，生命也是习惯，更确切

1　潘恩著，马清槐等译，《潘恩选集》，第 16 页。

地说，生命是一连串的习惯"。[1] 习惯让人对现实失去应有的敏锐感受。人因为在暴君统治下生活久了，丧失痛感，反而在暴君死去的时候痛哭流涕，惶惶不可终日，像是天要塌下来一样，不知如何是好。有文化的人和没文化的人都差不多。1956 年赫鲁晓夫做了批判斯大林的秘密报告数日之后，斯大林主义的模范作家法捷耶夫开枪自杀。

习惯给人一种虚幻的常态感觉，以及由常态幻觉带来的安全感。专制统治最经常利用的就是民众这种习惯性的安全幻觉，让人民觉得少一个铁腕的专制者，天下就必定大乱，百姓就一定遭殃。由于民众的这种习惯性幻觉，他们会自动重复统治者的谎言，并用这个谎言来说服自己，就算日子过得再憋屈再委屈，就算见证再多的不公不义，也万万不能没有那个操纵着他们生死的国王。

可是，潘恩在他的《常识》里告诉他们，你们习惯甘当臣民，只会"为无穷的虐政敞开门户"。[2] 潘恩向所有的北美人呼喊："啊！你们这些热爱人类的人！你们这些不但敢反对暴政，而且敢反对暴君的人，请站到前面来！旧世界遍地盛行着压迫。自由到处遭到追逐。亚洲和非洲早就已经把她逐出。欧洲把她当作异己分子，而英国已经对她下了逐客令。啊！接待这个逃亡者，及时地为人类准备一个避难所吧！"[3] 珍惜爱护你们的自由吧，那不只是你们的自由，也是全人类自由的一个最后的避难所！

今天，正是"自由"这个美国的立国之本，成为许多人向往的地方。在美国自由女神像的基座上铭刻着犹太女诗人埃玛·拉札勒斯（Emma Lazarus，1849—1887）的诗句：

1　Samuel Beckett, *Proust*, London, Chatto & Windus, 1931, 8.

2　《常识》，第 36 页。

3　同上，第 37—38 页。

将你疲倦的，可怜的，

瑟缩着的，渴望自由呼吸的民众，

将你海岸上被抛弃的不幸的人，交给我吧。

将那些无家可归的，被暴风雨吹打得东摇西晃的人，送给我吧，

我在金门旁高高地举起我的灯火！

潘恩本人就曾经是一个"无家可归的，被暴风雨吹打得东摇西晃的人"，在《常识》发表之前，他一直把自己的姓写成"Pain"（"痛苦"）。然而，也就是这么一个当时名不见经传的小人物，写下千千万万人争相阅读的《常识》。这是一本翻译成中文不到50页的小册子，而关于民主和共和的内容还不到20页。但他能在这20页里把君主制之恶和民主优秀的道理讲得大致明白，让千千万万的读者相信，民主的道理既不复杂也不玄奥，而是实实在在的普通人都能明白的道理。这不是常识，什么才是常识？

有人认为，潘恩的政治观念受到洛克的影响，但他自己说从来就没有读过洛克。潘恩说的也许不是实情，但不管怎么，他用不着引述洛克或任何其他政治学家的话，也完全用不着引经据典。单凭和普通人一起阅读《圣经》，他就能把他的共和思想表述成人人自然而然就能明白的道理。这样的共和思想不是常识，什么才是常识？用"常识"来做潘恩这个小册子的名字，真是再合适不过。

4. 人权是全人类共有的价值观

潘恩的《常识》是为美国革命而写作的，美国革命完成后，潘恩觉得他在美国该做的事已经做完。他在《致雷纳尔神父》（Letter to the Abbé Raynal, 1791）的信中展望一个由商贸和科学打造的和谐新世界。他写道："个人的需要产生社会，现在增加成国家的需要。以前是一个人求助于另一个人，现在是一个人求助于另一个国家。"他坚持认为："科学不属于任何一个国家，却能造福所有的国家。科学慷慨地打开人类团聚的圣殿。"

　　这种对科学和人类共同体的憧憬是 18 世纪启蒙时代乐观主义的特征性产物。在我们今天这个反乌托邦的时代，大多数人会认为，这是一个空想，太理想主义，像是一个乌托邦。但是，拉塞尔·雅各比（Russell Jacoby）在《不完美的图像：反乌托邦时代的乌托邦思想》一书里指出，今天乌托邦理想已经变得索然无味，难以激发丝毫的兴趣，"如今，大多数观察家都断言，乌托邦主义者或他们的同情者往好里说是有勇无谋的梦想家，而往差里说则是凶残的极权主义者"。然而，古代世界里却活跃着乌托邦的想象，罗马诗人奥维德（Ovid）笔下的"黄金时代"里，"有生命的动物互相信任"。城市并不是矗立在"高墙和桥梁后面"。铿锵的剑声也并没有打破和平；土地生长出"财富，一如树上挂着果实一样"。[1]

　　乌托邦曾经包含着人类对变化和未来的理想主义想象，展望不断进步的现实和未来，就会带有理想主义的特色。因此，18 世纪的世界大同、科学未来和人权思想中都有乌托邦特色，这并不奇怪。

　　历史中有许多推动改革的乌托邦，以及它们背后的乌托邦思想家。启蒙时代是一个乌托邦思想活跃的时代，法国启蒙哲人孔多塞侯爵（Marquise de Condorcet，1743—1794）曾梦想生活在不受贪婪、恐惧、嫉妒玷污的完全平等的人类完美状态中。他还担任过黑人同胞联合会（the Societe des Amis des Noirs）的实际会长，这是法国第一个致力于废除奴隶制的组织。如果没有像孔多塞这样的启

1　拉塞尔·雅各比著，姚建彬译，《不完美的图像》，新星出版社，2007 年，第 2—3 页。

蒙先驱，也许就不会有今天美国的"黑命贵"（Black Lives Matter）运动。

潘恩在《人的权利》中，把关于共和与民主的思想从美国的局部经验扩展到一个更大的人类范围。1787年4月他乘船去法国，本来是为了推广他自己发明的一种新式铁桥，它可以取代木桥。潘恩很骄傲地称他的铁桥为"《常识》之子"，它由13根弯梁撑起一座单拱桥身，象征对美国13个州组建合众国的纪念。没有想到的是，潘恩的法国之行让他立刻卷入法国和英国的政治漩涡。

法国革命爆发后，英国政治家柏克于1790年发表《反思法国大革命》，四个月之后，1791年3月，潘恩发表他的《人的权利》。柏克猛烈攻击法国大革命，维护英国的混合君主制度；为了批驳柏克，潘恩写下他最重要的政治著作《人的权利》。关于18世纪90年代的法国大革命论辩和有关的历史背景，我们在讲玛丽·沃斯通克拉夫特《人权辩护》的时候已经介绍过，这里不再重复。《人的权利》主要是讨论英国和法国的政治，但今天我们读这部著作，会强烈地意识到，如果潘恩没有对美国革命将近12年的亲身体验和长期思考，是不可能写出这部著作的。

潘恩是以"美国人民"一员的身份在《人的权利》里发声的。在他看来，"美国是政治世界中唯一可以开始提出普世改革计划的地方"。美国是诞生像华盛顿这样新政治人物的"民主之母国家"。《人的权利》的第一部就是题献给华盛顿的。题献里说，"阁下：我谨把这篇捍卫自由原则的短论奉献给您，您的可资模范的美德已为树立这些原则作出卓越的贡献。愿人权将如您的慈爱所希望的那样得到普及，愿您将享有目睹新世界使旧世界获得新生的快乐"。[1] 很明显，潘恩把美国的共和与民主经验视为可能对全世界都有教育作

1 潘恩著，马清槐等译，《潘恩选集》，第109页。

用的政治教材。他说："我想没有一个头脑清醒的人会把欧洲各国国王的品德同华盛顿将军的品德相提并论。"

潘恩相信，美国革命清除了墨守传统和因循守旧的路障，为世界范围内的政治改革奠定基础。他在《人的权利》里直接攻击的对象是柏克。他嘲笑柏克在《反思法国大革命》里的滥情言论，说什么"骑士的时代一去不复返了！欧洲的光荣永远消失了！非买的恩赐生命（天知道这是什么意思）、廉价的国防、丈夫气概的培育和英雄业绩一去不复返了"！[1]潘恩认为这种苍白的感叹简直就是浪漫主义的胡言乱语。

潘恩认为，柏克对法国大革命的人道语言和人权理念一窍不通，只会用华而不实的修辞故弄玄虚。关于柏克对法国大革命的敌意，潘恩挖苦道："所有这一切的原因都在于荒唐的堂吉诃德骑士时代已一去不复返了，对他的论断我们能有什么看法，对他提出的事实又能注意些什么呢？在他那狂妄的想象中，他发现无数风车，而他感到遗憾的是没有堂吉诃德式的人物去袭击这些风车。但如果贵族的时代像骑士的时代一样应当崩溃的话（它们原来就是有某些联系的），作为等级的吹鼓手的柏克先生满可以把他的歪文写下去，在结尾时惊呼：'奥赛罗的职业已经完蛋了！'"[2]

潘恩在《人的权利》中认同并坚决捍卫法国大革命在《人权宣言》（即《人权和公民权宣言》，1789年8月26日颁布）中所表达的人道主义和人权原则。《人权宣言》是在法国大革命时期颁布的纲领性文件，宣告人权、法治、自由、分权、平等和保护私有财产等基本原则。德国学者耶利内克（Georg Jellinek，1851—1911）认为《人权宣言》以美国的各州宪法的权利法案为蓝本，甚至"基本上是抄袭北美各州权利法案而来的"。法国学者布特米（Emile

---

1　潘恩著，马清槐等译，《潘恩选集》，第124页。
2　同上，第124—125页。

Boutmy，1835—1906）则认为《人权宣言》是法国的文本，是法国原创的，与英国的《权利法案》都源于欧陆的"18世纪精神"。不管怎么说，这个《人权宣言》采用18世纪的启蒙学说和自然权论，其中宣布自由、财产、安全和反抗压迫是天赋不可剥夺的人权，肯定言论、信仰、著作和出版自由，阐明权力分立、法律面前人人平等、私有财产神圣而不可侵犯等原则。

柏克攻击这部《人权宣言》，指责它是没有传统基础的空洞、抽象、激进的观念拼凑。柏克深感人类的制度很容易遭到经济的、哲学的、政治的理性主义的破坏。他认为，社会制度必须以传统而非理性为依据，传统是经过经验验证的，而理性安排则充满不可预测的危险因素。这种见解最终只能求助于一种信念，那就是社会制度产生于历史，乃是天意的安排。因此就要强调基督教的角色，他自己就是英国教会的坚定支持者。

柏克还认为，无论在习俗礼仪还是在教义上，基督教都支撑了欧洲文明。对于一个以理性节制、宗教狂热为荣的世纪，雅各宾派是一个令人恐惧的杂种，是理性主义的无神论狂热分子。革命是无宗教的野蛮与基督教的文明之间的对决。他还认为，个人理性的能力，尤其是"猪猡大众"的能力不足以驾驭政治的复杂性。维护个人的自然权利就会破坏现代商业社会和文明生活，使社会回到原始经济，甚至回到霍布斯所说的自然状态。

柏克出版《反思法国大革命》几个月后，玛丽·沃斯通克拉夫特发表她的《人权辩护》（1790—1792），紧接着潘恩出版《人的权利》（1791—1792）。这是两个对柏克的最早回应。潘恩和玛丽·沃斯通克拉夫特重申人的"自然权利"，以此作为激进派的主导性话语。

潘恩和玛丽·沃斯通克拉夫特一样猛烈抨击柏克所谓自然权利和公民权利不相兼容的主张，他认为这二者之间根本就不是对立的关系。沃斯通克拉夫特提出，自然权利是某种程度的社会和宗教自由，与其他任何人的自由相兼容。潘恩则提出，每一项公民权利都以个人原有的某种天赋权利为基础，"天赋权利就是人在生存方面所具有的权利。其中包括所有智能上的权利，或是思想上的权利，还包括所有那些不妨害别人的天赋权利而为个人自己谋求安乐的权利。公民权利就是人作为社会一分子所具有的权利。每一种公民权利都以个人原有的天赋权利为基础，但要享受这种权利光靠个人的能力无论如何是不够的。所有这一类权利都是与安全和保护有关的权利"。也就是说，公民权利要靠共和制度和共和宪法来得到保障。

潘恩认为，柏克对法国人推翻君主制怀有非理性的敌意，他指出，"翻遍柏克先生全书，提到巴士底狱只有一次，而且他还含蓄地表示他对巴士底狱被毁感到遗憾，并希望把它重建起来。他说：'我们已重建起新门（英国有名的监狱），并让那座大楼住满了人，我们也有像巴士底一样坚固的监狱去关押那些胆敢诽谤法国皇后的人'"。潘恩表示无法理解，以自由捍卫者自居的柏克怎么会对法国君主专制象征的巴士底狱有这么深情的留恋，"从他的粗暴和忧伤，从他对一些事保持沉默而对另一些事大发雷霆，很难不使人相信柏克先生对专横的权力——教皇的权力以及巴士底狱的权力被摧毁……是极端遗憾的"。[1]

潘恩认为，柏克反对法国大革命，赞扬英国那种所谓"约定俗成"的宪法，是站不住脚的诡辩，因为英国的约法一开始就不是和平的，而是已被暴力和征服所扭曲，"征服和暴政已由征服者威廉从诺曼底移植到英国，这个国家至今仍深受其害"。如果说英国有一个宪法，那它也不是出自社会，而是通过对人民的征服确立起来的。即便对英国来说，"法国宪法（也）有很多东西可供学习"。[2] 潘

---

1 潘恩著，马清槐等译，《潘恩选集》，第 126—127 页。
2 同上，第 151—152 页。

恩的思想与当时欧洲关于"进步"观念是一致的。"进步"观既是对"上帝安排"观的否定，也是对柏克"传统"和"先例"说的否定。

柏克攻击法国《人权宣言》，认为其中的人权观念无先例可循。对此，潘恩驳斥道："柏克先生以其一贯的粗暴态度谩骂法国国民议会将其作为法国宪法赖以建立的基础而予以公布的《人权宣言》。他称这个宣言为'关于人权的一纸既无价值又含糊其词的具文'。难道柏克先生意在否认人类具有任何权利么？如果是这样，他想必认为任何地方都不存在像权利这样的东西，而且他自己也不具有这种权利，因为世界上除了人还有什么呢？如果柏克先生承认人是有权利的，那么，问题是：这些权利是什么？人最初是怎样获得这些权利的呢？"[1]

对这个问题，潘恩的回答是："关于人的权利，有些人是从古代汲取先例来推理的，其错误在于他们深入古代还不够。他们没有追究到底。他们在一百年或一千年的中间阶段就停了下来，把当时的做法作为现代的准则。这根本没有什么权利。如果我们再进一步深入古代，就会发现当时还有着一种截然相反的见解和实践；如果自古就是权威，那就可以找出无数这样的权威，它们是一贯彼此矛盾的；如果再往深里挖，我们将最后走上正路；我们将回到人从造物主手中诞生的时刻。他当时是什么？是人。人是他最高的和唯一的称号，没有再高的称号可以给他了。"[2]英国人的权利，法国人的权利，美国人的权利，说到底都是人的权利，无论哪一国人，他的称号都不可能比"人"这个称号更高。

潘恩强调的是，人权是适用于所有人类的权利，法国大革命的人权观念，自由、平等、博爱，不是像柏克所说的只是抽象、空洞

1　潘恩著，马清槐等译，《潘恩选集》，第140—141页。
2　同上，第139页。

的理想产物。相反，人权的观念是用以衡量每个人类成员生存品质和目的的伦理标准，因此，不普遍的人权不可能是真正的人权。

从 18 世纪 70 年代到 90 年代的激进启蒙年代，这是启蒙运动最有争议的年代，潘恩和玛丽·沃斯通克拉夫特都是属于这个时代。这也是一个激动人心的革命时代，美国独立以及它的重要历史文献《独立宣言》，是美国政治实践在这个革命时代的一项壮举。

二十五 《独立宣言》《美国宪法》

1.《独立宣言》和美国价值观

　　《独立宣言》是一份声明美国从英国独立的文件，于 1776 年 7 月 4 日由托马斯·杰斐逊起草，并由其他 13 个殖民地代表签署。早在独立之前，欧洲启蒙思想就开始在北美传播，为《独立宣言》的发表奠定理论基础。但是，《独立宣言》和我们将要阅读的其他美国建国文献一样，体现的是具有美国自己特色的启蒙思想。

　　美国历史学家格特鲁德·希梅尔法布（Gertrude Himmelfarb, 1922—2019）在《现代性之路：英法美启蒙运动之比较》（*The Roads to Modernity*）一书中令人信服地阐述美国启蒙的独特性，美国启蒙的独特性是相对于两种主要欧洲启蒙而言的，那就是英伦启蒙和法国启蒙。她用"德性的社会学""理性的意识形态"和"自由的政治"来分别概述英国、法国和美国的启蒙。她认为，这三种不同的启蒙同样重要，代表"通往现代化的三种不同道路"。她对美国启蒙的解释也是一种当代构建，把 1776 年的美国革命和十年后的美国制宪作为美国的主要启蒙实践，视之为美国启蒙对今天全世界的主要政治伦理贡献。希梅尔法布指出，正是自由政治的价值让"美国启蒙何以'美国'"的问题可以有一个明确的回答。

英伦启蒙把社会德性放在哲学思考和社会政策的首位,社会德性成为公共之善的充足条件。但是,美国启蒙把社会美德只是当作必要而非充足的条件,而自由才是真正具有首位意义的。而且,美国启蒙的自由"不是斯密看作自由经济和自由社会的那种自然自由,而是人为的自由,一系列与新型共和相一致的原则和制度"。最早移居美洲殖民地的人们追求的是宗教自由,美洲殖民地人民又以政治自由的名义要求脱离英国。这是《独立宣言》之所以特别重要的一个主要原因。

在我们阅读 18 世纪的美国立国文本时,需要知道,我们今天看待美国启蒙的方式可能与 18 世纪美洲殖民地人民看待他们自己时代启蒙的方式是不同的。这在《独立宣言》的第一句话里就已经表现出来。

《独立宣言》第一句话,开宗明义地说:"我们认为下述真理是不言而喻的:所有的人是受造而平等的,造物主赋予他们若干不可让与的权利,其中包括生存权、自由权和追求幸福的权利。"幸福是启蒙时代美洲殖民地人民的一项主要追求。

但是,我们要知道,18 世纪人们对"幸福"的含义有着与今天不同的理解。今天,美国人所说的"幸福"指的是个人自我实现和富足生活带来的满足。但是,正如美国历史学家 Caroline Winterer 在《美国启蒙:理性时代的追求幸福》(*American Enlightenments: Pursuing Happiness in the Age Of Reason*,2016)一书中所说的:"18 世纪的人们一定会对这种狭隘的幸福观感到困惑。对他们来说,幸福具有的首先是一种宽广的公共意义。那时候的人常说的幸福指的是'幸福的人民'和'幸福的社会'。当人们享有安全、稳定与和平,国家得以昌盛的时候,社会便是幸福的。政府存在的目的就是创造公共的和社会的幸福,不让国家受到外敌入侵和来自国内的威胁。公共幸福的对立面不是个人的不幸，而是无政府状态的混乱或者专制独裁。"

18 世纪对启蒙理性的理解和期待是与这种公共意义上的幸福相一致的。理性是一种令人敬畏的力量，人类以前是从过去汲取智慧和信念，埃及、希腊、罗马的古文明传统，《圣经》里的族长和国王，还有创造一切的上帝。但是，"现在一个新的理念出现了，人可以比过去有过的、比上帝安排的、比国王和教会号令的做得更好。人类理性那闪闪发光的利刃，有着经验磨砺的锋芒，朝着被习俗和特权尘封的传统挥砍。……18 世纪前瞻未来的人们把运用理性改善人类社会看成自己的义务"。当然，并非每一个 18 世纪的人都具有这样的启蒙观念，但就算只有少数人拥有这样的新观念，它的价值也是史无前例的，而《独立宣言》的主要起草者杰斐逊就是这样一个拥有新观念的思想者，他要强调的不只是每个人自己心目中的幸福，而且是一种公共的幸福。

人们对幸福有一种常见的误解，那就是以为一些人或许多个人幸福的简单相加就等于社会整体的幸福，所以作"社会调查"的就会一个一个地拉人来问："你幸福吗？"就对幸福的理解而言，这是很肤浅的。《独立宣言》让我们看到，作为一个立国的目标，幸福还具有一种更重要的公共意义。

现在有多个《独立宣言》的中文译本，但有的未必能忠实传递原文的政治哲学意义，这是翻译经常会碰到的问题。例如，大多数译文都是这么说的："我们认为这些真理是不言而喻的：人人生而平等，造物主赋予他们若干不可让与的权利，其中包括生存权、自由权和追求幸福的权利。"这里的"人人生而平等"原文是"all men are created equal"，也就是被上帝创造成平等的，正确的翻译应该是"所有的人是受造而平等的"。

"受造平等"和"生来平等"是完全不同的，"生来平等"应该是"all men are born equal"，同一个家庭里，同一父母所生的兄弟姐妹也许可以说生来平等。但不同的家庭、不同的阶级、不同的地域，人生来并不平等，在美国、在中国都是这样，但不同国家有不同的不平等特色。在世界的许多地方，农村人和城里人就是生来不平等的，门庭、阶级、阶层的高下等级难以逾越，有个好父母比什么都重要。

美洲殖民地的人民信奉基督教，对他们来说，人是上帝创造的，而不只是父母生出来的。"受造平等"说的是有一个造物主，他不仅造人，而且还代表正义，是至高无上的普遍正义权威。所有的人都是被他所创造的，都一样是他的一个受造者。把人以任何理由划分成三六九等，区别对待，有的贵，有的贱，是不正义的，该受谴责的。

"受造平等"从普遍正义的观念衍生出人的"自由"和"尊严"观念，人在神面前的平等，意味着每个人的生命中都内在地包含人之为人所不可剥夺的自由和尊严，这就是人的价值。这一切不以外在的权力关系而转移。连批评基督教的美国独立斗士潘恩都引证这样的一段话来论证自由观点："上帝说，我要照着我的形象，按着我的样式造人。上帝就照着自己的形象造人，乃是照着他的形象造男造女。"（《创世记》，1:26）

"受造平等"的题中之义就是，"权力不得剥夺人与生俱来的自由"，这也就界定了个人与政府的关系：既然平等、自由、尊严是宇宙间至高权威的上帝赋予每一个人的，那么作为世俗权威的政府就没有权力剥夺它们。政府存在的正当性在于保护人的自由和尊严，因此，一旦政府背弃这样的使命，人们就有权更换政府。

"受造平等"的政治哲学逻辑正是《独立宣言》的结构逻辑。全文分为三个部分，第一、二两段是第一部分。这一部分阐明独立诉求的政治哲学，它正是以"受造平等"为基础的。这部分的政治哲学明显受到洛克的政治学说影响，洛克也因此被称为美国革命的教父。第一部分的结论是，由于英国国王和政府背弃作为统治者的正当性，所以我们不得不宣布独立。

第二部分是文中最长的，到全文最后一段开始处结束。这一部分列举英国国王乔治三世的18大罪状，每条罪状长短不一，但都以"他"为主语，他就是乔治三世。这一部分列举国王的所作所为，证明他破坏美洲殖民地人民的自由。

第三部分是文中的最后一段，是全文的结论，再次郑重宣布独立。这一部分与第一部分呼应，诉求"世界最高裁判"（the Supreme Judge）的权威，原文是大写的，指的是高于世间任何政府或个人的神圣权威。

《独立宣言》是美洲殖民地人们在没有办法说服英国人或与他们协商的情况下作出的"宣言"。它是起控诉和谴责作用的"檄文"，是一种非常特殊的说理。它的说理对象看上去是英王乔治三世，但其实更是美洲殖民地那些还没有准备好独立的民众。所以是一篇动员民众的真正宣言。

《独立宣言》中的基本价值观念是自由、平等和尊严，然而，杰斐逊自己也承认，《宣言》不包含任何原创性的观念，而是美国革命支持者广泛认同的情感声明。正如他在1825年解释的那样："它既不以原则或情感的原创性为目的，也不从任何特定的和以前的著作中抄袭，它的目的是表达美国人的思想，并为这种表达赋予场合所要求的适当语气和精神。"[1] 也就是说，在杰斐逊把自由、平等、尊严用作《宣言》的核心价值之前，这些价值已经因为美国人在基层社会的日常政治活动而成为他们的思想。

托克维尔在《论美国的民主》里把这个社会的基础层面确定为

1 *TO HENRY LEE – Thomas Jefferson The Works, vol. 12（Correspondence and Papers 1816–1826; 1905）*. May 8, 1825.

美国人的"乡镇组织"。[1] 他说，选择考察乡镇，并非出于随意的决定，而是因为"乡镇是自然界中只要有人集聚就能自行组织起来的唯一联合体"。相比起国家的政体来，乡镇组织是自然形成的，"建立君主政体和创造共和政体的是人，而乡镇却似乎直接出于上帝之手"。然而，尽管乡镇很久以来就已存在，但乡镇的自由却不常见，而且即使存在，也很薄弱无力。"因为乡镇自由最容易受到国家政权的侵犯，全靠自身维持的乡镇组织，绝对斗不过庞然大物的中央政府。"只有当乡镇自由成为民情的一部分，它才算有了坚实的根基，这是美国乡镇自由的特点，也是杰斐逊说的《宣言》所表达的美国人思想。

《宣言》包含美洲殖民地人民已经积累的政治经验，其最直接的来源是 1776 年 6 月写的两份文件：杰斐逊自己起草的《弗吉尼亚宪法》序言和乔治·梅森（George Mason，1725—1792）起草的《弗吉尼亚权利宣言》。这两份文件中的思想和用语都出现在《独立宣言》中。梅森的开篇是："第一节。所有的人在本质上都是平等自由和独立的，并且拥有某些固有的权利，当他们进入社会状态时，他们不能通过任何合约来剥夺或放弃他们的后代的权利；他们的后代享受生命和自由，享有获得和拥有财产的手段，以及追求和获得幸福和安全的权利。"这样的宣言虽然是局部的，但却对一个更大的群体有着非常可贵的经验价值。[2]

《宣言》在表达美国人思想的同时，还是体现欧洲启蒙时代的思想影响。杰斐逊自己就说过，一些启蒙作者对《宣言》的文字

---

1 托克维尔著，董果良译，《论美国的民主》（上），商务印书馆，1988 年，第 66—67 页。

2 Maier, Pauline, *American Scripture: Making the Declaration of Independence*, New York: Knopf, 1997, 125-126.

产生影响。¹ 洛克便是其中之一，杰斐逊把洛克和培根、牛顿一同称为"有史以来最伟大的三个人"。² 卡尔·贝克尔（Carl Becker，1873—1945）指出："大多数美国人都把洛克的作品当作一种政治福音来吸收；《宣言》在形式和措辞上都紧跟洛克关于政府的第二篇论文中的某些句子。"³ 然而，洛克对美国革命的影响程度受到一些后来学者的质疑。历史学家雷·哈维（Ray Forrest Harvey）就认为，另一位启蒙时代的人物——日内瓦的法律和政治理论家让-雅克·布拉马基（Jean-Jacques Burlamaqui，1694—1748）——实际上对杰斐逊有更直接的影响，他认为，杰斐逊和洛克有不同的政治哲学强调，杰斐逊在《独立宣言》中使用"追求幸福"一词而不是"财产"就是证明。⁴

杰斐逊与启蒙时期思想家的影响关系一直是历史学家感兴趣的问题，对我们阅读《宣言》来说，重要的是不仅要把它当作一份美国的开国文献，而且也要把它作为一份产生过普遍启蒙作用的政治作品。

2. 人民是宪法之本

美国国徽上镌刻着一行拉丁文 Novus ordo saeclorum，意思是"时代新秩序"。这不是一个新的社会或人类秩序，而是一个新的政

1　Boyd, Julian P., *The Declaration of Independence: The Evolution of the Text*, Originally published 1945, Revised edition edited by Gerard W. Gawalt, University Press of New England, 16-17.

2　The Three Greatest Men（Memory）: American Treasures of the Library of Congress（archive.org）.

3　Becker, Carl, *The Declaration of Independence: A Study in the History of Political Ideas*, New York: Vintage Books, 1970., 27.

4　Ray Forrest Harvey, *Jean Jacques Burlamaqui: A Liberal Tradition in American Constitutionalism*, Chapel Hill, North Carolina, 1937, 120.

治秩序。这个新的政治秩序是由美国立宪而不是由美国革命确立的。也就是说，是《美国宪法》而不是美国革命缔造了我们所知的美利坚合众国。

这个说法听起来可能与你对建立一个国家政权的观念有很大不同。你从教科书上学到的是，枪杆子里出政权。马基雅维里在《君主论》里称之为"武装的先知"。许多人可能以为，一场推翻专制、腐败政权的革命就一定会自动地建立起一个民主、清廉、为人民服务的政权。这是一种常见的思维逻辑谬误。

我们的思维里经常会包含某种不周全的程度比较。不周全的程度比较总是依赖于人们某种未经审视的心理定式。例如，甲比乙有害，所以乙比甲有益；甲不好，所以与它不同的乙一定比它好；某个政党有许多劣迹，所以反对它的政党一定代表光明的未来。某个政权专制，所以推翻它的人一定会实行民主。

作为一个自由民主的联邦共和国，美国的建立并不是因为它赶跑英王乔治三世在美洲殖民地的总督，也不是因为它脱离与英国的关系，而是因为它先有了一部确立自由民主和宪政法治国家的宪法。在这之后的 200 多年里，一直按照这部宪法办事，没有发生过人治凌驾于法治之上的事情。宪法不等于宪法的有效实施，可是，《美国宪法》的内容却是在最大程度上为其有效实施提供保障。这是它的一个非常重要的特点，也是我们在阅读它的时候特别需要关注的。

《美利坚合众国宪法》，是指 1787 年由美国制宪会议制定和通过，1789 年 3 月 4 日生效的《美国联邦宪法》。这是世界上最早的成文宪法。由序言和七条正文组成。序言以谋求"正义""国内安宁""共同防务""公共福利"和"自由"，说明制宪的目的。第一条规定联邦国会两院议员的产生、国会的职权以及对国会和州的权力限制。第二条规定总统、副总统的产生，总统的职权范围，以及对总统、副总统和其他文职官员的弹劾。第三条规定联邦法院的组织、职权和有关叛国罪的审理。第四条规定州与州之间的关系，建立新的州以及联邦对州的义务。第五条规定宪法的修正程序和要求。第六条规定涉及以前政府债务和条约的效力，以及联邦宪法、法律与州宪法、法律之间的关系。第七条规定宪法的批准程序。宪法确立三权分立与制衡、人民主权、限权政府、联邦和州的分权等原则。迄今为止，已通过 27 条宪法修正案。

《美国宪法》是神圣的，其第六条规定，"参议员及众议员，各州州议会议员，合众国政府及各州政府之一切行政及司法官员，均应宣誓或宣告拥护本宪法；但合众国政府之任何职位或公职不得以任何宗教誓言作为任职的必要条件"。

包括总统在内的重要政府人员都效忠于宪法，而不是某一个政党或派别，军人也是一样。

《美国宪法》用短短 52 个单词，在"前言"中规定国家的性质。"前言"一共只有一个复合句。主句是"我们美利坚合众国的人民……为美利坚合众国制定和确立这一部宪法"。这是说，宪法是由人民制定的。因此，效忠宪法的总统是人民的总统，效忠宪法的官员是人民的官员，效忠宪法的军队是人民的军队。

宪法"前言"的从句是"为了组织一个更完善的联邦，树立正义，保障国内的安宁，建立共同的国防，增进全民福利和确保我们自己及我们后代能安享自由带来的幸福"。这是说，国家有国家的责任，责任取决于理念，而国家的理念则是正义和自由。效忠宪法的总统、官员和军队因此绝不为压制正义和自由的权力服务。

1789 年，也就是 1787 年美国制宪会议（The Constitutional Convention）成功召开两年以后，富兰克林在给一位朋友的信中写道："我们的宪法已经确实在实施了。看起来事事都还顺利，宪法能够维持下去；但在这世界上除了死亡和缴税，别的事情都是说不准的。"尽管富兰克林对《美国宪法》的未来心存疑虑，但《美国宪法》事实上一直有效地维持到今天，其中一个重要的因素就是它后来添加了权利法案。

从 1788 年至今，提出来的宪法修正案已有万件，但通过的只有 27 条，而 1791 年通过的那最前面的 10 项修正案最为根本。这 10 项修正案又叫"权利法案"，因为它们保证的是每个公民最基本的自由和权利。

《独立宣言》宣告的是，"造物主赋予每个人若干不可让与的权利，其中包括生存权、自由权和追求幸福的权利"。自由被视为一种"不可让与"的权利，这样的自由是人与生俱来的，是任何人不能合理剥夺的。就算当事人"自愿"放弃这种自由，别人也没有权利以此为理由将之剥夺。对于现代民主公民社会来说，这种不可让与的自由观尤其重要，因为没有这样的自由，便没有公民，也没有民主。宪法修正案关于集会、言论和出版（新闻）自由的条款，不是在规定哪些是被允许的行为，而是无条件地肯定公众存在的基本形式，那就是集会、言论和出版。

最初由麦迪逊所拟定的《美国宪法》第一修正案表述为 the rights of assembling, speaking and writing，用的是动名词形式，杰斐逊在定稿中改为名词形式：assembly, speech and press。美国传媒学家凯瑞（James W. Carey，1934—2006）指出，杰斐逊将人的行为改为存在的状态，这极为重要。它所注重的不只是个人的某种行为自由，而更是"保护和强调公众领域的存在本身"。

凯瑞还指出，这三种关于人的存在的自由，它们的顺序也非常重要："公众有权集会，公开而自由地言论，并通过书写和印刷将他们的言论全部传播于世。因此，第一修正案所列举的不只是个人、社团或国家的权利，而是某一种公众的权利。"这就是自由的公众。如果要问"什么是公众"，那么第一修正案所说的就是公众。公众就是自由地集合在一起,自由地讨论、自由地播散思想的人们。[1]

《美国宪法》在订立四年后才有了 10 条宪法修正案。有一幅漫画很形象地表述宪法和权利修正案的关系。漫画中的一个人拿着一份宪法序言说:"我们需要一个有力的国家政府!"一个惊叹号;另一个人争辩道:"你这份文件上没有列出我们的权利!!!"三个惊叹号。第一修正案规定:"国会无权就规定宗教或禁止宗教自由信仰立法,也无权剥夺言论或出版、和平集会、向政府请愿的权利。"在这些自由权利中,信仰自由是一种绝对的自由,它是不受限制的,因为它是一种"心灵的自由"。没有人可以限制一个人的信仰自由。任何政府,无论如何强大,都不允许也不可能禁止人的信仰自由。信仰自由基本上超出政府的控制能力,所以在宪法中,信仰自由可以被称作绝对的自由权。

"权利法案"用一种"否定性"的语态,对政府权力的边界作出规定,同时也就宣告公民权利的范围。在这一范围内,政府权力的活动受到宪法的限制。否定性的语态和肯定性的语态,在技术上和语体上有很大的差别。

在英美法传统中,由于受到自然法思想的影响,特别是 18 世纪启蒙时期的"天赋人权"观念的影响,个体权利被认为是先于国家而存在的。个体权利构成对公共权力的限制,并且为公共权力的范围划定边界。所以,个体是否具有哪些权利,无须通过立法来加以宣告或者"赋予",因为个体权利是不言而喻的。如果以肯定式的列举来规定个体基本权利,在逻辑上就会引申出这样的推理:这些权利是立法者赋予公众的,因为宪法和法律规定这些权利,所以公众才享有这些权利;因为宪法规定自由权,所以公众才有自由权。但是从根本意义上来说,权利应该优先于宪法和法律——不是因为

1 James Carey, "The Press and the Public Discourse", *Center Magazine* 21(March/April 1987):4-16, 11, 10.

制定宪法，公众才获得权利，而是因为公众有权利并且需要保障这些权利，所以才必须制定宪法。因此，否定性的规定不是在列举公民具有哪些权利，而是在禁止政府去侵害这些公民的权利。这样的立法语言在逻辑上意味着：因为人没有放弃自由的权利，所以政府更没有剥夺人民自由的权力。

《美国宪法》并不是一部尽美尽善的宪法，世界上也不存在任何尽美尽善的宪法，《美国宪法》只是一份不过 4300 个词的简短文件，它只是治理国家的一个纲要，一份要为当时 13 个州可以接受，所以相当空泛的文件。这份文件的重大意义在于，它却能使这之后 200 多年里的美国人没有想另写一部或不止一部宪法。这才是真正了不起的。

这也就是说，它一直是在被确实地实施的，是美国人生活世界的一部分，而不是纸上的摆设，或是什么可有可无的东西。由于宪法得到美国人的支持，它已经带有自然法的意味，在美国人心目中，违反宪法就像违反天意，违反自然之道。这样的宪法权威是许多其他国家人民所难以设想的。美国的建国先辈们离开人世后，他们的形象越来越高大，如果说宪法是美国的国王，那么他们便是代表美国人民为这位国王加冕的伟人。

美国没有国王，但是，宪法犹如美国的国王，成为一种对国家忠诚的象征，使全体美国人不管有何种分歧，都从感情和理智上支持宪法。正如美国革命先驱潘恩在《人的权利》里所阐明的，君主专制与共和宪政的区别说到底是愚昧与理性的区别。这是一个典型的启蒙时代的区别方式。他把政府归结为三大类：第一，迷信神；第二，迷信国王权力；第三，理性认识社会共同利益和人类普遍权利。"第一种是受僧侣控制的政府。第二种是征服者的政府。第三种是理性的政府。"[1] 对美国来说，只有两个选项：征服者（君主）的

---

1 潘恩著，马清槐等译，《潘恩选集》，第 145—146 页。

政府和理性（共和宪政）的政府。这两种政府都可能持续存在，但是国王统治需要人民愚昧，而共和宪政则需要人民有理性。前者是世袭继承制政府，后者是实行选举的代议制政府；前者通称君主政体和贵族政体，后者则称为共和国。

共和和国王的统治是建立在截然不同的基础上的。执政需要才智和能力，而才智和能力是不能遗传的。因此显而易见，世袭继承制要求一种非理性所能接受的只能建立在愚昧之上的合法性权威：血统。一个国家的人民越是愚昧无知，就越适应这种类型的政府。反之，在一个组织健全的共和国里，政府无须取得理性之外的合法性：政府权威来自人民的授权。从原则上说，人民理解整个制度及其来源和运作，理解越深刻，支持也就越有力。

《美国宪法》本身就需要得到人民的理解和认可，虽然是少数精英人士制定的，但必须得到美洲殖民地 13 个州的正式批准，是否批准则需要由公民自己来决定。也正因为有这种集体的公民理性基础，制宪者的作品才合理地成为美国人信念的组成部分。它维护自由、法律面前平等和有限制的政府——实际上，它维护后人能成功地放进去的任何东西，宪法修正案就是那些后来被放进去的东西，它们的权威不是来自它们自身，而是因为它们已经成为宪法的一部分。再权威、再高级的政府文件，哪怕是总统本人的最高指示，也是不可能具有这种权威的。

3. 宪法、核心价值和公民教育

虽然《美国宪法》有不少缺点，但它是世界上第一部有系统地限制政府的权力、保障人民权利的宪法。英国有《大宪章》和《权利法案》，但没有成文的宪法。宪法和一般的法典不同，在西方早有罗马法律，在中国也有出名的唐律。但是法典通常是限制人民的，目的是维持社会的秩序。《美国宪法》却是列举人民的权利和限制政府的权力。《美国宪法》是"我们人民"对政府说话，其他国家的宪法是政府告诉人民可以做什么，《美国宪法》是人民告诉政府不可以做什么。

《美国宪法》是一种最高的有约束力的法律，它既授予权力又限制权力。它的重要性在于，组织一个以人统治人而不是以一个圣贤或超人统治人的方式来管理的政府，在这种统治方式中，最大的困难不仅在于使政府能够管理被统治者，而且也在于责成政府人员管理自身。无论是统治者还是被统治者，他们的人性都是有缺陷的，因此，宪法实质上约束的不只是权力，而且是人性本身。

宪法既是政府的一个有用的工具，使统治者能够管理被统治者，又是对政府的一种约束力量，使被统治者能够制约统治者。宪法创制联邦权力，成为全国团结的崇高象征，但作为一个政府权力运作的工具，《美国宪法》是时代的产物，因此受到时代的限制，为了适应变化的时代需要，它必须能够与时俱进。

事实证明，《美国宪法》能够与时俱进，不过非常缓慢，表现出它的保守性。宪法修正案通过的门槛极高（要由国会两院三分之二的票数提出），这起到限制激进力量利用修正案的可能。宪法与时俱进是通过宪法修正案来体现的，但不管现在已经有多少宪法修正案，或者将来还会有，都可以肯定的是，最重要也一直最受重视的永远是被称为第一修正案的"权利法案"。

人们重视《美国宪法》中的"权利法案"，并在"权利法案"规定的种种公民个人和政治权利中看到美国的核心价值。这固然不错，但还应该看到，确定这些权利的陈述法同样包含着一个核心价值，那就是人的自由。

"权利法案"在确定宪法对公民权利的保障时，并不是以肯定的"列举"方式来规定公民权利的,而是通过对政府权力的限制来宣告公民权利。例如,第一条修正案规定:国会不得制定下列法律:确定国教,或禁止信仰某种宗教、禁止言论自由、禁止和平请愿与集会。"权利法案"用一种"否定性"的语态对政府权力的边界作出规定,同时也就宣告公民权利的范围。在这一范围内,政府权力的活动受到宪法的限制。

与《独立宣言》中的自然法相一致,"权利法案"的价值表述具有启蒙时期"天赋人权"的特征。它把个体权利认定为是先于国家而存在的,个体权利构成对公共权力的限制,并且为公共权力的范围划定边界。所以,个体是否具有哪些权利,无须通过立法来加以宣告或者"赋予",因为这些个体权利是不言而喻的。否定性的规定不是在列举公民具有哪些权利,而是在禁止政府去侵害这些公民权利。人民高于政府,政府必须经由人民同意(程序便是公民选举)才有合法性,这成为美国民主制度的核心价值。

我们还可以从"责任"和"权利"的区分来看到《美国宪法》的特征。中国传统注重责任,传统的道德,忠、孝、悌、信都是责任方面的道德。忠是臣子对君主的责任,孝是儿女对父母的责任,悌是弟弟对哥哥的责任,信是朋友之间的责任。由于中国的传统不同,政府也就以不同的形式出现,当然这并不意味着中国从来没有限制过政府的权力。汉高祖就曾与父老约法三章。汉朝、唐朝、宋朝的皇帝,也不是可以任意而为的。政府是由一些不成文的习惯限制着。例如人民有什么冤屈,可以跑到衙门,敲鸣冤鼓。不过中国过去的政治思想一直不曾重视过人民权利的问题。

个人和公民权利的价值核心是自由、平等和尊严,这些价值的最高权威不是人,而是神圣的造物主。这是在《独立宣言》里就明确宣布的信念,然而信念的宣布只是起点,它与权利的兑现之间仍隔着一条现实的鸿沟。缺少务实的精神与平衡的智慧,信念只能沦为空泛的口号，只有通过具体的法律与权力安排的制度设置，才能真正赋予其生命力。《美国宪法》所规定的便是这样一种具体的制度设置。

美国的建立，靠的不是圣徒式的革命家，更不是伟大的领袖，而是务实的政治家。他们并不隐瞒自己的利益私心，但他们却敢于直面人性，充分考虑权力对人性可能的腐蚀，以及如何把权力关进笼子。参加制宪会议的代表们根据各自利益，以和平方式寻求共识、探寻共同接受的权利，得到一个大家都可以接受的利益安排方案。这部宪法可能并不完美，但却保留足够的包容性，因而也具备旺盛的生命力。因此，它能够在随后 200 多年的历史中，成为美国政治稳定的基本保障。

《美国宪法》并不是一些政治天才的创作发明，而是延续和保留在美国许多地方事务中已经在实行的民主习俗道德。一般的国家里，除非发生暴力革命，都是先有"习俗道德"，再有"政治规范"的。传统总是在政治制度之先建立的。习俗道德是一种关于"好生活"和"好社会"的价值观，一种将人与人凝聚到一起的集体价值纽带。好的社会才会有凝聚力，才能长治久安，主要是因为社会成员在如何相互对待、什么样的生活算得上好、什么是利、什么是害等问题上有相当的共识。这种共识的基础就是共同价值和体现共同价值的道德习俗。例如学生告发和举报老师，就不是一个好社会应有的道德规范。如果断章取义，恶意栽赃，那就更不能在一个好社会里被允许或容忍。

如果说"不成文"是习俗价值的特征，那么"成文"便是政治价值的特点。在现代国家里，成文的政治规范不仅书写成宪法、法律、法规，而且还保存在重要的历史文献、典籍之中。这些都是以"文本"的形式，一代一代保留、传承下来的。学习、了解与核心价值有关的"政治规则"是每个国民从小开始公民教育的一部分，其途径之一便是学习一些这样的基本"文本"。

在美国的公民教育中,《美国宪法》虽然是占有特殊地位的一种,但也只是许多历史文本中的一种。美国的初中教科书中,必定要学习的政治文献是《独立宣言》和《美国宪法》,这两部文献的价值表述都同时包含价值概念和价值原则表述。

价值概念和价值原则表述是不同的,例如,《独立宣言》一开头就说:"我们认为下述真理是不言而喻的:所有的人是受造而平等的,造物主赋予他们若干不可让与的权利,其中包括生存权、自由权和追求幸福的权利。"在这里,"平等"是一个价值观念,而关于"平等"的原则表述则是"所有的人是受造而平等的"。

受造平等是一种"自然法"的表述,这当然不是对"平等"唯一可能的表述,但这却是美国人至今可以普遍接受的一种表述。由此可见,当一个价值概念被表述为一种价值原则的时候,哪怕看上去是一种"普世价值",实际上是具有某个特定国家民族特色的。

《美国宪法》中的"自由"价值表述,也同样具有美国特征。宪法"序言"一共只有一个句子:"我们美利坚合众国的人民,为了组织一个更完善的联邦,树立正义,保障国内的安宁,建立共同的国防,增进全民福祉和确保我们自己及我们后代能安享自由带来的幸福,乃为美利坚合众国制定和确立这一部宪法。"与价值有关的概念是"正义""民主""福祉""自由",其中以"自由"最为核心。不仅如此,还有一个更重要的价值也包含在整个句子的陈述之中:"我们……人民……制定和确立这一部宪法",这个"主权在民"的价值便是美国的立国之本,一个不容任何个人、政党违背和挑战的核心价值。

美国的初中教科书中还有一些其他历史文献的全文或摘选,都在简短的导读中向学生介绍其历史背景和核心价值意义。这些文献有的是英国的，因为美国最早的殖民地人民就是英国移民。这些价值构成美国人心目中的"好生活"。例如：1215 年，英国《大宪章》："这个文献说，国王和其他公民一样，必须服从法律"（价值是"法治"）；1639 年，《康涅狄格州的基本法规》，这是美洲殖民地的第一部宪法（法治）；1689 年，"光荣革命"的英国《权利法案》（议会权力高于国王权力）；1777 年，由杰斐逊起草的《弗吉尼亚州的宗教自由法令》（宗教自由）；乔治·梅森的《对政府宪法的反对意见》，对《美国宪法》中允许蓄奴表示反对（自由、平等）；1796 年，《华盛顿的辞职演说》（政治家的荣誉心，反对政党宗派，反对终身专权）；1801 年，杰斐逊的《就职演说》："美国的光荣不在它的霸权，而在它的自由"（自由）；1823 年，《门罗宣言》（和平）；1848 年，《塞尼卡福尔斯感伤宣言与决议》，第一个主张男女平等的权利的宣言（平等、权利）；1863 年，《废奴宣言》（平等、权利）；1863 年，林肯《葛底斯堡演说》，重申美国的共和理想；1865 年，林肯《第二次就职演说》（和平、统一）；1876 年，《妇女解放宣言》（平等、权利）；1963 年，马丁·路德·金博士的《我有一个梦》；等等。

在美国，公民教育是一个艰巨曲折、有反复也有挫折的过程，并不会因为有一部宪法，就自动地造就绝大多数合格的公民。即便在《宪法》制定 200 多年之后，仍然是这样。托马斯·帕特森（Thomas E. Patterson）在《美国政治文化》中指出，"尽管美国人认为政治参与是重要的，但他们大多数人并不去实践自己所提倡的行为。除了投票，多数公民对政治参与几乎没有兴趣，甚至不能说服相当数量的少数人相信投票是值得去做的事。然而，美国人并不是完全政治冷漠的：成百万的美国人把自己的时间、努力和金钱花在政治事业上，大约有一亿人在总统大选时参加投票"。公共政治并不总是能吸引大量的公众，即使运用宪法权利去投票表决，也经常是因为"习惯性的公民责任感，而不是因为对当前问题的强烈关注"。[1]美国文化强调个人主义，这种倾向削弱人们政治参与的紧迫感，"在美国这个最突出的个人主义国家，人们在头脑中把自己的个人生活与国家生活鲜明地区分开"。[2]消费主义、怀疑主义、颓废和犬儒、娱乐至死，似乎正在加剧这种趋势。

再完美的宪法也没法代替公民在现实社会里的公民实践，《美国宪法》也是一样，它最重要的作用是设立一个民主法治的宪政框架，并确立与之一致的核心价值。说到核心价值，有人以为就是做理论文章，讲高深学理。事实并非如此，核心价值其实很平常也很具体，体现在普通人的日常生活方式中，渗透在他们的待人处世、公共政治和学校公民教育中。正因为平常，核心价值才成为普通人的公共生活常识，成为一般公民用以辨别政治、社会问题是非和事件对错的常识标准。

1　托马斯·帕特森著，顾肃、吕建高译，《美国政治文化》，东方出版社，2007年，第249页。

2　William Watts and Lloyd A. Free, eds., *The State of the Nation*, University Books, Potomac Assoxiates, 1967, 97.

二十六 《联邦党人文集》

1. 美国启蒙与《联邦党人文集》

首先需要说明的是,《联邦党人文集》是一部实践而不是理论的启蒙著作。1790 年 5 月 30 日,杰斐逊在给友人小托马斯·曼恩·兰道夫(Thomas Mann Randolph Jr., 1768—1828)的一封信里说,亚当·斯密的《国富论》是政治经济学的最佳之作。他又说,孟德斯鸠的《论法的精神》"一般来说,值得推荐",但是,"书里正确和谬误的说法都有",所以阅读中"应时时小心"。他还说,"洛克的那本小书(指《政府论》)""就其本身而言相当完美",但是,"从理论下放为实践,没有比《联邦党人文集》更好的书"。[1]

比起杰斐逊提到的启蒙时期的哲学名著,《联邦党人文集》(1787)确实是一部实践和运用的书。它有一个具体、现实、迫切的政治目的,那就是争取美国联邦各州选民支持和批准宪法。这是美国历史上一件具有重大意义的事情。三位作者——亚历山大·汉密尔顿、詹姆斯·麦迪逊和约翰·杰伊——以共同的名字 Publius 署

---

1 原信见 : From Thomas Jefferson to Thomas Mann Randolph, Jr., 30 May 1790(archives. gov)。

名，他们的文章围绕着一个千千万万美国公民关注的有争论的问题，运用的是一种诉诸他们常识理性的语言。他们为之辩护的那些非常实际的法律和政治议题——权力分离和制衡方式、两院制立法、征税的方法等——都是有反对意见的。他们必须说服公众接受他们这一方的看法，因此，他们所运用的逻辑和理性说理具有明确的受众意识。

《联邦党人文集》是一个有 85 篇文章的合集，为同一个目的三位作者分别匆促而成的媒体时论。这与人们一般印象中那种深思熟虑、推敲而成的理论或哲学著作确实不同。

美国著名历史学家和政治理论家查尔斯·比尔德（Charles A. Beard，1874—1948）在《经久不衰的联邦党人》一书里认为，《联邦党人文集》是一部实用的文集，是具有美国特色的启蒙宣传之作。他说，《联邦党人文集》的作者们"得益于现代社会学、心理学、经济学和政治科学"，但他们"没有讨论认识论或'表象与真实'这类长期受到理论哲学家关注的问题"。[1] 比尔德认为，汉密尔顿和麦迪逊胜过"理论哲学家"，因为他们曾经积极参与美国的独立革命和共和奠基，这让他们"永远与那些在西方世界具有广泛影响力的空想家和理论家形成对比"。他还认为，洛克"本来就是一位思辨的思想家，如果他对什么得心应手，那不过是神学和心理学"。至于卢梭，就政治哲学而言，他还不如洛克，"根本就不能算是政治哲学家"。洛克和卢梭在西方历史上确实有很大的影响，但是，"讨论宏大、复杂议题的作者经常缺乏有关他们议题的实践经验。与洛克和卢梭不同的是，汉密尔顿、麦迪逊和杰伊不是哲学家，他们从事的不是理论的条分缕析，而是实际运用。

《联邦党人文集》的公众启蒙贡献不在于基本哲学理论，而在

1　Charles A. Beard, *The Enduring Federalist*, Frederick Ungar Publishing Company, 1964, 19-20.

于历史的实践经验和先例。从这种历史经验可以形成一种与美国自由政治理念相一致的"政治理论"。美国哲学家和思想史家莫顿·怀特（Morton White，1917—2016）在《哲学、联邦党人和宪法》一书里指出，这种具有美国特色的政治理论"阐述一些描述性的主张，并为之进行辩护，如政治党派的成因及其对广大共和的影响，也阐述一些实用的和技术性的主张，如权力分离和制衡的目的、州政府和联邦政府的法律分工"。[1]这种政治理论引用"关于人性的更为基本的理论"，所以主张和为之辩护的不再只是"宪政法"（constitutional law）的具体细节，而且也是"或明显或不明显的哲学"。我们今天阅读《联邦党人文集》也是为了了解这种实践性政治哲学所包含的"知识理论、规范性价值信条、动机心理、党派成因理论"等。

美国启蒙让美国的政治实践者将一些基本价值和原则转变为与之一致的民主宪政实践。这是它最了不起的成就，也在全世界范围内为其他国家提供宝贵的成功先例。美国的建国之父虽不是那些基本理念和原则的首创者，但因为他们实践这些理念和原则，这些理念和原则不至于流于空想，并获得切切实实的意义。

由于美国自由民主形成的传统和政治文化，这些理念和原则可以从小在学校里传授给孩子，在教科书里看起来也许不过只有几条，但贯穿于他们长大后生活于其中的民主制度的每一个重大方面——宪政民主制度、公民的自由权、政治生活中的选举和政党、总统与国会和法院的关系、公共政策的制定和调节、州和地方政府的作用。

《联邦党人文集》中有许多脍炙人口的篇章，直到今天仍然对我们认识自由民主政治和宪政法治有重要的启发作用，这里就简单地举三个例子。

第一个例子，汉密尔顿在第二十二篇里强调主权在民的原则，

---

1 Morton White , *Philosophy, the Federalist, and the Constitution*, Oxford University Press, 1987, 7.

"美利坚帝国的建筑物应该奠立在人民同意的牢固基础上。国家权力的河流应该直接来自一切合法权力的洁净的原始的泉源"。国家虽然有制度，但却"从未经过人民批准"，人民不知道制度是从哪里来的，只是被要求像奴役一般服从和顺从制度强梁、暴力的权威。

麦迪逊在第四十六篇里说，许多人对认可联邦宪法有所保留，是因为害怕联邦政府的权力太大，成为一个凌驾于人民之上的官僚体制。他强调，"联邦政府和州政府事实上只不过是人民的不同代理人和接受委托的单位；它们具有不同的权力，旨在达到不同的目的。……首要的权力不管来自何处，只能归于人民"。政府是替人民办事的，是人民的代理人，接受的是人民的委托，人民不需要因为政府做了它应该做的事情而感恩不已。政府办好事情，是它应尽的责任，不是什么用来自我吹嘘的成就或政绩；政府办不好事情，那就应该承担责任，人民也有权利撤换政府，换一个更好的政府，更有效地"采取种种措施来保护一切珍贵的东西，而且取得一般人民所向往的一切东西"。

第二个例子，麦迪逊在第十篇中对派系的论述。这一论述至今仍然被许多美国人视为对党派最佳的定义。麦迪逊把派系叫作"小集团"或"秘密政治集团"。美国的开国先贤认为，政党通常是指规模较大、组织较好、力量较强的派系。他们不希望有这种派系。本杰明·富兰克林担心"政党相互谩骂不休，把一些最优秀的人物弄得四分五裂"。乔治·华盛顿在他的告别演说中警告人们提防"党派精神的有害影响"。托马斯·杰斐逊也说："要是我不参加一个政党就不能进天国，我宁愿永远不去天国。"

美国从出现政党政治到今天，政党的弊端曾经是政治腐败的主要原因，如19世纪把政府职位分派给"党内同志"的政党分红制（spoils system）。由于政党是现代政治最有效、最专一的组织形式，美国政治离不开政党，这使得政党成为民主制度的"不能不承受之恶"，美国普通民众对政党之恶的警惕和厌恶，是许多选民从政党政治游离出来成为独立选民的主要原因。

美国的开国先贤担心，经济的、社会的和其他方面有高度组织性的集团行为无度，便设计一部可能节制派系力量的联邦宪法。但是，由于不想压制公民结社、组党的自由，他们又在宪法中规定与此有关的基本公民权利。国会是宪政制度的关键体制之一，在国会中，党受宪法的节制，议员对选民而不是对党负责，在美国已经是一个民主制度不可缺少的政治传统。

在第五十一篇里，麦迪逊提出，由于人性的幽暗，必须建立权力的制衡制度。"野心必须用野心来对抗。""用这种种方法来控制政府的弊病，可能是对人性的一种耻辱。但是政府本身若不是对人性的最大耻辱，又是什么呢？如果人都是天使，就不需要任何政府了。如果是天使统治人，就不需要对政府有任何外来的或内在的控制了。"

第三个例子，是汉密尔顿在《联邦党人文集》第九篇中论述的共和制度的弱点和补救方法。共和是一种非常脆弱的政体，它的存在和维持取决于公民的美德，而这很难保证。他认为，美国的联邦共和政体提供必要的手段，让"共和政体的优点得以保留，缺点可以减少或避免"，这些手段包括"把权力均匀地分配到不同部门；采用立法上的平衡和约束；设立由法官组成的法院，法官在忠实履行职责的条件下才能任职；人民自己选举代表参加议会"。好的政体不仅能够限制权力的专制，还对国民有重新造就的作用，让他们得以用公民道德替代腐败，但条件是共和秩序必须有机会，至少先稳定地维持一段时期。美国很幸运地得到这样的机会，相比之下，许多别的国家运气就差得多，一直没有得到这样的机会。

在第七十一篇里，汉密尔顿讨论行政权的任职期限问题，他指出，任职期限"关系到总统行使其宪法规定权力时个人是否坚定，也关系到总统采用的管理体制是否稳定"。任期越长，保持"个人坚定"这一优点的可能性也就越大。个人坚定有助于决断，但也可能蜕变为专权独裁。因此，汉密尔顿建议总统任期为四年，"一方面，四年任期会有助于总统具有充分的坚定性，使之成为整个体制中一个非常宝贵的因素；另一方面，四年并不过长，不必因之担心公众自由会受到损害"。

《联邦党人文集》是一部关于宪政法治、自由民主政府的运作与稳定的文献。这是美国对宪政民主和联邦制学说的杰出贡献，也是西方政治思想的经典。到目前为止，这是关于《美国宪法》解释最权威的文本，也是后代读者，包括中国读者，领会美国建国之父和制宪参与者原来动机的最好依据。

2. 公民社会的精英和民众互动，民主自我教育

前面说到《联邦党人文集》可以让我们看到美国建国之父制定《美国宪法》的最初动机。今天，《联邦党人文集》是政治学者研究的专门材料和历史文献，但是这并不是这些文章的三位作者当初的写作动机和意图。收在这个文集中的 85 篇短文当年全是刊载在报纸上，供普通民众阅读的政治评论。在美国的建国文献中，《独立宣言》是杰斐逊的作品，而《联邦党人文集》有三位作者，他们是麦迪逊、杰伊和汉密尔顿。

麦迪逊是《美国宪法》的主要起草者之一（因此被称为"宪法之父"），当时 36 岁。杰伊当时最有公共声望，也是三位作者中最年长的（42 岁）。汉密尔顿最年轻（30 岁），写作的篇数最多。无论由谁执笔，《联邦党人文集》的每一篇都以"普布利乌斯"署名，

普布利乌斯（Publius Valerius Publicola）是他们心目中代表共和理想的古罗马执政官。

《美国宪法》成文于 1787 年 9 月，联邦党人评论不久之后陆续由纽约的好几家报纸刊载，从 1787 年 10 月延续到 1788 年 4 月。当时的纽约州州长是克林顿（George Clinton），他反对承认宪法，在州里很有影响。联邦党人评论的目的是要争取纽约州的公民认可宪法。

《美国宪法》当时有一条最后的规定，那就是，如果宪法在 13 个州中得到 9 个州承认，便可在这 9 个州实行。尽管纽约州的多家报纸刊载联邦党人的评论，纽约州仍然是最后承认宪法的几个州里的一个。事实上，纽约州是在第九个州之后才承认宪法的，那已经是 1788 年 7 月的事。纽约州议会的最后表决结果是 30 对 27，只以微弱多数通过。

联邦党人评论当时在纽约州到底有什么实际影响力，尤其是对一般公众有什么影响力，现在很难确切估计。在民主社会中，报纸评论不能像某些国家里报纸社论那样，叫民众怎么想他们就得怎么想。一方面，联邦党人评论的写作者用大众耳熟能详的新闻体语言陈述他们的政治理念和理由，争取说服民众。另一方面，民众保持独立的想法，自行决定是否要接受评论的影响。

联邦党人的评论显示公民社会的话语特征，它是理性劝说，但并不能预期劝说的效果，因为被劝说者可能有他自己的理性立场。劝说的价值在于它本身对公共问题做出的思考和阐述，它的作用可能要过一段时间才能显现出来，并不只表现为即刻的效果影响。

在美国革命时期，像杰斐逊、麦迪逊、杰伊、汉密尔顿这样的建国之父非常重视新闻报纸的作用。约翰·亚当斯（美国第二任总统）于 1774 年写道，"在许多地方，那些公共场所就是我们立法者的孕育地。我们到这些公共场所去读报纸，并讨论公共事务"。建国之父是一些受过很好教育的、有见识、有高尚政治理想的精英公民。美国独立和革命是在公民社会中发生的，而公民社会本来就是一个存在着分歧的地方。

好在美国的精英和民众都知道如何通过理性话语去相互沟通、理解、妥协。这是一种精英与精英、精英与民众、民众与民众之间的多重沟通和协商。这种有序的讨论充满思想活力，也产生出了不起的思想成就。围绕着是否应该认可联邦，展开联邦主义和反联邦主义之间的辩论，辩论是用小册子、报刊论文、给编者的信、演说的形式来进行的。

如果没有一个自由言论的公共空间，这样的辩论是不可能的。争论的问题意义重大，争论者十分投入，从各个角度阐述自己的观点，驳斥对方的观点，但争论本身则是平静而温和的。也正是在这种理性、平和的争论环境中，产生《联邦党人文集》，它至今仍然是一部为普通大众普及政治知识的经典。正如伯恩斯等人在《美国式民主》一书中所说，"被广泛视为前所未有的极其深刻的宪法论著，并被视为有史以来问世的政治名著之一。即使在今天，这场大辩论也是自由人民用讨论和辩论的方法来决定基本法的性质的杰出范例"。[1]

通过公共辩论在重点政治和公共问题上争取最大范围的共识，接受多数人的意见，尊重少数人保留不同意见的权利，这本是民主制度下求同存异的原则。这和专制政党强制性地统一民众意志和观点是完全不同的。在民主的争论中，少数人的一些意见也有被采纳的机会，宪法第一修正案的权利法案就是听取少数人的意见添加的。

美国建国时期是一个政体和政治文化的形成期，200多年来对

---

1 伯恩斯著，谭君久等译，《美国式民主》，中国社会科学出版社，1993年，第27页。

美国的公民政治形态有奠基性的深远影响。那些对美国政治价值作出深思熟虑的建国之父，他们的相互关系和交往方式对后世具有公民社会的表率作用。将他们一起称作建国之父，并不是说他们都属于某个具有共同纲领和严格纪律的政党，或者是一群统一意志、统一思想的"同志"。恰恰相反，他们常常有意见上的分歧和对立，而美国的政治制度和权力架构正是在不同、对立的政治理念的相互妥协中形成的。在这些妥协中，有着民主政治不和谐因素的相互节制，这也成为美国政府三权分立、相互制衡的特征。

美国建国时期，公民社会里有不少分歧，美国的建国之父之间也存在着分歧。联邦党人的三位评论者与杰斐逊在代议民主政府应当如何运用权力这一问题上相互对立。杰斐逊主张将权力和责任尽量放到人民手中，而联邦党人则要求对人民运用权力有所限制。麦迪逊主张不由人民直接掌管政府管理的权力，而把这一权力交给由人民选举出来的政治代表代管。他认为，共和的代议政府比直接民主要好，不只是因为美国比历史上有过直接民主的小城邦、小国家幅员广大，而且更是因为人民并不总是知道什么是对他们最好的政府决定。

《美国宪法》本身包含这两种对立的民主观：一种是要求还权于民，另一种是要求约束民权，而结果是一种非常务实的妥协。例如，宪法第一条规定，"国会由一个参议院和一个众议院组成"。这种两院控制的立法权就是一种妥协。所有众议院的议员每两年选举一次，代表他们直接选民的要求。而参议院则每两年只有三分之一的席位通过选举产生，因此参议院议员的任期是六年，参议院的整体结构变化也比众议院要稳定。而且，最初宪法规定，参议院不是由选民直选，而是由每个州的立法机构推选，这一选举法直到有了1913年的宪法第十七修正案后才改为直选。

在美国确定众议员两年任期时，起先有人提议任期为一年，而当时英国下院议员的任期是七年。要求尽量缩短众议员的任期,是为了使他们必须认真对待直接选民的要求,减少因久居其位而腐败的可能。与此同时,设置每州只有两名的参议员,任期为六年,是为了让参议员不需要动不动就受制于地方选民的民意压力,可以代表美国的整体国家利益。宪法同时规定,只有众议院才可以提出与钱有关的立法提案,因为公民纳税必须以有自己直接选举的政治代表为前提。而只有参议员才有管理外交事务的权力,因为国家外交政策不应受变幻难测的民意所左右。只有众议院有权提议弹劾总统,而只有参议院才有权审查弹劾案件,并作出最后决定。

美国的公民社会之所以能发挥作用,是因为民众可以在小酒馆、旅店、咖啡馆或其他公共场所阅读报纸和议论时事,而且更是因为他们可以切切实实通过政治代表的选举制度影响国家的政治权力运作和政策决定。美国的《独立宣言》《宪法》《联邦党人文集》,这些建国政治理念文献原本就是美国早期公民社会的产物,也都是民众的读物,由此形成的政治制度和政治文化又进一步帮助美国公民社会在过去200多年中的健康存在和发展,也使得这个传统悠久的公民社会更加稳固、更加珍惜全体人民的民主权利。

对于美国人来说,自由政治的理论就是他们的生活方式。正如伯恩斯等人在《美国式民主》一书中所说,"政治就在我们周围并影响我们生活的几乎每一个方面。政治上共同生活的人民借以知道如何满足其基本需要,解决共同问题,组织起来求得安全与保障,乃至实现'愉快社会'的过程。简言之,政治就是何人于何时并以何种方式取得何物。政治也是组织、运用和约束公共权力的过程"。[1]

美国自由政治制度的几乎每一个方面,都与构成整个制度的其他因素相互影响、相互联系。学者们可以把宪法、选举、新闻传媒、

---

1 伯恩斯著,谭君久等译,《美国式民主》,第1页。

国会、地方政府作为专门的研究领域，但在现实生活里，这些过程或机构并不能这样分开。在学校里或社会上，美国人的自由政治，可以几乎没有间断地追溯到 200 多年前的启蒙建国时代，这在世界上若不是绝无仅有，也是非常罕见的。

历史学家麦克唐纳（Forrest McDonald，1927—2016）在《时代的新秩序：宪法的知识来源》一书中说："大多数（美国）爱国者和这个国家一样，他们接触共和主义的方式是迟缓而杂乱的，他们拥护共和，但他们的理解却既非历史的，也非哲学的。"[1] 对于早期的美国民众来说，共和和民主是一种他们在自己生活中已经实践或部分实践的生活方式。共和或民主既是一种原则，也是一种实践，再好的理论没有实践，也只是停留在嘴上的游戏。我们今天的政治启蒙不只是要翻来覆去地讲一些道理，而且更是要争取任何一个可以"让我们先做起来"的机会。

3. 联邦与共和

美国的联邦制度并不代表普世的模式或放之四海而皆准的政治理论，不同国家的国情不同，逐渐认识联邦制是否适用是一个制度探索的过程。

《联邦党人文集》让我们看到，在美国建国初期，联邦与共和并不是两个自然而然就能合二为一的观念，恰恰相反，支持在美国 13 个州通过美国宪法的"联邦主义者"与持反对意见的"反联邦主义者"之间爆发激烈的争论，而争论的焦点之一正是"联邦"与"共和"之间究竟应该是什么关系。简单地说，联邦主义者宣称，

---

1 Forrest McDonald, *Novus Ordo Seclorum: The Intellectual Origins of the Constitution*, University Press of Kansas, 1985, 67.

美国的联邦制就是共和；但反联邦主义者则认为，共和只适宜于小范围的具有同质文化的寡民小国，而"美利坚合众国"这样规模的联邦政府，它的国家权力会越来越大、越来越集中，最后危害到州和地方实际已经在运作的共和政治。因此，为了维护共和，必须反对国家主义的"联邦"。

反联邦党人的"反"只是一个立场，并没有实质的内容，他们政治主张的实质性内容在于坚持他们心目中的"共和主义"。所以，联邦党人与反联邦党人的对立似乎成为"联邦"与"共和"的对立。《联邦党人文集》的一个主要目的就是消除联邦与共和直接的这种人为的对立，重新定义在美国现实政治环境中有意义的"共和"观念。这就要从美国建国初期的"联邦"和"共和"观念说起。

先来看什么是"联邦"。联邦（federal）——连带有关的 foederal，federation，federalist——有两个虽有联系但并不相同的意思。第一个是中性的描述名词，指的是独立自主的国家之间为了相互的贸易、军事防务或其他目的而建立的联盟，可以与"邦联"（confederation）换用。在美国订立宪法之前，美国各州之间就有一个"邦联"，但这个邦联没有中央政府，因此实际的政治效能几近于零。

第二个意义上的"联邦"是非中立的名词，表示可贬可褒的政治立场，就像"社会民主主义""自由主义""保守主义"一样。"联邦主义"是"国家主义""合众主义"的意思。当时支持《美国宪法》的人士确实有理由自视为联邦主义者，而把不支持的一方称作反联邦主义者。但是，反联邦主义者也可以说自己是真正的联邦主义者（其实就是美国先前的"邦联"），而把主张建立联邦国家的人们视为谋求扩张和强化联邦政府的权力（让邦联成为拥有中央权力的国家）。

我们再来看什么是"共和"。从制度上说，古代共和的对立面是君主专制，共和的两个要素是法治和权力制衡。许多美国人相信，脱离英王乔治三世后，美国的地方政治是共和的实践。坚持这样的共和是反联邦主义者反对《美国宪法》的主要理由，他们认为，由宪法规定的联邦政体威胁到这样的共和。

第一，从历史上看，共和只适宜于小国寡民的国家，领土和人口都有限，人民享有同质的文化。只有这样的小国家才能保证公民自愿认同共同体，遵守共同体的法律，也才能保证权力制衡的政府对所有公民负责，培养他们的公民美德。美国的规模太大，如果成为一个有中央政府的联邦国家，不可能有真正的共和。

第二，《美国宪法》违背和破坏美国地方上已经在运行的共和自治，它没有规定公民应有的权利。因此，如果公民不服从国家的法律，联邦国家政府就可能动用军队来强制人民服从。

《联邦党人文集》的一个主要目的，就是打消这种对联邦会破坏共和或者联邦对立于共和的顾虑。宪法规定的联邦是政制大纲，其他问题可以另行协商或用修正案的办法来解决。例如，联邦最高法院下面是否应设低级法院，可以暂缓决定或另作安排。公民权利可以用宪法修正案的方式来加以补充完善。

最根本的问题是，美国是否需要有一个联邦政府？这么一个幅员广阔、各州文化互有差异的国家能不能建立一个真正的共和？

对这样的问题，《联邦党人文集》的回答是肯定的，包括三个方面。第一，《美国宪法》规定的联邦国家共和不是模仿古代的那种城邦共和，所以不必顾虑国家的大小；第二，美国联邦政制有利于避免古代城邦共和因为失败而蜕变成暴政或者暴民的无政府主义，因此是安全和稳定的必要保证；第三，美国的联邦共和是一个在各州已经运作的共和基础上建立的规模更大的共和。

关于第一个方面，汉密尔顿在《联邦党人文集》第九篇里明确表示，如果美国只能模仿古代的那种共和，那还不如根本就不要共和。他写道："一个牢固的联邦，对于各州的和平与自由是非常重要的，因为它是分裂和叛乱的障碍。在阅读希腊和意大利一些小共和国的历史时，对于一直使它们不安的骚动，以及使它们永远摇摆于暴政和无政府状态这两个极端之间连续不断的革命，没有恐怖和厌恶的感觉是不可能的。如果它们显示出偶然的平静，那只不过是接着而来的狂风暴雨的暂时对照。假如时常出现幸福的间歇，我们看到时还是有惋惜之感，因为想到我们眼前的愉快景色不久就会被暴乱和激烈党争的巨浪所淹没。假如在幽暗中有时放射出瞬息的光芒，当这些转瞬即逝的光彩使我们眼花缭乱时，同时也使我们悲叹，政府的弊病会使这些光辉的才能和崇高的天赋走上邪路，黯然失色，而这些产生它们的幸福土壤已经得到应有的歌颂。"

这样的共和太脆弱，失败的后果太严重，就算勉强建立起来又有什么意义？时代变了，美国人对共和的认识不能抱残守缺。对那些怀念小国寡民的共和主义人士，他语带讽刺地写道："当孟德斯鸠提出共和国范围要小时，他心目中的标准比这些州中差不多每一个州的范围都要小得多。无论弗吉尼亚、马萨诸塞、宾夕法尼亚、纽约、北卡罗来纳或佐治亚，决不能同他所论述的典型和他在论述中应用的条件相比拟。因此，如果我们把他在这一点上的意见当作真理的标准，我们就不得不作出以下抉择：要么立刻投入君主政体的怀抱，要么把我们自己分裂成许多互相嫉妒、互相冲突和动乱的小州，成为不断冲突的不幸温床和普遍怜悯或藐视的可耻对象。"他问道，为了模仿小国寡民的共和，难道美国较大的州还要分成更小的州不成？他毫不客气地说，这才是不可理喻的"糊涂政策"。

关于第二个方面，汉密尔顿在第九篇中也已经谈到，那些小国的共和"永远摇摆于暴政和无政府状态"之间，要么是暴君篡位、百姓遭殃，要么是暴民造反、天下大乱。麦迪逊在第十四篇里说得同样清楚。比起古代那种靠不住的小共和，美国的联邦制度更有利于国家的和平与稳定，联邦是必要的，"因为它是防御外来危险的堡垒，是我们的和平保卫者，是我们的商业和其他公益的保护者；只有联邦才能代替破坏旧世界自由的军事机构，才能适当地医治党争的弊病"。在各州参与的联邦制度里，任何地方上的政治野心人物或政党都不可能肆意妄为，都会遭遇到来自其他地方的政治人物或政党的竞争和对抗，对人民来说，这是一种安全的保障。

汉密尔顿在第二十二篇里指出，"某些州的干涉性的、不友善的、与联邦精神相反的规定，在不同情况下曾给其他各州提供表示愤怒和抱怨的正当理由。值得担心的是，这种性质的事例，如果不用国家的管理加以制止，可能会增加和扩大，直到它们成为不和与冲突的重要原因"。联邦可以为州与州之间平等、和平关系提供保障。麦迪逊在第十篇里指出，"大共和国胜于小共和国之处，也就是联邦优于组成联邦的各州之处"，"优点……在于能选拔见解高明、道德高尚，因此能超出局部偏见和不公正的代表"。

关于第三个方面，麦迪逊在第三十九篇中对什么是共和做出解释。他强调，共和不是一个空洞的名号，而是实实在在的政治原则，"什么是共和政体的特点呢？如果寻求这个问题的回答时，不求助于原则，而是求助于政治作家们在各国宪法中关于这个名词的应用，是决不会得到满意的回答的"。他特别提到英国，"英国政府是世袭贵族政治和君主政体的结合体，只有一个共和政体的枝叶，同样不适当地时常被列入共和国之林"。

那么，共和的原则是什么呢？一个国家要称得上是共和，它必须"从大部分人民那里直接、间接地得到一切权力，并由某些自愿任职的人在一定时期内或者在其忠实履行职责期间进行管理。对于这样一个政府来说，必要条件是：它是来自社会上的大多数人，而不是一小部分人，或者社会上某个幸运阶级"。否则，少数人就会盗用共和的名义来压迫人民。一个有资格称为共和的政府,"它的管理人员,是直接、间接地由人民任命,他们根据(人民选举)的条件保持自己的官职",在一个人民没有选举权的国家里,是不可能有共和的。

在美国的各州已经有共和条件,"根据大多数州的宪法,首席行政长官本人就是这样任命的。根据一个州的宪法,这样任命方式扩大到议会的某一个同等部门。根据所有的宪法,最高公职的任期同样会延长到一定的期限"。重要的职位由人民选举,当选的官员有确定的任期,绝不允许破坏任期法规,更不要说终身制。

麦迪逊指出,"把制宪会议设计的(联邦)宪法与(州里)规定的标准进行比较时,我们立刻看出,在最严格的意义上它是符合此项标准的"。具体的规定是,联邦众议院"至少和所有州议会的某一议院一样,是直接由大多数人民选举的"。联邦参议院也和一些州的参议院一样,是由人民间接任命的。而且,"总统,依照大多数州的实例,是由人民间接选举的。甚至合众国的法官和所有其他官员,和若干州的情况一样,也将由人民自己选择,虽然这是一种间接的选择。任期同样符合共和政体的标准,也是符合州宪的标准的"。

美国宪法的制定者强调的是共和的原则,而不只是徒有共和的名号,因此,美国的国号里不需要加进"共和"的字样,而只是简简单单的"合众国"。相比起可能有不同理解的"共和"来,"合众国"是一个更加准确的事实概念。这个共和的政府也就是后来林肯总统在著名的《葛底斯堡演说》中所说的"民有、民治和民享的政府"(that government of the people, by the people, for the people),这也被当作对民主的经典表述,那么,《联邦党人文集》里的共和与民主又有怎样的关系呢?

4. 共和与民主

订立《美国宪法》之前，1777 年 5 月美国第二次大陆会议曾通过一套条款，就是治理国家的各种法律，叫作"美国邦联条款"（Articles of Confederation）。这些条款规定的美国政府既没有行政权、司法权，也没有征税权，其实就是一个州与州之间的议会。它可以向各州提出政策或别的建议，但听不听得由各州自己决定，大多数的时候，它提了建议也是白提。

这个政府由于不能征税，只能向州议会要钱，但是州议会常常不给或是给得很少，所以政府总是没有钱，没有钱也就办不了事。政府甚至不能管理州和州之间的通商。一州的货物运到另一州去买，商人得给那个州很多税。这样一来，州和州之间的贸易就大大地减少。政府也不能停止州和州之间的争执。一州和另一州因地界的问题争吵，政府没有权力解决它们的问题。1786 到 1787 年马萨诸塞州内发生谢斯起义（Shays' Rebellion），国会没有办法对付，结果是马萨诸塞州自己的民兵平息叛乱。还有，外国货运到美国来卖的时候，每一州所定的税率都不一样，每一州就像是一个不同的国家，政府没有权力来订统一的税率。诸如此类的问题使得许多美国人觉得，应当有一个强大的有权力的政府来管理国家。1787 年国会请每一州派代表来费城开会。这次会议除了罗得岛以外其他 12 州都派代表参加。一共有 55 位代表，其中有很多有名、能干的人，如《联邦党人文集》的作者麦迪逊和汉密尔顿。

1787 年开始制定《美国宪法》，为的是创制一个与邦联政府不同的国家政府，它要能真正应对国家的危机，发挥国家政府应有的权力职能。宪法制定者设计的是一个共和的而非民主的政府。

当时美国人对民主的认识与我们今天不同，他们所知道的是雅典城邦的那种失败的民主，而我们今天所知道的是相对成功的西方自由民主，参照的民主先例不同，对民主的理解自然也就不同。人类对民主的认识是一个过程，随着世界范围内民主实践的变化，人们对民主的认识还在发生变化。

就美国建国初期对民主的认识而言，民主是一种需要大多数人充分参与的政治制度，让大多数人在立法、决策过程中发挥充分的作用，在那个时候的现实中是不可能的。绝大多数普通人忙于生计，所受的教育有限，没有时间、精力和知识准备对复杂的具体事务做出理性、独立的判断和决定。因此，人民当中有许多都很容易被小恩小惠所收买。中国的民国时期，国民大会的委员竞选中，有时候一碗面就能换到一张选票。就算不是被收买，民众也很容易被政治野心家蛊惑、煽动和利用，他们的民主也很容易蜕变为一种无政府主义的情绪性骚动和破坏力量。

共和讲究的是公民的素质和美德，民主没有这样的要求，民众的政治素质低下会成为民主蜕化为暴政或无政府状态的主要原因，对《美国宪法》的制定者来说，雅典民主就是前车之鉴。《联邦党人文集》中对民主和共和的论述是褒扬共和而贬抑民主，所说的民主就是雅典式的直接民主，所说的共和则是我们今天所说的代议制民主，这与我们今天的认识是有差距的。

麦迪逊在第十篇里写道："一种纯粹的民主政体……不能制止派别斗争的危害。几乎在每一种情况下，整体中的大多数人会感到有共同的情感或利益。联络和结合是政府形式本身的产物，没有任何东西可以阻止牺牲弱小党派或可憎的个人的动机。因此，这种民主政体就成了动乱和争论的图景，同个人安全或财产权是不相容的，往往由于暴亡而夭折。"与民主政体不同，麦迪逊继续写道："共和政体，我是指采用代议制的政体而言，情形就不同了，它能保证我们正在寻求的矫正工作。让我们来研究一下它和纯粹的民主政体的差别，我们就能理解矫正的性质以及它必然会从联邦得到的功效。"

麦迪逊指出，共和的两个优点：第一，"共和国无论多小，为了防止少数人的结党图谋，代表必须达到一定数目；同时，共和国无论多大，为了防止人数过多的混乱，代表必须限于一定数目"。第二，"由于选举每一个代表的公民人数，大共和国要比小共和国多，所以不足取的候选人就更难于成功地采用在选举中常常采用的不道德手腕；同时由于人民的选举比较自由，选票也就更能集中于德高望重的人的身上"。

在《联邦党人文集》的语境里，民主有"无政府主义""以多欺少""暴力动乱"的意味，而共和则有"宪制法治""权力平衡""民意代表"的意思。这就是麦迪逊在第三十九篇里界定的那种共和，从今天的政治认识来看，其实就是自由民主体制里的民主。但是，仍然有这样的可能，大多数人通过选举代表或代理人控制政府的所有部门，使得权力平衡不再起作用，按照他们的意志或利益修改法律，并强行采取激进的非正义的措施，那该怎么办呢？今天自由民主国家的民粹主义政治就存在这样的危险。

美国的制宪者和《联邦党人文集》的作者都知道，如果绝大多数选民想要采取某一行动，除了制宪者所不希望的专制政府，是没有任何力量能够阻止选民的。开国先辈们想，他们所能做的——而这种事情很多——只能是暂时防止公众多数的完全控制。

早期的美国人没有把政府看成可以用自己的选票来夺取并且可以为自己的目的来使用的工具，而只是可能限制他们自由的外在力量。一直到今天，许多美国人还是对政府有一种本能的不信任，把政府看成某种应该关进笼子里的加以禁锢使之不能为害的东西。他们想用分权和制衡的制度来操控多数人难以控制的政府。同等重要的是，也想用它们来防止统治者超出他们的宪法规定的职权。《美国宪法》规定的分权和制衡的制度不仅是在联邦政府不同部门之间（称为三权分立），而且还包括在联邦政府与州政府和地方政府之间。

《联邦党人文集》的作者与制宪者一样，既不信任杰出人物，也不相信群众。在美国的制宪会议上，如何打造一个比邦联有效的政府框架显然是首要任务。但是，随之而来的问题是，怎么才能既让政府有效又能保证人民不可让渡的权利？

不可让渡的权利（unalienable rights）指的是那些是人就不能没有的权利，如自由。人生而自由，就算一个人愿意以他的自由来交换他认为更有价值的东西（财富、地位），那个与他交换的人剥夺他的自由也是不正当和不正义的。就算一个人愿意卖身为奴，奴隶买卖也是不能允许的。同样，政府不管以什么理由或交换条件剥夺公民的基本自由，这些都是暴虐和邪恶的行为。

相比起效率不高的政体或政府来，效率高的政体或政府看起来具有"制度优势"。但是，制度越是有优势的政府，越可能以所谓"优势"的名义侵犯人民的公民权和人权。怎么才能避免发生这样的情况呢？这是一个至今仍在让许多政治学者头疼的问题。200多年前的《美国宪法》制宪者，还有《联邦党人文集》的作者，就已经在高度关注这个问题，其政治智慧不能不让人感到敬佩。因为现在还有许多糊涂的或装糊涂的政治学者认为，制度优势就是一切，只要制度有优势，人民的任何权利都不值一提。从国家以民为本来看，制度的真正优势应该体现在对人民更有力的保护上。

《联邦党人文集》关注保护人民不可让渡的权利不受侵犯，那么可能的侵犯者又是谁呢？回答是，最可能侵犯人民权利的是人民自己选出来的领导人。如果人民完全信任他们选出来的领导人，就会放松应有的监督，汉密尔顿在第二十五篇中说，人民应该对掌握权力的人保持怀疑和警觉，"因为每个时代的经验都证实一个真理：当损害人民权利的手段由人民最不怀疑的人掌握时，人民往往处于最大的危险之中"。

人民应该对掌握他们命运的人抱有怀疑，这才不会在坏事发生时措手不及，而且在事情刚刚发生的时候就能采取必要的防备措施。这种不信任是基于对人性的洞察。虽然领导人是由选举人自己选出来的，但选举人和当选人都是有人性弱点的。

人天生就有自欺欺人和轻信易骗的毛病，每一件破坏宪法的事情开始时都是出于"善良动机"，破坏者开始一次自欺，接着就是以此欺骗他人。每一次权力的滥用一开始都是"事出有因"或"不得不然"，也是先自欺后欺人，甚至一开始就是欺人。由于领导人是人们选出来的，所以他们相信领导人是"好人"，不会故意破坏宪法。这也是一种自欺欺人。

对此，杰斐逊在1798年的肯塔基州决议中说，"如果因为谁是我们选出来的，因此就信任他，不害怕他会危害我们的权利，就保持沉默，那是危险的自欺。每个有独裁者的地方，必有这样的信任。自由的政府是以猜忌而非信任为基础的。我们不得不将权力委托给一些领导人，必须用猜忌而非信任才能用有限的宪法捆住他们。我们的宪法限制他们的权力，也限制我们自己对他们的信任。因此，在权力的问题上，让我们不要说什么信任不信任，要紧的是用宪法的链子拴紧领导人，这样他才不会干坏事"。

在领导人权力的问题上，华盛顿也持同样的态度，他同样认为，政府掌握着对人民有强制性的权力，必须把这个权力关进笼子里。他说："政府不是理性，不是雄辩，政府是强制力！就像火一样，政府是一个危险的仆人，也是一个可怕的主子。"

人民将政府权力委托给领导人，本来就是一件有风险的事情。领导人的能力再出众，人品看上去再高尚，但毕竟是凡人，凡人就有凡人的那种复杂而难以预测的人性，可以做好事，也可以做坏事，可能行善，也可能作恶。这就是人性的脆弱。这就需要对领导人有防御性的警惕。麦迪逊在《联邦党人文集》第五十一篇里写道："防止把某些权力逐渐集中于同一部门的最可靠办法，就是给予各部门的主管人抵制其他部门侵犯的必要法定手段和个人的主动。在这方面，如同其他各方面一样，防御规定必须与攻击的危险相称。野心必须用野心来对抗。人的利益必然是与当地的法定权利相联系。用这种种方法来控制政府的弊病，可能是对人性的一种耻辱。但是政府本身若不是对人性的最大耻辱，又是什么呢？如果人都是天使，就不需要任何政府了。如果是天使统治人，就不需要对政府有任何外来的或内在的控制了。"

《联邦党人文集》中那种对民主政治和民主选举产生的领导人的怀疑和不信任，其实都是对人性的不信任。民主政治可以是好的，也可以是不好的，全在于那些被称为"人民"的每一个具体的人如何参与民主政治的运作中，人性中有自私、贪婪、嫉妒和仇恨，也有利他、同情、友谊和关爱，不同的人性因素导致公民不同的个人和集体行为，不同的行为形成不同的民主政治现实。因此，公民素质和公民教育成为民主国家里一种最根本的教育，而公民教育和公民美德恰恰也是古典共和最重要的理念。在"人"和"人性"的根本问题上，共和与民主其实是一致的。所以我们不应该因为主张共和而贬低民主，或者因为倡导民主而忽视共和。历史的经验告诉我们，没有民主，共和必然是假共和真专制；没有共和，民主只能是奉旨民主的群众运动。

在共和与民主的关系问题上，我们的认识与《联邦党人文集》的作者有所不同，但他们的观点毕竟是两个多世纪前的。在过去的两个多世纪里，共和与民主都已经发生很多变化，而共和与民主的结合在许多现代国家代议制的自由民主政治实践中都取得成功，以现有的认识来看，这应该是当代世界变化发展的趋势。

总结

人文启蒙与人性

  这是我这个课程的最后一讲，作为一个总结，我想谈谈这个课程与启蒙的关系。这个课程的主题是人文经典阅读与思考，涉及许多关于人的问题：历史、政治、社会、心理、认知、道德、价值观等，谈得比较多的是人性的问题。

  阅读和思考的启蒙是为了改变愚昧，但更是为了不让愚昧改变我们。现在，有些人不乐意谈启蒙，他们担心，启蒙意味着启蒙者和被启蒙者的不平等，启蒙会成为一种自上而下的教诲或不当灌输。这是出于对当今新启蒙的错误理解。新启蒙应该是指一种勤于思考、明白事理的思维状态，所以必须是主观能动的学习结果，岂能被动地从他人获得？

  过去十几年变化发展起来的网络写作让我们看到启蒙的新机遇和新方式，各种文化背景的人们在用言论和写作相互影响、开导和启蒙。尽管有人厌倦"启蒙"二字，甚至认为启蒙就是"公知"的话语垄断，但我们都是互联网启蒙的受益者。正是在这个场域里，我们学着如何发声、如何怀疑、如何探讨问题、如何逻辑和理性地陈述。这样的新启蒙从来没有被谁垄断过，新启蒙跟18世纪的启蒙是不同的，但又在自我解放精神上有传承关系。

　　我已经介绍了 18 世纪的四种启蒙传统，英国的、法国的、德国的和美国的。这四种启蒙都是那些国家里的人们能动思考和实践的结果，其中美国启蒙对我们今天的新启蒙最有启发意义。关于这四国的启蒙，我在《与时俱进的启蒙》一书里有详细的论述，这里把我在书里的观点概述一下。

　　英国启蒙的特色是其传统保守主义，它的核心是从基督教的仁爱而来的同情，以及从光荣革命传统而来的自由。这是中国传统里没有的，无法直接借鉴。

　　法国启蒙的特色是用理性摧毁自私、僵化的天主教会，以及同样自私、僵化的旧贵族，在中国理性启蒙路上的障碍不是天主教会和旧贵族，而是别的。所以，法国启蒙对中国有借鉴价值，但也需要有策略的调整。

　　德国启蒙的特色是逃避专制现实的抽象哲思，它有与社会现实问题脱节的弊病。所以，对中国启蒙来说，更多的是负面的经验教训。

　　唯独美国启蒙不同，美国启蒙的重心在于实践而不在于理论，它的议题是时代改革的需要，它关注的是民众当下关心的问题，运用的是一种诉诸常识理性的话语，借助的是大众媒体，使用的是民众能听懂的语言。美国启蒙涵盖的种种问题正是中国今天也在思考的，如宪法政治、自由民主、公民社会、人性与制度的关系等。

　　在 18 世纪的四种启蒙中，只有美国启蒙才是真正的反专制的启蒙，那便是世人所说的"美国精神"。美国建国，破天荒建立第一个没有君主的国家。如果说《独立宣言》赋予美国精神的灵魂，那么《宪法》则让美国精神有了骨骼。如果说《宪法》是骨架，那么《联邦党人文集》无疑让《宪法》变得有血有肉。我们在连续阅读这些文本时，感受到的正是这种追求自由、共和、民主的美国精神。

　　多年以来，中国民众和媒体对美国的关注显然超过世界上任何一个其他国家。美国的自由民主并不完美，有它阴暗和丑陋的一面。但是，它经常与一些其他国家更阴暗、丑陋的现实形成对照，并也因此有了某种正面的示范意义。

但是，正如没有任何一种启蒙是完美的一样，没有一种启蒙是一劳永逸的，因此启蒙是一件必须持久进行并与时俱进的事业。2020年的美国大选过程中的种种乱象和人性卑劣的表现与行为让我们看到，虽然200多年前美国有过很成功的启蒙，但美国国民素质离18世纪启蒙时期的建国之父们的期待还有大得可怕的距离。美国的社会契约发生严重的破裂，在许多地方都出现启蒙倒退的现象：报纸丢失公正、客观的立场，几乎沦为党派的喉舌；议会变成党派的战场；种族对立和阶级分化严重加剧；宽容和妥协的精神被偏执和敌意所代替；总统已不像是美国人的总统，而更像是党徒们的首领，恨他的恨得要死，爱他的爱得要命。除了拉一派打一派的专制领袖之外，很难有人像今天的美国总统这样同时收获这么多的爱和恨。总统这个权力位置变得如此重要，如此强大地动员着敌我阵营的划分，以至于不论谁来做，总统这个人就是在分裂而不是在团结他的国家。

因此，人们不由得怀疑，18世纪的美国启蒙真的对我们今天还有意义吗？对许多本来就不相信甚至敌视自由民主的人来说，这是一个唱衰美国启蒙千载难逢的时机。但是，我们阅读启蒙时期的经典，本来为的就是增强对启蒙的信心。由于这样的信念，我们相信，不管美国启蒙眼下正在遭遇怎样的挫折和坎坷，它的基本理念仍然在发挥效能，而这使得它的启蒙成就有自我修复的能力；它的言论与新闻自由、选举民主、地方自治、行政中立与司法独立仍基本保持完好。这其实也应该是我们对待启蒙本身的积极态度：启蒙的一项重要任务就是不断重申它的基本价值原则——人的自由、平等、尊严、关爱、法治、和平，只要我们不丢弃这些价值原则，那么不管启蒙一时一地遭受怎样的挫折和坎坷，它都还有今后再度发展的机会。

在过去的几十年里，中国知识界对别国尤其是美国关于宪制和民主的著作情有独钟。经过长时间的努力，重要理论著作的翻译和介绍已经足以装备起一个相当规模的图书馆，多一本或少一本，对理论的基础建设并不会有多么大的影响。与此相比，宪法政治和自由民主的大众启蒙作品则显得太少。

这也许正是启蒙可以调整策略的一个机遇，不妨把启蒙从政治和社会制度转向人性和人的心灵本身。在这方面，美国启蒙也可以给我们重要的启示，因为美国启蒙从一开始就把人性当作自由政治的基础。

美国神学家、思想家莱茵霍尔德·尼布尔（Reinhold Niebuhr，1892—1971）说："人行正义的本能使得民主成为可能，人行不义的本能使得民主成为必需。"这是一个对人性卑劣和高尚双重性的观察。上帝给人良知，人于是能做好事。可是人性中还有晦暗和不完善的一面，需要有所制约。在思考制度改革时，也需要将人性中的幽暗因素结合进去。

人类可以用理性来察觉和认识宇宙法则、政治原理，同样人类也可以用这样的方式来认识自己和认识"人性"。人性的前提是，所有的人类具有某些区别于其他动物的普遍特征，人可以用经验观察和分析归类来对人性形成一种科学，这也就是休谟在《人性论》中所说的"人的科学"。

休谟认为，人的科学是所有其他科学唯一可靠的基础。人需要先认识自己，然后才能认识自然哲学、宗教、社会或政治。人的科学中的人性在道德上是中性的，可以从善，也可以从恶。这就认可人有能力获得自己所没有的，即使在不一定得到神恩的情况下，也能在人世间找到自己想要的幸福。然而，这也意味着，需要谨慎防备人性中某些因素（自私、野心、贪婪、虚荣）可能带来的破坏，并设计合理的制度来加以约束。

对人性保持一种现实主义的怀疑，但不放弃对人类能力和未来的希望，这在美国建国之父麦迪逊那里有非常典型的表现。1793 年法国大革命期间，他写道："人类最强烈的激情和最危险的弱点，野心、贪婪、对名声正当或不正当的热爱，全都调动起来，破坏对和平的期待和责任。"即使对慈善机构他也保持着警惕，1820 年他写道："要监督慈善机构的管理不善，走向它自己原来目标的反面，没有什么比这件事更困难的。"1823 年大选前，麦迪逊对选民发表这样的看法，"大众最关心的不过是收成的好坏和作物价格的贵贱"。同时，麦迪逊一生都对人的德性和智识，以及人运用自己的能力来治理自己的事务保持一种冷静但不动摇的信心。麦迪逊虽然对多数人的暴政保持警惕，但不断重申"人数平等"（numerical equality）和"多数人决定"的基本共和原则。他说："如果多数人的意志不能信任，那么还能信任什么呢？"像麦迪逊这样的美国启蒙者对人性的多样性有充分的认识，这种对人性的认识成为《美国宪法》和自由政治理论的重要基础。[1]

"人性"（human nature）与"人的本质"（the essence of man）是不同的。《联邦党人文集》的三位作者并不以抽象或一般化地分析人的本质为己任，他们关注的是可以通过经验观察来了解的人的行为及动机，这是他们所说的人性。例如，人有野心、私心、贪心，但人也有同情心、恻隐之情、羞耻感和荣誉感等。

相比之下，对人的本质的确定则经常是哲学或意识形态的抽象或提炼，如人是政治动物、社会动物、理性动物、阶级动物等。《联

1　Quoted in Ralph L. Ketcham, "James Madison and the Nature of Man." In Frank Shuffelton, ed., *The American Enlightenment*. Rochester, NY: University of Rochester Press, 1993, 136, 134.

邦党人文集》的作者是从经验观察来谈人性的，当他们说人性包含野心时，他们并不是说野心是人的本质特征。他们认为，野心是可以遏制和自我遏制的。这样看待的人性所呈现的是偶然（accidental）而非本质（essential）特征。也就是说，野心是人性特征，但并非是人必有野心。再多的人有野心，那也是偶然的，不是必然的，因为野心并不是人的本质特性。

偶然与本质的区分对我们认识人性与制度的关系有重要的意义。好的制度可以帮助抑制人性中一些不良或有害的特征，如自私、贪婪、虚荣、名利心等，而坏的制度则会助长这些特征，导致个人行为或公共行为的腐败。

制度对人性而不是对人的本质有引导、调适和塑造的作用，原因也正在于此。一切乌托邦的社会改造工程都不仅要改造社会，而且最终要改造人类，不仅仅是改变特定环境中人们的某些人性特征，而且是彻底改造他们的本质，强迫他们成为某种教义或意识形态规定的"新人"。

改变人性的某些特征，前提是承认它们的合理性，目的是尽量防止它们对社会共善形成危害。但是，改变人的本质却不同，它的前提是否定人性，代之以暴力强加的清规戒律或阶级性，按照权力统治的需要对任何"异类"个人或人群妖魔化、非人化，将他们沦为集中营里的奴隶，甚至把他们当作"敌人"从肉体上进行消灭。

20世纪的极权灾难让我们更加重视人和人性的问题，也更加珍惜启蒙思想在这个问题上的自由政治思想遗产。《联邦党人文集》中有许多对人性思虑周密的深刻见解。《文集》作者们的"政治科学"中相当重要部分是心理学，而心理学最重要的部分则关乎人的动机和人性。美国哲学家和宗教学家西奥多·罗扎克（Theodore Roszak，1907—1981）说，从深层的意义上说，心理学探索的是人的神志健全（sanity）问题，赫胥黎的《美丽新世界》让我们看到，奴隶很幸福，但神志并不健全。

　　神志健全的人才是灵魂健康的人。人文阅读和思考是为了帮助人神志保持健全，灵魂保持健康，因此它特别关注的是人的伦理行为、道德目的和生命意义。为了健康，人的身体需要锻炼，同样，为了神志健全，人的头脑也需要锻炼。有效阅读和独立思考就是这样的锻炼，也是考核神志健全的一项标准。阅读与思考是一种持续学习，希望你从这里获得的阅读和思考能力在以后也还能继续帮助你的学习。

捍卫自由理性：启蒙和反启蒙

从 20 世纪 40 年代后期开始，启蒙遭到来自左派和自由派的攻击，不是批判意义上的反思，而是意识形态和政治的否定，从此奠定一直延续至今的"反启蒙"基调。率先出现的反启蒙代表作是德国法兰克福学派哲学家马克斯·霍克海默（Max Horkheimer，1895—1973）和西奥多·阿多诺（Theodor L. W. Adorno，1903—1969）1944 年出版的《启蒙辩证法：哲学断片》。此书 1947 年出修订版的时候，法西斯右翼极权主义已经失败，而苏联的左翼极权主义却如日中天，空前巩固，并在世界范围内迅速扩大影响，因此也就成为此书实际上的现实目标。

这部著作要颠覆的不仅是"启蒙"，而且也是受启蒙影响的社会和政治进步观念。两位作者在 1969 年写的新序里仍然强调，"启蒙转变成实证论，转变成事实的神话，转变成知性与敌对精神的一致"。这是在重申他们在 1944/1947 年关于"启蒙的自我毁灭"的论断，他们写道："我们并不怀疑，社会中的自由与启蒙思想是密不可分的。但是，我们认为，我们同样也清楚地认识到，启蒙思想的概念本身已经包含着今天随处可见的倒退的萌芽。"[1]

　　阿多诺他们要证明，在 20 世纪"启蒙已经倒退成神话"，蜕变为一种极权主义的暴政。他们用马克思主义的"辩证法"来说明启蒙思想从量变到质变，以解放人性为己任的启蒙向自身的反面转化。这个过程和结果在他们看来，就像"历史规律"一样，是不可避免的。如果说这代表着左派马克思主义对启蒙的批判和否定，那么以赛亚·伯林代表的就是自由主义对启蒙的抵抗和拒绝。

　　马克思主义左派运用的是"辩证法"，自由主义运用的是"多元论"；前一个依靠的是一个意识形态自我封闭的理论框架，后一个出发的前提则是所谓"多元论"与"一元论"的对立。这二者都把 18 世纪启蒙丰富多样的社会和政治思想议题变成某种抽象的"哲学"概念，并以哲学的否定推导出对启蒙思想的否定，导致极大的思想混乱和误导，也造成对启蒙无原则的怀疑主义、犬儒主义和简单否定。

　　伯林的反启蒙理论建立在一个刺猬与狐狸之差别的寓言上。这个机智的比喻是他的理论亮点，在很大程度上弥补实际论证的缺陷。刺猬代表一元论，而狐狸则代表多元论，这二者形成伯林所说的 18 世纪"启蒙"与"反启蒙"的对立，虽然他本人并没有完全否定启蒙，但作为一个坚定的"多元主义者"，他更同情的是他称为"反启蒙"的一些思想家。

　　按照伯林的说法，"刺猬"（一元论）建立关于人类行为、历史经验与政治价值的无所不包的统一性理论；"狐狸"（多元论）则在所有地方都看到多样性，而畏惧那种甘愿把人类尊严牺牲于一个理念祭坛上的狂热分子。

　　在伯林那里，道德、意识形态、伦理和文化的多元论是与自由

1　马克斯·霍克海默、西奥多·阿多诺著，渠敬东、曹卫东译，《启蒙辩证法：哲学断片》，上海人民出版社，2006 年，第 1—3 页。

主义的基本价值一致的，包括承认与宽容；而一元论则是违背自由主义价值的，在理论上是错误的，在政治上是危险的。

作为一种哲学观念的两分对立，借助刺猬与狐狸的机警比喻，一元论和多元论的区别与对立是有一定说服力的。然而，关键的问题是，启蒙是否真的就像伯林所断言的是"一元论"？他提出的真是一个事实陈述吗？

伯林所指的主要是启蒙运动的"理性主义"，一夸张就成为"唯理性主义"。在我们对启蒙人文经典的阅读中可以清楚地看到，这根本就不是事实。苏格兰启蒙强调人性、同情、仁爱，法国启蒙强调个人理性，德国启蒙则强调国家理性，美国启蒙则注重实践理性，哪里有什么纯粹哲学性质的"唯理性主义"？法国启蒙是最强调理性的，但孟德斯鸠、伏尔泰、狄德罗、卢梭对理性都有不同的理解，他们根本不可能也不会像在某个思想委员会上那样确定一个什么关于"理性"的一元论理论。

再说，那些被伯林认定为"多元主义"狐狸型思想家的代表人物，他们的政治理念也与自由主义的多元和宽容有根本的差别。马克·里拉（Mark Lilla）指出，"恰恰是伯林所选择的用以表达他自己自由主义的这些范例令我踌躇。像他的许多读者一样，我偶然接触到伯林论及的那些晦涩作者，是通过他对他们的阐释。在读过伯林之后，我渴望去阅读维柯、赫尔德和哈曼，因为我期待着在他们那里发现新的哲学方式，来把握理性、语言、人类文化以及宽容等问题"。然而，里拉发现的却是，维柯、赫尔德和哈曼等人"与伯林自己所辩护的自由主义精神是相敌对的"。[1]

马克·里拉的意思已经够明白：伯林因为自己不喜欢启蒙，所以找来一些理论上的帮手，虽然这些帮手未必是与他志同道合的人。

---

[1] 马克·里拉等著，刘擎、殷莹译，《以赛亚·伯林的遗产》，新星出版社，2006年，第29页。

伯林需要美化那些他并不认可的帮手（反启蒙主义者），因为他需要丑化他的真正对手（启蒙主义者），出于这样的偏见，伯林把并不激进的启蒙运动描绘成为一场比激进更可怕的极端主义运动，"启蒙运动不是简单的关于建立人权、有限的世俗政府、法治和经验科学的理念，在伯林的叙事中，启蒙运动是刺猬们的一场极端主义运动，一个哲学一元论的'癫狂之夜'（Walpurgisnacht），预示着新面目的暴君们的兴起"。[1]

在我们对 18 世纪启蒙作家的阅读里，休谟的《人性论》、斯密的《道德情操论》、孟德斯鸠的《论法的精神》《波斯人信札》、伏尔泰的《老实人》、狄德罗的《拉摩的侄儿》、卢梭的《论人类不平等的起源和基础》《社会契约论》、莱辛的《智者纳坦》、康德的《什么是启蒙》，能找到伯林所说的那种危险的极端主义和思想癫狂吗？史蒂文·卢克斯（Steven Lukes）认为，伯林对启蒙的偏见是因为"他没有集中精力来阅读启蒙思想家，当然也没有太多地论及他们。他更感兴趣的是他们如何被人感知理解"。[2]可见，没有阅读经典的基础，对 18 世纪启蒙的感知和理解是靠不住的。

作为一个自由主义者，伯林应该是能认同启蒙思想基本价值和理念的：思想自由、反对任何形式的教条和蒙昧、人的自然权利和尊严、增强人免受权威与传统支配的认知和价值判断能力、憎恶和反抗任何形式的专制、明白无知和愚昧是人类苦难的根源、知晓思想禁锢是奴役和专制的条件、期盼人通过自我认识来改善人性的表现、谨慎乐观地相信启蒙能比不启蒙更有助于文明的进步。如果说这就是启蒙的"一元论"，那么这个一元论意味着这样的启蒙理念适用于人类的所有成员。无论在地球的什么地方，以反对一元化刺猬为理由和以"多元文化"传统为借口的迷信、蒙昧、专制独裁、

1　马克·里拉等著，刘擎、殷莹译，《以赛亚·伯林的遗产》，第 30—31 页。

2　同上，第 54—55 页。

思想钳制、政治迫害、危害人权，这样的狐狸难道代表一种更好的、更正义的政治和社会现实？

一元论也好，多元论也罢，都不是其自身的目的，它们都应该被用来维护对所有人类来说值得维护的东西，而恰恰是在"启蒙者"那里有着比"反启蒙者"那里更多值得我们维护的东西。

反启蒙者有三个共同点。第一，他们把宗教生活等同于社会生活，这正是启蒙者怀疑并要改变的。这正如里拉所说："哈曼（Johann Georg Hamann）以神圣启示的名义攻击理性；维柯（Giovanni Battista Vico）的历史理论从属于一种社会权威的活力论概念，最终源自神的意旨；赫尔德（Johann Gottfried Herder）关于民族精神（Volksgeist）的观念具有在宇宙论上与政治上令人不安的含义。"

第二，是机会主义地反对"世界主义"，如里拉指出，"维柯和赫尔德的确将人类看作是不同民族和文化的混杂物，但与此同时他们却公然反对这些文化内部的多样差异性理念"。这就像今天一些国家一面在国际上强调它的"特殊性"和"文化特色"，一面却绝不允许在国家内部存在不同观点或意见，甚至推行民族压迫和去民族文化的政策。"罗马帝国和现代社会中让维柯和赫尔德感到如此可怕的事物恰恰是其世界主义，他们将（罗马的）道德崩溃与精神失范归咎于此。"[1]

第三，是针对理性本身，"可以公允地说，维柯、赫尔德和哈曼不只是不信任理性的那种逾越其正当边界的倾向，他们还将理性看作是一种破坏性的力量，威胁着实际上将社会连为一体的潜理性（sub-rational）或非理性的纽带。必须保护这些纽带免受理性的检测，以免社会陷入维柯所谓的'反思的野蛮'"。[2]

1　马克·里拉等著，刘擎、殷莹译，《以赛亚·伯林的遗产》，第34—35页。
2　同上。

反启蒙者认为，有些东西可以不受理性的检测，而启蒙主义者则认为，不存在可以不受理性检测的东西，包括在每一个地方都在起检测作用的理性本身。

伯林把启蒙运动的"理性"确定为它的一元论实质和核心，他让自己相信，启蒙运动已经把理性的精神推得太远。他把一个本是"度"的问题不恰当地转变为"本质"的问题。世界上任何被人类视为"好"的东西——自由、平等、尊严、正义、公平、爱、同情——都有一个"度"的问题。亚里士多德的《伦理学》把美德当作一种中庸之道，就已经在关注这样问题，就算启蒙运动"过度"强调理性——这本来就是一个伪命题——也完全没有理由否定理性本身。

反启蒙思想否定启蒙理性的现实依据是这种理性导致或造就20世纪的极权主义，这也是今天许多怀疑论者否定启蒙理性甚至启蒙本身的一个主要理由。对启蒙与极权主义的关系，有两种联系的方式：一种是"关系说"，另一种是"根源说"。

第一种是把将启蒙描述为在某个历史尽头（前现代）所兴起的运动，而无论这是好事还是坏事，或是部分的好事，某种新的事物都必定随之而来，启蒙在这个意义上与所有在它之后发生的事情脱不了关系。这也就是所谓的"现代性"问题：如果启蒙与后来的现代科技进步、公民权利、社会公正有所关联，那么它也与现代专制和极权有所关联。

第二种是把启蒙约简为"理性主义""科学主义"或"一元论"，总之是一种占宰制地位的"启蒙主义意识形态"，而这正是极权主义的意识形态特征。例如，孔多塞的科学主义被认为是极权科学工具主义理性的根源。如果你坚持"启蒙主义意识形态"，那么像极权主义这样可怕的政治后果就会随之而来。同样，它也假设并相信，只要抛弃"启蒙主义意识形态"，就能免于陷入极权主义。

这两种联系方式都只是理论上的假设，而非对具体暴政统治的观察。现代极权主义统治对人造成残酷危害——杀戮、残忍、奴役、压迫——与传统暴政虽然有程度的差别，但没有实质的不同。极权主义不过是暴君专制在新时代的升级版而已，传统专制之恶全部被现代极权专制保存下来，而且被无限放大。极权统治戕害人性，而且如阿伦特所说，把人"变为多余"。这是因为现代极权有了传统专制所不具备的三个新暴政手段：用来暴力地改造人性的集中营、迫使民众处于相互隔绝并毫无共同抵抗手段的孤独状态，以及为维持极权统治所施行的官媒宣传和组织手段。

并不是因为人类到达某个历史尽头，或者有了某些理念，专制暴政的统治者这才获得没有节度的权利欲和野心、冷酷、狡诈、虚伪、猜疑、钩心斗角、专断横行，人民这才表现出恐惧、奴性、自私、冷漠、麻痹、明哲保身、有奶便是娘、帝王和权力崇拜、出卖和背叛。

并不是因为有了启蒙运动，专制者这才把国家当成他的私产，把官员当作他的家奴，专制独裁这才以暴力和诈术治国，这才把政治和民间治理变成家庭政府，国家官员这才变成奴才和奴才总管。

生活在古今暴政和专制独裁之下，人们习惯顺从和迁就，变得谨小慎微、唯利是图、狡黠善变。人人争相奉承上司，揣摩上意，互相背叛出卖，落井下石。人际间没有信任，只有钩心斗角、两面三刀和阴谋诡计。上诈下愚是一种深入每个人心里的恶。

如果我们不是从人性，而只是像伯林或阿多诺等人那样在理念上寻找邪恶的原因，那么我们就难免倾向于认为，只要我们改变自己的理念——用多元论取代一元论、用怀疑理性取代理性、用民族主义取代世界主义、用价值相对论取代普遍人权——就能除掉邪恶，而这样的观念恰恰是经不住启蒙理性检测的。启蒙理性最本质的特征就是，它是一个形成于自由和反抗的实践，不是超验思辨的观念。

今天，我们讨论启蒙理性，一刻也不能脱离它在 18 世纪对专制的反抗和批判内涵，也一刻不能脱离它延续至今的这种反抗和批判。

尽管 200 多年间启蒙发生各种变化，但启蒙的三个基本方面——事实真相、可靠认知和正义观念——都离不开启蒙时代倡导的人的理性。任何有社会实践意义的启蒙都必须是理性的启蒙，理性不仅是启蒙要在人身上培养或自我培养的能力，而且也是启蒙的基本价值和必经之途。没有理性便不会有知情的反抗，也不会有讲理的批判，更不会有基于知情反抗和讲理批判的社会改良与政治进步。这是我们今天倡导启蒙、拒绝反启蒙所必须坚持的基本原则。

人的理性并不完美，然而，即使理性有这样或那样的局限性，理性的开放性和组合能力最终能够让它认识到自身的局限性。因此，"启蒙人道主义的引擎——理性主义，永远也不会被特定时代下人们推理中出现的缺陷和错误所击败。理性总是能够退后一步，记录缺陷，修正规则，避免下一次再犯错误"。[1] 自由的理性的观念是启蒙时代传承给我们的重要遗产，在 21 世纪的今天，我们对理性包括理性的可能局限和偏差有了更多的认识，但这无损于理性的根本价值。这是因为，启蒙的理性从一开始就是一个批判和反抗迷信与压制的武器，而今天在任何仍然存在着迷信、愚昧和压制的地方，理性还是在起到相似的批判和反抗作用。

1　斯蒂芬·平克著，安雯译，《人性中的善良天使》，中信出版社，2015 年，第 223 页。